U0942431

三星堆往事

古代巴蜀與南亞的文化互動和融合

湯洪——著

中華書局

四川師範大學巴蜀文化研究中心
四川省社會科學重點研究基地巴蜀文化與教育研究中心
資助項目

目錄

第二編　宗教文化

第三編　語言文學藝術

附　錄

序：古蜀文化與三星堆「神鳥扶桑」新證

李誠　張以品[1]

沒有對古巴文化、古蜀文化及其與巴蜀域外關係比較全面、客觀、透徹的研究，任何有關華夏文化構成的討論都將是不完整的，因而也不可能得出令人信服的結論。儘管現在和未來這一方向的研究都難免有許多課題內外的紛擾糾結，卻仍然有不少學者跋涉前行，進行艱苦的探索，本書即其中之一。

陳寅恪為陳垣《敦煌劫餘錄》所撰《序》開章即言：「一時代之學術，必有其新材料與新問題。取用此材料，以研求問題，則為此時代學術之新潮流。治學之士，得預此潮流者，謂之預流。」[2]如今三星堆考古方興未艾，又新發現若干祭祀坑及大量珍貴文物，本書起「物質」「宗教」「語言文學藝術」十端，以具體材料討論「古代巴蜀與南亞的文化互動和融合」，可謂有「預此潮流」之意義。本書所言十端，令讀者得管中窺豹，可以領略古代巴蜀與南亞交流之一斑，並進而遙想其彷彿；更重要者，亦可藉此領略新近之古蜀文化研究之一斑。毋庸諱言，本書所論尚多有可討論者，但是一部好的學術專著，恰如一位優秀的教師，最精彩之處

---

1 李誠，教授、博士生導師，曾任四川師範大學文學院院長、教育部省屬高校人文社會科學重點研究基地四川師範大學巴蜀文化研究中心主任。張以品，重慶三峽學院文學院。

2 陳寅恪《敦煌劫餘錄序》，陳垣《敦煌劫餘錄》，黃永武主編《敦煌叢刊初集》第 3 冊，新文豐出版公司 1985 年版，第 5 頁。

並不在於它告訴了讀者什麼，教給了讀者什麼，而在於它是否能激起讀者萬千思緒、思考，是否能促使讀者始終興致盎然，浮想聯翩地前行在學術探索的道路上，哪怕這條道路可能荊棘叢生，莫之所往 …… 本書就正是這樣一部較好的學術專著。拜讀之餘，本序欲從學術思想與研求所使用材料兩個角度，略陳對古蜀文化研究之鄙見，以就教於方家。

一 「古蜀文化」與「巴蜀文化」

或許讀者已經注意到，以「古蜀文化」為題與本書意在探索古代巴蜀與南亞尤其是與印度之間的關係在觀察維度上略有不同。本書所謂「古代」跨度大約從公元前 10 世紀下延至唐、宋，而本序稱「古」卻僅着眼於春秋及以上；本書稱「巴蜀」，而本序更矚目於「蜀」；本書念茲在茲於「巴蜀與南亞」，而本序卻關心古蜀，南亞（甚至西亞、歐洲），黃河流域三者之間在什麼時候，通過什麼渠道，以什麼方式，到底發生了什麼聯繫 …… 不言而喻，本序並未深入具體研究，而僅僅是在本書啟發下的「着眼」「矚目」和「關心」。「文化」應是一定時段、一定地域、一定族羣在一定物質基礎上，物質與精神生活的一種共有表現。它既是流動的（不斷演變），也是歷時的（可多層次切分），因此，在不同的歷史階段應有不同的內涵與外延。但無論如何流動變化，上述四個「一定」與「共有」卻是基本前提。準此而論，籠統地提「巴蜀文化」顯然並不合乎這個基本前提。考文獻之巴、蜀，「蜀」雖見於甲骨文，但在典籍中卻罕見。《尚書 · 牧誓》固然有「庸、蜀、羌、髳、微、盧、彭、濮」[1] 八

---

1 孔安國傳、孔穎達疏《尚書正義》，阮元校刻《十三經注疏》，中華書局 1980 年版，第 183 頁。

國，《左傳》宣公十八年亦有「楚於是乎有蜀之役」之語，但杜注卻云：「蜀，魯地，泰山博縣西北有蜀亭。」[1] 甲骨、《尚書》，也有學者以為亦類同上引《左傳》之「蜀」[2]。與之不同，「巴」則屢見於《左傳》[3]。故概觀之，在春秋及其以前，蜀似相對獨立而與諸侯無涉，而巴卻頗預其事，尤與楚接觸甚多，且巴、蜀之間罕有交流。由是觀之，春秋及其以上，較之江、河流域齊、晉、楚、吳、越等文化，以巴文化與蜀文化單獨稱之更為合適，誠然無所謂「巴蜀文化」。「巴蜀」作為一個詞組連稱，始見於《戰國策》，兩見於《秦策》，兩見於《楚策》，一見於《趙策》。《史記・秦本紀》載惠文王后元九年，「司馬錯伐蜀，滅之」[4]，由此推測《戰國策》所載其事當在秦惠文王后元九年（前 316）取巴蜀前後。至於漢，則往往多見，尤以《史》《漢》二書為甚。顯而易見，此時所謂「巴蜀」，不過秦漢以來涉及地理、行政區劃之習談。又特別值得注意者，西漢以還，中央朝廷注意力在蜀而非巴，故往往言雖連帶及於「巴」，而其實乃蜀。班固《漢書・地理志》云：巴、蜀、廣漢本南夷，秦並以為郡，土地肥美，有江水沃野，山林竹木疏食果實之饒。南賈滇、僰僮，西近邛、莋馬旄牛。民食稻魚，亡凶年憂，俗不愁苦，而輕易淫泆，柔弱褊阸。景、武間，文翁為蜀守，教民讀書法令，未能篤信道德，反以好文刺譏，貴慕權勢。及司馬相如遊宦京師諸侯，以文辭顯於世，鄉黨慕循其跡。後有王褒、嚴遵、揚雄之徒，文章冠天下。繇文翁倡其教，相如為之師，故孔子曰：「有教亡類。」[5]《漢書・食貨志》又云：唐蒙、

1　杜預注、孔穎達疏《春秋左傳正義》，阮元校刻《十三經注疏》，第 1890 頁。

2　顧頡剛《論巴蜀與中原的關係》，四川人民出版社 2019 年版，第 69 — 82 頁。

3　在《左傳》中桓公九年、莊公十八年（兩見）、文公十六年（兩見）、昭公九年、昭公十三年、哀公十八年等均有相關記載。參見：楊伯峻《春秋左傳注》，中華書局 1981 年版，第 124、209、616、619、1308、1350、1713 頁。

4　司馬遷《史記》，中華書局 2014 年版，第 262 頁。

5　班固《漢書》，中華書局 1962 年版，第 1645 頁。

司馬相如始開西南夷，鑿山通道千餘里，以廣巴蜀，巴蜀之民罷焉。[1] 是皆統稱「巴蜀」而實說「蜀」也。北宋建「川峽四路」[2]，加之後來所謂「湖廣填四川」之類區域外人口流入，以「四川」而統言「巴蜀」已成表述習慣，且「四川」之稱更於無意中強化了以「巴蜀」連稱或以「蜀」而概括「巴」作為地理、行政區劃之意識，如明曹學佺於四川右參政遷按察使任上撰《蜀中廣記》，目雖僅言蜀，實即兼述巴地，即可為證。對於古代地理區域之劃分，我們應當以發展之目光看待。且巴、蜀之間族羣來歷、民風、習俗乃大有不同，至今猶然。揆之載籍，揚雄《蜀王本紀》謂蜀之來歷云：蜀之先稱王者，有蠶叢、折灌、魚易、俾明。是時椎髻左衽，不曉文字，未有禮樂。從開明已上至蠶叢，凡四千歲。次曰伯雍，又次曰魚尾。尾田於湔山得仙。後有王曰杜宇，出墮天山，又有朱提氏女名曰利，自江源而出，為宇妻。乃自立為蜀王，號曰望帝，移居郫邑。[3] 闞駰《十三州志》亦云：當七國稱王，獨杜宇稱帝於蜀，以褒、斜為前門，熊耳、靈關為後戶，玉壘、峨眉為池澤，汶山為畜牧，中南為園苑。[4] 而范曄《後漢書・南蠻西南夷列傳》謂巴之來歷云：巴郡、南郡蠻，本有五姓：巴氏、樊氏、瞫氏、相氏、鄭氏。皆出於武落鍾離山。其山有赤黑二穴，巴氏之子生於赤穴，四姓之子皆生黑穴。未有君長，俱事鬼神，乃共擲劍於石穴，約能中者，奉以為君。巴氏子務相乃獨中之，眾皆歎。又令各乘土船，約能浮者，當以為君。餘姓悉沉，唯務相

---

1 班固《漢書》，第 1157 頁。

2 脱脱等《宋史》，中華書局 1977 年版，第 2230 頁。

3 李昉等《太平御覽》卷 166，中華書局 1960 年版，第 808 頁。按：此段文字與《太平御覽》卷 888 有異：「蜀王之先名蠶叢，後代名曰柏濩，後者名魚鳧。此三代各數百歲，皆神化不死，其民亦頗隨王化去。王獵至湔山便仙去。今廟祀之於湔。時蜀民稀少。後有一男子，名曰杜宇，從天墮止朱提。有一女子，名利，從江源地井中出，為杜宇妻。宇自立為蜀王，號曰望帝。治汶山下邑郫，化民往往復出……」（第 3944 頁）。頗值得研究，不過與本序主旨關係不大，姑存而不論。

4 李昉等《太平御覽》卷 166，第 808 頁。

獨浮。因共立之，是為廩君。乃乘土船，從夷水至鹽陽。鹽水有神女，謂廩君曰：「此地廣大，魚鹽所出，願留共居。」廩君不許。鹽神暮輒來取宿，旦即化為蟲，與諸蟲羣飛，掩蔽日光，天地晦冥。積十餘日，廩君伺其便，因射殺之，天乃開明。廩君於是君乎夷城，四姓皆臣之。廩君死，魂魄世為白虎。巴氏以虎飲人血，遂以人祠焉。[1] 是皆神話傳說中可覓巴、蜀之來歷。僅此已不難見，從社會經濟、文化形態而言，巴、蜀實有極大不同。巴、蜀各自所遺神話傳說如此，已清楚顯示出巴、蜀並非所謂共同文化。徐中舒認為巴蜀之經濟文化有很大的不同[2]，繆鉞亦認同其言，「徐先生文中分論巴蜀，蜀在川西，巴在川東，經濟文化，各有不同，並非一族，極為明晰」[3]。「巴蜀文化」作為重要的學術概念，不過近數十年來之事。本書《緒論》述及「巴蜀文化」概念之確立，先後經歷了郭沫若「西蜀文化」、徐中舒「古代四川文化」、顧頡剛「巴蜀」與「古蜀國的文化」、衞聚賢「巴蜀文化」[4]，其所述甚是。於是乎「巴蜀文化」遂成為論及今日重慶、四川及其有關地域所經常、當然使用之術語。然而觀察「巴」「蜀」「巴蜀」之來歷與「巴蜀文化」定名之過程，恐「巴蜀文化」之名，實難一概而論。今日域內凡提筆撰文者，幾言必稱「巴蜀文化」，實多受秦漢以還之地理或區域表述習慣影響而未暇細思之結果。事實上就本書而言，僅以十章篇目，已可見所敍大體為蜀。文中內容亦多為蜀，而涉及巴者，十恐難及於一。本書似已意識及此，故其文云：「四川地區的考古文化，西周以前主要是蜀文化，東周後，巴文化、楚文化、秦文化和中原文化都對蜀文化產生顯著影響，文獻和考古皆表明『巴蜀文化』更多指『蜀文化』，因此，本書的論述重點則更多偏向『蜀

1　范曄《後漢書》，中華書局 1965 年版，第 2840 頁。
2　徐中舒《巴蜀文化初論》，《四川大學學報（哲學社會科學版）》1959 年第 2 期，第 26 頁。
3　繆鉞《〈巴蜀文化初論〉商榷》，《四川大學學報（哲學社會科學版）》1959 年第 4 期，第 2 頁。
4　見本書第 001 — 003 頁。

文化』。」[1] 當然，本書或意不在「巴蜀文化」定義的討論，但卻不得不專辟一段羅列這一概念形成的過程，客觀上已顯示出這是一個有待進一步探討的問題。而這一問題的明晰，正是任何涉及巴、蜀文化研究者無法迴避的問題。綜上所述，「巴蜀文化」以坊間習稱而言，固無可無不可；若以學術研究而言，則不能不考慮一定時段、一定地域、一定族羣及其特定之文化特徵與交流的歷時過程，應有嚴格限定。竊以為，為謹慎起見，具體研究或以古蜀文化、古巴文化、狹義巴蜀文化、廣義巴蜀文化各自為題當更符合文化歷史客觀[2]。就對古蜀文化研究而言，以三星堆考古為代表的蜀地考古為背景，展開古蜀自身文化及其與南絲綢路（沿線至終點），與中原、與巴之間聯繫與關係的研究，將是未來相當一段時間的重點與這一學術領域中學者不可推卸的重任。這一研究對象，自然不能籠統地以「巴蜀文化研究」稱之。段渝在本書《序》中言：古代中國與外部世界的交通和交流主要依賴於東西南北方向四條大的交通幹線：西北方向為著名的沙漠綠洲絲綢之路，北方為長城以北的草原絲綢之路，西南方向為南方絲綢之路，東部和東南沿海方向為海上絲綢之路，其中前三條絲路的開通均可追溯到先秦時期，最後一條則自漢代始通。[3] 誠然！然而四條絲綢之路中，本序卻不能不執著地認為南絲綢之路在中華文化研究中具有特殊的意義，這不僅因為它關係到中華文化與域外文明交流的問題，更因為它可能發源最早，因而事實上蘊含着中華民族西南區域

---

1 見本書第 006 頁。

2 林向說，「以巴蜀墓葬（一般指出土巴蜀銅器的船棺墓、狹長土坑墓、長方土坑墓、土坑木椁墓、石棺葬、懸棺葬等）為代表的是『古巴國』和『古蜀國』境內的族羣文化即『巴蜀文化』，相當於春秋戰國時期，下限可延伸至秦漢」；「廣義的『巴蜀文化』是指包括『四川省』與『重慶市』兩者及鄰近地域在內的、以歷史悠久的巴文化和蜀文化為主體的、包括地域內各少數民族文化在內的、由古至今的地區文化的總匯」。參見：林向《「巴蜀文化」辨證》，《華中師範大學學報（人文社會科學版）》2006 年第 4 期。按：林向說似可為狹義、廣義「巴蜀文化」及其古蜀文化、古巴文化相互間關係進一步研究之基礎。

3 見本書第 15 頁。

文化、文明生長的祕密，從而也就會不可避免地涉及中華文化構成的歷程。正如段渝在論及近年來南絲綢之路研究時所說：這一時期的學術研究重點是「南方絲綢之路」與歐亞古代文明的形成與發展。對中國西南地區以三星堆文明、巴蜀文化、滇文化為代表的古代文明在整個歐亞古代文明形成與發展中的地位與作用進行系統研究。[1] 而本書由此切入，表現出了青年學者思維的敏鋭和學術的水準。如果期之以未來，在本序前述「巴蜀文化」之構成、內涵與外延上有更為自覺、準確的認識，或能在預此潮流中更上潮頭！

二　舊材料新觀點：古蜀文化研究新突破

人文科學研究中，求「真」為第一要義，為終極歸宿，固不必論，雖然這所謂「真」，始終是相對而言的。但欲得其「真」，就必須在研究中不斷推陳出新。而欲得「新」，材料亦即證據的使用，毋庸置疑是關鍵性的環節。前述陳寅恪以「新材料」研究「新問題」即已說明材料的緊要性。不過，以新材料研求新問題，所得固然「新」；以新材料探索已經陷入絕境的舊問題，所得也可謂之「新」；但若以舊材料之新認識來追詰舊問題，是否仍然可謂之「新」呢？若是，則本書在這方面着實令人有耳目一新之感。學術界對先秦巴蜀與南絲綢之路的研究顯示出這條路至少表現出對外貿易、民族遷徙、文化交流三種作用[2]，本書以「物質文化」「宗教文化」「語言文學藝術」為說分三編，其材料似無一非舊，但往往論出新意。蜀布與邛竹杖見於《史記》眾所周知，但能歷數邛竹杖

1　見本書第 17 頁。

2　鄒一清《先秦巴蜀與南絲路研究述略》，《中華文化論壇》2006 年第 4 期。

與歷代文士之佳話，以張騫說之流長而證其必然源遠；茉莉與茶，何所無有，卻以其「邂逅」而知蜀地與印度文化交流路徑之實；道、佛二教國中香火所在皆有，獨考文獻、語言而明與印、越之淵源始末 …… 所有舊材料皆指向同一方向 —— 南絲綢之路，南絲綢之路由此舊材料之研究而鮮活起來，常新如在目前。此外更值得注意的是在證據方面對語言、民俗、考古材料的使用。於語言材料，以「China」指中國，早已有之。但是意譯為何，詞源何在，卻歷來眾說紛紜，莫衷一是。本書清理了歷來有代表性的看法，採納了學術界一致的看法 ——「China」來源於梵文「Cīna」。又取段渝「Cīna」與絲與成都的關係說，再益以文獻和考古證據十一例以明「Cīna」確應指「成都」，從語源到文獻、考古，其說最為充分[1]。「峨眉」為蜀中名山，其名何來，古來亦眾說紛紜。本書據南絲綢路之史，又參以佛教發展史，而從語音角度指出「峨眉」實佛教「阿彌」之稱頌，似較歷來諸說更為充實[2]。古蜀類文字時見於出土青銅器，本書引個別學者之見雖亦未為確詁，但是通過文獻所載古蜀人「椎髻左衽，不曉文字」，提示了彝族與古蜀族存在關係的可能。又通過文字之構造、書寫規律而指出印度婆羅米文字與彝文的內在關聯以及彝文與古蜀類文字之間的關係，不僅以「古文字的點滴歷史再一次證明，巴蜀文化通過彝族走廊輾轉與南亞發生着千里聯姻」[3]，而且對於古蜀類文字破譯亦從南絲綢之路所勾連起來的古印度－彝族－古蜀人關係的建立中獲得了新的推斷。於民俗材料，本書中使用甚多，然而用心卻不見吃力。如敘茉莉，說茗茶，以學術專著言，似頗枝蔓，但是不經意間，民俗之考察，如粒鹽之入水，輕鬆、平淡、言而有據，實已構成南絲綢路歷史不可或缺之

---

1 見本書第 025 — 053 頁。
2 見本書第 211 — 232 頁。
3 見本書第 279 — 303 頁。

內容[1]。於考古材料，則上引以三星堆出土文物與彝族傳說、習俗交叉為證[2]，實能引人深思。如上諸例，本書中尚多有，不煩一一枚舉。不妨說，語言、民俗、考古材料之綜合使用，正是本書顯明的特點之一，也應該構成以文明或文化交流為主旨的學術研究課題不能迴避之重要環節。當然，毋庸諱言，由於文化的生成、發展、交流是極其複雜的，因此對研究所涉及的材料也應該是多方面的，還可以更加深入，哪怕是探討性的。本書中曾提到「雲南昭通地處漢代朱提郡，故五尺道昭通段也稱朱提道」[3]，而「朱提」與古蜀神話傳說密切有關。揚雄《蜀王本紀》云：後有王曰杜宇，出天墮山，又有朱提氏女名曰利，自江源而出，為宇妻。乃自立為蜀王，號曰望帝，移居郫邑。[4]本書亦援用了這一神話傳說討論古蜀與彝族關係，認為「『朱提』為古縣名，故地在雲南昭通，此一地區自為彝族聚居地，蜀族與彝族之間密切的歷史關聯於史有徵」[5]。不過在涉及南絲綢之路時，於此材料的使用卻又似乎有所保留。學術界在討論南絲綢之路起始時，認為「至遲從公元前二千年代中葉開始」[6]，儘管使用了「至遲」一語，但仍嫌過於謹慎。古蜀神話傳說中，杜宇被認為是發明了農業的神。農業的發明，距今已不下萬年[7]。那麼，杜宇故事流傳於此，可否在一定程度上作為南絲綢之路起始年代的參考坐標之一呢？蓋南絲綢路之起始，正是本序前論以三星堆等蜀地考古為背景，展開古蜀自身文化與南絲綢路（沿線至終點），與中原、與巴文化之間關係研究的關鍵所在。當然此亦正是本書自身矚目之點，豈能不於此三致意焉！

---

1 見本書第 080 — 114 頁。
2 見本書第 300 — 303 頁。
3 見本書第 008 頁。
4 李昉等《太平御覽》卷 166，第 808 頁。
5 見本書第 293 頁。
6 段渝《淺談南方絲綢之路》，《光明日報》1993 年 5 月 24 日，第 3 版。
7 龍軍《玉蟾巖遺址發現 1. 2 萬年前古栽培稻》，《光明日報》2005 年 3 月 2 日，第 A02 版。

三 《山海經》與三星堆「神鳥扶桑」

本書中不止一次使用三星堆出土文物，亦不止一次使用《山海經》材料。在使用《山海經》材料時說：「沈福偉《中西文化交流史》考察了早期印度文獻中有關中國的記載，沈氏認為，《山海經・大荒西經》成書年代與公元前 5 世紀佛陀時代相當，這個時代就有雲南一帶移民和商人將中國稱號傳至印度，此時為周朝，而不是秦穆公時代。」[1] 又說：「有學者認為，《山海經》就是集巴蜀上古神話傳說之大成，而《山海經》的來源，恐怕與印度河文明不無關係……巴蜀地區鳥崇拜（杜宇化鳥、金沙太陽神鳥）、蛇圖騰（『巴』字語源、金沙石蛇）、羽化成仙（魚鳧仙道）與南亞的原始信仰亦有相似關聯。」[2] 本書所引學術界此種討論確實值得深究，可惜都語焉不詳，且並未利用三星堆考古文物加以發明。考古事實說明，早在四千年前夏朝尚未開始之時，古蜀神話產生之地域就已出現不止一座城市，且古蜀神話似曾沿着岷江、長江、漢水傳播，所以，古代文獻中所反映出的中國古代文明的相當部分應來源於古蜀文明[3]。即使三星堆考古文物與《山海經》所載是性質完全不同的材料，但二者一定有所關聯。不同性質材料的交叉、集合使用往往在解決沉積多年的學術問題時產生異軍突起、一擊而功成的效果。但遺憾的是，至今二者之間的聯繫還有待打通。茲舉一例以明之：東南海之外，甘水之間，有羲和之國。有女子名曰羲和，方日浴於甘淵。[4] 下有湯谷。湯谷上有扶桑，十日所浴，在齒北。居水中，有大木，九日居下枝，一日居上枝。[5] 湯谷上有扶木。一

1 見本書第 043 頁。
2 見本書第 304 — 305 頁。
3 李誠《古蜀神話傳說與中華文明建構》，《中國俗文化研究》2003 年第 1 期。
4 郭璞注、畢沅校《山海經・大荒南經》，上海古籍出版社 1989 年版，第 109 頁。
5 郭璞注、畢沅校《山海經・海外東經》，第 88 — 89 頁。

日方至，一日方出，皆戴於烏。[1] 帝俊與其妻羲和生下了十個兒子，亦即十個太陽。母親羲和在甘淵為其兒子沐浴，沐浴畢，即讓其停留於扶桑樹上，一子停留於最上枝頭，九子停留於下面的枝頭。當一隻「烏」背負着一子從扶桑的枝頭上升起，太陽即出來了。這無疑是人類關於太陽及日出最美麗動人的神話！當然，這個美麗的神話在其流傳過程中發生了不少變化：羲和由日神變為日母，又變為日御，再變為曆官 [2]；烏則由背負太陽而進入太陽之中，甚至成為太陽之代稱。但《山海經》材料所提供的這個故事無疑是較為早期的神話。《山海經》一書自來被視為奇書，以太史公之博學，亦謂「至《禹本紀》《山海經》所有怪物，余不敢言之也」[3]。《山海經》究竟成書於何時？所記之域為何方？作者為何方人氏？所代表為何種文化？長期以來曾引起過無數爭議，將來也許還會不斷爭論下去。但爭議中不乏獨具慧眼而「敢言」的真知灼見，如呂子方、蒙文通之見 [4] 即是。蒙文通有云：《海內經》說：「西南黑水、青山（二字從裴駰《集解》補）之間，有都廣之野，后稷葬焉。」郭注：「其城方三百里，蓋天下之中也。」郭注二語也見於王逸《楚辭．九歌．王逸章句》。但王逸稱之為《山海經》。則此二語當原是經文，後被傳寫誤入注中。都廣即是廣都，今四川雙流縣，在四川西部。都廣既是「天下之中」，正說明《大荒經》以下五篇也是以四川西部為「天下之中」。[5] 又云：⋯⋯《山

---

1 郭璞注、畢沅校《山海經．大荒東經》，第 106 頁。按：「戴」字，畢沅校云：「舊本戴作載。」《四庫全書》本正作「載」。

2 湯洪《屈辭「羲和」文化再解讀》，《四川師範大學學報（社會科學版）》2014 年第 4 期。

3 司馬遷《史記．大宛列傳》，第 3858 頁。

4 呂子方《讀山海經雜記》，浙江人民美術出版社 2018 年版，第 1－7 頁；蒙文通《略論〈山海經〉的寫作時代及其產生地域》，蒙文通《巴蜀古史論述》，四川人民出版社 2019 年版，第 161 — 200 頁。

5 蒙文通《巴蜀古史論述》，第 176－177 頁。按：「青山」二字實不見於今本裴駰《史記集解》，但單言「黑水」似亦與後「之間」不協。待考。王逸所引《山海經》：「其城方三百里，蓋天下之中也。」二句應見於今本《楚辭章句．九歎》中，原句為：「都廣，野名也。《山海經》曰：都廣在西南，其城方三百里，蓋天地之中也。」參見：洪興祖《楚辭補注》，中華書局 1983 年版，第 310 頁。

海經》全書三個部分所說的「天下之中」，都與中原文化所說的「天下之中」迥不相同。它所指的是巴、蜀、荊楚地區或者只是巴蜀地區。[1] 此乃何等輝煌之論斷！遺憾者，其所依賴文獻卻歷來被視為不經之談。蒙先生生不逢時，乃與三星堆、金沙遺址的發現失之交臂。今考三星堆二號祭祀坑中出土青銅樹，樹枝分為三層，每層三枝，每枝上皆站立着一隻鳥，全樹共有九隻鳥。惟樹頂上一枝已經殘缺，但可以推測得知，在樹顛之上，一定還有一隻鳥。雖然暫時還無法推測這隻鳥與其他九隻的狀貌是否有所區別，但它一定正是那隻在《山海經》神話中背負太陽即將升起的「烏」，亦即為後世豔稱的「金烏」[2]。這樣看來，這棵樹亦正是《山海經》裏的「扶桑」樹，它所立體展現的正是《山海經》中的太陽神話。頗為遺憾的是，這座堪稱世界瑰寶的神樹在三星堆展廳中卻與漢代的所謂搖錢樹置於一室，這就難免給參觀者造成一種錯覺，似乎這兩者之間存在着一種邏輯上的關係。因此這件瑰寶不應簡單如目前稱為「青銅神樹」，實應稱為「金烏扶桑」。由於「烏」在古代文獻中乃吉祥之禽，故

---

1 蒙文通《巴蜀古史論述》，第 178 頁。按：《山海經》三個部分指《中山經》《海內經》《大荒經》。

2 文獻稱「金烏」者，如：唐徐堅《初學記》卷一「隋康孟《詠日應趙王教》詩曰：『金烏升曉氣，玉檻漾晨曦。先泛扶桑海，反照若華池』」（徐堅等《初學記》第 1 冊，中華書局 1962 年版，第 7 頁）；唐駱賓王《秋日與羣公宴序》云「玉女司秋，金烏返照」（駱賓王《駱丞集》，《叢書集成初編》第 1845 冊，商務印書館 1937 年版，第 35 頁）；宋薛居正等《舊五代史》卷三《梁書·太祖紀》「正殿東門為金烏門，西門為玉兔門」（薛居正等《舊五代史》，中華書局 1976 年版，第 50 頁）；等等。

這「金烏」，在歷代文獻尤其文學作品中又多稱為「神烏」[1]，是此青銅器亦可得稱「神烏扶桑」。眾所周知，金沙所出那幅精緻無以復加的「太陽神鳥」金箔，也一定與「金（神）烏扶桑」一樣，乃《山海經》太陽神話更為抽象的反映（似乎透露出了古蜀人對四季的認知）。其所以只能稱其為「太陽神烏」或「太陽金烏」，而不宜如目前稱為「太陽神鳥」，那是因為，「鳥」「烏」一字之差卻決定了這幅金箔與《山海經》的關係。且「太陽神（金）烏」正可與「金（神）烏扶桑」相互發明。這兩者與《山海經》的緊密聯繫是意義重大的，不僅「金（神）烏扶桑」「太陽神（金）烏」立即獲得了深厚的歷史文化背景的支撐，且前賢已經論斷過的《山海經》的地域、作者、文化歸屬豈不都有了地下考古文物確鑿而不容置疑的鐵證！《山海經》一書的歷史文化價值由是無疑亦將獲得學術界全新的認識和價值的重估。那麼這些討論是否也可以進一步證明本書中交叉使用語言、民俗、考古材料意識的敏銳和前景呢？

四　結語

回顧以上討論，可以說，學術思想與研求材料兩者乃相輔相成：在

1　文獻稱「神烏」者，如：《詩・小雅・正月》「瞻烏爰止，于誰之屋」，毛傳「富人之屋，烏所集也」（《十三經注疏》，第 442 頁）；《春秋元命苞》「火流為烏，烏，孝鳥，何知孝鳥？陽精。陽天之意，烏在日中，從天，以昭孝也」（歐陽詢《藝文類聚》，上海古籍出版社 1965 年版，第 1591 頁）；尹灣漢簡《神烏傳（賦）》謂「蠉蜚之類，烏最可貴。其性好仁，反哺於親。行義淑茂，頗得人道」（裘錫圭《〈神烏賦〉初探》，《文物》1997 年第 1 期）；晉傅玄《相風賦》「棲神烏於竿首，俟祥風之來征」（嚴可均《全上古三代秦漢三國六朝文》第 3 冊，上海古籍出版社 2009 年版，第 292 頁）；梁蕭綱《謝敕賚長生米啟》「如隨瑞鹿，若降神烏」（嚴可均《全上古三代秦漢三國六朝文》第 5 冊，第 175 頁）；宋李昉等《文苑英華》卷 848 所收唐薛道衡《老氏碑》「三足神烏，感陽精而表質」（李昉等《文苑英華》第 6 冊，中華書局 1966 年版，第 4481 頁）；宋郭茂倩《樂府詩集》卷 87 載《玉漿泉謠》「我有丹陽，山出玉漿，濟我人夷，神烏來翔」（郭茂倩《樂府詩集》，中華書局 1979 年版，第 1229 頁）；等等。

一定學術思想的自覺與指引下，往往能夠顯示出材料新的意義；而材料的交叉、集合使用，又常常能夠催生出新的學術思想。前曾言，南方絲綢之路的研究不僅因為它關係到中華文化與域外文明交流的問題，更因為它可能在諸條絲綢之路中發源更早，因而事實上蘊含着中華民族西南區域文化、文明生長的祕密，從而也就會不可避免地涉及中華文化構成的歷程。如果說，這一思想與學術界通常樂於稱道的所謂「多元構成」在側重點和不同歷史階段不同路徑的具體探討上有所不同的話，當然在很大程度上是拜方興未艾的三星堆及以三星堆為代表的古蜀地區考古成就與前景所賜。更重要的是，以這一思想為背景，過去所有塵封已久的語言、故實、民俗、神話傳說，甚至前賢對古蜀文化研求的成就，或會重新甦醒過來，接受新的時代、新的學人的擁抱，並給予新的學人新的思想以有力的哺育和支撐。湯洪教授《古代巴蜀與南亞的文化互動和融合》或許就是最近的佳例罷。

序：南方絲綢之路上的文化互動和融合

段渝[1]

由特殊的地理位置條件所決定，古代中國與外部世界的交通和交流主要依賴於東西南北方向四條大的交通幹線：西北方向為著名的沙漠綠洲絲綢之路，北方為長城以北的草原絲綢之路，西南方向為南方絲綢之路，東部和東南沿海方向為海上絲綢之路，其中前三條絲路的開通均可追溯到先秦時期，最後一條則自漢代始通。

絲綢之路研究在國際上一直處於所謂顯學的地位，但中外學術界以往所關注的主要是從西安出發，經河西走廊，出西域，至中亞，而後進抵羅馬帝國唯一的一條中西交流道路，這就是由德國地理學家李希霍芬於 1877 年所提出的「絲綢之路」。20 世紀 80 年代以來，中外學術界又確認絲綢之路還包括長城以北的「草原絲綢之路」和由東海至南海經印度洋航行至紅海的「海上絲綢之路」，以及從四川成都出發經雲南、貴州、廣西、廣東分別至緬甸、印度、中亞、東南亞和南海的「南方絲綢之路」，大大豐富和擴展了絲綢之路的內涵和外延。

1980 年代中期，西南地區四川、雲南、貴州學術界在以往「蜀身毒道」研究的基礎上，提出「南方絲綢之路」的概念並進行了初步研究。

1　四川師範大學巴蜀文化研究中心名譽主任、教授、博士生導師。

經過近 40 年的探索，逐步明確了南方絲綢之路的主要內涵、線路走向、功能性質等。在概念方面，學術界達成共識，即古代從四川經雲南出域外，分別至東南亞、緬甸、印度、阿富汗、中亞、西亞及歐洲地中海地區的國際交通線，稱為「南方絲綢之路」或「西南絲綢之路」，簡稱「南絲路」。南方絲綢之路的起點為中國西南古代文明的重心 —— 成都，由此向南分為東、中、西三線南行：西線為從四川經雲南、緬甸到印度的「蜀身毒道」，東漢時又稱「靈關道」或「犛牛道」，後稱為川滇緬印道，這條線路通往南亞、中亞、西亞、北非以至歐洲地中海區域；中線為從四川經雲南到越南、泰國等東南亞大陸的「步頭道」和「進桑道」，或又統稱為「安南道」，後來稱為中越道；東線為從四川經貴州、廣西、廣東至南海的「牂牁道」，或稱為「夜郎道」，三條線路都有不少支線，都在古代中國西南地區的對外經濟文化交流互動中發揮了積極而重要的作用。

南方絲綢之路不僅僅是一條貿易通道，它實際上是古代中國同東南亞、南亞、西亞、北非乃至歐洲等地各文明之間碰撞、交流、互動的重要紐帶，是歐亞大陸相互影響、促進發展的文明載體之一，對歐亞古代文明的發展和繁榮有着非常重要的歷史作用，而古代中國與歐亞文明關係的發展又對南方絲綢之路的演變產生了重要影響。

20 世紀 80 年代以來，南方絲綢之路研究經歷了三個發展階段。首先是 1980 年代中期，在改革開放大背景下，提出南方絲綢之路的概念，在 90 年代形成了研究熱潮。第二個階段是進入 21 世紀之際，在大力推進我國西南地區與南亞、東南亞經濟文化交流與合作的形勢下，學術界將這一階段研究的突破口定位在「南方絲綢之路」促進國際文化交流的功能上，研究內容包括經由「南方絲綢之路」川、滇、黔三省之間的文化交流，西南地區與中原地區之間的文化交流，西南地區與南亞、西亞以及東南亞地區的文化交流。2013 年以來，隨着「一帶一路」建設的不斷發展，學術界以更大熱情投入各條絲綢之路的研究，南方絲綢之路研究也在以往研究成果的基礎上全面推進，掀起了第三次學術高潮。這一時期的學術研究重點是「南方絲綢之路」與歐亞古代文明的形成與發展。對中國西南地區以三星堆文明、巴蜀文化、滇文化為代表的古代文明在整個歐亞古代文明形成與發展中的地位與作用進行系統研究。經過三次學術研究高潮的推進，南方絲綢之路研究取得了相當程度的進展，引起學術界和社會各界的普遍認同和關注。

南方絲綢之路研究的重要方向之一是圍繞古代的蜀身毒道所進行的中外經濟文化交流與互動，其中包含諸多方面的內容。從《史記》明確記載蜀人在南亞次大陸身毒（印度）的商業活動開始，歷代史籍對西南地區的對外交通和交流等事物有連續不斷的補充記載，雖然多屬語焉不詳，但因其對中印古代交通和交流提供了重要信息而受到學術界的高度重視，引起中外學者的不懈探索，在交通道路、地名考證、文化交流等方面取得了若干重要進展。20 世紀 80 年代以來，由於四川三星堆考古的重大發現，學術界深刻認識到古代巴蜀與南亞地區存在着諸多方面的交流和互動，開展了更加深入的研究。

南方絲綢之路研究涉及面十分廣闊，必須將文獻資料、考古資料和人類學資料整合起來，從相互聯繫的綜合研究中爬梳整理出可靠的史實材料，交互參證，深入分析，從而將研究提升到新的水平。湯洪教授的《古代巴蜀與南亞的文化互動和融合》，就不啻為這方面的一部力作。

湯洪教授近年着力研究古代中印文化互動與融合，發表了不少具有創新性的成果。當前這一新著，既是對其以往成果的綜合總結，同時又將其研究空間加以進一步擴展和深化。本書從支那與成都、蜀布與邛竹杖、茉莉與茶、井鹽與南路外銷、象牙與海貝、琥珀與南亞、峨眉與早期佛教、道教南傳、彝文與婆羅米文字、李白的印度情結等文化要素入手，從文化因素分析的角度，深入討論這些文化因素在古代巴蜀和南亞雙方的存在與傳播情況，有若干新發現，不乏創見，或對學術界的相關成果給予了進一步補充和闡釋。

文化互動和融合的研究，至少應該在三個層面上進行分析，而後加以綜合研究。簡而言之，第一個層面是文化交流，其要點是交流的雙方互做單向傳播，也就是所謂你來我往，兩者之間並不發生直接碰撞或交集。一旦雙方發生碰撞或交集，產生相互感應，交流就演化為互動，這是第二個層面。互動的結果不外乎三種情況，或是全盤接受，或是全盤抵制，或是部分接受。一旦接受一方把外來文化吸收並融入自己的文化當中，使其成為自己文化的組成部分，互動就進一步演化為融合。一般說來，三個層面層層遞進，從交流開始，以融合結束，融合就是文化交流、互動的最高層面。當然，進一步的研究還不止於此，文化融合會產生新的文化要素，形成新的文化面貌，以至引起文化內涵某種程度的變化，成為文化演進的新動力或推進器。湯洪教授這部著作，在文化因素分析的基礎上，深入探討了古代巴蜀與南亞文化互動和融合的發生發展過程，堪稱這方面的成功之作。相信本書的出版，將推動巴蜀文化和南方絲綢之路研究的進一步深入開展。

2020 年 6 月
於成都浣花溪畔

自序：從三星堆考古新發現說起

——試論古代巴蜀與南亞的文化互動和融合

文物不會說話，卻是歷史最真實的見證者，引領人們探尋消逝在歷史長河裏的曾經與過往。兼具中外文化特色的三星堆文物向我們展示了古代巴蜀開放包容的精神風貌，30 多年前的驚歎尚未消失，三星堆又有新的驚喜。2021 年 3 月 20 日，「考古中國」重大項目工作進展會在成都召開，通報三星堆遺址重要考古發現與研究成果。新一輪三星堆考古發現六個新的器物坑，出土文物 500 餘件，包括目前國內最大的大口尊、國內同時期最大的金面具、國內唯一科學考古發掘出土的圓口方體銅尊、器型獨特的頂尊跪坐人像。其中，三、四號坑中 3000 多年前疑似絲綢痕跡的發現尤為重要，如果經檢測確為絲綢，意味着早在公元前 1000 多年前古蜀人便已開始使用絲綢，可為南方絲綢之路最早開闢於先秦時期提供可靠物證。

長期以來，學界關於古代巴蜀文化的研究，或集中於對巴蜀文化的形成、發展演變歷史以及文化特徵的考察，或對巴蜀地區考古器物、特定階段的文化進行研究，或對巴蜀地區的某一作家及其作品進行研究。儘管目前已有眾多學者認為巴蜀文化吸收了外來文化的特點，但多是從三星堆考古發掘與外來文明談起，而專門探討古代巴蜀與南亞之間文化交融的研究尚不多。拙著中使用了包括出土考古資料在內的大量文獻資料，將古代巴蜀文明置於整個歐亞大陸板塊文明體系之中，較為系統地研究了古代巴蜀與南亞的文明交流過往。試藉此機會向讀者諸君介紹一二，並就教於方家。

學術界通常將古代從四川經雲南出域外，至東南亞、緬甸、印度、阿富汗、中亞、西亞及歐洲地中海地區的國際交通線稱為「南方絲綢之路」或「西南絲綢之路」。巴蜀從來不是一個封閉的地域，《史記》所記「蜀身毒道」存在的時間並非停留於正史的文字記載，從考古實物以及邏輯推理可知，在張騫出使西域以前，便有這樣一條道路連接巴蜀與南亞、東南亞、中亞、西亞等域外地區。由於巴蜀地區一直以來沒有發現漢代以前的絲綢文物，故學界普遍以《史記・大宛列傳》所載張騫出使西域見到的蜀物為依據，而對先秦時期南方絲綢之路的情況仍持有懷疑，但此次三星堆出土的疑似絲綢的痕跡如果能得到確認，則將為先秦時期南方絲綢之路提供最為可靠的證據。

「支那」（Cīna）語源問題曾受到學界廣泛關注。最早記錄「支那」名號為印度古文獻《摩訶婆羅多》《羅摩衍那》和《政事論》之「Cīna」，皆指稱中國。隨着佛教的傳播和佛經的翻譯，印度文獻之「Cīna」進入中、印譯經者視域，至今已有 1700 多年的研究歷史。漢譯佛經音譯「Cīna」為「支那」，亦有「震旦」「振旦」「真丹」「真旦」「至那」「脂那」「振那」等異譯。此外，「Cīna」還有「秦」「漢」「晉」以及「思維發達」等意譯。此為中西交通史家探討之熱點，千百年來，古今中外學者對「支那」的語源分歧令人歎為觀止，計有「秦」「漢」「瓷器」「日南」「滇」「羌」「絲國」「荊」「成都」「齊」「姬」「苗語」「傣語」「長安」「晉」等異說，林林總總，爭論不休，莫衷一是。段渝曾通過音韻學的知識，考察文獻，認為「支那」（Cīna）的語源為成都。「支那」（Cīna）本是梵文語詞，最早記載於公元前 4 世紀古印度孔雀王朝大臣 Kautīlya 的《政事論》。目前多數學者認同梵文「Cīna」之詞根「Cī」與「絲」為同源，因此「Cīna」即是產絲之地。如果能證明古蜀蠶桑業歷史甚早，且蜀絲在古印度《摩訶婆羅多》《羅摩衍那》及《政事論》成書時代即已通過南方絲綢之路遠銷印度，那麼「支那」為成都一說則更加可靠。古蜀蠶桑養殖業歷史悠久，無論是文獻記載，還是民俗神話，抑或是考古文物，皆將其歷史推及先秦乃至更早時期。

揚雄《蜀王本紀》記載古蜀國先王名「蠶叢」，而任乃強《蠶叢考》認為「蠶叢」即「蠶簇」。「蠶簇」即聚蠶飼養之法，是原始人類的一大發明。《說文》即謂「蜀，葵中蠶也」，「蜀」之本意即為「蠶」。野蠶性不羣聚，故「蜀」亦引申為「獨」。後世人工改良蠶種，則新造「蠶」字以相區別。故早在蠶叢氏之甚古年代，即已發明了蠶桑技術，改良獨居之野蠶，使之叢聚而生，故曰「蠶叢氏」。岷江河谷地帶至今猶多野蠶，此其證也。另，養蠶為古蜀先民所創，《史記．五帝本紀》云：「黃帝居軒轅之丘，而娶於西陵之女，是為嫘祖。」歷史學家大多認同「西陵」在蜀西之境，嫘祖即蠶桑之祖。羅泌《路史》曰：「黃帝……元妃西陵氏曰儽祖……以其始蠶，故又祀先蠶。」認為此「西陵」為隴西川甘岷山一帶，正與蠶叢氏所居之地吻合，桑蠶養殖業發源於岷江流域於史有徵。此外，五代前蜀馮鑒《續事始．蜀蠶市》條引《仙傳拾遺》曰：「蠶叢氏自立，王蜀，教人蠶桑，作金蠶數千頭，每歲之首，出金頭蠶以給民一，蠶民所養之蠶必繁孳。罷即歸蠶於王，巡境內所止之處，民則成市，蜀人因其遺事，每年春置蠶市也。」古蜀之先民追根溯祖，認發明了家蠶養殖的蠶叢氏為氏族部落之先，即以蠶叢氏為古蜀文化始祖，這個氏族靠飼養家蠶而聲名遠播，聞名於世。

蜀地一直存在與蠶桑有關的神話傳說，《蜀圖經》記有蜀女化蠶為蠶之始，是為蠶女馬頭娘，蜀地至今仍有奉祀。蜀地蠶農至今猶祀青衣神，此神即為教民養蠶之蠶叢氏。此外，四川大涼山地區有一支「布良米」藏族，「布良米」意為吃蠶蟲的人，吃蛹之外，他們亦抽絲織綢；甘洛藏族有稱「耳蘇」者，同樣以吃蛹為主，另外亦打線織綢，此一地區之藏族與「蠶叢氏」皆為氐羌別支，此當為遠古「蠶叢氏」部落流風之遺存。

三星堆考古出土的金虎形飾，為彎曲的蠶體，兼具虎與蠶之特徵，而那件青銅龍虎尊的虎首也兼具虎與蠶的特徵，另外，三星堆出土的青銅造像羣所展現的華麗衣裳，也足以說明商代蜀地絲綢業的發達。此外，1965 年成都市百花潭中學十號墓出土一件帶採桑紋飾的戰國銅壺，畫面桑株排列有序，15 名採桑女分工協作，已是採桑養蠶的真實生活寫照。另外，近期三星堆出土的 3000 多年前疑似絲綢的痕跡若能得到確證的話，那麼巴蜀蠶桑養殖業的悠久歷史則可以再次得到印證。

考古學家曾於 1936 年在阿富汗喀布爾附近發掘亞歷山大城（約建成於公元前 4 世紀）時發現許多中國絲綢。有學者即認為亞歷山大城出土絲綢有可能是從成都平原經滇緬道（南方絲綢之路）運至印巴次大陸，再輾轉傳至中亞。據《華陽國志》所載，約公元前 400 年前後，開明九世移都「成都」，中原正為戰國時期，與古印度成書於公元前 4 世紀的《摩訶婆羅多》和公元前 3 世紀的《政事論》所記「Cīna」時代也正契合。那麼彼時的「成都」極可能因盛產蠶絲而聲名遠播，通過南方絲綢之路向南傳播至印度而凝固為印度古文獻所記之「Cīna」。

在這條先秦便已暢通的南方絲綢之路上，蜀地絲綢一路南銷至南亞、乃至中亞地區的歷史印跡即清晰可見。地域間交流互動的願景是無可阻擋的，蜀地絲綢的外傳，表明古蜀人不僅具有與域外文明互融互通的願望，而且有付諸實際行動的方法和路徑。「三星堆遺址」「金沙遺址」還出土大量海貝、象牙製品，學界普遍認為這些遺物並非土產，而是來自南亞地區。在印度河流域和恆河流域的廣袤土地上，在古老的「滇越」之地，繁盛的象羣催生着象牙產業的繁榮，象牙及其製品沿着南方絲綢之路的山水橋樑經過商販的肩膀和馬匹一路輾轉向西北販運至富庶的成都平原，作為珍貴祭品瘞埋於泥土之下。此外，中國西南地區特別是以成都平原為中心的古蜀文化區域，近年考古遺址多有海貝出土，一枚輕靈的海貝足以洞隱燭微，牽動考古學者和歷史愛好者的無限遐想和各種猜測。拭去千年封存的塵埃，經過打磨雕琢的精緻海貝依然熠熠生輝，閃耀着那段神祕的過往。一枚海貝或許可以打破地域的阻隔，將中國西南與遙遠的印度洋聯結成一地域整體。沉睡在三星堆遺址坑和四川其他地區遺址和墓葬中的海貝與雲南地區以及印度哈拉帕文化遺跡中出土的海貝材質相同、形制一致，這些海貝主要是用於貿易結算的貨幣，無疑是古籍所載之貝幣。這些貝幣不是巴蜀以及雲南地區的土產，深海白色海貝，通過古「蜀身毒道」，從印度洋北部地區特別是孟加拉灣和阿拉伯海之間的沿海地區引入而來。成都平原考古遺址中的貝幣正是印度洋地區南亞諸國與巴蜀對外經貿交流的國際流通貨幣實證。歷史再一次證明古代巴蜀再也不是想像的封閉內文化圈，一個開放的、積極與外界交流的古國形象已展現於世。

古代巴蜀與南亞的文化交流與互動，既包括「形而下」的物質文化，又包括「形而上」的精神文化。巴蜀的絲綢、邛杖、茶葉、井鹽等本土物產向南傳播到南亞地區，而南亞的茉莉、象牙、海貝、琥珀等也以別樣的魅力傳入巴蜀地區，兩地在你來我往的物產貿易中加強聯繫，促進彼此物質文化的豐富和提升。早期佛教通過南方絲綢之路積極主動傳播至巴蜀，影響巴蜀先民的價值理念和內心信仰，產生於巴蜀的道教廣泛吸收佛教的理論和教規教儀，逐漸凝煉成特色鮮明的本土宗教，成熟的道教又向南傳播回流，融合凝固為印度密宗，一來一往，見證文化傳播超越時空的無窮魅力。古代巴蜀與南亞在語言文學藝術上亦有隱祕淵源，巴山蜀水孕育出的詩人李白的詩作中常出現與佛教有關的意象，而巴蜀地區古老彝文似也與印度婆羅米文字有一定淵源。

物質貿易向來被認為是古代不同地域文明相互交流融合的主要載體，在正史記載中，邛竹杖是古代巴蜀乃至古代中國與域外物質交流的最早載體。《史記・西南夷列傳》載：「博望侯張騫使大夏來，言居大夏時見蜀布、邛竹杖。」早在張騫之前，蜀布與邛竹杖即成為巴蜀文化溝通域外的重要歷史信物。張騫的報告雖然簡略，但卻見證了人類早期不同區域之間物質貿易交流的真實歷史場景，因而成為上古巴蜀與外界交流互動以及中外文化交流史上的重要篇章。通過對大量文獻材料的梳理，我們推斷邛竹杖原產地為川西邛崍山脈，而此一地區至今尚多邛竹杖工藝產業。邛竹杖是綿延幾千年而不絕的蜀地特產，在張騫以前的遙遠時代即通過橫斷山脈的千溝萬壑，搭載着商旅的貨物源源不斷地流向印緬地區，越過印度河和恆河，到達大夏國，融入中亞人的生活，成為蜀地與南亞、中亞物質交流的重要歷史憑證。

茉莉自西漢初年進入中國典籍，旋即受寵於文人學士和普通民眾，成為香花魁首，其倩姿靚影常在文人歌賦中飄然而過。茉莉初入中土，文獻典籍有「末利」「抹厲」「抹利」「沒利」「末麗」等同音異形不同記寫，此正是外來語詞初譯時期漢字記音之特性。此外，文獻尚有「素馨」「耶悉茗」等記載。翻檢中外文獻，域外「耶悉茗」為種屬意義之總稱，五代南漢以後華化意譯「耶悉茗」為「素馨」，後「素馨」與茉莉名稱所指，各有所職，花尖瓣細瘦者為「素馨」，花圓瓣者為茉莉。茉莉原產印度，經過數千年的傳播，茉莉已移植於東南亞諸國及中國廣大區域，越南、柬埔寨地區的茉莉正是通過南方絲綢之路輾轉傳入巴蜀。巴蜀地區氣候溫潤、夏季炎熱多雨，其地理環境適宜茉莉生長繁殖。茉莉在巴山蜀水的沃土間扎根繁衍，以其獨特的花香與茶不經意間相遇，一經融合，並留存於巴蜀茶客的味蕾深處，成為再也揮之不去的幽幽茶香記憶。一朵純色不染纖塵的茉莉翻越千山萬水，跨峽谷，穿平原，最後根植於巴蜀土壤，開出潔白芬芳的花朵，茉莉花以其素雅與芬芳邂逅巴蜀綠茶，成為巴蜀地區花茶之冠，留香脣齒，最為飲茶者鍾情。同時，巴蜀地區的茶飲風俗亦隨着人口的流動和邊境貿易的展開而向南傳播，經過滇緬，到達印度。巴蜀茶葉南傳，既帶動沿線地區茶葉的種植與貿易，又促使當地產生與茶有關的種種文化和風俗。在緬甸，當地有將生茶腌製成酸味製品，並加入輔料以佐餐的吃茶習俗，此一古風，正與張輯《廣雅》所載巴蜀食茶古俗相合。今日巴蜀已很難再見這種食茶之俗，但這種古老風俗一經傳播，即與當地民俗相融合，保存在居民的飲食習慣之中。在印度，其東北阿薩姆地區早前借鑒了來自中國的茶葉種植技藝，培育出名噪一時的印度紅茶，當地居民亦產生了濃厚的茶飲習慣。

秦滅巴蜀後，公元前 311 年，蜀守張若主持修築成都城，營建宮舍，設置鹽官並負責鹽稅，鹽鐵業遂在成都地區廣泛開展且為中央政權所專控。由鹽鐵業而來的食鹽生產開發在巴蜀亦甚為久遠，有文獻記載的確信歷史即可上溯至戰國時期。成都雙流地區開鑿的廣都鹽井，不但是巴蜀地區井鹽生產有文字記載的最早記錄，也是中國井鹽生產有文字記載的最早序篇。巴蜀鹽業自古迄今從未衰歇，富順歷來即為鹽業重鎮，因鹽置治，富順鹽場生產的上乘井鹽，一路向南，經宜賓，抵川滇邊鎮鹽津、鹽源，經西昌向南經鹽道、鹽源、鹽津、鹽塘、鹽邊、鹽興、鹽豐等驛站，過昭通，再南下昆明，穿越山水，流通至南亞、西亞。鹽商懷揣「富順縣」官方流通貨幣銀錠，一路輾轉銷賣，將巴蜀井鹽實物以及產鹽先進技術帶到域外。巴蜀滇黔利用先天的自然環境和豐富的鹽鹵礦藏資源，廣開井鹽之業，從而形成一條人類生活必需品 —— 食鹽產業貿易通道，這條通道又促進南方絲綢之路上其他商品貿易的往來交流。從某種意義上說，南方絲綢之路的開闢和貫通，與巴蜀川滇地區與緬甸、印度等地的食鹽貿易密切相關。

中國將「琥珀」納入珍玩視野或要晚於歐洲，但也為時甚早。先秦文獻鮮見「琥珀」，秦漢以後多有記載，中古時期琥珀製品作為奇珍異物為達官顯貴所追捧，因而漢晉墓葬常有琥珀出土。西漢初年陸賈《新語》最早以譯音記載「琥珀」。受漢代讖緯之學及方士方術思想之影響，成書於兩漢之際的《神農本草經》遂以意化可解「虎魄」代替「琥珀」，由是附會出「虎死，精魄入地化為石」等各種本土民間文化期許。由譯音無義「琥珀」而譯意特稱「虎魄」，尚有「虎珀」中間語言變體的長期存在。隨魏晉六朝引入域外「琥珀」特別是「虫珀」風尚日熾，加之其時道教學者對「琥珀」成因、品種的深入研究，人們對「琥珀」的認識不斷修正，並凝固為《隋書》泛稱「獸魄」。此外，揆諸文獻，「育沛」「遺玉」「頓牟」「江珠」原本皆非「琥珀」別稱。「琥珀」一詞的書寫流變，反映出中華民族吸收融合外來文化所發生的文化互動直至本土化的變異歷程。綜合考察川、渝、滇、黔地區漢魏六朝以前墓葬出土的琥珀製品，其形制多具域外風格，種種證據表明，此一時期西南地區出土的琥珀製品，除部分製作於本土外，絕大部分從周邊地區或域外引入，傳入的路線即是當時西南地區與周邊及外域商貿往來的南方絲綢之路東、西兩線，而緬、印琥珀產地即為西南出土琥珀的重要來源。

由物質交流而打開的商貿道路，為古代巴蜀與南亞在精神文化領域的互融提供途徑。源於印度的佛教與產生於巴蜀的道教曾在來往碰撞間產生了宗教信仰的融合。早期佛教經南方絲綢之路傳至巴蜀的史實皆清晰可尋，20 世紀 40 年代後，大量早期佛教遺物在巴蜀出土，其數量居全國之首。早期佛教傳播至峨眉地區後，峨眉山即成為重要驛站，或此一佛教支系所宣揚者重在法藏比丘阿彌陀佛 Amitābha，佛教徒即稱此山為「Ami」山。伴隨秦漢政權擴張至蜀，除人口、經濟的融合外，漢字文化也逐漸在蜀地生根發芽，其一旦傳播並浸入蜀地，很多蜀語即以音譯形式為漢字所記錄。揚雄即是將「Ami」之音以「峨眉」之形記錄於《蜀都賦》的第一本土文士。「峨眉」正式融入中華漢字文化系統前，漢字語庫的構件僅有「我、眉」，「峨」最早出現於司馬相如辭賦即為證明。當「Ami」語音進入漢字系統後，語音所對應義項即會逐漸漢化，使用者隨即另造新字與之對應，新造漢字，往往即為形聲字。從「我眉」到「峨嵋」，添加義符，從而構成新的形聲字。在借用漢字標識音譯的初始階段，漢字記寫隨意性大，「峨嵋」「峨眉」「我嵋」「峨眉」「涐湄」與「涐眉」皆是其例。一旦音譯漢字定型之後，隨即便會對其作文化附會闡釋，「螓首蛾眉」恰可作為「峨眉」的歷史典籍文獻支撐，於是便有任豫《益州記》和酈道元《水經注》「兩山相對如蛾眉」的文化溯源附會，有此望文生義，「蛾眉」「娥眉」之名隨即產生。由歷史文獻和峨眉周邊大量早期佛教考古遺跡的旁引曲證，早期佛教通過南方絲綢之路一路北上，穿越千山萬水、溝壑津橋，直入巴蜀大地，與「峨眉」相遇，遂烙下早期佛教流播的隱微痕跡。此外，早期佛教自南方絲綢之路傳播至巴蜀腹地，與巴蜀奇山異水相遇，旋即凝固並根植於民眾心理，慢慢浸染民眾信仰並產生深遠影響。中國本土的精神文化和民俗習慣，十分迅速地將佛教的教儀教規嫁接於自己的意識之中，旋即產生中國本土的宗教信仰道教。道教產生於巴蜀的時間甚早甚古，初創早期的道教即傳播流動至雲南西南地區，繼而過巍山，經騰沖，到達印度密支那地區，鈎稽考核歷史文獻，道教流播至印度的路線清晰可察。生根西蜀山水，並流衍壯大於巴蜀大地的道教通過官員任職、官辦學校、領土擴展、漢族移民、宗教人士、對外貿易、少數民族以及外國朝貢使團等多種途徑沿南方絲綢之路一路南傳，途經雲貴、廣西，再抵南亞、東南亞地區，旋即在中南半島越南地區和印度阿薩姆地區植根於當地本土文化，與本土風俗文化激盪、融合、嫁接，衍化出新的宗教信仰，印度密宗即其奇花異果。中印歷史文獻貝連珠貫，環環相扣，無不揭示印度密宗之教義及修持方法深受道教文化影響。

甚至在語言文學藝術方面，巴蜀與南亞地區亦有着千絲萬縷的淵源。直至 19 世紀末，彝文才進入學界的研究視野，1930 年丁文江將彝文「羊皮書」帶出大山，隨後彝文研究不斷深入。四川西南涼山地區為彝族聚居地，彝族所使用彝文出人意表與相隔遙遠的印度發生關聯。1873 年，「印度河文字」驚現於世，該文字直接孕育產生公元前 7 世紀廣泛使用的「婆羅米文字」，阿育王時期印度 — 雅利安石刻（前 3 世紀）為最早的實物證據。梵文曾用多種「婆羅米」字母拼寫，理論上凡是屬「婆羅米」系列字母的文字皆可稱為梵字。「婆羅米文字」後又演化為佉盧文字、笈多字體、悉曇字體、天城體梵文等多種文字。關於「婆羅米文字」的來源，曾引起中外學界持續關注，有學者認為其來源於美索不達米亞的古阿拉米文字。但是，中外更多學者特別是深諳彝文的學者認為「婆羅米音節文字」與生活在川、滇、黔地區的彝族古老音節文字有諸多內在關聯，且彝族先民與巴蜀文化又有着千絲萬縷的緊密關聯。更可振奮者，近年，有歷史考古學者探索出三星堆文化中亦隱藏有諸多與彝族文化相同的基因密碼。此一問題或可為我們再次提供巴蜀文化與南亞地區綿亙久遠的文化互動與融合歷史，不同於中原語言文字的巴蜀「左言」融合彝族音節文字，輾轉與遙遠的南亞古老「婆羅米音節文字」發生着令人驚歎的時空源流牽連。

巴蜀文學與域外的關聯歷來少有人問津。文翁化蜀後，巴蜀文學自漢代正式匯入中原，在司馬相如、揚雄、王褒等人的創作下，蜀人辭賦儼然成為中國地域文學之一大宗，但是，漢代巴蜀作家還少有自覺以大量域外文化特別是南亞文化來渲染其作的。魏晉六朝中華文化重心由黃河流域轉向江南，巴蜀文學進入幾百年式微階段。大唐甫一建立，巴蜀文士即展露出類拔萃的才華，陳子昂慷慨任俠的個性使其成為初唐詩文革新舉旗抗旌之先驅。進入盛唐，巴蜀山水毓養出中國詩壇上又一天縱之才李白。有趣的是，李白號「青蓮居士」，完全是他崇尚佛教以及熟讀《維摩詰經》的自我身份認同。由《維摩詰經》所塑造的「青蓮」意象，為六朝隋唐文士所尊奉，特別是唐時王維、李白和白居易，皆對《維摩詰經》推崇備至。李白以《維摩詰經》之「青蓮」自號，一為推尊王維，一為尊崇佛典，一為嚮往「維摩詰」之生活模式。「青蓮」之潔淨禪靜意象正與李白內心鄙棄塵俗、傲視權貴的個性相一致。「青蓮居士」以濃重的佛教色彩向我們揭示李白的佛教情結。佛教聖物蓮花自天竺傳入，跨越千山萬水，竟在四川與李白結下不解之緣，不得不令人驚歎文化穿越時空的魔力。細細玩味李白詩歌中大量存在的印度文化意象，或可認為，李白是中印文化在文學上的偉大結晶，他以「清水出芙蓉，天然去雕飾」的天才詩篇再一次呈現巴蜀文化與印度文化的珠聯璧合。巴山蜀水毓養的天才詩人，在蜀地佛風熾盛的山水間，蘊涵着佛教純淨清潔的佛理，積澱成李白高蹈塵外的個性精神。在文學領域，巴蜀詩仙再一次與印度發生着時空牽連。

文明在發展的長河中，總是一邊永不停歇地向前奔走，一邊與其他文明發生碰撞和融匯，唯有如此，才能豐富自身的內涵，永葆生命活力。古代巴蜀與南亞的文明在交流中碰撞，在碰撞中交融，它們各自以開放包容的心態接納來自另一地區的文明形態，在促成自身文明新發展的同時，也為當今世界的文明交流提供重要啟示。文物無言，歷史無聲，古代巴蜀與南亞之間那段長達幾千年的交往歷史若能勾起今人穿越歷史時空的無限遐想，進而引起更多的關注討論，亦為本序所樂見。巴蜀這個地域，過去曾有着「蠻荒」「閉塞」「偏遠」的印象，但眾多歷史古址的發掘卻為我們展現了一個光輝璀璨的文明古國形象，它與域外的交流早在三千多年前便已密切。僅與南亞地區的交往來看，古代巴蜀與南亞不僅在物產上互通有無，在宗教信仰上碰撞融合，甚至在語言文學藝術上也有不可盡說的牽連淵源。兩大地域空間不同文化因子間互相激盪、相互借鑒甚至回流影響，共同塑造文化形態的生成與互融。兩地既有廣泛而深沉的交往歷史，放眼未來，兩大區域也會吸取經驗，加強聯繫，友好往來，共同促進南方絲綢之路的和諧發展。

緒　論

一　巴蜀及巴蜀文化

1929 年，四川廣漢縣中興鄉真武村，農民燕道誠與兒子燕青保在自家院落附近挖水溝時，發現一坑玉石器，有石璧、玉璋、玉琮、玉圭、玉圈、玉釧、玉珠、玉斧、石矛等 400 餘件。燕氏家人祕而不宣，1 年後才慢慢將其送人或拿到成都古玩市場「送仙橋」變賣。1931 年春，英國傳教士董宜篤在廣漢境內傳教，得知燕道誠發現玉石器的消息，董宜篤將收集到的一些玉石器交給創辦並首任華西協和大學博物館（今四川大學博物館）館長兼文化人類學美籍教授葛維漢（D. C. Graham）。

1933 年，葛維漢與中國學者林名均一同前往發掘，在燕氏當年所見玉器的水溝附近又獲若干玉器與陶片[1]。四川籍歷史學家郭沫若當時旅居日本，此事引起他的密切關注。郭沫若於 1934 年 7 月 9 日致信林名均：「西蜀文化很早就與華北、中原有文化接觸…… 四川別處會有新的發現，將展現這個文化分佈的廣闊範圍。」[2] 郭沫若承續歷史上「西蜀」這一說法，提出「西蜀文化」的新概念。但是，郭沫若似乎更強調「西蜀文化」與中原文化一脈相承的同一性，而視域重點並不在「西蜀文化」的地域特殊性以及文化元素的獨特性。葛維漢考古報告發表僅僅 1 年，抗日戰爭

1　林名均：《廣漢古代遺物之發現及其發掘》，《説文月刊》1942 年第 7 期。
2　黃淳厚：《郭沫若書信集》，中國社會科學出版社，1992 年，第 398 — 399 頁。

爆發，包括葛維漢在內的一批華西大學外籍教授紛紛回國，進一步發掘廣漢月亮灣「三星堆遺址」的機會即與他們擦肩而過，「三星堆遺址」要再等半個世紀才驚豔世界。

但是，由於成都及周邊區域青銅器陸續出土問世，探尋四川古代文化已為當時史學界所熱衷和關注。1940 年 3 月，徐中舒在《史學季刊》上刊文《古代四川之文化》，以傳說中之蜀史，周秦漢之巴蜀，古代四川的交通、物產、工商業等內容，從先秦到唐宋，論述四川古代的獨特文化。徐中舒認為古代四川文化是多民族融合而產生的地域文化，「其文化由來甚古，即或出於秦漢以後，亦多萌茁於本土，而不必待於中原文化之浸溉，於以見四川之重要，在文化上實有其悠遠之歷史也」[1]。徐中舒詳細論述「四川文化」獨立於中原文化之外的地域發展特性，但他還沒有直接使用「巴蜀文化」這一明確概念。

1941 年 4 月，時任教於重慶中央大學的顧頡剛撰文《古代巴蜀與中原的關係說及其批判》，他在開篇闡明研究理路是「沒有徹底的破壞，何來合理的建設」[2]。顧頡剛雖沒有直接使用「巴蜀文化」一語，但已將「巴蜀」緊密聯結在一起，他更加強調「巴蜀」獨立發展的文化區域特性，「古蜀國的文化究竟是獨立發展的，它的融合中原文化是戰國以來的事」[3]。

1941 年 8 月，衛聚賢於《說文月刊》「巴蜀文化專號」刊文《巴蜀文化》，此文於 1942 年再刊於《說文月刊》。該文用 41 幅圖、17 幀照片和 48 張拓片，以成都市面上收到的一批青銅器、玉器特別是成都白馬寺壇君廟出土的青銅器為研究素材，明確提煉出「巴蜀文化」這一概念，

1 徐中舒：《古代四川之文化》，《史學季刊》1940 年第 1 期。

2 顧頡剛：《古代巴蜀與中原的關係說及其批判》，載《論巴蜀與中原的關係》，四川人民出版社，1981 年，第 2 頁。

3 顧頡剛：《古代巴蜀與中原的關係說及其批判》，載《論巴蜀與中原的關係》，四川人民出版社，1981 年，第 70 頁。

且用出土古物求證巴蜀古史，對當時以及後來的巴蜀文化研究產生重要影響。衛氏認為，巴蜀古史，史籍記載不詳且多神話。《巴蜀文化》開篇論述：「四川在秦以前有兩個大國 —— 巴蜀。巴國的都城曾在重慶，蜀國的都城則在成都。巴國的古史則有《山海經》、《華陽國志》的《巴志》所載，惟其國靠近楚、秦，故《左傳》上尚有段片的記載。蜀國的古史，則有《尚書》、《蜀王本紀》（揚雄作，已佚，他書有引）、《蜀論》（來敏本作，《水經注》引）及《華陽國志》的《蜀志》。不過這些古史既不詳細且多神話，因而目巴蜀在古代沒有文化可言 …… 今年四月余到成都，在忠烈祠街古董商店中購到兵器一二，其花紋為手與心，但只有一二件，亦未引起余注意。六月余第二次到成都，又購到數件，始注意到這種特異的形狀及花紋，在羅希成處見到十三件，唐少波處見到三件，殷靜僧處兩件，連余自己蒐集到十餘件，均為照，拓，描，就其花紋，而草成《蜀國文化》一文。八月余第三次到成都，又蒐集到四五件，在趙獻集處見到兵器三件，殘獵壺一。林名鈞先生並指出《華西學報》第五期（二十六年十二月出版）有錞于圖，其花紋類此，購而讀之，知萬縣，什邡（四川），慈利（湖北），長楊（湖北），峽來亦有此特異的花紋兵器等出土，包括古巴國在內，故又改此文為 ——《巴蜀文化》。」[1] 衛氏認為，古代的巴國在今漢中，巴可能因渝水（嘉陵江）而得名。蜀國的都城就在成都北門外高阜之地。衛氏甚至認為，春秋前蜀人有自己的文字，春秋戰國時才仿中原文字。衛氏之說在當時學界受到普遍質疑，只有陸侃如等少數學者表示支持。但是，「巴蜀文化」作為一個專有術語就此定型，直至今日依然為學界所熱論。

從郭沫若「西蜀文化」到徐中舒「四川文化」，從顧頡剛「巴蜀」到衛聚賢「巴蜀文化」，特別是 1941 年和 1942 年《說文月刊》兩期「巴蜀

1 衛聚賢：《巴蜀文化》，《說文月刊》（巴蜀文化專號）1941 年第 3 卷第 4 期。

文化專號」刊名，以及包括金祖同《冠詞》、傅振倫《巴蜀在中國文化上之重大貢獻》、鄭德坤《華西的史前石器》、繆鳳林《漫談巴蜀文化》、說文月刊社《復刊詞》在內的 25 篇有關巴蜀文化的系列研究文章的刊發，為巴蜀文化基本概念以及學術內涵的形成奠定了基礎，這也是巴蜀文化正式走進研究者研究視域的顯著標誌。歷史與考古學家在巴、蜀地區大量新出土陶器、玉石器、青銅器等地下考古材料的佐證下，已經清晰認識到巴蜀文化的獨特區域特徵，為當時以及後世中華文化多元構成研究開拓了新的思維空間。

20 世紀 40 年代，馮漢驥對川西大石文化進行考古調查，認為墓石、獨石、列石等遺跡皆與蜀王傳說相關，是「秦代未入巴蜀以前的遺物」[1]。1949 年後，馮漢驥主持四川幾乎所有的巴蜀考古活動，推動「巴蜀文化」研究持續升溫。20 世紀 50 年代後，成都市商業街戰國時期大型船棺葬、成都市北郊駟馬橋羊子山商代至戰國古蜀國神壇土臺、成都西北新繁水觀音遺址與墓葬和成都彭縣竹瓦街銅器窖藏等考古的陸續發現，特別是船棺葬的發現，使「巴蜀文化」得到考古學上的確證。1954 年巴縣冬筍壩和昭化寶輪院發掘出土的青銅器與衞聚賢所見青銅器幾乎完全相同，由此解決了許多學者對衞氏「巴蜀文化」器物真偽的質疑[2]。1959 年，徐中舒在巴蜀考古新發現的背景下，發表《巴蜀文化初論》，全面討論巴蜀的經濟、文化、歷史、族屬，認為「四川是古代中國的一個經濟文化區，但是它並不是孤立的」[3]。此後，繆鉞《巴蜀文化初論商榷》[4]、蒙文通《巴蜀

---

1 馮漢驥：《成都平原之大石文化遺跡》，《華西邊疆研究學會雜誌》1946 年第 16 期。
2 林向：《「巴蜀文化」辨證》，載《巴蜀文化研究》第三輯，巴蜀書社，2006 年，第 6 頁。
3 徐中舒：《巴蜀文化初論》，《四川大學學報》1959 年第 2 期。
4 繆鉞：《巴蜀文化初論商榷》，《四川大學學報》1959 年第 4 期。

史的問題》[1]、童恩正《古代的巴蜀》[2]、鄧少琴《巴蜀史跡探索》[3]和任乃強《四川上古史新探》[4]等，從不同角度特別是巴蜀古史的文獻記載進行深入鈎沉稽古與考訂辨析，不斷探索拓展「巴蜀文化」研究新的領域。

1986 年《中國大百科全書・考古學》採用童恩正對「巴蜀文化」的界定：「巴蜀文化 —— 中國西南地區古代巴、蜀兩族先民留下的物質文化。主要分佈在四川省境內。其時代大約從商代後期直至戰國晚期，前後延續上千年。從考古學上確認巴蜀族的物質文化，是建國以來商周考古的一大收穫。」[5] 1991 年袁庭棟《巴蜀文化・前言》提出「廣義巴蜀文化」概念：「四川古稱巴蜀，所以四川文化的研究一般都稱為巴蜀文化的研究。巴蜀文化有兩種含義，狹義的是指秦統一巴蜀之前還稱為巴蜀時期的文化，廣義的是指整個四川古代及近代的文化。」[6] 此一說法，將具有獨特精神氣質的文化個性的文化樣式擴展至廣義地域，無疑會拓展研究時空。2000 年段渝《三星堆與巴蜀文化研究七十年》進一步將「巴蜀文化」概念建構在三個層次：「巴蜀文化有『大巴蜀文化』和『小巴蜀文化』⋯⋯ 當前關於巴蜀文化的概念主要有三種：一種是先秦巴蜀文化，即原來意義上或狹義的巴蜀文化，這一概念在學術界採用最為普遍，並得到國內外學術界的肯定；一種是考古學上的巴蜀文化，主要通行於考古學界，並得到全國考古學界的肯定；另一種是廣義的巴蜀文化，這個概念越來越取得學術界和社會各界的共識。」[7]

林向根據考古新材料，重新定義「巴蜀文化」：「巴蜀文化 —— 中國

1 蒙文通：《巴蜀史的問題》，《四川大學學報》1959 年第 5 期。
2 童恩正：《古代的巴蜀》，四川人民出版社，1979 年。
3 鄧少琴：《巴蜀史跡探索》，四川人民出版社，1983 年。
4 任乃強：《四川上古史新探》，四川人民出版社，1983 年。
5 中國大百科全書總編輯委員會：《中國大百科全書》（考古學），中國大百科全書出版社，2002 年，第 29 頁。
6 袁庭棟：《巴蜀文化》，遼寧教育出版社，1991 年，第 2 頁。
7 段渝：《三星堆與巴蜀文化研究七十年》，《中華文化論壇》2003 年第 3 期。

西南地區以古代巴、蜀為主的族羣的先民們留下的文化遺產，主要分佈在四川盆地及其臨近地區。其時代大約相當於春秋戰國秦漢時期。前後延續上千年。從考古學上確認巴蜀諸族羣的文化、並形成巴蜀文化區，是建國以來兩周考古的一大收穫。」[1] 時至今日，「巴蜀文化」研究領域已不局限於「物質文化」，在「精神文化」和「制度文化」等其他領域也不斷突破創新，諸如段渝《政治結構與文化模式：巴蜀古代文明研究》即為新領域的前沿之作[2]。因此，本書首先選取的論述主題亦不局限於「物質文化」，還包括宗教和語言文學等內容。其次，「巴蜀文化」分佈範圍也不僅局限在四川境內，還包括隴南、陝南、鄂西、湘西、雲貴高原北部等更為廣泛的地域，因此，本書的論述空間也多涉及這些區域。再次，「巴蜀文化」時間跨度極長，自先秦歷戰國跨秦漢，至南北朝後隨大規模民族遷徙和融合的影響，地域文化差異不斷縮小，「巴蜀文化」的地域特色即逐漸被涵化，直至完全融入中原文化。因此，本書的論述材料更多集中在隋唐之前的上古、中古時期的巴蜀。此外，四川地區的考古文化，西周以前主要是蜀文化，東周後，巴文化、楚文化、秦文化和中原文化都對蜀文化產生顯著影響，文獻和考古皆表明「巴蜀文化」更多指「蜀文化」，因此，本書的論述重點則更多偏向「蜀文化」。

由此，巴蜀文化已經建構起比較成熟的理論體系和狹義、廣義多層研究範圍，學界在一些爭論不休的問題上也已逐漸達成共識，不斷普及於社會各界並被廣泛接受。近幾十年來，隨着巴蜀地區商周遺址特別是「三星堆遺址」中帶有南亞、中亞甚至西亞等外來文化因素的大量考古發掘材料的出現，學者們對早期帶有獨特地域氣質的巴蜀文明在中華文明起源中的地位與作用以及巴蜀文明構成的來源、定型、流變以及影響產

1　林向：《「巴蜀文化」辨證》，載《巴蜀文化研究》第三輯，巴蜀書社，2006 年，第 10 頁。
2　段渝：《政治結構與文化模式：巴蜀古代文明研究》，學林出版社，1999 年。

生了濃厚興趣和持續的研究熱情，這也是本書所依賴的時代研究背景以及要着力探尋的問題。

二 南方絲綢之路概述

1877 年，德國地理地質學家李希霍芬（F. von Richthofen）刊佈《中國》一書，此書是他實地考察中國並綜合文獻材料研究而成。李希霍芬在該書第一卷第十章《中國與中亞南部和西部諸民族的交通往來之發展》中，分六個階段考察了中國與中亞、印度從古至今的交往歷史。作者敘述中國與中亞絲綢貿易和交通路線時，將之稱為「駝隊之路」（die Caravanstrasse）及「貿易之路」（die Handelsstrasse）。隨後，作者敘述中西貿易記載時，又提出「絲綢之路」（die Seidenstrasse），且定義「絲綢之路」為：「從公元前 114 年到公元 127 年間，連接中國與河中（指中亞阿姆河與錫爾河之間）以及中國與印度，以絲綢貿易為媒介的西域交通路線。」[1] 其後，德國歷史學家赫爾曼（Albert Herrmann）於 1910 年發表《中國和敘利亞之間的絲綢古道》（Die alten Seidenstrassen zwischen China and Syrien）一書，赫爾曼根據新發現的文獻資料，進一步延伸絲綢之路名稱的涵義至遙遠西方的敘利亞。因有考古材料的新發現，絲綢之路的外延已擴展為中國古代從黃河流域和長江流域經由中亞、西亞、印度通往歐洲、北非的陸上貿易通商孔道及文化交流之路。

自李希霍芬提出絲綢之路以來，中西學者前後相踵，對歐亞大陸的交通歷史作出了大量實質性的研究工作，成果斐然。近年來，學界又提出南方絲綢之路：「至遲從公元前二千年代中葉開始，在從近東、中亞、

1 轉引自林梅村：《絲綢之路考古十五講》，北京大學出版社，2006 年，第 2 頁。

南亞到中國西南四川盆地之間廣闊的空間內，存在着相同或相似文化因素集結的連續分佈現象。這個廣闊的連續空間，就是古代亞洲最大、最長的文化交流紐帶。這條紐帶的南段和南段轉折向東伸入四川盆地，以及由四川盆地出雲南至東南亞的一段遠距離國際交流線路，便是『南方絲綢之路』。」[1] 南方絲綢之路與《史記》所言「蜀身毒道」多有重合，為古蜀與東南亞、南亞乃至印度半島的經貿通道。成都是南方絲綢之路的起點，由成都出發向南延伸，分東、西兩路在雲南大理合道後再一路折向西，直抵印度阿薩姆地區。

南方絲綢之路東路由岷江道和五尺道組成。岷江道從成都出發沿岷江南下至樂山經犍為抵宜賓，此道多由燒崖修築、依崖而建，路途較為險峻。岷江道宜賓一段因漢代屬僰道縣所轄，因而也稱為僰道。由宜賓渡長江經雲南鹽津縣達昭通入黔西北威寧轉而西折至雲南曲靖，是為五尺道。由《史記．西南夷列傳》「秦時常頞，略通五尺道」[2] 的記載可知，此道為秦將常頞所築，因棧道寬五尺故名五尺道。五尺道在唐朝曾復築，此道石門關（今雲南鹽津縣豆沙關）一路險峻異常，故五尺道在唐時又名石門道。雲南昭通地處漢代朱提郡，故五尺道昭通段也稱朱提道。五尺道經滇中平原至昆明，再西折至雲南楚雄抵大理與西路匯合。此外，五尺道在貴州威寧分道經夜郎可至兩廣之地，繼而再入南越地區。故此路北段名為夜郎道，南段為番禺道。因此，南方絲綢之路東路不僅可以向南溝通川滇廣大地區，同時亦可向東溝通貴州及南越地區。

南方絲綢之路西路因司馬相如開闢此道時沿古氂牛羌部舊道而築，故也稱氂牛道。此道途經靈關天險，歷朝歷代均設守此關，故又稱靈關道（或零關道）。唐代重開此道時，曾屯重兵於清溪峽中險關，故又稱為

---

1 段渝：《淺談南方絲綢之路》，1993 年 5 月 24 日《光明日報》。
2 ［西漢］司馬遷：《史記》，中華書局，1959 年，第 2993 頁。

清溪道。犛牛道由成都出發經雙流、新津一路南下抵臨邛（今邛崍），再向南達雅安、滎經（漢代嚴道縣）越邛崍山（今泥巴山）至漢源，穿清溪峽抵甘洛、越西，經靈關入安寧河流域至西昌（漢代越嶲郡），南下達會理縣境再向西南至拉鮓渡口，渡金沙江經攀枝花抵雲南大姚縣，繼而西向至大理普淜驛與東路匯合。

南方絲綢之路從成都一路往南，東、西兩路在雲南大理合道，沿今滇緬公路，過雲南驛至下關，再南越巍山、永平、博南山，渡瀾滄江抵保山，經保山翻越高黎貢山到達騰沖，繼而進入緬甸再抵印度阿薩姆地區，或在騰沖沿大盈江南下，經干崖到達緬甸八莫。因漢代保山屬永昌郡，曾與身毒（印度）直接相連，是漢代通往南亞的前沿驛所。因此雲南下關以西至保山一段也稱為永昌道，而下關往西行經博南山一段又稱為博南道。

緬甸八莫在西南地區與南亞交通中有重要地位，從八莫再抵印度地

1　茶馬古道西路犛牛道

區有陸路和水路兩線。陸路從八莫出發，經緬甸北部邊陲重鎮密支那，再由此渡親敦江，越緬印邊界那加丘陵直達印度東北部阿薩姆，再由阿薩姆沿布拉馬普特拉河（雅魯藏布江印度段名稱）到達恆河流域和印度河平原地區。水路從八莫出發，順伊洛瓦底江向南到達緬甸海岸各地，再由孟加拉灣海路到達印度地區。

南方絲綢之路除東、西兩條主要幹線外，還有眾多經貿支線。東驛道在戰國楚將莊蹻入滇通道基礎上形成發展。此道是秦漢至元以前四川至滇境的主要幹道，元代重新築建，其路線由雲南曲靖東出入黔，轉而抵達湖南，成為元後中央王朝經營雲南地區的官驛通道。麗江道早在漢唐時即已存在。此道為南方絲綢之路上的北上分道，從四川抵滇到達麗江後經此道進入西藏腹地，繼而轉入不丹、錫金、尼泊爾和印度境內。麗江道承載川滇茶葉物資與西藏藥材、馬匹等貿易交換，因路途崎嶇險峻，多以馬幫運輸物資，因此又稱為「茶馬古道」。

南方絲綢之路由來已古，無論是東路五尺道還是西路犛牛道，抑或支路東驛道和麗江道，皆是早期西南地區特別是蜀地溝通境外的重要經貿文化通道。南方絲綢之路的實用開闢，為中國早期西南地區特別是古蜀成都地區與南亞、東南亞等境外經貿交流提供堅實的交通條件。南方絲綢之路從成都啟程，經川滇線、滇緬線、緬印線等「川滇緬印古道」抵達廣袤的印度河流域地區。李白「蜀道難，難於上青天」的慨歎卻在蜀滇緬印的山水間沖決險阻，先秦甚至更古的巴蜀商賈藉助南方絲綢之路與緬印間進行長途且緊密的經貿文化交流，並在印度中轉，進而向西與中亞、西亞等近東地區甚至地中海地區進行互通有無的商貿文化交流。童恩正《略談秦漢時代成都地區的對外貿易》言：「早在戰國時，很有可能就已經初步開通了一條以成都地區為出發點，向南進發經雲南過緬甸通印度北部和巴基斯坦抵達中亞地區的商道，這正是之後所稱的『南方絲綢之路』或『滇緬道』。」[1] 由此可見，遙遠的先秦時期，渴望與外界交流且具開拓精神的巴蜀古老先民，即通過南方絲綢之路，與南亞廣大地區發生着多層次的經貿文化交流活動。本書論述的交通依據即本於此。

三 南方絲綢之路研究綜述

最早涉及南方絲綢之路的是法國漢學家伯希和，他於 1904 年出版《考究賈耽路程》一書，該書 1933 年被馮承鈞翻譯為《交廣印度兩道考》[2] 並刊印於商務印書館。伯希和從陸路安南通天竺道以及水路廣州通海夷道對交廣與印度間的古代西南對外交通進行了深入考辨，認為在公元 2 世紀前，中國與印度已由緬甸一道發生貿易關係。伯希和雖然還沒有直接使用今日南方絲綢之路這一術語，但其實質已經涉及南方絲綢之路交通史的研究。結合近年來學者對相關問題的總結，特別是羅羣《20 世紀以來「南方絲綢之路」研究述評》[3] 一文的系統梳理，我們對南方絲綢之路研究概況做一簡要介紹。

伯希和之後，繼起者圍繞中國西南對外交通這一研究領域取得豐碩成果，已為後來南方絲綢之路研究的系統展開建構起基本框架和體系。梁啟超 20 世紀 20 年代發表《中國印度之交通》[4]，已提到中印間古已存在的「滇緬路」。其後，藤田豐八《中國南海古代交通叢考》[5]、嚴德一《西南國際交通路線》[6]、方國瑜《雲南與印度緬甸之古代交通》[7]、姚寶猷《中國

1 童恩正：《略談秦漢時代成都地區的對外貿易》，《成都文物》1984 年第 2 期。
2 ［法］伯希和著，馮承鈞譯：《交廣印度兩道考》，中華書局，2003 年。
3 羅羣、朱強：《20 世紀以來「南方絲綢之路」研究述評》，《長安大學學報》2015 年第 3 期。
4 梁啟超：《中國印度之交通》，載《梁啟超佛學文選》，武漢大學出版社，2011 年。
5 ［日］藤田豐八著，何建民譯：《中國南海古代交通叢考》，商務印書館，1936 年。
6 嚴德一：《西南國際交通路線》，《邊疆問題》1939 年第 1 期。
7 方國瑜：《雲南與印度緬甸之古代交通》，《西南邊疆》1941 年第 12 期。

絲綢西傳史》[1]、鄭天挺《歷史上的入滇通道》[2]、龔學遂《中國戰時交通史》[3]、夏光南《中印緬道交通史》[4]、朱伯奇《國際交通新路線》[5] 等皆圍繞中國早期西南對外交通進行深入探討，這一研究熱潮持續 20 餘年而不衰。

20 世紀 50 年代，在中國西南對外交通這一領域，大陸研究雖一時沉寂，而中國港臺地區和國外仍持續推進。英國歷史學家霍爾《東南亞史》[6] 認為，早在張騫於大夏發現蜀布、邛竹杖前，即有一條從東印度阿薩姆地區通過上緬甸進入中國雲南的陸上交通線。印度歷史學家馬宗達亦有相似論述，認為公元前 2 世紀，中國和東印度之間，經由雲南和上緬甸，有一條經常可通行的陸上貿易路線。英國哈威《緬甸史》[7]、緬甸波巴信《緬甸史》[8] 等皆對早期中印緬交通進行考證。此外，桑秀雲《蜀布邛竹杖傳至大夏路徑的蠡測》[9] 認為早在張騫出使西域前，中國西南地區與印度北部即已存在商業往來。饒宗頤《蜀布與 Cinapaṭṭa —— 論早期中、印、緬之交通》[10] 從印度考鐵利亞（Kautilya）書中所記之「Cīna」以及典籍所載氐罽、蜀細布與哀牢桐花布深入考察了中、印、緬古代交通情況。嚴耕望《漢晉時代滇越道》[11] 證實早在西漢時滇越即有通道，從而推翻伯希和有關「唐以前中國人開拓雲南與東京（河內）交通之事，今尚無跡可尋」[12]

---

1 姚寶猷：《中國絲綢西傳史》，商務印書館，1944 年。
2 鄭天挺：《歷史上的入滇通道》，《旅行雜誌》1943 年第 3 期。
3 龔學遂：《中國戰時交通史》，商務印書館，1948 年。
4 夏光南：《中印緬道交通史》，中華書局，1948 年。
5 朱伯奇：《國際交通新路線》，《旅行雜誌》1949 年第 6 期。
6 ［英］霍爾著，中山大學東南亞歷史研究所譯：《東南亞史》，商務印書館，1982 年。
7 ［英］哈威著，姚梓良譯：《緬甸史》，商務印書館，1973 年。
8 ［緬］波巴信著，陳炎譯：《緬甸史》，商務印書館，1965 年。
9 桑秀雲：《蜀布邛竹傳至大夏路徑的蠡測》，載《歷史語言研究所集刊》（第四十一本第一分），商務印書館，1969 年。
10 饒宗頤：《蜀布與 Cinapaṭṭa —— 論早期中、印、緬之交通》，載《歷史語言研究所集刊》（第四十五本第四分），商務印書館，1974 年。
11 嚴耕望：《漢晉時代滇越道》，《香港中文大學中國文化研究所學報》1985 年第 1 期。
12 ［法］伯希和著，馮承鈞譯：《交廣印度兩道考》，中華書局，2003 年，第 186 頁。

的論斷。

20 世紀 80 年代以來，中國古代西南對外交通再次引起學界關注。特別是「三星堆遺址」的大面積發掘以及 1987 年四川省委提出「借邊出境，借船出海」對外經貿方針，促使學術界廣泛而深入開展「南方絲綢之路」相關研究。學者們開展田野實地考察和召開專題學術會議，使南方絲綢之路研究推向縱深。西南師範大學「南方絲綢之路」考察隊經過多年實地考察，形成《西南絲綢之路考察札記》[1]、《南方絲綢之路》[2]、《西南絲路 —— 穿越橫斷山》[3] 等成果。因學術研討會而形成的研究成果也頗為可觀。90 年代初，涼山州博物館召開「西南絲綢之路學術研討會」，結集《南方絲綢之路文化論》[4]。四川大學歷史系召開「古代西南地區中外交通學術討論會」，結集《中國西南的古代交通與文化》[5]。四川和雲南錢幣學會召開「南方絲路貨幣學術研討會」，結集《南方絲綢之路貨幣研究》[6]。在《三星堆研究》第一輯出版後，廣漢三星堆博物館又召開「三星堆與南方絲綢之路青銅文化研討會」，結集《三星堆研究》第二輯[7]。這些論文集裏皆收錄大量南方絲綢之路專題研究成果，一時成為地方學術熱點。

此外，各個領域的學者們從中外交通、歷史、考古、經貿、文化、民族等不同視角積極投身於南方絲綢之路的研究。汶江《滇越考 —— 早期中印關係的探索》[8] 聚焦早期中印關係，以滇越為紐帶，在 80 年代初較早展開這一領域的專題研究。陳茜《川滇緬印古道初考》[9] 認為自古以來古

1 鄧廷良：《西南絲綢之路考察札記》，成都出版社，1990 年。
2 藍勇：《南方絲綢之路》，重慶大學出版社，1992 年。
3 鄧廷良：《西南絲路 —— 穿越橫斷山》，成都出版社，2002 年。
4 南方絲綢之路文化論編寫組：《南方絲綢之路文化論》，雲南民族出版社，1991 年。
5 四川大學歷史系：《中國西南的古代交通與文化》，四川大學出版社，1994 年。
6 四川省錢幣學會、雲南省錢幣研究會:《南方絲綢之路貨幣研究》，四川人民出版社，1994 年。
7 肖先進主編：《三星堆研究》第二輯，文物出版社，2007 年。
8 汶江：《滇越考 —— 早期中印關係的探索》，《中華文史論叢》，上海古籍出版社，1980 年。
9 陳茜：《川滇緬印古道初考》，《中國社會科學》1981 年第 1 期。

代四川、雲南、緬甸、印度即通過陸路交通進行經濟和文化交流活動，文章認為這條交通線路是我國西南與西歐、非洲最短的陸路交通線，二千多年以來都是我國西南的重要國際通道。季羨林《中國蠶絲入印度問題的初步研究》認為：「古代西南一帶絲業非常發達，特別是成都的錦更名聞全國。同緬甸的交通又那樣方便，我們可以想像到，這樣『貝錦斐成，濯色江波』美麗的絲織品一定會通過這樣方便的交通道路傳到緬甸，再由緬甸傳到印度去。」[1] 張增祺《戰國至西漢時期滇池區域發現的西亞文物》[2]、童恩正《試談古代四川與東南亞文明的關係》[3]、徐中舒《成都是古代自由都市說》[4]、童恩正《略談秦漢時代成都地區的對外貿易》[5]、任乃強《中西陸上古商道》[6]、徐治《南方陸上絲綢路》[7]、方國瑜《中國西南歷史地理考釋》[8]、伍加倫《古代西南絲綢之路研究》[9]、藤澤義美《古代東南亞的文化交流 —— 以滇緬路為中心》[10]、段渝《商代蜀國青銅雕像文化來源和功能之再探討》[11]、藍勇《魏晉南北朝隋唐佛教傳播與「西南絲路」》[12]、段渝《巴蜀古代城市的起源、結構和網絡體系》[13]、段渝《古代巴蜀與近東文明》[14]、段渝《古代巴蜀與南亞和近東的經濟文化交流》[15]、藍勇《南方絲綢之路

---

1 季羨林：《中國蠶絲入印度問題的初步研究》，載《中印文化關係史論文集》，三聯書店，1982 年，第 90 頁。

2 張增祺：《戰國至西漢時期滇池區域發現的西亞文物》，《思想戰線》1982 年第 2 期。

3 童恩正：《試談古代四川與東南亞文明的關係》，《文物》1983 年第 9 期。

4 徐中舒：《成都是古代自由都市説》，《成都文物》1984 年第 1 期。

5 童恩正：《略談秦漢時代成都地區的對外貿易》，《成都文物》1984 年第 2 期。

6 任乃強：《中西陸上古商道》，《文史雜誌》1987 年第 1 期。

7 徐治、王清華、段鼎周：《南方陸上絲綢路》，雲南民族出版社，1987 年。

8 方國瑜：《中國西南歷史地理考釋》，中華書局，1987 年。

9 伍加倫、江玉祥主編：《古代西南絲綢之路研究》，四川大學出版社，1990 年。

10［日］藤澤義美：《古代東南亞的文化交流 —— 以滇緬路為中心》，載《古代西南絲綢之路研究》，四川大學出版社，1990 年。

11 段渝：《商代蜀國青銅雕像文化來源和功能之再探討》，《四川大學學報》1991 年第 2 期。

12 藍勇：《魏晉南北朝隋唐佛教傳播與「西南絲路」》，《西南師範大學學報》1992 年第 2 期。

13 段渝：《巴蜀古代城市的起源、結構和網絡體系》，《歷史研究》1993 年第 1 期。

14 段渝：《古代巴蜀與近東文明》，《歷史月刊》1993 年第 2 期。

15 段渝：《古代巴蜀與南亞和近東的經濟文化交流》，《社會科學研究》1993 年第 3 期。

的絲綢貿易研究》[1]、申旭《中國西南對外關係史研究 —— 以西南絲綢之路為中心》[2]、江玉祥《古代西南絲綢之路研究》第二輯[3]、Haraprasad Ray《從中國至印度的南方絲綢之路 —— 一篇來自印度的探討》[4]、張學君《南方絲綢之路上的食鹽貿易》[5]、段渝《中國絲綢的起源時代》[6]、段渝《巴蜀絲綢對世界古代文明的貢獻》[7]、陸韌《雲南對外交通史》[8]、童恩正《古代中國南方與印度交通的考古學研究》[9]、羅二虎《漢晉時期的中國「西南絲綢之路」》[10]、張澤洪《貝葉經的傳播及其文化意義 —— 貝葉文化與南方絲綢之路》[11]、黃光成《西南絲綢之路是一個多元立體的交通網絡》[12]、鄒一清《古蜀與美索不達米亞城市對外貿易之比較》[13]、段渝《跨生態的文化和政治擴張：古蜀與南中諸文化的關係》[14]、李星星《論「民族走廊」及「二縱三橫」的格局》[15]、鄒一清《先秦巴蜀與南絲路研究述略》[16]、林向《「南方絲綢之路」上發現的「立杆測影」文物》[17]、劉弘《巴蜀文化在西南地區的輻射與影響》[18]、江玉祥《「老鼠嫁女」：從印度到中國 —— 沿西南絲綢之路進行

1 藍勇：《南方絲綢之路的絲綢貿易研究》，《四川師範大學學報》1993 年第 2 期。
2 申旭：《中國西南對外關係史研究 —— 以西南絲綢之路為中心》，雲南美術出版社，1994 年。
3 江玉祥：《古代西南絲綢之路研究》第二輯，四川大學出版社，1995 年。
4 ［印］Haraprasad Ray：《從中國至印度的南方絲綢之路 —— 一篇來自印度的探討》，載《古代西南絲綢之路研究》第二輯，四川大學出版社，1995 年。
5 張學君：《南方絲綢之路上的食鹽貿易》，《鹽業史研究》1995 年第 4 期。
6 段渝：《中國絲綢的起源時代》，《中華文化論壇》1996 年第 4 期。
7 段渝：《巴蜀絲綢對世界古代文明的貢獻》，《文史雜誌》1997 年第 4 期。
8 陸韌：《雲南對外交通史》，雲南民族出版社，1997 年。
9 童恩正：《古代中國南方與印度交通的考古學研究》，《考古》1999 年第 4 期。
10 羅二虎：《漢晉時期的中國「西南絲綢之路」》，《四川大學學報》2000 年第 1 期。
11 張澤洪：《貝葉經的傳播及其文化意義 —— 貝葉文化與南方絲綢之路》，《貴州民族研究》2002 年第 2 期。
12 黃光成：《西南絲綢之路是一個多元立體的交通網絡》，《中國邊疆史地研究》2002 年第 4 期。
13 鄒一清：《古蜀與美索不達米亞城市對外貿易之比較》，《天府新論》2005 年第 2 期。
14 段渝：《跨生態的文化和政治擴張：古蜀與南中諸文化的關係》，《西南民族大學學報》2005 年第 2 期。
15 李星星：《論「民族走廊」及「二縱三橫」的格局》，《中華文化論壇》2005 年第 3 期。
16 鄒一清：《先秦巴蜀與南絲路研究述略》，《中華文化論壇》2006 年第 4 期。
17 林向：《「南方絲綢之路」上發現的「立杆測影」文物》，《四川文物》2007 年第 4 期。
18 劉弘：《巴蜀文化在西南地區的輻射與影響》，《中華文化論壇》2007 年第 4 期。

的文化交流事例之一》[1]、段渝《南方絲綢之路研究論集》[2]、Raruah S L《關於南方絲綢之路的印度歷史證據阿豪馬人遷居阿薩姆的路線》[3]、吳紅《三星堆文明和南方絲綢之路》[4]、霍巍《四川東漢大型石獸與南方絲綢之路》[5]、楊帆《「南方絲綢之路」形成的歷史背景及其他相關問題》[6]、劉弘《南方絲綢之路早期商品交換方式變更考：從滇人是否使用貝幣談起》[7]、李遠國《南方絲綢之路上的宗教文化交流》[8]、藍勇《南方陸上絲綢之路研究現狀的思考》[9]、鄒一清《先秦南方絲綢之路與巴蜀對外文化交流的材料和研究》[10]、段渝《中國西南早期對外交通 —— 先秦兩漢的南方絲綢之路》[11]、段渝《藏彝走廊與絲綢之路》[12]、顏信《南方絲綢之路與古蜀對外關係探研 —— 以古蜀和古印度間經貿關係為例》[13]、湯洪《1700 年「支那」語源研究綜述》[14]、丘登成《從三星堆遺址考古發現看南方絲綢之路的開通》[15]、鄒一清《近年南方絲綢之路研究新進展》[16]、方鐵《馬可波羅所見南方絲綢之路的飲食習

1 江玉祥：《「老鼠嫁女」：從印度到中國 —— 沿西南絲綢之路進行的文化交流事例之一》，《四川文物》2007 年第 6 期。
2 段渝主編：《南方絲綢之路研究論集》，巴蜀書社，2008 年。
3 ［印］ Raruah S L：《關於南方絲綢之路的印度歷史證據阿豪馬人遷居阿薩姆的路線》，載《南方絲綢之路研究論集》，巴蜀書社，2008 年。
4 吳紅：《三星堆文明和南方絲綢之路》，《西南民族大學學報》2008 年第 3 期。
5 霍巍：《四川東漢大型石獸與南方絲綢之路》，《考古》2008 年第 11 期。
6 楊帆：《「南方絲綢之路」形成的歷史背景及其他相關問題》，《中華文化論壇》2008 年第 S2 期。
7 劉弘：《南方絲綢之路早期商品交換方式變更考：從滇人是否使用貝幣談起》，《中華文化論壇》2008 年第 S2 期。
8 李遠國：《南方絲綢之路上的宗教文化交流》，《中華文化論壇》2008 年第 S2 期。
9 藍勇：《南方陸上絲綢之路研究現狀的思考》，《中華文化論壇》2008 年第 S2 期。
10 鄒一清：《先秦南方絲綢之路與巴蜀對外文化交流的材料和研究》，巴蜀書社，2009 年。
11 段渝：《中國西南早期對外交通 —— 先秦兩漢的南方絲綢之路》，《歷史研究》2009 年第 1 期。
12 段渝：《藏彝走廊與絲綢之路》，《西南民族大學學報》2010 年第 2 期。
13 顏信：《南方絲綢之路與古蜀對外關係探研 —— 以古蜀和古印度間經貿關係為例》，《中華文化論壇》2012 年第 1 期。
14 湯洪：《1700 年「支那」語源研究綜述》，《中華文化論壇》2012 年第 4 期。
15 丘登成：《從三星堆遺址考古發現看南方絲綢之路的開通》，《中華文化論壇》2013 年第 4 期。
16 鄒一清：《近年南方絲綢之路研究新進展》，《中國史研究動態》2014 年第 4 期。

俗》[1]、段渝《南方絲綢之路：中 — 印交通與文化走廊》[2]、鄒一清《南方絲綢之路對外貿易的研究及展望》[3]、湯洪《「峨眉」語源考》[4]、王韻《魏晉至唐代時緬甸在南方絲綢之路中的地位》[5]、鄒一清《南方絲綢之路與道教在東南亞的傳播》[6]、張蓉《南方絲綢之路研究述評》[7]、趙曉東《南方絲綢之路東線的初步考察》[8]、龔偉《〈史記〉〈漢書〉所載「西夷西」道覆議 —— 兼論漢代南方絲綢之路的求通》[9]、林開強《古蜀地絲織匠人之流動 —— 兼論古蜀絲織技術在南方絲綢之路中的傳播》[10] 等皆緊緊圍繞西南對外交通以及南方絲綢之路相關問題展開深入論述。

以上研究成果已經充分證明長江流域沿線地區的蜀、巴、滇、越、楚文化與南亞地區特別是古印度文化乃至近東諸文化早在 3000 年乃至 4000 年以前就已存在着頻繁的經貿文化交流。研究者從不同視角和不同學科出發，在西南對外交通的歷史大背景下，展開南方絲綢之路的多視域多層次深入研討。這些研究成果或多或少涉及巴蜀與南亞諸國之間以及南方絲綢之路沿線不同地域文化之間的交流與融合，並在已有文獻和現有考古資料的支持下進行了深入論證。雖然在某些專題的論述上已經十分詳細和精專，但是如何將古代巴蜀文明置於整個歐亞大陸板塊文明體系之中進行整體觀照，尚需我們進行全面系統的對比分析和綜合理論研究，進而不斷提煉總結現有成果的內在關聯。

---

1 方鐵：《馬可波羅所見南方絲綢之路的飲食習俗》，《楚雄師範學院學報》2014 年第 5 期。
2 段渝：《南方絲綢之路：中 — 印交通與文化走廊》，《思想戰線》2015 年第 6 期。
3 鄒一清：《南方絲綢之路對外貿易的研究及展望》，《中國史研究動態》2016 年第 4 期。
4 湯洪：《「峨眉」語源考》，《復旦學報》2017 年第 6 期。
5 王韻：《魏晉至唐代時緬甸在南方絲綢之路中的地位》，《中華文化論壇》2017 年第 7 期。
6 鄒一清：《南方絲綢之路與道教在東南亞的傳播》，《中華文化論壇》2017 年第 10 期。
7 張蓉、喻麗：《南方絲綢之路研究述評》，《名作欣賞》2017 年第 11 期。
8 趙曉東、魏敏：《南方絲綢之路東線的初步考察》，《中華文化論壇》2017 年第 12 期。
9 龔偉：《〈史記〉〈漢書〉所載「西夷西」道覆議 —— 兼論漢代南方絲綢之路的求通》，《四川師範大學學報》2018 年第 2 期。
10 林開強：《古蜀地絲織匠人之流動 —— 兼論古蜀絲織技術在南方絲綢之路中的傳播》，《中華文化論壇》2018 年第 4 期。

綜合以上豐碩的研究成果，我們再對南方絲綢之路做一簡略概述。《史記·西南夷列傳》與《史記·大宛列傳》記載張騫向漢武帝報告蜀布、邛竹杖等蜀物通過「蜀賈」銷售於身毒國、大夏的情況，漢武帝對此深信不疑，並派使節希望再次開通這條南方通道。《史記》所記「蜀身毒道」存在的時間並非停留於正史的文字記載，從考古實物以及邏輯推理可知，遠遠早於張騫出使西域以前，蜀地的物產就通過南方絲綢之路運抵印度並輾轉流傳至阿富汗以西地區。童恩正《古代中國南方與印度交通的考古學研究》認為中印古代交通的研究非關傳統意義上印度文明與中國北方文明，而是印度文明與中國西南文明這兩大文明間的早期文化交流。無論是 50 年代古滇墓葬遺址出土的來自西域遠至今阿富汗的文物痕跡，還是三星堆大量南亞地區象牙、海貝的出土，已向世人昭昭證明遠古時代南方絲綢之路確已存在。即使中原地區的考古新發現，也可證明這一線路的存在與延續北上的痕跡。殷墟小屯 YH127 坑出土的殷墟所見最大有字龜甲「武丁大龜」，大且厚實，與其他卜甲相去甚遠，生物學家伍獻文鑒定為馬來半島龜類。同為 YH127 坑出土的幾片甲骨，表面包裹着織物，非絲非麻，卻為僅產於印度的木棉[1]。童恩正《略談秦漢時代成都地區的對外貿易》認為 1936 年在阿富汗喀布爾發掘亞歷山大城時所發現之中國絲綢，有可能是從成都平原經滇緬道運至印巴次大陸，再傳至中亞。印度學者 Haraprasad Ray《從中國至印度的南方絲綢之路 —— 一篇來自印度的探討》進一步認為，印度古籍《政事論》《往世書》已明確記載，大約公元前 4 世紀，印度東北至中國雲南經西昌到四川腹地，已經有非常密切的商業關係，而此南方絲綢之路早於中亞絲綢之路。凡此皆可說明，早在商代甚至更古，西南對外通道即已真實存在。「南方絲綢之

1 李學勤：《三星堆與南方絲綢之路青銅文化研討會論文集序》，載《三星堆研究》第二輯，文物出版社，2007 年，第 1 — 2 頁。

路國內段的起點為蜀文化的中心 —— 成都，向南分為東、西兩路。西路沿犛牛道南下，經今邛崍、雅安、滎經、漢源、越西、西昌、會理、攀枝花、大姚，西折至大理。東路從成都南行至今樂山、犍為、宜賓，再沿五尺道經今大關、昭通、曲靖，西折經昆明、楚雄，進抵大理。兩道在大理會為一道，又繼續西行，經保山、騰沖，出德宏抵達緬甸八莫，或從保山出瑞麗進抵八莫，跨入外域……從雲南至西亞的交通線，則由雲南經緬甸、印度、巴基斯坦至中亞，這是歷史上的『蜀身毒道』，又稱『滇緬道』。再由中亞入西亞，就不困難了」[1]。

這條經貿文化交通線由賽里斯（Seres）一名亦可印證。「西方考古資料也說明，中國絲綢至少在公元前 600 年就已傳至歐洲，希臘雅典 Kerameikos 一處公元前 5 世紀的公墓裏發現了五種不同的中國平紋絲織品，而中國絲綢早在公元前 11 世紀已傳至埃及，到公元前四五世紀時，中國絲綢已在歐洲流行」[2]。「目前所見歐洲最早出土的中國絲綢，是屬於早期鐵器時代的公元前 6 世紀中葉的一座德國貴族墓葬。在德國西南部的巴登 —— 符騰堡的荷米歇爾發掘的 6 號墓中，發現了一件當地製作的羊毛衫，羊毛和裝飾圖案中都雜有中國家蠶絲，墓中還出土成批的希臘和地中海地區的器物。這些中國蠶絲可能是經過黑海地區運入德國的，因為在斯圖加特附近的霍克道夫 —— 埃伯丁根一座公元前 6 世紀晚期的古墓中也出土了絲毛混紡的織物。這些史實生動地勾勒了馳騁在歐亞草原上的斯基泰人在公元前 6 至 3 世紀時充當了中國絲綢最大的中介商和販運者」[3]。由此可知，公元前 5 世紀，中國絲綢已成為希臘上層社會喜愛的衣料。由希臘語和拉丁語演化出來的賽爾、賽里、賽里克、賽里亞、

1 段渝：《巴蜀古代文明與南方絲綢之路》，載《南方絲綢之路研究論集》，巴蜀書社，2008 年，第 15 — 16 頁。

2 段渝：《中國西南早期對外交通 —— 先秦兩漢的南方絲綢之路》，《歷史研究》2009 年第 1 期。

3 沈福偉：《中西文化交流史》，上海人民出版社，2006 年，第 20 頁。

賽里斯、賽里可斯，以及後來英語的錫爾克（silk）、俄語的旭爾克，學者認為都與中國絲綢有關。公元前 4 世紀希臘史學家克泰夏斯（Ctesias）在其著作中提到賽里斯（seres），賽里斯究指何處，學界尚存爭議，然有學者考證認為，賽里斯（seres）語出支那（Cina），而支那即為成都的梵語音譯[1]。由此可知，至少在克泰夏斯記錄賽里斯的時代，中國西南地區就通過南方絲綢之路與南亞、中亞、西亞乃至地中海廣大地區有着廣泛商貿文化交流。產於蜀地的絲綢通過南方絲綢之路交流至古印度，印度即用產絲之地成都（Cina）代稱蜀地。由此可知，南方絲綢之路在先秦以前即已真實存在，巴蜀廣大區域通過這條交通要道將物產源源不斷輸出至南亞地區，再將南亞地域特產輸入內地。

考古和文獻資料證明，從新石器時代晚期到青銅時代和鐵器時代，歐亞大陸各大人類羣體間從未停止過文化互動與交融，在此宏大歷史背景之下，早期巴蜀文化與南亞文化發生着較為頻繁的交流、吸收與借鑒，從而發展出各自與眾不同的文化特質。歷史文獻告訴我們，早在張騫出使西域前的幾個世紀，以成都為中心的中國西南巴蜀地區先民，即已將巴蜀的文明因子通過南方絲綢之路向南直接或間接傳播至雲南、緬甸、孟加拉國，進而抵達廣袤的印度河和恆河流域。經由這條交通線路，巴蜀與南亞邦國保持着頻繁的經貿文化交流，在不同文化的相遇與融合中，不斷提升蝶變為新文化的良性互動。不同文化間互通有無，互為補益，形成既具個性又兼採眾長的異彩紛呈的文化形態。在此廣闊連綿不斷的地域空間內，不同文化因子互相激盪，相互影響，共同塑造着文化形態的生成與融合。在南方絲綢之路沿線，古代巴蜀與南亞在連綿不斷的時空內產生了怎樣的互動與文化融合？在融合生成中又發生了怎

1　段渝：《支那名稱起源之再研究 —— 論支那名稱本源於蜀之成都》，載《中國西南的古代交通與文化》，四川大學出版社，1994 年，第 126 — 162 頁。

樣的碰撞、激盪與沉澱？巴蜀與南亞地區的各種文化因子的傳入與輸出如何折射早期西南地區的人文生存狀態、世界觀、地理觀、價值觀和文化觀？均需我們進一步爬羅梳理和系統探尋。本書即綜合研討古代巴蜀與南亞通過南方絲綢之路所發生的物產、宗教、語言、文學以及藝術等各方面的雙向互動與融合，旨在勾勒一幅早期巴蜀先民渴望與外界溝通交流並主動借鑒吸收域外文明的歷史圖卷。

第一編
物質文化

古代巴蜀與南亞通過物產流通達成互補性融合。巴蜀絲綢、蜀布、邛竹杖、茶、鹽、布疋、青銅器、鐵器、玉璋、銅戈、銅鼓等通過南方絲綢之路源源不斷輸出至南亞。從《華陽國志》所記先秦廣都（雙流）鹽井到至今尚存的地名如鹽道、鹽源、鹽津、鹽邊、鹽興、鹽豐，巴蜀鹽業一路南流至緬印。絲綢的域外傳播最為典型。絲綢為巴蜀（蜀字本為蠶）極古的發明，印度古籍所載支那（Cina）的語源即源自絲綢原產地「成都」，早期文獻《蜀都賦》《華陽國志》的記載以及川西尚存的民風民俗、三星堆蠶體器物、成都百花潭戰國墓桑株畫面等，皆可證明蜀地蠶桑養殖歷史甚為古遠。生產於成都平原的絲綢沿南絲路銷售至印度，此即為印度古籍《政事論》「成都成捆的絲」的表述。而南亞海貝、象牙、黃金面罩、權杖、棕櫚樹、封牛、氈、繒布、香料、琥珀、茉莉、海椒、茄子、苦瓜、甘蔗、豇豆、珍珠、瑟瑟、象形雕塑等特產以及青銅塑像風格也通過南方絲綢之路源源不斷傳入巴蜀地區。三星堆青銅立人高瘦的特性，可能即為印巴人種的藝術再現。三星堆遺址和成都金沙遺址等考古遺跡出土大量商周時代海貝和象牙，經研究，這些海貝和象牙來自印度洋北部地區，用於互易貨幣、裝飾和祭祀，同時，與海貝和象牙相關的手工技藝也被吸收進巴蜀文化，使得巴蜀文化在那一時代大放異彩。

第一章　蜀蠶與絲綢：「China」與成都

世界諸國稱中國名號者甚夥，然最廣泛者當為支那（China），記支那名號最早出者為印度古文獻《摩訶婆羅多》第二篇《大會篇》二十三章十九頌之「Cīna」及《羅摩衍那》第四十二章十二節之「Cīna」，兩者皆指稱中國[1]。佛經中亦有「Cīna」，漢譯佛經音譯為「支那」，亦有「震旦」「振旦」「真丹」「真旦」「至那」「脂那」「振那」等異譯。此為中西交通史家探討之熱點，但「Cīna」到底指中國還是其他國家，是中國的朝代稱名還是地區稱名，其原音為何，為什麼古印度以「Cīna」指稱中國，千百年來，古今中外學者對「支那」語源問題分歧甚大，計有「秦」「漢」「瓷器」「日南」「滇」「羌」「絲國」「荊」「成都」「齊」「姬」「苗語」「傣語」「長安」「晉」等諸多異說，意見頗有分歧，莫衷一是。然綜觀先秦中外交通特別是南方絲綢之路研究成果，證之蠶桑養殖起源以及早期絲織產業，以文獻和考古實物審之，「成都」一說似最為合理。證得「支那」語源為「成都」，對認識古代巴蜀與南亞地區的文化互動與融合至為重要。

1　汶江：《支那一詞起源質疑》，《中國史研究》1980 年第 2 期。

一　1655 年以前佛經時代「Cīna」的意譯與音譯

西晉前佛經往往採用意譯，譯印度「Cīna」多為「秦」「漢」「晉」等。東晉後的譯經者，多採音譯「Cīna」為「震旦」「振旦」「真丹」「真旦」「支那」「至那」「脂那」等。

其一，「Cīna」為「秦」說。西晉竺法護（約 3 — 4 世紀）所譯《普曜經》卷三《現書品第七》記有六十四種異書，第二十種為「秦書」[1]，其梵文為「Cīnalipi」。此或為中國典籍最早有關「Cīna」的翻譯記載，迄今已 1700 多年。如果我們將竺法護此譯看作「Cīna」研究之始，那麼，「Cīna」已有 1700 年研究歷程。然而，唐地婆訶羅譯此《普曜經》為《方廣大莊嚴經》，該書卷四《示書品第十》譯「Cīnalipi」為「支那書」[2]，顯係音譯，與竺法護意譯全然不同。南朝梁僧慧皎《高僧傳》卷三《釋智猛》亦載：「既見猛至，乃問秦地有大乘學不。」[3]「秦地」出自印度僧人之口，或為梵文「Cīna」之音譯。唐僧玄奘《大唐西域記》卷五《羯若鞠闍國》載有玄奘與戒日王的一段對話：

> 王曰：「大唐國在何方？……」對曰：「當此東北數萬餘里，印度所謂摩訶至那國是也。」……至那者，前王之國號；大唐者，我君之國稱。[4]

戒日王還談到昔日秦國天子「早懷遠略，平定海內，風教遐被，德澤遠洽，殊方異域」[5]。故從前後文意揣測，此處玄奘所謂「前王」似當

1 ［西晉］竺法護：《普曜經》，載《中華大藏經》第 15 冊，中華書局，2004 年，第 384 頁。
2 ［唐］地婆訶羅：《方廣大莊嚴經》，載《中華大藏經》第 15 冊，中華書局，2004 年，第 262 頁。
3 ［南朝梁］慧皎：《高僧傳》，載《中華大藏經》第 61 冊，中華書局，2004 年，第 277 頁。
4 ［唐］玄奘：《大唐西域記》，上海人民出版社，1977 年，第 109 頁。
5 ［唐］玄奘：《大唐西域記》，上海人民出版社，1977 年，第 109 頁。

指「秦」。

其二，「Cīna」為「漢」說。後秦鳩摩羅什所譯《大莊嚴論經》卷八載：「我昔日曾聞漢地王子眼中生瞙。」[1] 此意譯梵文「Cīna」為「漢」。

其三，「Cīna」音譯為「支那」等。隋費長房《歷代三寶紀》卷四云：「東國總言脂那，或云真丹，或作震旦，此蓋取聲。」[2] 據彭海《漢語佛經中華夏國稱的兩大音系——「震旦」與「脂那」》一文介紹，佛經中Cina之翻譯有胡語和梵語之不同體系。先有胡語之「震旦」，東晉帛尸黎密多羅所譯《佛說灌頂經》載：「閻浮界內有震旦國」，之後有梁僧寶集《經律異相》譯作「振旦」，此外，尚有「真丹」「真旦」等。後有梵語之「支那」，高齊由北天竺來華的那連提耶舍《法護長者經》譯作「脂那」，之後印度來華的達磨笈多譯作「支那」，此外，尚有「止那」「至那」「振那」等，不一而足，但以「支那」使用最夥。據彭海此文，印度「Cīna」之譯詞「脂那」「至那」「支那」比粟特語之 Snystn、Cnyrtn 譯詞「振旦」「真旦」「震旦」使用要遲[3]。

其四，「支那」無義。唐僧義淨《南海寄歸內法傳》卷三云：「且如西國名大唐為支那者，直是其名，更無別義。」[4]

其五，「支那」為「思維發達、文物昌盛、華言巧黠之國」的意譯。唐僧慧苑《新譯大方廣佛華嚴經音義》卷下云：「支那，亦曰真丹，翻為思維，以其國人多所思慮，多所計作，故以為名，即今此漢國是也。」[5] 宋僧法雲《翻譯名義集》卷七《諸國第二十八》云：「脂那……一云支那，

1 ［印］馬鳴菩薩著，［後秦］鳩摩羅什譯：《大莊嚴論經》，載《中華大藏經》第 29 冊，中華書局，2004 年，第 672 頁。
2 ［隋］費長房：《歷代三寶紀》，載《中華大藏經》第 54 冊，中華書局，2004 年，第 192 頁。
3 彭海：《漢語佛經中華夏國稱的兩大音系——「震旦」與「脂那」》，《西北史地》1998 年第 1 期。
4 ［唐］義淨：《南海寄歸內法傳》，載《中華大藏經》第 63 冊，中華書局，2004 年，第 501 頁。
5 ［唐］慧苑：《新譯大方廣佛華嚴經音義》，載《中華大藏經》第 59 冊，中華書局，2004 年，第 457 頁。

此云文物國，即讚美此方是衣冠文物之地也。」[1] 蘇曼殊 1909 年 5 月 20 日致劉三書信云：

> 近證得「支那」一語確非「秦」字轉音 …… 及今讀印度古詩《摩訶婆羅多》元文，始知當時已有「支那」之名 …… 考婆羅多朝在西紀前千四百年，正震旦商時。當時印人慕我文化，稱「智巧」耳 …… 而西人所考，多所差舛。今新學人咸謂「支那」乃「秦」字轉音，實非也。[2]

蘇曼殊辨析「支那」非「秦」之轉音，而認同「支那」為「智巧」之意。今人黃興濤亦認為「支那」一詞本身在印度即含有「智慧」之意。[3] 以今日新文獻和考古材料綜合審辨，此說似多有附會。

二　從 1655 年衞匡國《中國新圖志》到 1912 年伯希和《支那名稱之起源》

明清之際，西方來華傳教士衞匡國（Martino Martini）首倡「Cīna」為「秦」說，自伯希和唱和之後，此說風行一世，學術界圍繞此說展開幾百年的論爭，擁護者甚眾，批駁者亦夥。

其一，「Cīna」為「秦」之音譯。1615 年，金尼閣神父整理利瑪竇日記遺稿，並譯為拉丁文刊佈，名為《利瑪竇中國札記》，利瑪竇認為：

1　[南宋] 法雲：《翻譯名義集》，載《中華大藏經》第 84 冊，中華書局，2004 年，第 370 頁。
2　蘇曼殊：《蘇曼殊文集》，花城出版社，1991 年，第 508 — 509 頁。
3　黃興濤：《話「支那」—— 近代中國新名詞源流漫考之二》，《文史知識》1999 年第 5 期。

> 這個遠東最遙遠的帝國曾以各種名稱為歐洲人所知悉。最古老的名稱是Sina，那在托勒密的時代即已為人所知……今天交趾人和暹羅人都稱它為Cin，從他們那裏葡萄牙人學會了稱這個帝國為China。日本人稱它為唐，韃靼人稱它為漢，而生活在更西邊的撒拉遜人（Saracen）則稱之為Cathay。[1]

利瑪竇沒有說明「Cin」即為「秦」，但從後文之「唐」「漢」揣測，交趾人和暹羅人所稱「Cin」似應為「秦」。明清之際意大利傳教士衞匡國於1655年出版《中國新圖志》（又譯《中國新地圖集》），在釋名中第一次正式將「支那」（Sina）稱為「秦」。[2] 清末薛福成《出使四國日記》卷六亦主張「Cīna」為「秦」之音譯：

> 歐洲各國，英謂中國人曰「采宜斯」，法謂中國人曰「細納愛」。其稱中國之名，英人曰「采衣納」；法人曰「細納」，又曰「輿」；義人曰「期納」；德人曰「赫依納」；臘丁之音曰「西奈」。問其何所取義，則皆「秦」字之譯音也。「西奈」之轉音為「支那」。日本之稱中國為支那出自佛經，蓋梵音又實與西音相通者……揆厥由來，始皇迫逐匈奴，餘威震於殊俗。匈奴逐水草而居，其流徙極遠者，往往至歐洲北境；今俄、奧、日耳曼、土耳其諸國，未必無匈奴遺種。匈奴畏秦而永指中國為秦，歐洲諸國亦競沿其稱而稱之也。[3]

---

1 ［意］利瑪竇、金尼閣著，何高濟等譯：《利瑪竇中國札記》，中華書局，1983年，第3—5頁。

2 徐明德：《論意籍漢學家衞匡國的歷史功績》，《世界宗教研究》1995年第2期。

3 ［清］薛福成：《出使四國日記》，社會科學文獻出版社，2007年，第276—277頁。

葛方文《中國名稱考》亦認為，法國、英國、意大利稱中國為「支那」，其名稱來源同出於 Chin 和 Thin 之聲轉，再加「a」，「a」者，國土之義，猶言秦國。古代印度和羅馬人，均稱中國為「Cina」「Thin」和「Sinae」，皆「秦」的外文對音。[1] 清末文廷式《純常子枝語》卷四亦主張「秦」音之說，但他卻認為此秦非嬴秦，而為姚秦：

> 今歐羅巴人稱中國為旣拿，或為占泥，皆支那之轉音，近時言譯語者以支那當為秦字之合音。中國惟秦威烈最盛，故西人至今以稱中土。余則謂若作秦音，正當是姚秦之秦，非始皇也。姚秦譯經最多，天竺人以支那譯其國名，西洋又從印度譯之，故展轉不可知耳。[2]

文廷式認為歐洲人所謂「China」並不是秦始皇之「秦」，而是翻譯佛經最盛的南北朝之姚秦。此名稱源自印度人的音譯，而後輾轉傳入歐洲。

其二，「Cīna」為「秦」之梵語音譯。利瑪竇、衛匡國之說實為「Cīna」語源為「秦」之梵語音譯之肇端。鮑梯（M. Pauthier）追根溯源，進一步申張利、衛之說，鮑氏認為「支那」稱名源於梵語，梵語「支那」由中國古代秦國而來，秦國於公元前 1000 年時，已建國於陝西。英國賈兒斯贊成此說，謂古代印度、波斯及其他亞洲諸國所用之「Sin」「Chin」，皆因「秦」而成，今 China 末尾之 a 字，則由葡萄牙人所加。[3]1894 年，黃慶澄《東遊日記》載：「中國秦時始通印度，印度人概稱中國曰『秦』，迨由印度傳至法蘭西，則譯秦為『支歆』，由法蘭西傳

---

1 葛方文：《中國名稱考》，《華東師範大學學報》1981 年第 6 期。

2 ［清］文廷式：《純常子枝語》，民國三十二年（1943）刻本，第 17 頁。

3 張星烺：《「支那」名號考》，載《中西交通史料彙編》，中華書局，2003 年，第 556 頁。

至日本，則轉支歆為『支那』。」[1] 日本高桑駒吉 1912 年發表《中國文化史》也有相同觀點：

> 支那一名，原為外國人所呼的名稱，固非中國人自加之名。尋繹這名稱的起源，卻有種種異說，難於決定。但最通行的一說，以為或者是秦始皇帝威勢振於四境，其附近的人民稱其地曰秦（Chin），後遂轉訛而為支那（China），乃由海陸兩方面傳於印度、中央亞細亞、波斯、西亞細亞以至歐羅巴，復經佛教徒之手而入中國本國。[2]

1911 年，德國雅各比（Herman Jacobi）著文《從考鐵利亞中所見的文化及語言文學史料》（載《普魯士科學院學術報告彙刊》1911 年第 44 期）反駁此說，謂公元前 300 餘年，印度栴陀羅笈多王時期，其臣考鐵利亞（Kautiliya）《政論》一書中載有「Cina」產絲，秦朝開始於公元前 247 年，而《政論》成書於公元前 300 餘年，故「支那」不可能為「秦」。[3]

1912 年法國伯希和撰文《支那名稱之起源》，駁雅各比之論，力主「秦」說。伯氏主張有四：（一）《政論》成書年代不確，不能以之否定支那起源於秦。（二）漢時匈奴人仍稱中國人為秦人。《史記・大宛列傳》載「宛城中新得秦人知穿井」，而《漢書・李廣利傳》記秦人為漢人。《漢書・匈奴傳》載：「衛律為單于謀，穿井築城，治樓以藏穀，與秦人守之。」《漢書・西域傳》載：「匈奴縛馬前後足置城下，馳言秦人。」（三）《資治通鑒》胡三省注曰：「漢時匈奴謂中國人為秦人，至唐及國朝則謂

---

1 黃慶澄：《東遊日記》，載《走向世界叢書・早期日本遊記五種》，湖南人民出版社，1983 年，第 275 頁。

2 ［日］高桑駒吉著，李繼煌譯：《中國文化史》，商務印書館，民國十七年（1928），第 5 頁。

3 張星烺：《「支那」名號考》，載《中西交通史料彙編》，中華書局，2003 年，第 556 頁。

中國為漢，如漢人漢兒之類，皆習故而言。」（四）《穆天子傳》所言旅行中亞之人是公元前 7 世紀之秦穆公。[1] 美國勞費爾對伯氏之說先存異議，後又以語音學知識補充伯氏秦說，勞氏認為，中國在印度語、伊朗語和希臘語裏的名稱出於一個共同的來源，這個名字或許可以到中國國內去找，伯希和所舉漢朝中國人在中亞被稱為「秦人」並不足以證明 čina、čen 等外國名字都是根據這個「秦」字，伯希和沒法從語音上證明這種轉生語的可能性。「秦」字古音是當頭帶有齒音或顎音的 din、dzin、džin（jin）、džin，漢語當頭的 dž 音到了伊朗語裏成了無聲顎音 č 是可能的，且合乎語音規律。一方面是語音上的一致，另一方面是梵語、伊朗語、希臘語裏對中國的稱法相同，因此「秦」字語源有其合理性。[2] 伯希和為西方極具影響力的漢學家，自伯氏之後，中、西學者大多贊成此說，諸如斯塔夫里阿諾斯《全球通史》和中國權威辭書《辭海》等皆採此說。

張星烺力贊「秦」說，其論據有四：（一）雅各比和賈兒斯皆不知秦之建國始於公元前 700 餘年之周平王時代，至公元前 659 年秦穆公即位，秦已強大，稱霸西戎，早於印度《政論》約 350 年。西戎邊界，可達今喀什噶爾、帕米爾高原，則秦名傳於印度不難。漢以前之交通可由沙漠北道經哈密、吐魯蕃、阿克蘇、喀什噶爾至西方，即使秦穆公時秦之勢力未及帕米爾高原，僅至安西敦煌附近，秦之威名由商販而傳至印度、中亞也極為容易。（二）秦惠文王（公元前 338 年即位）滅巴蜀，其時在印度考鐵利亞《政論》成書之前。《史記．大宛列傳》所載蜀身毒道以及《漢書．西南夷傳》所記中原與雲南昆明滇越之交通，皆可證明從古即有商道至西南，可以接觸印度商賈。秦國在先而甚長久，其名已成商賈口中習慣，不易改變，且漢初武帝之前，為時甚短，諸帝皆不勤遠

1 ［法］伯希和著，馮承鈞譯：《支那名稱之起源》，載《西域南海史地考證譯叢》，商務印書館，民國二十三年（1934），第 41 — 55 頁。

2 ［美］勞費爾著，林筠因譯：《中國伊朗編》，商務印書館，2001 年，第 404 — 405 頁。

略，以守成為務，故秦之名由巴蜀、滇越而傳至印度。（三）公元前 177 年，匈奴擊敗月氏，驅之西遷。大月氏自甘肅西徙時，漢朝不知之，而月氏亦不知有漢。秦自穆公時，月氏所居之地已臣屬於秦，西徙之時必以為中國皇帝仍為秦之後裔。西方康居國（Sogdia）等稱中國為秦斯坦（Cynstn）以及希臘人、羅馬人之秦國（Thin）、秦尼國（Sinae），皆自月氏得之。春秋戰國時，秦與西方交通極繁，至漢初乃完全斷絕，至漢武，乃重興交通。（四）據《史記・大宛列傳》及《漢書・西域傳》所載，西域人及匈奴人在漢武帝時仍稱中國人為秦人，中亞各地在漢初皆隸屬匈奴，中亞土人稱呼中國皆來自匈奴人之口[1]。向達《中西交通史》亦主印度最古《摩奴法典》和《摩訶婆羅多》所載「Cīna」因「秦」得聲，但向氏認為希臘古書中提到東方出產絲綢的賽里斯（Serice）乃是絲國之意[2]。方豪《中西交通史》探討《支那名稱之起源》亦贊同伯氏所論[3]。饒宗頤《蜀布與 Cinapaṭṭa —— 論早期中、印、緬之交通》亦支持秦說。饒氏認為，司馬錯滅蜀，在秦惠王時，是時蜀已歸安，故蜀產之布，被目為秦布，得以 Cinapaṭṭa 稱之[4]。季羨林亦贊成此說：「《摩訶婆羅多》，這一部史詩中有很多地方提到中國（Cīna）…… 我個人，還有其他一些中外學者，比較同意法國學者伯希和的意見，他認為這個字來自中國的『秦』字，但是，比秦始皇統一中國的時間要早一些，總在公元前 3 世紀中葉以前。」[5] 楊鵬《誣蠛與辯證：「支那」稱謂之源流考論》一文卻認為季羨林主張「Cīna」為絲說[6]，似誤。

1　張星烺：《「支那」名號考》，載《中西交通史料彙編》，中華書局，2003 年，第 557 — 560 頁。
2　向達：《中西交通史》，載《民國叢書》第五編第 27 冊，上海書店，1996 年，第 10 — 11 頁。
3　方豪：《中西交通史》，上海人民出版社，2008 年，第 45 — 47 頁。
4　饒宗頤：《蜀布與 Cinapaṭṭa —— 論早期中、印、緬之交通》，載《中研院歷史語言研究所集刊・論文類編・歷史編・秦漢卷》（二），中華書局，2009 年，第 566 — 571 頁。
5　季羨林：《中印文化交流史》，中國社會科學出版社，2008 年，第 10 頁。
6　楊鵬、孟玲洲：《誣蠛與辯證：「支那」稱謂之源流考論》，《太原理工大學學報》2010 年第 2 期。

韓振華《支那名稱起源考釋》力駁伯氏之論，認為「Cina」在唐時為「Ci-na」，不作「Cin-na」，而「秦」為N收聲的陽聲，又對伯氏所舉證據作一一辯駁：（一）大秦為譯音，並非譯意，不能據此認為中國自稱為秦。（二）《大方廣大莊嚴經》有3世紀月氏竺法護譯本《普耀經》，其中有「秦書」「大秦書」之稱，而唐時天竺地婆訶羅重譯此經時改為「支那書」「葉半尼書」，可見前者之譯已不見重於唐世。而大秦一名始見於《魏略》（三國魏魚豢撰），因此不能以後見國名附會於佛陀在世時的國名，所以竺法護譯支那為秦實有未是。（三）匈奴人及日本人稱中國人為秦人不能超過秦始皇以前百年，與《政論》「Cina」之名無關。（四）對於《穆天子傳》之穆天子即秦穆公之說，世人也多表懷疑，因此不能引用秦穆公西征事以作秦國國名遠播西方之憑據。[1]蘇仲湘《論「支那」一詞的起源與荊的歷史和文化》亦反對「秦」說，他認為，印度《摩訶婆羅多》《羅摩衍那》《政事論》以及古波斯弗爾瓦丁神讚美詩和《舊約·以賽亞書》中有關「支那」的記載皆早於統一的秦王朝。先秦背景下的秦國，除了後來的百年內外，並沒有顯著的文治武功，從而也沒能對四鄰發揮長久影響，加之月氏、匈奴的遮阻，那種認為因秦之影響遠傳域外而產生「支那」名號的意見，只是揣測之詞。匈奴稱「秦」和印度稱「支那」各有根源，不能混為一談[2]。汶江[3]、林劍鳴[4]和陳得芝[5]皆著文反對蘇仲湘，申張「秦」說。

李志敏《支那名號原音證》亦反對「秦」說，他認為，「秦」說論者

1 韓振華：《支那名稱起源考釋》，載《韓振華選集之一·中外關係歷史研究》，香港大學亞洲研究中心，1999年，第1—5頁。

2 蘇仲湘：《論「支那」一詞的起源與荊的歷史和文化》，《歷史研究》1979年第4期。

3 汶江：《支那一詞起源質疑》，《中國史研究》1980年第2期。

4 林劍鳴：《「支那」的稱謂源於「秦」還是「楚」》，《人文雜誌》1981年第6期。

5 陳得芝：《從「支那」名稱來源諸「新說」談起 —— 關於學術規範與研究方法問題》，《中華文史論叢》2006年第2期。

提出月氏、匈奴、絲貨商人傳報秦國之名於印度，但月氏和匈奴進入西域的時代較梵文典籍記述絲綢運銷印度的時代遲了大約一個半世紀，而且截止現在還找不到月氏匈奴傳報秦名的文字記載和其他較為可靠的線索。公元前 4 世紀之《政事論》雖有「Cīna」一詞，但其是以複合詞的形式出現，「Cīna」是絲之名物詞，而不指中國專名「支那」。佛經所載「震旦」應指雪山（喜馬拉雅山）以北的雅魯藏布江流域，與「秦」無關，《大唐西域記》等典籍之「至那」為新疆喀什噶爾一帶。[1] 李志敏《「支那」名號起源時代考 —— 再談古疏勒支那地名》一文又特別重申早在公元前 2 世紀古中國之外即已存在「支那」地名，「支那」原為雪山以北包括于闐、蒲犁和古疏勒一帶諸種之名，普林尼《自然史》之「賽里斯」與梅拉所述之「賽里斯」以及阿奴比由斯《駁異教者論》之「賽里斯」當同指中亞前部一帶，並不等同於中國的「賽里斯」，「賽里斯」之為中國名號，不會早於公元 4 — 5 世紀。[2] 此外，李志敏還撰文《「支那」名號涵義及指謂問題》，進一步證明「支那」（秦）地名廣泛分佈於自中國至地中海沿岸的「絲綢之路」主幹線及支線上，是許多地方的泛指稱名。從中國中原直至非洲埃塞俄比亞皆有「賽里斯」之名，此與「支那」（秦）屬於同名之異呼，從而可知梵文「支那」（秦）與「賽里斯國」的「絲綢之國」涵義相同。[3] 李氏三文所論，旨在澄清「支那」名號起源、原始涵義及指謂諸問題，批駁「秦」說，為自己所主之「絲」說申說論證。此外，朱文通《歷史文獻學的考察視角：「支那」詞義的演變軌跡》[4] 亦反對「秦」說。

其三，「支那」為瓷器。1898 年 9 月，翰林院編修徐琪上《請廣磁務

1　李志敏：《支那名號原音證》，《西北史地》1986 年第 4 期。

2　李志敏：《「支那」名號起源時代考 —— 再談古疏勒支那地名》，《新疆大學學報》1988 年第 1 期。

3　李志敏：《「支那」名號涵義及指謂問題》，《中國歷史地理論叢》1996 年第 2 期。

4　朱文通：《歷史文獻學的考察視角：「支那」詞義的演變軌跡》，《石家莊鐵道學院學報》2007 年第 1 期。

以開利源摺》謂：

> 土之所出以磁為真質，陶土為磁盈天下，萬國未有先於中國者。故印度以西，稱中國曰支那，支那者，瓷器之謂也。[1]

此說今日甚為流行，然中國瓷器大量遠銷歐洲已是宋、明後賴海路運輸的結果，此顯為歐洲用古已存在的「China」名稱來代指當下風行一時的中國瓷器，「China」稱名是因，以「China」借指「瓷器」是果。世人認為「China」為「瓷器」的說法純屬倒果為因，因而此說不足為信。

三　鮑梯之後的諸多異說

自鮑梯重申衛匡國「秦」說之後，伯希和極力倡和，後世有關「Cīna」語源的研究皆緊緊圍繞「秦」說展開或贊成或反對的不休爭論。贊成者努力尋求新的證據支持「秦」說，已見前述。反對者亦力辟蹊徑，另立新說，現陳述如下：

其一，「Cīna」為越南「日南」之對音。德國地理學家李希霍芬認為，西漢時，中國與外國海上交通，悉經日南郡（Jih-nan），漢桓帝延熹九年（166），大秦王安敦之使者，由日南登岸而至長安，可見日南為繁盛之港。故「支那」為日南之原音。英國玉爾贊成此說。英國賈兒斯反對此說。法國拉克伯里亦反對其說，所據理由如下：（一）漢時日南郡不在今越南東京，而遠在其南。（二）古代日南二字之讀音，當如尼脫南姆（Nit-nam），不應拼作「Jih-nan」。今越南人讀「日南」為「諾南姆」（Nhut-

1 國家檔案局明清檔案館編：《戊戌變法檔案史料》，中華書局，1958 年，第 419 — 420 頁。

nam），廣東人讀如「押南姆」（Yat-nam），故「日南」之說，毫無根據。[1] 方漢文亦反駁此說，方氏認為日南為羅馬人來華通道，羅馬皇帝遣使來華之前當已知道中國。且日南地方甚小，不可能成為絲綢產地代表。[2]

其二，「Cīna」為「滇國」之轉音。法國拉克伯里（Lacouperie）認為，公元前中國與西、南兩方諸國之貿易，皆為古滇國獨攬。張騫言天竺國商人至中國販運蜀物往大夏交易，印度至四川，必經雲南滇國。又滇國海上交通，當由紅河而至交址國，交址即托勒密（Ptolemy）《地理書》之喀第喀拉港。西方諸國盛傳之「Chin」「Sin」「Sinae」「Thinae」，皆由滇國轉音而來。英國賈兒斯謂拉氏之說為臆想之辭，毫無根據。張星烺亦認為拉氏之說，與中國史書所載滇國，全不合也。[3]

其三，「支那」為梵文「邊地」之意。烈維（Silvain Levi）認為古代印度之支那實指雪山以北的地域，而非指中國。[4] 1904 年發行的夏曾佑《中國歷史教科書》（1933 年商務印書館改名為《中國古代史》）認為：「種必有名，而吾族之名，則至難定，今人相率稱曰支那。案支那之稱，出於印度，其義猶邊地也。」[5] 馮承鈞《西域地名》「Cina」條謂：「支那，一作脂那，一作至那，梵文邊鄙之稱，原為雪山以北諸種之名，後以為中國之號。」[6]

其四，「Cīna」原字為「羌」。楊憲益《釋支那》批駁伯希和「秦」說主張，認為古代中國西部高原的種族通稱為羌，後分為秦、荊、滇三大國，伯希和所舉《大宛列傳》之秦人當為西域羌種，「秦」「羌」本一字，故漢代或稱羌人為秦人。故古代印度之「支那」原字為「羌」，與秦

1　張星烺：《「支那」名號考》，載《中西交通史料彙編》，中華書局，2003 年，第 555 頁。
2　方漢文：《關於「支那」名稱的來源》，《尋根》2003 年第 3 期。
3　張星烺：《「支那」名號考》，《中西交通史料彙編》，中華書局，2003 年，第 555 — 556 頁。
4　楊憲益：《釋支那》，載《譯餘偶拾》，三聯書店，1983 年，第 147 頁。
5　夏曾佑：《中國古代史》，河北教育出版社，2003 年，第 7 頁。
6　馮承鈞：《西域地名》，中華書局，1982 年，第 20 頁。

朝無關。又脫烈美《地志》裏的「Seres」與「Sinae」當為蜀國與滇國。[1]

其五，「絲」國說。何建民《隋唐時代西域人華化考》認為：「中國為世界之古國，又係大國，故其國名，早已傳聞於西域諸國間⋯⋯漢與身毒及安息間之交通，自不待言，即如遠西之犛軒（大秦）亦已啟其端矣。於是似指中國北部之地名 Serica，及似指華北首都 —— 或即長安 —— 之地名 sera（Metropolis）等，乃發現於希臘與羅馬之著錄。」[2]

季羨林《中國蠶絲輸入印度問題的初步研究》一文認為，印度憍胝厘耶（Kauṭilīya）《治國安邦術》載有「Cīnapaṭṭa」：

> Cīnapaṭṭa 這個字是兩個字組成的：一個是 Cīna，就是「脂那」、「支那」；另一個是 paṭṭa，意思是「帶」、「條」。兩個字合起來意思就是「中國的成捆的絲」。這個字本身已經把絲的產地告訴我們了。[3]

季羨林認為「Cīna」有「絲」之意義，但似乎並沒有說「Cīna」即為「絲國」之轉音。

趙永復《絲綢之路 —— 漢唐時期中西陸路交通》認為，古代西方稱中國為「賽里斯」，它從希臘文「賽爾」而來。「賽爾」即蠶絲，因蠶絲出於中國，故把中國稱為賽里斯。[4]

李志敏《支那名號原音證》認為，梵文「Cīna」原音為漢語「絲」字，人們誤譯為「中國」。英語「Silk」、意大利語「Serica」、俄語「Sŏlk」、新波斯語「Sarah」及阿拉伯語「Sarak」等語詞（絲）之語源皆出自梵文

---

1 楊憲益：《釋支那》，載《譯餘偶拾》，三聯書店，1983 年，第 147 — 149 頁。
2 何建民：《隋唐時代西域人華化考》，載《零玉碎金》第二輯，新文豐出版公司，1978 年，第 1 頁。
3 季羨林：《中國蠶絲輸入印度問題的初步研究》，載《中印文化關係史論文集》，三聯書店，1982 年，第 76 頁。
4 趙永復：《絲綢之路 —— 漢唐時期中西陸路交通》，《地理知識》1973 年第 1 期。

「Cina」。古羅馬學者托勒密（Ptolemaeus）之《地理指南》有「賽里國（Serice）記」和「秦尼國（Sinae）記」，此當為梵文「Cina」之音譯。古希臘人謂蠶曰「Ser」，謂中國曰「Serice」（賽里斯），意為「絲國」，由此反證「Cīna」（支那）原來涵義亦當為「絲國」[1]。李志敏《「支那」名號涵義及指謂問題》一文再次重申上述觀點。此外，李氏還認為，上古漢語對絲綢另有「繒」稱，「繒」上古音為蒸韻從紐，此為另一些外語中通名「絲綢」的呼名，後來則為專名「秦」或「秦尼」之淵源[2]。

韓振華《支那名稱起源考釋》認為，古今國名，多用其地特產之名以稱之。甲骨文即見「絲」字，中國最早以產絲著稱於世，故諸如公元前 400 年前之希臘文《克特西亞》（Ctesias）述及「Seres」等文獻記載，意當為「絲」國。絲之古音曰「Si」或「Ci」，傳至中亞，因韃靼語轉譯，「絲」之單數變為「Sir」或「Cir」，複數變為「Sin」或「Cin」，嗣後輾轉傳至印度，另加「a」為收聲，遂成「Sina」或「Cina」。[3]

方漢文《關於「支那」名稱的來源》認為中國古代稱名「支那」即為古希臘人所說的「賽里斯」，但由於中國與希臘之間沒有直接商貿關係，從「賽里斯」到「支那」，經過敍利亞語、東伊朗語、梵語等古代語言轉譯的影響，轉譯不同，即形成對中國指稱的不同讀音。但所有名稱皆起源於中國的「絲」，語辭意義當為「絲國」。其證據有四：（一）中國絲綢遠在公元前 6 世紀之前就傳到印度，隨後到中東與希臘羅馬，隨之出現中國稱名，此在秦建國之前。（二）成書於公元前 4 世紀的《摩訶婆羅多》和公元前 3 世紀的《政事論》都遠在秦國或秦朝之前，且《摩訶婆羅多》同時還提及喜馬拉雅山另一側的基拉塔斯（Kiratas）民族，

1　李志敏：《支那名號原音證》，《西北史地》1986 年第 4 期。
2　李志敏：《「支那」名號涵義及指謂問題》，《中國歷史地理論叢》1996 年第 2 期。
3　韓振華：《支那名稱起源考釋》，載《韓振華選集之一．中外關係歷史研究》，香港大學亞洲研究中心，1999 年，第 5 — 9 頁。

古代印度人最早是通過東方路線接觸中國的，所以支那稱名不會從西方傳入印度。（三）根據公元 2 世紀羅馬人包撒尼雅斯（Pausanias）《希臘志》及《希臘拉丁作家遠東文獻輯錄》的記載，希臘文獻中「Seres」（賽里斯），意為中國人，其起於蠶與絲的本意。（四）古希伯來文所記《聖經・舊約》之《以賽亞》篇有「Sininm」（支那），《以賽亞》成書於公元前 8 世紀至公元前 5 世紀，早於中國秦朝的建立，亦可證明「支那」不可能為「秦」之重要證據。「Sininm」其第一個音節「賽」同希臘文，第二個音節「那」同梵文，希伯來文所記可能為梵文向希臘文的過渡。中國出土《大秦景教流行中國碑》之敘利亞文「Zhinastan」（支那斯坦），基本同於希臘文拉丁文之讀音。故最早中國稱名來自梵文（Cīna）和希伯來文（Sininm），皆以「絲」之發音稱呼中國，這兩種語言轉譯到希臘文與拉丁文，形成「賽里斯」（Seres）之名。敘利亞文受波斯文影響，古波斯人用伊朗語，伊朗語沒有送氣濁輔音，發生 s-zh 音轉，此為「zhin」「chin」讀音來源，後人附會為秦國之「秦」。[1]

其六，「支那」本音為「荊」。丁山《論支那即荊蠻對音》認為，蜀印交通，後於楚印，且荊楚未嘗不產絲，楚在宗周及春秋初期文獻中多稱為荊，或曰蠻荊，或曰荊蠻，均因緣其所居荊山為名也。荊，今音「Kiang」，似與「Tieg」（支）音甚遠。然諧（支聲）之字，若「伎」「妓」「技」「蚑」等今則多有「g‘ieg」音。「g‘」與「Ki」聲類極近；是以支那之「支」，自得謂即「荊」之音轉。荊蠻之蠻，今音「Man」，似與「nan」聲甚遠，但在古代語言上 m、n 二紐，亦常互轉，則印度人所謂「支那」（Cina），即「荊蠻」（Kiang-man）之對音。[2]

蘇仲湘《論「支那」一詞的起源與荊的歷史和文化》認為，荊自

---

1 方漢文：《關於「支那」名稱的來源》，《尋根》2003 年第 3 期。

2 丁山：《古代神話與民族》，商務印書館，2006 年，第 387 — 389 頁。

殷商早期至為秦所滅，歷史綿長，國勢隆盛，威名彪炳，地廣人眾，民族繁多，此外，荊農商阜盛，技術發達，政治、經濟、文化皆有巨大成就，凡此種種，皆不是秦國所能頡頏，故域外廣泛傳聞之「支那」，與秦並無關係，而是因荊而生。從中國南部通往印度的交通路線當早於北方絲路，早期域外大國有關中國的知識，大體皆是印度再傳。《羅摩衍那》所載「支那」和「外支那」，按其本意即是以南部中國為對象的「荊」和「外荊」。托勒密《地理》所記賽里亞國和西納國（秦尼）皆是印度傳出後的派生孳長。此外，「荊」為顎音，「秦」為齒音，「荊」音更接近「支那」本音。[1] 蘇文一出，汶江旋即撰文《「支那」一詞起源質疑》反駁，汶江着眼於蘇文所列文獻和史實進行一一駁斥。汶江認為《羅摩衍那》之「支那」在興都庫什山以北，說明當時印度人是通過大月氏人、大夏人、塞人等西域民族而知道中國，蘇文所提其他印度古籍《摩訶婆羅多》和《政事論》皆不能支持至遲在公元前四世紀中印已有直接交通的論據。此外，甲骨文有「楚」無「荊」，晚出之「荊」為輕蔑稱呼，楚人從不自稱為荊，如因尊重楚國威望，理當稱楚，斷不會以「荊」稱之。汶江認為四川與印度間交通上限在公元前 3 世紀末，秦統治下的四川商人帶到印度去的中國名號，只能是「秦」。[2] 林劍鳴《「支那」的稱謂源於「秦」還是「楚」》亦力駁蘇文「荊是通用名號，楚是別名」之說，認為楚才是正式稱謂，荊乃別名。[3] 陳得芝《從「支那」名稱來源諸「新說」談起 —— 關於學術規範與研究方法問題》着眼於「支那」語音亦著文力駁蘇氏之說，「荊」，《廣韻》為見母庚韻開口三等字，讀「kĭeŋ」，古音和今音不同，梵文「Ca」輔音和「Ka」輔音發音部位和方法不同，故梵文「Cīna」不可能和「荊」字古音相對。而「秦」字，《廣韻》為從母真韻開口三等

1　蘇仲湘：《論「支那」一詞的起源與荊的歷史和文化》，《歷史研究》1979 年第 4 期。
2　汶江：《支那一詞起源質疑》，《中國史研究》1980 年第 2 期。
3　林劍鳴：《「支那」的稱謂源於「秦」還是「楚」》，《人文雜誌》1981 年第 6 期。

字，讀「dzĭen」，與梵文「Cīna」正成對音。[1]

鄭張尚芳《古譯名勘原辨訛五例》先申說「Cina」初應對晉，又說南方民族如毛南語稱漢人為「Cin[1]」、黔東苗語之「Cen[5]」，則「c」與見母對應，「Cina」又可能指「荊」。[2]

其七，「Cina」本源於成都。段渝《支那名稱起源之再研究 —— 論支那名稱本源於蜀之成都》首先對伯希和、張星烺和饒宗頤等主張「秦說」的證據作了一一辯駁。段渝認為，憍胝里耶《政事論》當成書於公元前 4 世紀，故伯希和把公元前 222 年建立的秦朝當作公元前 4 世紀已見於印度的支那之本源，不能成立，此外，伯氏所舉《漢書》《史記》有關西域「秦人」的史料皆不可靠。張星烺所主「秦國說」出於邏輯演繹，不足置信，饒宗頤「支那為秦之蜀地說」所舉秦滅蜀得蜀絲而有秦絲之稱，秦絲西傳印度被稱為「Cinapaṭṭa」與《政事論》年代不符，「Cina」不為秦之蜀地。段渝認為，蘇仲湘「巴蜀是荊的外府」並無事實根據，「莊蹻王滇」亦只是《史記》筆誤，楚、印交通亦晚於蜀、印，故「支那為荊說」不能成立。大量史實證明，至少在公元前十三四世紀之商代中晚期，蜀人便通過犛牛道和五尺道經南中進入緬印，與印度進行商業貿易交流，延至支那名稱初見於印度載籍之時，其間之交往關係已存在千年之久。印度最早認識的中國即應為蜀，「Cinapaṭṭa」為成都絲，「Cina」即為成（都）之對音。按南方語音特徵，「成」先秦音為齒音、前鼻音，歸真部從紐，其讀音與「秦」相若。據勞費爾所舉各種有關支那語例，可證諸種語言裏支那一詞之相對字皆從梵語「Cina」轉生而去，亦可證明

1 陳得芝：《從「支那」名稱來源諸「新說」談起 —— 關於學術規範與研究方法問題》，《中華文史論叢》2006 年第 2 期。

2 鄭張尚芳：《古譯名勘原辨訛五例》，《中國語文》2006 年第 6 期。

絲綢從蜀播至印度再至中亞、西亞及地中海的歷史事實。[1]

其八，「支那」為「齊」。溫翠芳《「支那」為「齊」考述》以《尚書·禹貢》所記兗州、青州、徐州產絲為證，認為上古時代，山東地區當為主要產絲地。自姜太公封齊到春秋戰國，齊地蠶桑絲織皆隆盛。此外，考古實物證明早期中印間通過海上貿易而往來，齊地有着發達的海上交通，中國典籍所載齊、燕之人渡海尋求不死仙藥之來源為印度《摩訶婆羅多》及《羅摩衍那》，與印度發生商業、文化聯繫的正是濱海的齊國。「齊」字古音為「Ci」，「南」字古音為「na」，「Cīna」原音當為「齊南」，即為兗州、徐州在內的齊國南部產絲重地。[2]

其九，「Cīna」古譯出自「周」或「姬」。沈福偉《中西文化交流史》考察了早期印度文獻中有關中國的記載，沈氏認為，《山海經·大荒西經》成書年代與公元前5世紀佛陀時代相當，這個時代就有雲南一帶移民和商人將中國稱號傳至印度，此時為周朝，而不是秦穆公時代。衞匡國等耶穌會士由後起的拉丁文讀音「秦尼」（Sinae，Thinae）附會中古波斯語和印度梵語之中國稱呼，導致「秦」或「秦尼」誤說，對照周代以來漢族在新疆的發展歷史，「Cīna」之古譯出自「周」或「姬」。[3]不但如此，公元前5世紀費爾瓦丁神頌辭之「Cini」及古波斯文之「Cinistan」，玄奘譯為「支那」，應譯「支尼」，為移居新疆和闐、葉爾羌、塔什庫爾干等地周室後裔，即「周」國或「姬」國之對音。[4]

其十，苗語說。石宗仁《中國名稱「支那」之謎與苗族 —— 世界著名的印度史詩〈羅摩衍那〉與〈中國苗族古歌〉傳遞的信息》一文基於

---

1 段渝：《支那名稱起源之再研究 —— 論支那名稱本源於蜀之成都》，載《中國西南的古代交通與文化》，四川大學出版社，1994年，第126 — 162頁。

2 溫翠芳：《「支那」為「齊」考述》，《雲南社會科學》2006年第5期。

3 沈福偉：《中西文化交流史》，上海人民出版社，2006年，第28 — 31頁。

4 沈福偉：《中西文化交流史》，上海人民出版社，2006年，第27頁。

蘇仲湘《論「支那」一詞的起源與荊的歷史和文化》研究成果，置產生「支那」一詞之歷史時地於先楚之三苗、楚之荊蠻以及後來聚居五溪流域之苗族，結合中國長江流域古代稻作文化遺存與荊楚母語文化，舉出 23 例苗語地名，認為吉（紀、己、棋、荊）在苗語冠詞系列地名裏，沒有具體含義，只與其後的中心詞素組合，方構成「或寬」「或大」「或好」「或平坦」「或重要」之含義，「支那」（實為吉那、紀南、子臘）與「荊楚」（吉楚）不是漢語名稱，而是中國最早經印度傳播於亞歐大陸的三苗、荊蠻的母語 —— 苗語之地域名稱。「支那」其苗語含義是「好水田的地方」，「荊楚」其苗語含義是「寬廣的田野」，稻作文明是這些語詞的中心內涵。[1] 石宗仁《荊楚與支那》[2] 一書亦重申此觀點。此外，黃中模主編《中國三峽文化史》[3]、田夫《探索「支那」神祕語義的通道》[4] 亦贊同此說。

其十一，「Cīna」為古傣語「銅錢城」的梵語音譯。徐作生《「支那」源於古傣語考 —— 從蜀身毒道諸種因素論梵語 cina 的由來》以早於北方絲綢之路的西南絲綢之路（蜀身毒道）為背景，通過親身勘訪滇西四千多公里古道，從民族、文物、語言、風俗、地理及交通等多重角度，對「支那」詞源進行破譯。徐氏認為傣族是「蜀身毒道」上最早的文化傳播者，位於緬甸北部密支那（myitkyi:na，《新唐書》謂麗水城）之東一百公里處小城支那（kyi:na，銅錢城），是百越乘象國時期連接滇、緬、印商道的中外貿易中轉站，這座小城逐漸成為華夏九州之代稱，即為梵語「Cina」之語源。因地震、泥石流等災害，其城已被歷史湮沒，其遺址在

1 石宗仁：《中國名稱「支那」之謎與苗族 —— 世界著名的印度史詩〈羅摩衍那〉與〈中國苗族古歌〉傳遞的信息》，《黔東南民族師專學報》1994 年第 2 期。

2 石宗仁：《荊楚與支那》，民族出版社，2008 年。

3 黃中模：《中國三峽文化史》，西南師範大學出版社，2003 年。

4 田夫：《探索「支那」神祕語義的通道》，2008 年 9 月 17 日《中國文物報》。

雲南省盈江縣盞西區。[1]

其十二，「Cīna」為「長安」音譯。王平文《「支那」一詞的來源及其演變過程》認為，西方國家一般用一國之首都來表示這個國家，用唐都長安代表中國，用音而不用意。[2] 王平文《從語音學、音韻學角度再說「支那」的源流》進一步認為，「支那」產生於公元 9 世紀唐朝前期，「長」有「CHANG」和「ZHANG」兩種讀音，讀成「支那」的是根據沿海地區的吳音，讀「China」的是根據首都的發音。[3]

其十三，「Cīna」初應對「晉」。鄭張尚芳《古譯名勘原辨訛五例 · Cina 初應對晉》認為，秦之建國遠晚於晉，且歷年過於短暫，秦之先人對胡狄的影響不逮三晉。秦之古音 zin＞ dzin，古代漢語為濁音，直至近代漢語方始變清音，緬文「Cin'」或「Cina'」、梵文「Cina」、希臘「Thinae」、拉丁「Sinae」、英法「Chin-」等外語大都不缺濁母，但對譯「秦」字，全都作清音而無一作濁音。古印度語文獻早於秦代就稱中國為「Cina」，漢譯佛經譯之為「脂那、支那、至那」，又或稱「Cinisthāna」，漢譯「震旦、振旦、真丹」，其詞根「Cin」都回譯為章母字「震振真」或「脂支至」等，明顯皆為清音。最初印度及西方人，皆通過中亞從北方草原的胡人處得知中國，草原民族南下最初所遇應為周成王時分封之晉（'Sin＞ tsin）。[4]

1　徐作生：《「支那」源於古傣語考 —— 從蜀身毒道諸種因素論梵語 cina 的由來》，《中國文化研究》1995 年第 1 期。

2　王平文：《「支那」一詞的來源及其演變過程》，《大慶社會科學》1999 年第 5 期。

3　王平文：《從語音學、音韻學角度再說「支那」的源流》，《大慶高等專科學校學報》2000 年第 1 期。

4　鄭張尚芳：《古譯名勘原辨訛五例》，《中國語文》2006 年第 6 期。

四 印度古文獻「Cīna」之語源應為「成都」

人類對發明創造的熱衷和推崇自古而然。絲綢為中國極為古老的發明，中國的絲綢傳播域外，域外以此偉大發明代稱中國，這當為早期人類之通例。人類生存法則決定，人們往往嚮往能給自己生活帶來改變的發明，絲綢改變了人類的服飾風尚，愛屋及烏，人們對絲綢原產地名自然亦會推崇而神往。以此而論，以絲綢為着眼點考察「Cīna」之語源者（見前論其五、其六、其七、其八）似最為符合早期人類經濟文化交流之實情。在「絲」說啟發下，學者們聯繫先秦主要產絲地，又提出支那為「荊」說、「成都」說和「齊」說。綜合早期蠶桑養殖起源和絲織產業，結合南方絲綢之路的最新研究成果，以文獻和考古實物觀之，「成都」一說最為合理。

蜀、印至少在公元前十三四世紀商代中晚期，即有緊密的往來交流，此在歷史文獻典籍與考古出土實物中皆有印證。段渝《支那名稱起源之再研究 —— 論支那名稱本源於蜀之成都》一文從中外交通史和歷史語言學的角度對「Cīna」語源為「成都」一說已有充分論證，段渝運用音韻學知識證明「Cīna」為「成都」之對音，文獻和語音證據已詳，其歷史材料和考古實物之述備矣，煩請讀者檢索，茲不贅述。

目前，學界雖存異議，但大多數學者認同梵文「Cīna」之詞根「Cī」當與「絲」為同源，季羨林還主張「Cīna」即為產絲之地。「Cīna」既為產絲之地，那麼，此一盛產絲綢的地方到底在哪裏？如果我們能證明古蜀蠶桑業起源甚早，且蜀絲在古印度《摩訶婆羅多》《羅摩衍那》及《政事論》成書時代即已通過南方絲綢之路遠銷印度，那麼，「成都」一說將有更為充實的立論依據。綜合段渝《支那名稱起源之再研究 —— 論支那名稱本源於蜀之成都》所論，現補充十一例文獻和考古證據。

其一，《文選・蜀都賦》李善注引揚雄《蜀王本紀》曰：「蜀王之先名蠶叢、拍濩、魚鳧、蒲澤、開明，是時人萌，椎髻左言，不曉文字，未有禮樂。從開明上到蠶叢，積三萬四千歲。」[1] 古蜀國早先蜀王名「蠶叢」，「蠶叢」為何？任乃強《蠶叢考》有辨析：「竊疑蠶叢之義，謂聚蠶於一箔飼養之，共簇作繭，非如原蠶之蜎蜎獨生，分散作繭。是原始人類一大發明創造，故成為氏族專稱也。今蜀人猶稱作繭之草樹為簇，語音作叢之入聲。疑即蠶叢語變也。」[2] 任氏認為「蠶叢」即「蠶簇」，是飼養家蠶之方式，此一聚蠶飼養之法，為原始人類一大發明。任氏的說法，甚有根據。《說文》即謂「蜀，葵中蠶也」[3]，「蜀」之本意即為「蠶」，足見古蜀族與蠶的緊密關聯。又據任乃強此文考證，「蜀」之為字，係古人專為原蠶（野蠶）製造，蓋即原蠶之本稱，後世人工改良蠶種，則新造「蠶」字以相區別。野蠶性不羣聚，故「蜀」亦引申為「獨」，以此揆之，早在開明氏前甚古時代，蠶叢氏即已發明了蠶桑技術，改良獨居之野蠶，使之叢聚而生，故曰「蠶叢氏」。蠶叢氏所居之地岷江河谷地帶，至今猶多野蠶，此其證也。

其二，五代前蜀馮鑒《續事始·蜀蠶市》條引《仙傳拾遺》曰：「蠶叢氏自立，王蜀，教人蠶桑，作金蠶數千頭，每歲之首，出金頭蠶以給民一，蠶民所養之蠶必繁孳。罷即歸蠶於王，巡境內所止之處，民則成市，蜀人因其遺事，每年春置蠶市也。」[4] 馮鑒所言甚是，古蜀之先民追根溯祖，認發明了家蠶養殖的蠶叢氏為氏族部落之先。也即是，蠶叢氏為古蜀文化始祖，這個氏族即是靠飼養家蠶而聲名遠播，從而聞名於世。

其三，蠶叢部落沿岷江一路南移，魚鳧田湔山，杜宇治郫邑，「開明

---

1 ［南朝梁］蕭統著，李善注：《文選》，中華書局，1977 年，第 75 頁。

2 任乃強：《蠶叢考》，載《華陽國志校補圖注》，上海古籍出版社，1987 年，第 220 頁。

3 ［東漢］許慎：《説文解字》，中華書局，1963 年，第 279 頁。

4 ［前蜀］馮鑒：《續事始》，載［明］陶宗儀：《説郛三種》，上海古籍出版社，1988 年，第 215 頁。

王自夢郭移，乃徙治成都」[1]。據《華陽國志》所載，開明王二世盧帝開疆拓土，征伐激烈，成為一方霸主。約公元前 400 年前後，開明九世移都「成都」，中原正為戰國時期，與古印度成書於公元前 4 世紀的《摩訶婆羅多》和公元前 3 世紀的《政事論》所記「Cīna」時代也正契合，兩相印證，若合符節。

其四，大涼山地區有一支「布良米」藏族，「布良米」意為吃蠶蟲的人，吃蛹之外，他們亦抽絲織綢；甘洛藏族有稱「耳蘇」者，同樣以吃蛹為主，另外亦打線織綢，此一地區之藏族與「蠶叢氏」皆為氐羌別支，此當為遠古「蠶叢氏」部落流風之遺存。

其五，養蠶為古蜀先民所創，《史記・五帝本紀》亦有印證：「黃帝居軒轅之丘，而娶於西陵之女，是為嫘祖。」[2]「西陵」雖多有異說，然歷史學家大多認同「西陵」在蜀西之境，嫘祖即蠶桑之祖。由是，蠶桑業與古蜀應有密切關聯。羅泌《路史》卷十四《後紀五》曰：「黃帝……元妃西陵氏曰儽祖……以其始蠶，故又祀先蠶。」[3]《路史》所記更為明確，此「西陵」為隴西川甘岷山一帶，正與蠶叢氏所居之地吻合，桑蠶養殖業發源於岷江流域於史有徵。

其六，此外，蜀地大量有關蠶桑的神話傳說也能為此提供佐證。《蜀圖經》記有蜀女化蠶為蠶之始，是為蠶女馬頭娘，蜀地至今仍有奉祀。蜀地蠶農至今猶祀青衣神，此神即為教民養蠶之蠶叢氏。早期神話及原始信仰最能反映先民的崇尚風俗，蠶神崇拜在蜀地甚為久遠，蔚然成風。

其七，三星堆出土文物有金虎形飾，其虎身為彎曲的蠶體，兼具虎與蠶之特徵。

---

1 ［東晉］常璩撰，劉琳校注：《華陽國志校注》，巴蜀書社，1984 年，第 186 頁。

2 ［西漢］司馬遷：《史記》，中華書局，1959 年，第 10 頁。

3 ［南宋］羅泌：《路史》，載《文淵閣四庫全書》第 383 冊，上海古籍出版社，1987 年，第 126 — 127 頁。

1-1　甘洛縣藏族耳蘇人

1-2　馬頭娘像

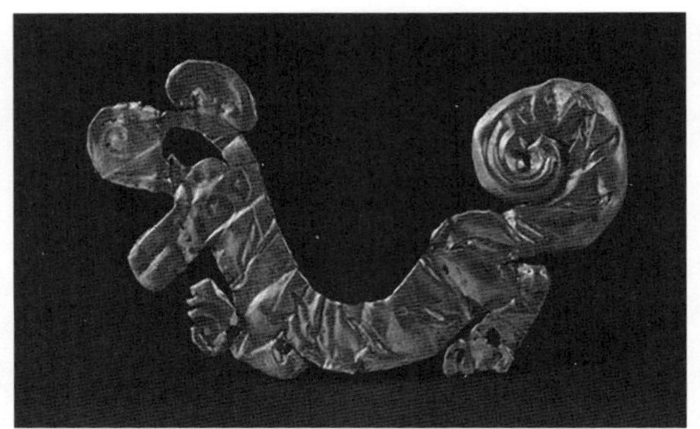

1-3　三星堆出土文物：金虎形飾

1-4　三星堆出土文物：青銅龍虎尊

1-5　三星堆出土文物：青銅龍虎尊

1-6　三星堆出土文物：青銅造像羣

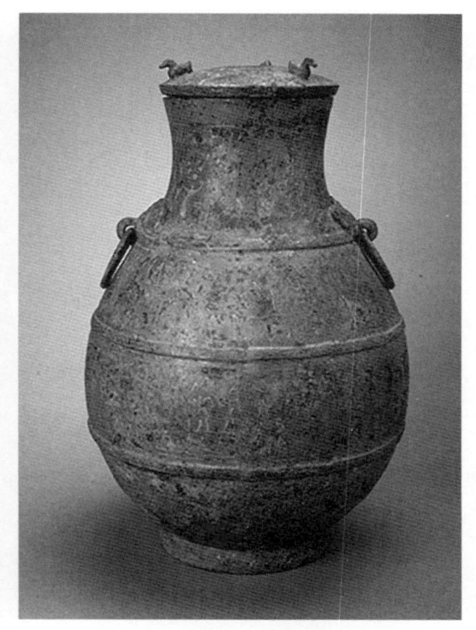

1-7　四川博物館藏戰國採桑紋銅壺

其八，三星堆出土文物還有一件青銅龍虎尊，其虎首也兼具虎與蠶的特徵。

其九，三星堆出土的青銅造像羣所展現的華麗衣裳，也足以說明商代蜀地絲綢業的發達。

其十，1965 年成都市百花潭中學十號墓出土一件帶採桑紋飾的戰國銅壺，畫面桑株排列有序，15 名採桑女分工協作，已是採桑養蠶的真實生活寫照。

其十一，考古學家曾於 1936 年在阿富汗喀布爾以北約 60 公里處發掘亞歷山大城（約建成於公元前 4 世紀）時，發現許多中國絲綢[1]。有學者即認為亞歷山大城出土絲綢有可能是從成都平原經滇緬道（南方絲綢之路）運至印巴次大陸，再輾轉傳至中亞[2]。

1　王治來：《中亞史》第一卷，中國社會科學出版社，1980 年，第 69 頁。

2　童恩正：《略談秦漢時代成都地區的對外貿易》，《成都文物》1984 年第 2 期。

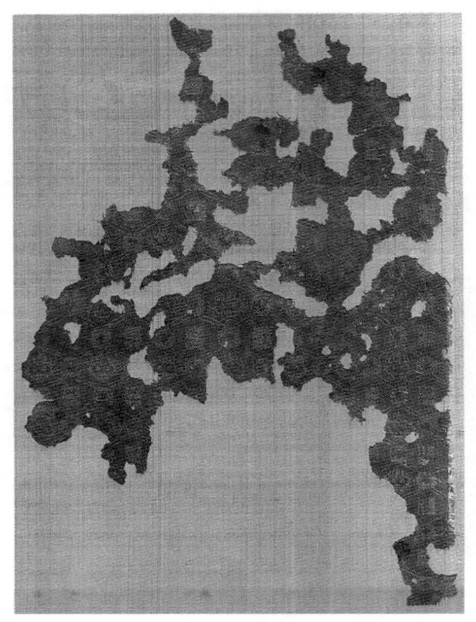

1-8 亞歷山大城出土文物：中國絲綢

其十二，2021 年 3 月，三星堆遺址新發現 6 個器物坑，目前已有三、四、六、八號坑發現有絲綢殘留物。新出土的絲綢是目前四川盆地乃至西南地區發現的最早實物，再次證實古蜀人在 3000 多年前即有成熟的絲織業。

由此可見，季羨林《中國蠶絲輸入印度問題的初步研究》所主張印度憍胝厘耶（Kauṭilīya）《治國安邦術》（又譯《政事論》）之「Cīnapaṭṭa」，為「Cīna」（「脂那」「支那」）與「paṭṭa」（「帶」「條」）之合詞，兩個字合起來意思為「中國的成捆的絲」的結論恐怕應為「成都成捆的絲」了。綜上所述，以上文獻典籍和考古實物告訴我們，「成都」因蠶桑養殖業而聞名，因盛產蠶絲而聲名遠播，「成都」之名稱通過南方絲綢之路向南傳播至印度，凝固為印度古文獻所記之「Cīna」。印度之「Cīna」再輾轉經中亞傳至歐洲。由於時間流逝，記憶漸行漸遠，後來歐洲人在接觸匈奴時，因為匈奴稱中國為「秦」，歐洲人遂混淆早已存

1-9　三星堆四號坑出土絲綢殘留物

1-10　三星堆八號坑出土絲綢殘留物

在於自己語言中的梵文「Cīna」為後來匈奴稱名之「秦」，「Cīna」為「秦」的認識遂由此產生並根深蒂固。

證得印度古文獻「Cīnapaṭṭa」為「成都成捆的絲」，早期蜀地通過南方絲綢之路將蜀地特產絲綢一路南銷至南亞地區的歷史印跡即清晰可見。我們不得不驚歎，千山萬水永遠阻隔不了人們渴望交流互動的內心熱情，蜀地絲綢的外銷南傳，不僅表明古蜀人具有與域外文明互融互通的願望，而且有付諸實際行動的方法和路徑。

第二章　史書所見早期蜀物外貿：蜀布與邛竹杖

南方絲綢之路存在甚早，蜀地物產通過南方絲綢之路傳播至印緬，進而越印度河流域再傳至中亞，此一史實見載於中國典籍亦甚早。蜀布與邛竹杖，中國歷史文獻典籍最早明確記載於《史記》，為張騫出使西域獲知的域外信息，張騫返回長安後向漢武帝報告了此事。今天看來，張騫的報告似乎有些簡略，但它見證了人類早期不同區域之間物質貿易交流的真實歷史場景，因而此記載無疑是上古巴蜀與外界交流互動以及中外文化交流史上的重要篇章。由此，蜀布與邛竹杖遂成為巴蜀地區與南亞乃至中亞地域間早期物產交流的又一亮色。

一　《史記》《漢書》有關蜀布、邛竹杖的原始記載

《史記·西南夷列傳》記載：

> 及元狩元年，博望侯張騫使大夏來，言居大夏時見蜀布、邛竹杖，使問所從來，曰：「從東南身毒國，可數千里，得蜀賈人市。」或聞邛西可二千里有身毒國。騫因盛言大夏在漢西南，慕中國，患

匈奴隔其道，誠通蜀身毒國道，便近，有利無害。[1]

此事亦記載於《史記·大宛列傳》：

> 騫曰：「臣在大夏時，見邛竹杖、蜀布。問曰：『安得此？』大夏國人曰：『吾賈人往市之身毒。身毒在大夏東南可數千里。其俗土著，大與大夏同，而卑濕暑熱云。其人民乘象以戰。其國臨大水焉。』以騫度之，大夏去漢萬二千里，居漢西南。今身毒國又居大夏東南數千里，有蜀物，此其去蜀不遠矣。今使大夏，從羌中，險，羌人惡之；少北，則為匈奴所得；從蜀宜徑，又無寇。」[2]

兩則材料所記大同小異，均是漢武帝元狩元年（前122）張騫出使西域後回朝向漢武帝所作的旅途見聞報告，報告稱張騫在大夏國（今阿富汗境內[3]）期間，親眼見到產自蜀地的進口商品布帛和邛竹杖，並且得知這些貨物經由身毒國（古印度的別譯）傳入大夏。漢武帝相信並採納了張騫的建議，派四路使節前往西南，希望打通經蜀至身毒的西南通道：

> 天子欣然，以騫言為然，乃令騫因蜀犍為發間使，四道並出：出駹，出冉，出徙，出邛、僰，皆各行一二千里。其北方閉氐、筰，南方閉巂、昆明。昆明之屬無君長，善寇盜，輒殺略漢使，終莫得通。然聞其西可千餘里有乘象國，名曰滇越，而蜀賈姦出物者

1 ［西漢］司馬遷：《史記》，中華書局，1959年，第2995—2996頁。
2 ［西漢］司馬遷：《史記》，中華書局，1959年，第3166頁。
3 桑秀雲：《蜀布邛竹傳至大夏路徑的蠡測》，載《歷史語言研究所集刊》第四十一本第一分，商務印書館，1969年，第71頁。

或至焉，於是漢以求大夏道始通滇國。[1]

由於西南方國昆明人阻撓並劫掠漢使，最終漢武帝沒能打通西南蜀地至身毒、大夏的交通線路，但漢帝國的勢力觸角已抵達滇國地區，客觀上對漢文化與西南諸夷之間的交流起到了促進作用。班固《漢書·張騫傳》原原本本抄錄了《史記·大宛列傳》這段文字，此不贅引。

史籍中記載的中外物質交流，蜀布、邛竹杖為時甚早，兩者均具有重要的交通史料價值，是研究中國西南地區早期對外經貿文化交流的重要媒介。關於蜀布，桑秀雲《蜀布邛竹傳至大夏路徑的蠡測》以及任乃強《中西陸上古商道 —— 蜀布之路》[2] 考證已詳，請讀者檢索參閱。然而，桑秀雲、任乃強對邛竹杖的探討卻較為簡略，語焉不詳。為了全面認識《史記》所載蜀布和邛竹杖，接下來我們試對邛竹杖作些探討，以期更加真實立體呈現歷史文獻所載邛竹杖之產地以及後世文人墨客筆下不斷塑造疊加創新的人文邛竹杖形象。有關邛竹杖的產地、功效以及文學審美價值，歷來多有研究，現清理辨證如下。

二 《史記》《漢書》所載邛竹杖產地的注疏異說

《史記·西南夷列傳》記載張騫在大夏國親見邛竹杖，南朝宋裴駰集解曰：

韋昭曰:「邛縣之竹，屬蜀。」瓚曰:「邛，山名。此竹節高實中，

1 ［西漢］司馬遷：《史記》，中華書局，1959 年，第 3166 頁。
2 任乃強：《中西陸上古商道 —— 蜀布之路》，《文史雜誌》1987 年第 1、2 期。

可作杖。」[1]

裴駰集解引三國吳人韋昭注認為邛竹杖產於「邛縣」，「邛縣」地屬蜀地。而裴駰引西晉臣瓚注又認為邛竹杖產於「邛山」，此竹特徵為節高實中。那麼，韋昭所言「邛縣」和臣瓚所言「邛山」是否為同一所指，我們不得而知。綜觀二者所言，我們似乎可知，邛竹產自蜀地，與其他種類的竹子相比，其不同在於邛竹為實心，因而質地堅實，適宜用作手杖。

《史記‧大宛列傳》同樣記載了張騫在異域大夏所見邛竹杖之見聞，唐人張守節正義曰：

> 邛都邛山出此竹，因名邛竹。節高實中，或寄生，可為杖。布，土蘆布。[2]

張守節正義多採用裴駰的集解，並沒有為我們提供更多富餘信息，但是與韋昭、臣瓚有所不同的是，張守節認為邛竹杖產於「邛都邛山」。那麼，此「邛都」與「邛縣」是否為同一地名，我們也不得而知。

《漢書‧張騫傳》抄錄了《史記》有關張騫在大夏的異域所見，唐人顏師古注曰：

> 臣瓚曰：「邛，山名。生此竹，高節，可作杖。」服虔曰：「布，細布也。」師古曰：「邛竹杖，人皆識之，無假多釋。」[3]

1 ［西漢］司馬遷：《史記》，中華書局，1959 年，第 2996 頁。
2 ［西漢］司馬遷：《史記》，中華書局，1959 年，第 3166 頁。
3 ［東漢］班固：《漢書》，中華書局，1962 年，第 2690 頁。

顏師古沿用臣瓚的說法，認為邛竹杖在唐朝時人人皆知，沒有必要多作注解，因而後世也難有明確的解釋。

綜觀《史記》《漢書》後世注家有關邛竹杖的注解，有此三種不同的說法。雖然三種說法差異並不明顯，但我們卻不能明確界定「邛縣」「邛山」「邛都」的具體地理地域方位。「邛」之所指，是今日四川成都西南之邛崍縣，還是南北縱貫之邛崍山脈，抑或是遠離四川盆地之西昌邛海，我們難有定論，無法釋然。現擬鈎稽考訂史籍，以期還原「邛」的歷史本真。

三　《史記》《漢書》有關「邛」的其他文獻疏證

《史記．孝文本紀》記載淮南王劉長私自廢除先帝法度，不聽天子詔令，與棘蒲侯太子奇欲謀造反。事情敗露後，孝文帝不忍心處死劉長，代之以廢除劉長淮南王的稱號，並赦免其罪行。孝文帝聽從羣臣建議將劉長流放「蜀嚴道、邛都」[1]，可惜劉長尚未至處所，即病死於途中。裴駰集解曰：

> 邛都乃本是西南夷，爾時未通，嚴道有邛僰山。[2]

張守節正義曰：

> 邛，其恭反。《括地志》云：「嚴道今為縣，即邛州所理縣也。縣有蠻夷曰道，故曰嚴道。邛都縣本邛都國，漢為縣，今嶲州也。」

1　［西漢］司馬遷：《史記》，中華書局，1959 年，第 426 頁。
2　［西漢］司馬遷：《史記》，中華書局，1959 年，第 426 頁。

《西南夷傳》云「滇池以北君長以十數，邛都最大」是也。按：羣臣請處淮南王長蜀之嚴道，不爾，更遠邛都西有邛僰山也。邛僰山在雅州榮經縣界。榮經，武德年間置，本秦嚴道地。《華陽國志》云：「邛筰山故邛人、筰人界也。山巖峭峻，曲回九折乃至，上下有凝冰。」按：即王尊登者也。今從九折西南行至巂州，山多雨少晴，俗呼名為漏天。[1]

若要確定張守節正義所指「邛都」的具體方位，關鍵是要弄清楚張守節所言之「邛僰山」。根據張守節的解說，「邛僰山」在雅州榮經縣界，「邛都」之西為「邛僰山」。「榮經」今作「滎經」，緊鄰於四川西部雅安的南界。那麼，這個「邛都」是否即是今日之「邛崍」，我們依然得不到確切的答案。即便如此，我們似乎可以依循張守節正義推斷此「邛都」與今日之「邛崍」在地理方位上應十分接近。

淮南王劉長事亦見載於《史記・淮南衡山列傳》，文字稍有出入：「臣蒼等昧死言 …… 臣請處蜀郡嚴道邛郵 …… 」[2] 裴駰集解引徐廣曰：

嚴道有邛僰九折阪，又有郵置。[3]

此與前引張守節釋「九折」的按語相差不多，但對於「嚴道」與「郵置」的解釋，司馬貞索隱曰：

嚴道，蜀郡之縣也。縣有蠻夷曰道。嚴道有邛萊山，有郵置，

1 ［西漢］司馬遷：《史記》，中華書局，1959 年，第 426 — 427 頁。
2 ［西漢］司馬遷：《史記》，中華書局，1959 年，第 3079 頁。
3 ［西漢］司馬遷：《史記》，中華書局，1959 年，第 3079 頁。

故曰「嚴道邛郵」也。[1]

司馬貞這條索隱在《史記》裏或許最為明確地記述了嚴道境內有「邛萊山」，與今日之「邛崍」亦正吻合，由此可知，《淮南衡山列傳》所記載之「邛」即為今日之「邛崍」。但是，同樣是淮南王劉長被貶的歷史事件，《孝文本紀》卻記載為「邛都」，那麼，「邛」與「邛都」是否為同一地名的不同稱呼，我們依然疑惑。

《史記·平準書》記載：「當是時，漢通西南夷道，作者數萬人，千里負擔饋糧，率十餘鍾致一石，散幣於邛、僰以集之。」[2] 唐司馬貞索隱引應劭云：

臨邛屬蜀，僰屬犍為。[3]

若依應劭的說法，「邛」即是「臨邛」，也就是今日四川成都西界的「邛崍」。

《史記·司馬相如列傳》記司馬相如在臨邛令王吉的幫助下，琴挑卓文君，文君與相如夜奔並馳歸成都的故事，列傳多次提及「臨邛」，此「臨邛」為今日之「邛崍」，學術界對此似乎沒有多大異議。《司馬相如列傳》又記載：

是時邛、筰之君長聞南夷與漢通，得賞賜多，多欲願為內臣妾，請吏，比南夷。[4]

---

1 [西漢] 司馬遷：《史記》，中華書局，1959年，第3079頁。
2 [西漢] 司馬遷：《史記》，中華書局，1959年，第1421頁。
3 [西漢] 司馬遷：《史記》，中華書局，1959年，第1422頁。
4 [西漢] 司馬遷：《史記》，中華書局，1959年，第3046頁。

唐人司馬貞索隱引漢末三國人文穎曰：

> 邛者，今為邛都縣；筰者，今為定筰縣，皆屬越巂郡。[1]

「邛」與「筰」皆屬越巂郡，文穎認為「邛」即為「邛都」。《司馬相如列傳》接着記載：

> 天子問相如，相如曰：「邛、筰、冉、駹者近蜀，道亦易通，秦時嘗通為郡縣，至漢興而罷。今誠復通，為置郡縣，愈於南夷。」[2]

相如說「邛」近蜀，道路也相對通暢，建議漢武帝重新打通邛地交通。據本傳的記載以及文穎的解釋，靠近蜀地且屬越巂郡的「邛都」，即為「臨邛」，也即是今日之「邛崍」。那麼，「邛」「邛都」「臨邛」即為同一所指，皆為今日之「邛崍」。但是，《司馬相如列傳》接着又記載：

> 司馬長卿便略定西夷，邛、筰、冉、駹、斯榆之君皆請為內臣。除邊關，關益斥，西至沫、若水，南至牂柯為徼，通零關道，橋孫水以通邛都。還報天子，天子大說。[3]

沫水為大渡河，若水為雅礱江，雅礱江在攀枝花匯入金沙江，牂柯已遠達貴州境內，零關道也已深入雲南境域。漢代孫水為今四川之安寧河，安寧河流經冕寧、西昌、德昌、米易，在米易縣安寧鄉匯入雅礱江。司馬相如為孫水作橋，以通「邛都」，此「邛都」定不會是本傳前文

1 ［西漢］司馬遷：《史記》，中華書局，1959 年，第 3047 頁。
2 ［西漢］司馬遷：《史記》，中華書局，1959 年，第 3046 頁。
3 ［西漢］司馬遷：《史記》，中華書局，1959 年，第 3047 頁。

所言之「臨邛」，如果是司馬相如與卓文君夜奔之地的「臨邛」，司馬遷怎麼會說是「以通邛都」呢！開通「邛都」的道路，說明「邛都」與當時的蜀地中心區域相隔遙遠，那麼此處所記之「邛都」或與今日西昌邛海有着緊密關聯。「橋孫水以通邛都」之「邛都」即不大可能是遠隔「孫水」萬千路途的近蜀之「邛」。看來，在《史記・司馬相如列傳》中，「邛」與「邛都」應是兩個完全不同的地名。「邛」的地望是「臨邛」，也即是今日之「邛崍」，「邛都」是另一專名，地望所指應為今日之「西昌」。那麼，「邛竹杖」到底是原產於「邛」還是盛產於「邛都」？我們依然徒歎奈何。

除《史記》外，《漢書》亦有大量關於「邛」的記載。《漢書・食貨志下》記載漢武帝繼承文、景的產業而不斷發展壯大：

> 時又通西南夷道，作者數萬人，千里負擔饋饟，率十餘鍾致一石，散幣於卬僰以輯之。[1]

應劭注曰：「卬屬臨卬。」[2] 東漢人應劭認為「卬」為當時的「臨卬」。唐人顏師古注曰：「卬，今卬州也。」[3] 據中唐李吉甫《元和郡縣圖志・邛州》所記，唐代的「邛州」即漢之「臨邛」，同樣指今日之「邛崍」。

《漢書・地理志・蜀郡》記載蜀郡下有「臨邛」縣，顏師古注引應劭曰：

> 邛水出嚴道邛來山，東入青衣。[4]

---

1 ［東漢］班固：《漢書》，中華書局，1962 年，第 1158 頁。
2 ［東漢］班固：《漢書》，中華書局，1962 年，第 1158 頁。
3 ［東漢］班固：《漢書》，中華書局，1962 年，第 1158 頁。
4 ［東漢］班固：《漢書》，中華書局，1962 年，第 1598 頁。

漢之嚴道為今之雅安滎經。邛崍山脈南北橫貫，地處四川盆地與橫斷山脈之間。「邛來」一名，或許正可說明「邛人」所自來地為「邛崍山」，此山亦即為古「邛人」最早聚居地。後來，「邛人」越「邛水」而南遷至「邛海」，建立「邛都」。「邛水」為今之滎經河，此河匯滎河和經河兩大支流後由南向北在雅安城東匯入青衣江。此水既名「邛水」，應與「邛崍山」及「邛人」不無關聯。「臨邛」正為臨近「邛崍山」及「邛人」所居之地，由此可知，顏師古所注漢之「臨邛」應確為今日臨近成都西南的「邛崍」。

《漢書・地理志・越嶲郡》記載漢武帝元鼎六年（前 111）開設越嶲郡，此郡與蜀郡同屬益州，越嶲郡其地大致與今日四川涼山州相當。顏師古注引應劭曰：

> 故邛都國也。有嶲水。言越此水以章休盛也。[1]

依照應劭的說法，越嶲郡本即為「邛都國」故地。越嶲郡下有「邛都」縣，邛都「南山出銅。有邛池澤」[2]。《漢書・地理志》分別記有「臨邛」和「邛都」，此已十分清楚明晰，在漢代，「臨邛」和「邛都」應是截然分屬於兩個不同地域的不同地名，「臨邛」屬「蜀郡」，緊鄰「邛崍山」，山有「邛水」，「邛水」東入青衣江。「邛都」屬「越嶲郡」，有邛池澤（邛海）。

至此，我們詳細鈎稽梳理了《史記》和《漢書》有關「邛」的文獻記載。綜觀史籍所載以及後世注家的解說，漢代「臨邛」和「邛都」是分屬蜀郡和越嶲郡的兩個不同郡縣。「臨邛」附近有「邛崍山」，山有「邛

---

1 ［東漢］班固：《漢書》，中華書局，1962 年，第 1600 頁。

2 ［東漢］班固：《漢書》，中華書局，1962 年，第 1600 頁。

水」出焉，水東流入青衣江。「邛都」為古「邛都國」故地，其南亦有山，山盛產銅礦，「邛都」還有一廣大池澤。參合史籍記載描述「臨邛」和「邛都」的地理地望以及風物特產，我們可知，漢代的「臨邛」為今日成都西南之「邛崍」，「邛都」為今日西昌「邛海」所在之地區。即便如此，我們仍迷惑不解的是，《史記・西南夷列傳》和《史記・大宛列傳》所載張騫所見之「邛竹杖」到底產自「臨邛」還是「邛都」？抑或是其他另一地方？這似乎已凝固為千古懸案，今人已無法得其正解。中唐李吉甫《元和郡縣圖志・劍南道上・戎州・南溪縣》就記載：

> 可廬山，在縣南五十里，山多邛竹。[1]

根據李吉甫的記載，四川南部宜賓地區（僰道縣地）似乎也有邛竹生產，司馬遷所記「邛竹杖」會不會來自宜賓南溪可廬山，我們一樣難有定論。《元和郡縣圖志・劍南道中・雅州・榮經縣》又記載：

> 本秦漢嚴道縣地，武德三年於此置榮經縣。邛來山，在縣西五十里，本名邛筰山，故筰人之界也。山巖峭峻，出竹高節實中，堪為杖，因名山也。[2]

依據李吉甫的記載，榮經縣附近的「邛來山」上也盛產「高節實中」的邛竹，司馬遷所記「邛竹杖」是否在嚴道榮經縣境之「邛來山」，我們照樣束手無策。

---

1 〔唐〕李吉甫：《元和郡縣圖志》，中華書局，1983 年，第 791 頁。
2 〔唐〕李吉甫：《元和郡縣圖志》，中華書局，1983 年，第 805 頁。

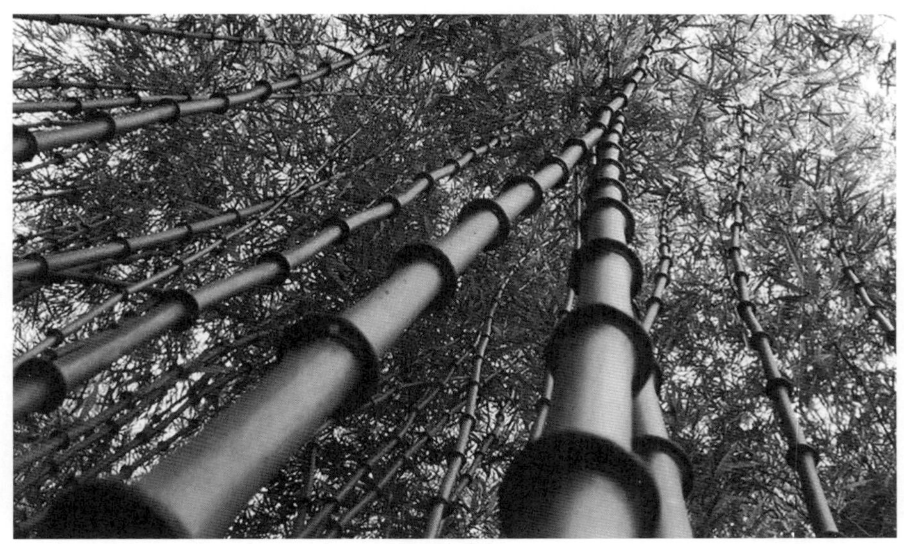

2-1　邛竹

四　《史記》《漢書》所言邛竹杖產自邛崍山脈

考察至此，我們尚沒有一個精準的結論。透過千年歷史的風塵，我們只能依據地域地貌以及物產風俗推測「邛竹杖」的大致產地。根據秦自生《四川大熊貓的生態環境及主食竹種更新》一文的介紹，大熊貓與川西地區的竹類分佈基本一致，邛竹是大熊貓最喜愛食用的竹類，因此，大熊貓活動的區域也應適宜於邛竹的生長[1]。根據何達《邛竹杖之產地新說》一文的介紹：「大熊貓在以大相嶺為中心的四川省西南地區這一區域的分佈範圍主要是今雅安地區為中心，包括甘孜藏族自治州東部、涼山彝族自治州東北部、樂山地區西部以及眉山地區西南部……在該區域內竹類繁多，因海拔不同竹子的種類也有所區別。而邛竹主要生長在海拔 1200 米－2800 米的山林之中。」[2] 康斌《邛竹杖考》另立新說，認為

1　秦自生：《四川大熊貓的生態環境及主食竹種更新》，《竹子研究彙刊》1985 年第 1 期。

2　何達：《邛竹杖之產地新說》，《文史雜誌》2012 年第 4 期。

「古邛崍山非今日之邛崍山，古邛崍山在四川洪雅西南部山區，邛竹即是現在峨眉山所用的羅漢竹」。[1] 但不管怎樣，康斌所認定的古邛崍山其實也在今日邛崍山脈大範圍之內。

由此，邛竹原產於四川盆地西沿邛崍山脈大熊貓活動地區於史實似為合理，即今以雅安為中心區域的滎經、漢源之間的邛崍山脈南端大相嶺以及邛崍市西邛崍山區，此一地域南北綿延至廣。南朝劉宋戴凱之《竹譜》似為竹類之最早專著，該書有邛竹杖的詳細記載：

> 竹之堪杖，莫尚於笻。磥砢不凡，狀若人功。豈必蜀壤，亦產餘邦。一曰扶老，名實縣同。笻竹，高節實中，狀若人刻，為杖之極。《廣志》云：「出南廣邛都縣。」然則邛是地名，猶高梁堇。《張騫傳》云：「於大夏見之，出身毒國。始感邛杖，終開越雋。」越雋則古身毒也。張孟陽云：「邛竹出興古盤江縣。」《山海經》謂之扶竹，生尋伏山，去洞庭西北一千一百二十里。《黃圖》云：「華林園有扶老三株。」如此則非一處，賦者不得專為蜀地之生也。《禮記》曰：「五十杖於家，六十杖於鄉者，扶老之器也。」此竹實既固杖，又名扶老，故曰名實縣同也。[2]

戴凱之認為以邛竹做手杖，其實用性和美觀性，其他竹類皆不可企及。但《廣志》卻認為其產地在南廣（今屬宜賓），張孟陽認為在川滇黔盤江，這又讓我們不知所措。清人陳鼎《竹譜》也有邛竹的記載：

> 笻竹，產於四川敘州、烏蒙、黎州、眉州、雅州、邛州、蒼

1 康斌：《邛竹杖考》，《成都大學學報》2010 年第 2 期。

2 〔南朝宋〕戴凱之：《竹譜》，載《文淵閣四庫全書》第 845 冊，上海古籍出版社，1987 年，第 176 頁。

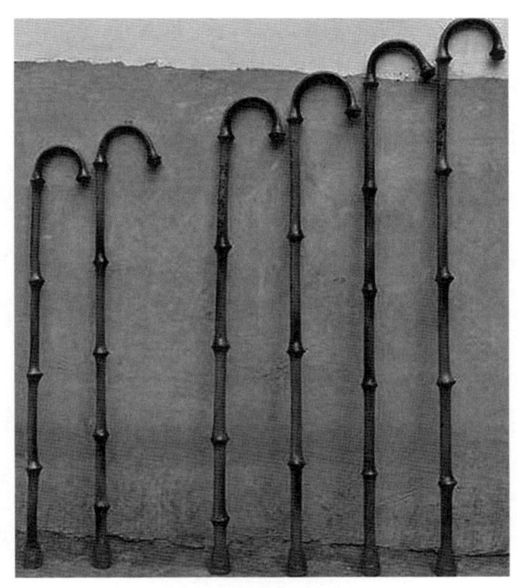

2-2　邛竹杖

> 篢、邛筰。諸山俱有，皆可為杖，以其堅潔也。[1]

陳鼎所描述的廣大邛竹產區，基本與邛崍山脈相吻合。《邛崍市志·植物》記載：邛崍市產邛竹[2]。由此可知，以雅安為中心區域的古「嚴道」為邛竹的集中生產地，當與史實和現實基本吻合。桑秀雲《蜀布邛竹傳至大夏路徑的蠡測》也有大致相同的意見：「討論邛竹的問題，《史記》集解和正義皆以係產於邛山之竹，節高實中，可為杖，所以又稱邛竹杖。所謂邛山，究竟指的是那一座山，位置在何處？我認為『邛山』並不是專指一座山，而是泛稱邛地之山皆是『邛山』。邛在蜀郡西南徼外，大約在四川西南一帶。」[3]

1　[清] 陳鼎：《竹譜》，載張潮輯錄：《昭代叢書》，上海古籍出版社，1990 年，第 11 頁。

2　邛崍市地方志編纂委員會：《邛崍市志》，方志出版社，2011 年，第 93 頁。

3　桑秀雲：《蜀布邛竹傳至大夏路徑的蠡測》，載《歷史語言研究所集刊》第四十一本第一分，商務印書館，1969 年，第 86 頁。

邛竹杖為邛竹加工製作而成。邛竹別稱繁多，亦名石竹、羅漢竹、佛肚竹、密節竹、大節竹、人面竹、布袋竹、算盤竹等。邛竹種類亦夥，包括大葉邛竹、細竿邛竹、平竹、柔毛邛竹、光竹、實竹、三月竹等。此一品種世間並不多見，為川西邛崍山脈特定區域所獨有。此竹植株矮，幼苗為綠色，而老竹呈橙黃色。邛竹竹結較細，竹節間距短而節點膨大，極似彌勒佛之肚，又似一串疊起的羅漢，因名羅漢竹、佛肚竹。「中、小型竹類，地下莖呈複軸型，節間呈圓筒形或少數種類基部呈方形，下部節間實心或近實心」[1]。此與《史記》裴駰集解所謂「節高實中」正相吻合。邛竹因其竹秆奇形多姿，適宜用作手杖、傘柄等生活實用工藝品。自《史記．西南夷列傳》「博望侯張騫使大夏來，言居大夏時見蜀布、邛竹杖」所記，邛崍山區至今尚多此產業，邛竹杖今日仍然是邛崍山系民間流行工藝品。新採的邛竹經過微火去水，用人工將邛竹一端彎成勾型，以便手握，遂成邛竹杖。峨眉山、青城山等川西山區至今仍有熱售，登山者多依此為登山助力之用。這一綿延幾千年的蜀地特產，當年即是通過橫斷山脈的千溝萬壑，搭載商旅的貨物源源不斷地流向印緬地區，越過印度河和恆河，到達大夏國，融入中亞人的生活，成為蜀地與南亞、中亞物質交流的重要歷史憑證。

五　邛竹杖人文意象的塑造與定型

邛竹杖因《史記》載錄而牽涉中國早期中外物質交流，故被歷史學家密切關注。此外，邛竹杖因其生活實用價值和獨特的美學感觀，亦深得文人學士青睞，贏得歷代墨客騷人的深情讚譽。他們或敘寫邛竹杖

1　李德銖、薛紀如：《中國筇竹屬植物志資料》，《雲南植物研究》1989 年第 10 期。

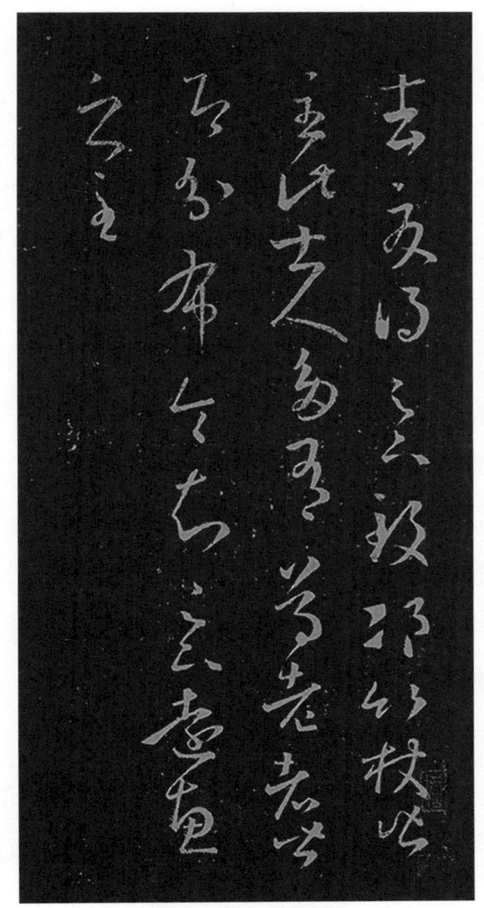

2-3　邛竹杖帖

情狀直抒讚詞，或托邛竹杖以言心志，或刻寫邛竹杖物性以隱喻人之品行，以邛竹杖為情感抒泄的物質載體和言語意象，表達自己的品行和操守，為邛竹杖不斷疊加層層文化意蘊，從而使物質的竹杖逐漸昇華為士人內心的精神象徵。

（一）邛竹杖審美意象的蝶變成型

邛竹杖成為巴蜀山地實用工具甚早，但進入文人審美視域或要晚至魏晉。王羲之草書代表《十七帖》叢帖第十二通尺牘記其《邛竹杖帖》：

去夏得足下致邛竹杖，皆至。此士人多有尊老者，皆即分布，令知足下遠惠之至。[1]

「足下」為誰？宋淳化三年（992 年），宋太宗命翰林侍書王著出內府所藏歷代墨跡，編次摹勒於石而成《淳化閣帖》，其帖卷八《周益州帖》所記正與《邛竹杖帖》相關：「周益州送此邛竹杖，卿尊長或須，今送。」[2] 周益州即東晉鎮蜀三十年的益州刺史周撫，也即是《邛竹杖帖》所言「足下」。王羲之《邛竹杖帖》敘寫友人周撫從益州贈送邛竹杖，且數量不寡。王羲之將周撫所送邛竹杖轉贈身邊年長諸友，申明乃周撫遠惠之物，並書寫尺牘答謝周撫。由此可知，自西漢張騫在大夏親見蜀地所產邛竹杖並還報朝廷以來，邛竹杖一直在民間廣為使用。至遲在 4 世紀王羲之所生活的東晉時代，邛竹杖已是民間珍愛的工藝品，成為文人士子之間盛行的互贈禮品，風靡一時。

如果王羲之筆下的邛竹杖還更多為「扶老」之用，那麼，經過魏晉玄學清流的濡染，談佛論老、名士風度盛行一時，邛竹杖以其自身特性正迎合了當時士大夫階層追求枯淡飄逸的審美風尚。產於益州的邛竹杖持續受到文人學士的青睞。兩百年之後，南北朝文學集大成者庾信《邛竹杖賦》，運用生花妙筆，第一次細緻深度刻畫邛竹杖別具一格的外形和殊異的象徵品格。其辭曰：

沉冥子遊於巴山之岑，取竹於北陰。㛹娟高節，寂歷無心。霜風色古，露染斑深。每與龍鍾之族，幽翳沉沉。文不自殊，質而見賞，蘊諸鳴鳳之律，製以成龍之杖。拔條勁直，璘斌色滋，和輪人

---

1 ［東晉］王羲之：《王羲之十七帖》，上海書畫出版社，1988 年，第 12 頁。
2 ［北宋］王著編：《宋拓淳化閣帖》（游相本），天津市古籍書店影印，1986 年，第 396 頁。

之不重，待羽客以相貽。青春欲暮，白雲來遲。謀於長者，操以從之。執末而獻，無因自持。

諸蔗雖甘，不可以倚；彼藜雖實，不可以美。未若處不材之間，當有用之始。魯分以爵，漢錫以年。昔尚爾齒，今優我賢。書橫幾，玉塵筵，則函之以後，拂之以前。爾其摘芳林沼，行樂軒除，間尊卑之垂帨，隨上下之遊紓。夫寄根江南，渺渺幽潭；傳節大夏，悠悠廣野。豈比夫接君堂上之履，為君座右之銘，而得與綺紳瑤珮，出芳房於蕙庭。[1]

邛竹杖不但外形高古、色澤雅緻，而且有扶持之實用功能。甘蔗雖可食用，但不能扶持；蒺藜雖堅，但又不具備美好的外形，只有邛竹杖處不材與有用之間，兼具形實與審美雙重功能，為世間難得之寶貨。此外，庾信還著有《竹杖賦》，其借物詠懷的情思，與《邛竹杖賦》有異曲同工之妙。詩人「正是為了要擺脫這種被當做點綴品、當做工具和手段的屈辱地位，以保持自己作為文人和作家的獨立地位與自尊，庾信才在形質兼美的邛竹杖身上寄以痛悔，對以形質自晦的藜藋寄以羨慕，而『一篇三致意』地嚮往隱遁」[2]。自此，邛竹杖已完成審美蝶變，從此融入中國文士的內在精神空間。

（二）邛竹杖文化意蘊的深層拓展

庾信塑造的邛竹杖形象影響後世甚遠，邛竹杖的孤寂形象常伴隨勁節人格出現於唐詩，成為詩人們借物詠懷的特殊意象。李白寫詩長於傾注內心真情實感，在李白筆下，邛竹杖已經與詩人融為一體，成為孤獨

1　[北朝] 庾信著，倪璠注，許逸民校點：《庾子山集注》，中華書局，1980 年，第 42 — 44 頁。
2　吳先寧：《北朝文化特質與文學進程》，東方出版社，1997 年，第 91 頁。

詩人的無言密友，其《送殷淑》（其三）中邛竹杖已被人格化為默默陪伴自己痛飲的靈魂知己：

> 痛飲龍筇下，燈青月復寒。醉歌驚白鷺，半夜起沙灘。[1]

「筇竹」即「邛竹」，因邛竹遒曲外形、飽滿勁節與龍頭把手的外在造型，詩人將邛竹意化為龍筇，從此定型為邛竹杖文化的重要意象。

王維《過感化寺曇興上人山院》以邛竹杖開篇，言說自己與邛竹杖相攜溪頭的晚景：

> 暮持筇竹杖，相待虎溪頭。催客聞山響，歸房逐水流。野花叢發好，谷鳥一聲幽。夜坐空林寂，松風直似秋。[2]

在清幽山水的畫境之中，邛竹杖所隱喻的意象豈止僅為生活實用的「扶老」，策杖待友的詩人，儼然將邛竹杖化為空山幽寂的靈魂伴侶，邛竹已深化為文人內心的精神慰藉。

杜甫《送梓州李使君之任》以辛酸之筆寫出年老者寶重邛竹杖猶如冬天珍愛暖和的錦被，頗耐人尋味：

> 籍甚黃丞相，能名自潁川。近看除刺史，還喜得吾賢。五馬何時到，雙魚會早傳。老思筇竹杖，冬要錦衾眠。不作臨岐恨，惟聽舉最先。火雲揮汗日，山驛醒心泉。遇害陳公殞，於今蜀道憐。君行射洪縣，為我一潸然。[3]

---

1 ［唐］李白著，［清］王琦注：《李太白全集》，中華書局，1977 年，第 831 頁。
2 ［唐］王維著，陳鐵民校注：《王維集校注》，中華書局，1997 年，第 437 頁。
3 ［唐］杜甫著，［清］仇兆鰲注：《杜詩詳注》，中華書局，1979 年，第 916 — 918 頁。

此後，邛竹杖意象不斷豐富，詩人們超塵出想，不斷將物質的邛竹杖擬人化，從而含蘊自己的情感依託。賈島《延壽里精舍寓居》用「青瘦」刻擬邛竹杖，此一創新，不但將邛竹杖人格化，而且正好與自己孤寂冷落的人生境況相契合：

> 旅託避華館，荒樓遂愚慵。短庭無繁植，珍果春亦濃。側廬廢扃樞，纖魄時臥逢。耳目乃鄽井，肺肝即巖峰。汲泉飲酌餘，見我閒靜容。霜蹊猶舒英，寒蝶斷來蹤。雙履與誰逐，一尋青瘦筇。[1]

其後杜光庭《題龍鶴山》沿用「瘦」「青」以刻寫邛竹，並以此隱喻淡泊從容的人生態度：「抽得閒身伴瘦筇，亂敲青碧喚蛟龍。道人掃徑收松子，缺月初圓天柱峰。」[2]此一意象，直至北宋張耒《清明臥病有感》尚活躍於詩人筆端，用以表現失意文人內心的孤寂和落寞，形成邛竹杖特有的情感寄寓：「支離臥病逢佳節，漂泊西遊寄洛城。重帽畏風惟益睡，青筇扶步不禁行。」[3]

王維、杜甫、賈島、杜光庭等唐詩大家援邛竹杖入詩，借邛竹杖「扶老」的實用特性，將此物與詩人年邁孤寂的心境融合在一起，不斷為邛竹杖疊加深層人文意蘊。

同樣以「青」之意象入詩，白居易《題玉泉寺》以怡然自得的心境將青筇杖融於閒淡的外在物境之中，表現與賈島不一樣的情志：

> 湛湛玉泉色，悠悠浮雲身。閒心對定水，清淨兩無塵。手把青

1 ［唐］賈島著，李嘉言新校：《長江集新校》，上海古籍出版社，1983 年，第 8 頁。
2 ［唐］杜光庭：《題龍鶴山》，載《全唐詩》，中華書局，1960 年，第 9666 頁。
3 ［北宋］張耒著，李逸安點校：《張耒集》，中華書局，1990 年，第 455 頁。

筇杖，頭戴白綸巾。興盡下山去，知我是誰人。[1]

青色的竹杖、白色的頭巾與清淨的碧水之色、悠然飄盪的白雲完美融合成一幅閒靜山水畫圖。在賈島「青瘦」之外，為邛竹杖增添閒適淡雅的文化情懷。

孤寂、孤閒之外，晚唐詩人以邛竹杖敍寫友情，不斷豐富拓展其文化內涵。李商隱和高駢皆用邛竹杖寄贈友人，言物以傳情，表達對友人的切切關愛之情。李商隱《贈宗魯筇竹杖》從歷史寫來，此亦別有洞天：

> 大夏資輕策，全溪問所思。靜憐穿樹遠，滑想過苔遲。鶴怨朝還望，僧閒暮有期。風流真底事，常欲傍清羸。[2]

李商隱借《史記》所記張騫於大夏見邛竹杖的史實為背景，刻寫邛竹杖非同凡響的功用。高駢《筇竹杖寄僧》所刻畫邛竹杖意象與李商隱十分近似：「堅輕筇竹杖，一枝有九節。寄與沃州人，閒步青山月。」[3] 在竹杖、隱士、青山、明月的詩情畫意裏，高駢似乎已賦予邛竹杖閒雲野鶴般的人格品性。

（三）邛竹杖人格寓意的宋代定型

儒、釋、道各種思想觀念整合、融通，是宋代文化所呈現的時代特質。宋代文人持續懷有對邛竹杖的鍾愛之情，其熱度不減唐人。宋代前期文士更多賦予邛竹杖特殊的扶持實用功能，他們往往將勁直高節的竹杖比作君子和聖賢，附加儒家文化對君子戒慎品格、克制中和以及忘我

---

1 ［唐］白居易著，謝思煒校注：《白居易詩集校注》，中華書局，2006 年，第 587 頁。
2 ［唐］李商隱著，馮浩箋注：《玉溪生詩集箋注》，上海古籍出版社，1979 年，第 569 頁。
3 ［唐］高駢：《筇竹杖寄僧》，載《全唐詩》，中華書局，1960 年，第 6919 頁。

助人的德行，並以此強調竹杖在君臣際會關係中的政治輔佐比附功能。此一意象的運用，黃庭堅堪稱大家，其詩尚秉持塑造邛竹杖忠信篤恭、聖廉直節的君子人格精神象徵。但是，最能體現宋人典型的邛竹杖審美觀念的，則是蔡戡《笻竹杖歌》「孤根端有歲寒操，勁節肯染京塵紅。飄然飛去不可執，西山南浦聊從容。放行天地無障礙，倚觀宇宙皆虛空。橫挑斜曳任所適，去來無定如飛鴻」的個體精神刻寫，在詩人筆下，邛竹杖已被賦予節操、脫俗、閒適、飄逸的人格品性，這正是宋人寫邛竹杖的時代特色所在。由此，宋代文士在宋代文化的浸染之中，將邛竹杖的文化寓意帶向超脫、逍遙、恬淡的人格情懷，逐漸淡化邛竹杖中喻示的積極入世與政治理想意蘊。

北宋魏野《送劉大著赴任益州司理》中邛竹杖寄託着詩人內心的政治抱負：

> 金口親除向錦川，一般監郡最榮遷。從來才已欺鸚鵡，此去冤應雪杜鵑。迎接僧攜笻竹杖，歌謠民寫浣花箋。移風定不妨吟笑，絕唱宜磨玉壘鐫。[1]

魏野本為蜀人，後遷居河南陝縣。魏野送友人劉大著赴成都任司理，司理掌管獄訟，魏野期待劉大著前去益州昭雪冤情，並想像着蜀地僧人拄攜邛竹杖迎接的場景，詩歌着眼政治，其意境已與唐人迥然有別。

之後，黃庭堅對邛竹杖可謂一往情深，慣援邛竹入詩，其筆下的邛竹多賦予扶危救困的人格形象，從而隱喻自身宦海浮沉、一再被貶的人生況遇。其《笻竹杖讚》以隱者情懷頌揚邛竹杖的高潔品格：

1 ［北宋］魏野：《送劉大著赴任益州司理》，載《全宋詩》，北京大學出版社，1995 年，第 918 頁。

> 厲廉隅而不劌，故竊比於彭耽之壽。屈曲而有直體，能獨立於雪霜之後。伯夷食薇而清，陳仲咽李而瘦。涪翁晝寢，蒼龍掛壁。涪翁履危，心如鐵石。窮山獨行，解兩虎爭。終不使卞莊乘間，而孺子成名。[1]

邛竹杖屈曲直體，傲霜獨立，正是詩人理想的人格追求。此外，其《筇竹頌》「君子遺我，扶於澗坷」[2]、《走筆謝王朴居士拄杖》「千巖萬壑須重到，腳底危時幸見持」[3]以及其父黃庶《筇竹杖詩》「生來節更高，故有扶危力」[4]等皆化邛竹扶持之實用特性於自己扶危濟國的政治理想抱負之中，可謂將邛竹杖此一政治文化意象創造入詩並實踐到極致。

南宋郭印《和許覺民麈尾筇竹杖》以戲謔的筆觸，苦言微弱軀體與邛竹杖相依相伴的孤獨情懷，為邛竹杖文化意蘊增添別樣異趣：

> 拂穢清塵志自殊，斯文危弱更當扶。嘉言亹亹手嘗御，高步徐徐身與俱。驅犢幾曾遭戲笑，化龍應亦在斯須。龜毛兔角人人用，莫道吾家此物無。[5]

與郭印相和，周南《筇竹杖》亦用蒼老筆調描寫自己淒涼不堪的生活：「四十龍鍾欠一年，不應鶴骨會乘軒。杖頭無用燃藜燭，倚向荒畦印屐痕。」[6]在周南筆下，竹杖已經超越物質層面，儼然成為孤獨詩人的精神寄託之友。繼郭印、周南之後，此一邛竹杖文化主題的集大成者當推蔡

---

1 ［北宋］黃庭堅：《黃庭堅全集》（一），四川大學出版社，2001年，第566頁。
2 ［北宋］黃庭堅：《黃庭堅全集》（一），四川大學出版社，2001年，第594頁。
3 ［北宋］黃庭堅：《黃庭堅全集》（一），四川大學出版社，2001年，第263頁。
4 ［北宋］黃庶：《筇竹杖詩》，載《全宋詩》，北京大學出版社，1998年，第5481頁。
5 ［南宋］郭印：《和許覺民麈尾筇竹杖》，載《全宋詩》，北京大學出版社，1998年，第18728頁。
6 ［南宋］周南：《筇竹杖》，載《全宋詩》，北京大學出版社，1998年，第32271頁。

戡《筇竹杖歌》，詩歌以飄逸的歌行體氣勢磅礴地描寫詩人與邛竹杖一起登天入地、遍履山河的豪情追憶以及老病纏身後對邛竹杖左右扶持的感激情懷：

> 我有一枝筇，夭矯如游龍。由來博望使西域，萬里持寄衰病翁。自蜀歷楚入吳越，名山勝地多留蹤。先排衡山雲，直上南臺升祝融。次登峴山首，北望京洛浮塵中。白鷺洲前弄明月，黃鶴樓上迎清風。東遊秦望探禹穴，天台雁盪觀奇峰。孤根端有歲寒操，勁節肯染京塵紅。飄然飛去不可執，西山南浦聊從容。放行天地無障礙，倚觀宇宙皆虛空。橫挑斜曳任所適，去來無定如飛鴻。提攜九節常在手，四方上下俱相從。我常病足不能履，賴汝左右扶持功。老形已具身傴僂，詎可一日無此公。杖兮切勿化龍去，留取百歲扶衰慵。[1]

身體羸弱的詩人多麼希望手裏的邛竹杖能矯若游龍，帶領自己遊歷大好河山。在詩人筆端，孤根勁節的邛竹杖絕不俯身從俗，其志在天地宇宙之間，來去從容宛如飛鴻，詩人的寄託何其高遠，堪稱文學史上刻寫邛竹杖登峰造極的化境之作，為邛竹杖人文意蘊的延展積澱書寫了濃墨重彩的篇章。

文化主流認同之外，也有靈動的變體。南宋末年舒岳祥《憶筇竹杖詞》則以輕快的筆觸，追憶自己的逝水流年：

> 筇竹杖，筇竹杖，敬齋惠我伴瑯璗。萬里岷江下峽船，大竹一筒中貯兩。四明直在海東頭，我得一條長在掌。蛟龍已蛻脊骨全，

1　［南宋］蔡戡：《筇竹杖歌》，載《全宋詩》，北京大學出版社，1998 年，第 30042 頁。

> 色如黃玉中心堅。節圍五寸莖似筆，重如鐵石聲鏗然。杖兮杖兮吾與爾，曾入千巖萬壑裏。虎豹遠遁兮魑魅不逢，走及狙公兮追及鹿子。忽不見兮誰從，寧入水兮為龍。[1]

在詩人筆下，邛竹杖似蛟龍蛻皮，其色如黃玉，中心堅實，竹節勁挺，完全是詩人珍愛的寶物。竹杖陪伴自己踏勘千巖萬壑，已經成為自己形影不離的夥伴，其情其意，躍然紙上。

猶如賈島以「青瘦」開創拓展邛竹杖文化外延，在宋代詩壇中，陸游也常自擬新語以賦寫邛竹杖，表達自己獨特的情感和靈魂，且邛竹作品之多，堪稱宋時之冠。陸游援邛竹杖入詩，慣用邛枝、邛杖等詞彙，表現蒼老橫斜的獨特詩歌意象。其《眉州披風榭拜東坡先生遺像》云：「百年醉魂吹不醒，飄飄風袖筇枝橫。」[2] 詩歌以邛枝刻寫蘇軾遺世獨立、橫而不流的傲然氣概。其《遊西村》曰：「昨夜雨多溪水渾，不妨喚渡到西村。出遊始覺此身健，無食更知吾道尊。藥笈可賒山店酒，筇枝時打野僧門。歸來燈火茅檐夜，且復狂歌鼓盎盆。」[3] 詩人活脫脫展現出山村野老的灑脫形象，賦予邛枝不羈世俗、盡情歡愉的人格象徵。其《倚筇》曰：「老翁愈老欲安歸，歸臥稽山飽蕨薇。未免解牛逢肯綮，豈能相馬造精微。靈山有士拈花笑，闕里何人鼓瑟希。我亦倚筇桑竹下，白鬚蕭颯滿斜暉。」[4] 白鬚蕭颯的老者，倚邛桑竹之下，詩人用一系列蒼老的具象展現隱居老翁的超然物外，在這些意象之中，邛杖更是孤獨詩人寂寞的陪伴和精神寄託。其《破陣子・看破空花塵世》以邛杖為寄託，描寫自己看破浮名後身心自由自在的清曠閒適：「看破空花塵世，放輕昨夢浮名。

---

1 ［南宋］舒岳祥：《憶筇竹杖詞》，載《全宋詩》，北京大學出版社，1998 年，第 40915 頁。
2 ［南宋］陸游：《劍南詩稿》，載《陸游集》，中華書局，1976 年，第 265 頁。
3 ［南宋］陸游：《劍南詩稿》，載《陸游集》，中華書局，1976 年，第 1200 頁。
4 ［南宋］陸游：《劍南詩稿》，載《陸游集》，中華書局，1976 年，第 1589 頁。

蠟屐登山真率飲，笻杖穿林自在行。」[1]

宋代士人獨特的人生價值和思想情懷孕育出他們特有的審美情趣。綜觀宋人塑造的浸染主觀色彩的各種邛竹杖形象，他們對邛竹杖充滿來自心靈深處的喜愛之情，偏愛來自山野的自然奇貨，這與宋代禪宗盛行不無關係。宋代文士以濃烈的主觀情感為邛竹杖附加枯、曲、瘦、孤、輕等人格化的品性特質，從而使邛竹杖內化為詩人文士內心深處的精神訴求，因而使一根簡單的竹杖塗染點綴更為豐富的文化象徵。在精神和情感依託之中，文士水到渠成、自然圓融獲得更高境界的人生感悟，此以蘇軾《定風波》「竹杖芒鞋輕勝馬，誰怕？一蓑煙雨任平生」最為典型，在竹杖芒鞋與馬的比對中，詩人深刻體會到不受外物羈絆的恬然與自由心境，從而豐富昇華了竹杖的寄託隱喻和人文意蘊。從此，邛竹杖已超越生活實用，內化並凝固在中國知識分子的意識底層，以超凡脫俗的人文意象不斷豐富着中國士大夫的精神情懷，並積澱為中華文化塗抹不掉的記憶。

1　［南宋］陸游：《渭南文集》，載《陸游集》，中華書局，1976 年，第 2486 頁。

第三章　茉莉與茶的完美邂逅

茉莉，木樨科，常綠灌木，不耐霜寒，喜溫暖濕潤和陽光充足環境。其葉綠花白，香氣濃郁，現多種植於長江流域。來自印度的茉莉自傳入中國，即受寵於文人士大夫，成為香花「魁首」。茉莉花以其素雅與芬芳邂逅巴蜀綠茶，成為巴蜀地區花茶之冠，留香唇齒，最為飲茶者鍾情。但是，關於茉莉的原產地及傳入中國的路徑，雖有勞費爾《中國伊朗編》的考證，但惜乎簡略，對於茉莉的來蹤去跡，我們仍知之甚少，因而有必要再對茉莉產地及來華路徑進行鈎稽梳理。

一　茉莉、耶悉茗、素馨：同屬異種

茉莉自印度初入中土，文獻典籍有「末利」「抹厲」「抹利」「沒利」「末麗」等同音異形記寫形式，這與外來語詞初譯時期漢字記音的隨意性相符，此亦易為人所理解。但是，文獻尚有「素馨」「耶悉茗」等記載，有學者認為，此為茉莉之別稱，實為同一物種。為了更清晰準確認識茉莉，我們首先對茉莉的別稱以及茉莉與「素馨」「耶悉茗」之間的關係做一簡單考辨。

茉莉最早見載於漢初陸賈《南越行紀》，該書早已散佚，幸西晉嵇含《南方草木狀》有引錄：

耶悉茗花、末利花，皆胡人自西國移植於南海。南人憐其芳香，競植之。陸賈《南越行紀》曰：「南越之境，五穀無味，百花不香，此二花特芳香者。緣自胡國移至，不隨水土而變。」[1]

「末利」即茉莉，此一外來物種進入中國初期，漢字記寫以表音之「末利」標記，後逐漸意化，加表意之形符而成「茉莉」，菠蘿、榴蓮皆其例。關於茉莉的別名，李時珍《本草綱目》卷十四「茉莉」條記載尤詳：

釋名柰花。嵇含《草木狀》作末利，《洛陽名園記》作抹厲，佛經作抹利，《王龜齡集》作沒利，《洪邁集》作末麗。蓋末利本胡語，無正字，隨人會意而已。韋君呼為狎客，張叔敏呼為遠客，楊慎《丹鉛錄》云晉書都人簪柰花，即今末利花也。[2]

明人陳懋仁《泉南雜志》俱引李時珍的此一說法[3]，此不贅錄。李時珍的看法確為灼見。西晉嵇含將茉莉音譯為「末利」，北宋李格非記為「抹厲」，佛經記為「抹利」，南宋王十朋記為「沒利」，南宋洪邁記為「末麗」。可見，直至李時珍之前，此花之名尚未定型為「茉莉」。《本草綱目》引錄茉莉，列舉諸多同音異形之別名，李時珍從外來音譯語詞的記寫隨意規律中敏銳覺察茉莉是外來胡語，外來詞在傳入初期，尚未形成固定的記寫形式，因而即會出現同音異形的不同記寫。

美國漢學家勞費爾《中國伊朗編．茉莉》也論述了茉莉的名稱和別稱。勞費爾認為茉莉在中國文獻中有諸種名稱如「耶悉茗」「末利」或「茉

1 ［西晉］嵇含：《南方草木狀》，中華書局，1985 年，第 1 頁。
2 ［明］李時珍：《本草綱目》，載《文淵閣四庫全書》第 773 冊，上海古籍出版社，1987 年，第 124 頁。
3 ［明］陳懋仁：《泉南雜志》，中華書局，1985 年，第 7 頁。

莉」「散沫」「鬘華」[1] 等等。但是，《中國伊朗編．指甲花》記指甲花亦為「散沫」[2]，由此可知，勞費爾認為「茉莉」「散沫」「指甲花」似為同一物種。勞費爾的考證，不但沒能揭開茉莉真相，反而徒增茉莉與指甲花之間的迷霧，讓茉莉變得更為撲朔迷離。稽考文獻，我們發現，勞費爾的混亂，可能源於中國文獻將「茉莉」「素馨」「耶悉茗」混稱的種種印跡，因此我們有必要考辨澄清。

陸賈早年即追隨劉邦，以能言善辯著稱。漢高祖劉邦和漢文帝劉恆時，陸賈曾兩次出使南越，說服南越王趙佗臣服於漢朝。趙佗趁楚漢相爭之際，稱王南越，劉邦平定中原後，遣陸賈出使南越。陸賈結合楚漢戰爭歷史，指陳南越和漢朝實力的強弱懸殊，說服趙佗接受南越王封號，對漢稱臣。趙佗留陸賈宴飲數月而歸。漢文帝誅滅呂氏即位，趙佗趁漢內亂又自封為「南越武帝」。陸賈受漢文帝之遣第二次出使南越，並向趙佗宣示文帝詔書《賜南越王趙佗書》，後趙佗放棄帝號，表示永為藩臣。陸賈將出使南越的經歷撰成《南越行紀》，是最早記載嶺南地區的地方風俗志。根據嵇含的記載可知，《南越行紀》所言「此二花特芳香」應即指「耶悉茗花」與「末利花」。嵇含《南方草木狀》成書於西晉永興元年（304），嵇含記載「耶悉茗花」和「末利花」皆由胡人自西方傳入中國南海地區，並廣為栽培。由此可知，耶悉茗花和茉莉花在晉代士人眼中尚為兩種不同物種。

南宋孟元老《東京夢華錄》卷七《駕幸瓊林苑》記載「素馨」和「茉莉」皆由南方傳入：

寶砌池塘。柳鎖虹橋……其花皆素馨、末莉、山丹、瑞香、含

---

1 ［美］勞費爾：《中國伊朗編》，商務印書館，2001 年，第 157 — 158 頁。
2 ［美］勞費爾：《中國伊朗編》，商務印書館，2001 年，第 159 頁。

笑、射香等。閩廣二浙所進南花。[1]

孟元老記載瓊林苑百花盛開的場景，將「素馨」與「末利」並提，說明在宋人眼裏，「茉莉」與「素馨」尚為不同物種。

南宋高似孫《緯略》卷九記耶悉茗甚詳：

> 耶悉茗花，是西國花，色雪白。胡人攜至交廣之間，家家愛其香氣，皆種植之。《廣州圖經》曰：「舶上有耶悉茗油，蓋胡人取花壓油。偏宜麻風，膏摩於手心，香透於手背。」[2]

高似孫明確記載耶悉茗花為西國胡人傳入交廣，此花尚可榨油用於治病和塗抹。然而勞費爾《中國伊朗編．茉莉》卻稱：

> 茉莉油在阿拉伯人和波斯人看來是有名的產品……《酉陽雜俎》裏說西方所製的茉莉油是一種補藥，在宋朝輸入中國，此事載於十二世紀末十三世紀初的高似孫所著的《緯略》（卷9，第9頁）裏。它說：「耶悉茗花是西國花，色雪白，胡人攜之交廣之間，家家愛其香氣，皆種植之。《廣州圖經》曰：舶上有耶悉茗油，蓋胡人取花壓油。偏宜麻風。膏摩於手心，香透於手背。」[3]

勞費爾本欲考「茉莉油」，但是，他引《緯略》的記載卻全然是「耶悉茗油」，無論是《緯略》，還是《廣州圖經》，皆未提茉莉，更未論證「耶悉茗」就是茉莉。因此，茉莉與「耶悉茗」是同種異名還是異名異種，

1　［南宋］孟元老著，鄧之誠注：《東京夢華錄注》，中華書局，1982年，第192頁。
2　［南宋］高似孫著，左洪濤校注：《緯略校注》，浙江大學出版社，2012年，第180頁。
3　［美］勞費爾：《中國伊朗編》，商務印書館，2001年，第158—159頁。

此一問題勞費爾不但未能給出答案，反而愈增惑亂。然而，前引西晉嵇含《南方草木狀》以及更早的漢初陸賈《南越行紀》皆明確記載「耶悉茗」和茉莉兩種香花皆來自西國。由此可以判斷，勞費爾認為「茉莉油」即是「耶悉茗油」的看法，純屬主觀臆斷。

「茉莉」「耶悉茗」「素馨」雖為不同物種，但若說三者之間毫無瓜葛，似乎也不符合歷史事實，考索文獻，三種香花或許皆由相同傳播者自同一地域傳入中土。

《東京夢華錄》卷七《駕幸瓊林苑》記瓊林苑有素馨和茉莉，伊永文箋注考釋甚詳：

> 趙與泌、黃巖孫《仙溪志》卷一《花》素馨：「《嶺表錄異》云：耶悉茗花始自番船載至，香聞百步。廣中種之名曰素馨，轉而入閩。」蔡端明詩云：素馨出南海，萬里來商船……《龜山志》謂：「昔劉王有侍女名素馨，其塚生此花，因名。今城西九里地名花田，彌望皆種此花。其香他處莫及。古龍涎香餅及串珠之類，治以此花，則韻味逾遠，販女或以蕉絲為穗鬻於市。」謝維新《古今合璧事類備要》別集卷三十六《花卉門》素馨花：「《格物叢話》：素馨舊名耶悉茗，與茉莉花皆胡人從西國移入南海，自此中國所在而有其花。細四瓣，有黃色、白色者，藤身枝裊，娜葉小殊，甚無刻缺，而香不及於茉莉。」[1]

根據伊永文的考辨，《嶺表錄異》記載「耶悉茗花」為「番船」載入「廣中」，此名為外來語詞譯介的音譯前稱，「素馨」為漢化的意譯後稱。《龜山志》擴展了「素馨」的文化色彩，着重渲染了此花之芬芳。《格物

1　［南宋］孟元老著，伊永文箋注：《東京夢華錄箋注》，中華書局，2006 年，第 679 頁。

叢話》更加明確記載「素馨舊名耶悉茗」，此花「香氣不及於茉莉」。由此可知，「耶悉茗」與「素馨」為異名同屬，而「素馨」與茉莉卻是不同物種。

明時意大利耶穌會傳教士艾儒略於1623年著成《職方外紀》，其書卷一「印弟亞」介紹物產：

> 中國之西南曰印弟亞……又有二奇木，其一名陰樹，花形如茉莉，旦晝不開，至夜始放，向晨盡落地矣。[1]

謝方校釋曰：「陰樹，即素馨花樹（學名 Jasminum of ficinale Var. grandiflorum），香似茉莉花，印度及我國雲南、廣東等省均有種植。」[2] 艾儒略記載說「陰樹花形如茉莉」，謝方又明確疏證陰樹為「素馨」，由此可知，「素馨」與茉莉極為相似，但卻並非同一物種。

清人徐珂《清稗類抄》對「茉莉」「耶悉茗」「素馨」辨析甚詳：

> 茉莉為常綠灌木，其種來自波斯，《南方草木狀》謂之耶悉茗，則譯音也。本與素馨同類，其名亦同，後入我國，始專稱尖瓣細瘦者為耶悉茗。南漢以後，又稱素馨，而圓瓣者則謂之茉莉。初夏之夜，開小白花，秋盡乃止，香味甚烈，閩、廣種之最多。[3]

徐珂所言甚明，茉莉來自波斯，嵇含音譯為「耶悉茗」。但域外「耶悉茗」為種屬意義上的總稱，並稱兩種植物，此兩物傳入中國後，人們根據花形之不同，稱尖瓣細瘦者為「耶悉茗」，而圓瓣者為茉莉。五代南

1　[意] 艾儒略著，謝方校釋：《職方外紀校釋》，中華書局，1996年，第39—40頁。
2　[意] 艾儒略著，謝方校釋：《職方外紀校釋》，中華書局，1996年，第43頁。
3　[清] 徐珂：《清稗類抄》（第12冊），中華書局，1982年，第5921頁。

3-1　茉莉

3-2　素馨

漢以後意譯「耶悉茗」為「素馨」，「素馨」已明顯是漢化譯名。後「素馨」與茉莉名稱所指，各有分工，花尖瓣細瘦者為「素馨」，花圓瓣者為茉莉。但兩者皆來自域外，且源出同一地域，今拉丁語仍有「jasminum」，此名即包含多種茉莉屬物種。

「耶悉茗」「茉莉」「素馨」既已辨明，接下來我們再繼續考察茉莉的域外原產地。

二　茉莉原產地諸說考辨

據植物學者的考訂，波斯灣、南亞和東南亞等地皆是茉莉屬植物的中心產區。由此，對於茉莉的原產地，學界則有大秦、波斯、越南、印度等相應說法。也有學者認為，茉莉原產地並不局限於某一單一地域，可能在不同地域同時生長，茉莉傳入中國，可能是多次引種的結果。中外交通史告訴我們，大秦、波斯灣、印度、交趾等區域，皆共處南方絲綢之路沿線，印度與中國處於此交通路線的兩個節點，同時也是兩大經濟文化實體，其間的經貿文化交流不容忽視。中印兩國在物質、宗教等領域的交流已為人熟知。20 世紀七八十年代以來，學者對三星堆文化進行持續研究，文化密碼的破譯已證實古代巴蜀與南亞地區廣泛的文化交融，兩地在絲綢、鹽鐵、寶石、香料、植物等方面的互通遠遠超過我們的認知，茉莉無疑也是這一交通路線上的香花使者。因此，我們擬稽考文獻，辨析茉莉的原產地，進而梳理其傳入中國的路徑。

(一) 大秦說

嵇含《南方草木狀》載茉莉和「耶悉茗」皆自胡人從西國移植於南海，同書亦記「指甲花」，嵇含謂：

> 指甲花，其樹高五六尺，枝條柔弱，葉如嫩榆。與耶悉茗、末利花皆雪白，而香不相上下。亦胡人自大秦國移植於南海。[1]

嵇含認為「指甲花」與「耶悉茗」、茉莉相似，同樣是胡人自大秦傳入中國，顯而易見，在嵇含的知識系統裏，茉莉應是自大秦傳入。

大秦地望在何方？《後漢書·西域傳》記載：

> 大秦國一名犁鞬……或云其國，西有弱水、流沙，近西王母所居處，幾於日所入也。[2]

大秦具體所指為何，中外史學家歧義頗多，「但學界普遍認為，古大秦國位於地中海沿岸，這當是不爭的史實」[3]。由此可知，今日埃及、敘利亞、小亞細亞等地中海沿岸地區應為大秦所在。但是，勞費爾《中國伊朗編》卻對大秦一說持有不同看法，他認為嵇含「所謂由大秦傳播來的

1　[西晉] 嵇含：《南方草木狀》，中華書局，1985 年，第 8 頁。
2　[南朝宋] 范曄：《後漢書》，中華書局，1965 年，第 2919 — 2920 頁。
3　湯洪：《屈辭域外地名與外來文化》，中華書局，2016 年，第 23 頁。

說法並沒有載在有關大秦的史料裏，也沒有為同時代，或後代的史料所證實」[1]。不但如此，勞費爾進而考證認為，《南方草木狀》可能已經後人篡改或增添，其可信度不高，因而不能作為確信文獻。

（二）波斯說

茉莉自波斯（今伊朗）傳入最為學界所認同，李時珍、陳懋仁、徐珂、艾儒略、勞費爾等皆主此說。

明人李時珍《本草綱目》卷十四記載：

> 末利原出波斯，移植南海，今滇廣人栽蒔之。其性畏寒，不宜中土。[2]

李時珍認為茉莉原產於波斯，移植於中國南海。其後陳懋仁《泉南雜志》的看法與李時珍完全一致：「末利原出波斯國，移植南海，其性畏寒，不宜中土。」[3] 清末徐珂《清稗類抄》也贊同茉莉原出波斯，與李時珍的看法一致：「茉莉為常綠灌木，其種來自波斯，《南方草木狀》謂之耶悉茗，則譯音也。」[4] 但是，李時珍謂茉莉原出波斯的文獻理據，我們卻難以查證，這或許為李時珍本人根據明代茉莉移植栽種的實際情況所做的結論。

德國漢學家夏德《大秦國全錄》謂：

> 耶悉茗……初由胡人（阿拉伯人、波斯人）自西國帶入南海

1 ［美］勞費爾：《中國伊朗編》，商務印書館，2001 年，第 156 頁。

2 ［明］李時珍：《本草綱目》，載《文淵閣四庫全書》第 773 冊，上海古籍出版社，1987 年，第 124 頁。

3 ［明］陳懋仁：《泉南雜志》，中華書局，1985 年，第 7 頁。

4 ［清］徐珂：《清稗類抄》第 12 冊，中華書局，1982 年，第 5921 頁。

（廣州）。[1]

夏德所據歷史文獻為嵇含《南方草木狀》，夏德認為音譯的「耶悉茗」，出自波斯語「jasamin」，後來通行於歐洲各國的文字。由此，「耶悉茗」和茉莉皆自波斯傳入中國。但是夏德又謂：

> 關於中國歷代論民族的記載中通用的「胡」，究竟何所指，我不願作任何肯定的主張。它也許有各種的意思；但就它涉及極西時，我傾向於認為它是指波斯灣岸的居民，特別是指幼發拉底及底格里斯諸國的居民，或旅行的阿拉伯人。[2]

在夏德的歷史地理觀裏，「胡」是一個範圍極廣的地域，並非僅指波斯，它可以指代中國極西的廣大地區。伊朗波斯灣等地與中國大陸橫向跨度較大，地理上呈現為東西橫向走向，歷來更多將其視為西域諸國。然而，考察中印交通，漢唐時尚稱玉門關、葱嶺以西為西域，天竺亦有「西天」之說，因而「西國」又完全可能指代印度。因此，「西國」具體何指仍撲朔迷離。今人劉祖生亦贊同茉莉原產波斯：「茉莉花原產波斯灣附近的伊朗，早在1700多年前的漢代，就已從亞洲西南部傳入我國。」[3]

（三）越南說

南宋江奎《茉莉花》詩云：

> 靈種傳聞出越裳，何人提挈上蠻航。他年我若修花史，列作人

1　[德] 夏德著，朱杰勤譯：《大秦國全錄》，商務印書館，1964年，第118頁。
2　[德] 夏德著，朱杰勤譯：《大秦國全錄》，商務印書館，1964年，第118－119頁。
3　劉祖生：《茶用香花栽培學》，農業出版社，1993年，第34頁。

間第一香。[1]

江奎大加稱讚茉莉在香花植物中的地位，並欽羨茉莉的芳香。江奎認為茉莉出自「越裳」，那麼，「越裳」又在何方呢？《尚書大傳．嘉禾》謂：「交址之南，有越裳國。周公居攝六年，制禮作樂，天下和平，越裳以三象重譯而獻白雉曰：道路悠遠，山川阻深，音使不通，故重譯而朝。」[2] 秦漢交趾範圍在今越南北部紅河流域，交趾之南即為越南北部以南。晚清官員王之春所撰《清朝柔遠記》附錄二《域外地名今釋》有趙春晨對「越裳」的考證：「越裳，今越南中部一帶。」[3] 由此可見，江奎所謂茉莉出越裳，即是茉莉出自越南中部地區。

清代大汕和尚《海外紀事》記越南，亦有茉莉：

> 樹多笏竹、波羅、椰子、檳榔、山石榴，花則丁香、木蘭、番茉莉，暖氣浮動，香透籬藂，獨不見桃李梅花耳。土俗民風，煥然一新。[4]

明清以「番」稱名的外來物種甚多，「番茄」「番薯」「番椒」「番麥」皆是其例，這些物種多從海路傳入，「番茉莉」亦當不例外。觀大汕所記，茉莉似為產於越南的土產，自與桃李梅花不同。

（四）文獻所載東南亞之茉莉風俗

梳理有關東南亞風土人情的歷史文獻，我們發現常有茉莉花的嬌姿

1　［南宋］江奎：《茉莉花》，載《全宋詩》第 65 冊，北京大學出版社，1998 年，第 40851 頁。
2　《尚書大傳》，載《四部叢刊初編．經部》第 9 冊，上海書店，1989 年，第 4 頁。
3　［清］王之春著，趙春晨點校：《清朝柔遠記》，中華書局，1989 年，第 515 頁。
4　［清］大汕著，余思黎點校：《海外紀事》，中華書局，1987 年，第 9 頁。

倩影。元代地理學家周達觀《真臘風土記》記錄真臘（今柬埔寨）風物人情，其間有茉莉：

> 惟國主可打純花布。頭戴金冠子，如金剛頭上所戴者；或有時不戴冠，但以線穿香花，如茉莉之類，周匝於髻間。[1]

夏鼐校注引伯希和曰：「茉莉一作末利，乃梵文 mallika 之對音。柬埔寨語作 maly，是為 jasmin 之一種。晉惠帝時（290 — 309）人稽含所撰之《南方草木狀》，首先著錄。」[2]《真臘風土記》所載柬埔寨土著以絲線穿茉莉香花戴於髮髻，此一風俗由東南亞地區流傳而至中國華南，《南方草木狀》即有類似記載。參考伯希和的說法，柬埔寨語「maly」顯然是梵語「mallika」的音節簡化，由此可知，柬埔寨語之茉莉名稱應是梵語東傳而來，那麼，茉莉一物似乎亦應是印度傳入。

張燮《東西洋考》成書於明萬曆年間，其書卷四《西洋考》記載東南亞諸國，其間有茉莉：

> 文郎馬神國以木為城，城只一半，餘半皆山也……初盛食以蕉葉為盤，及通中國，乃漸用磁器……（女人慕悅華人，輒持香蕉、甘蔗及茉莉花相贈，不妨往復嘲謔。）[3]

《明史．外國列傳》亦有「文郎馬神」，其記載與張燮大致相同：「文郎馬神，以木為城，其半倚山……初用蕉葉為食器，後與華人市，漸用

1 ［元］周達觀著，夏鼐校注：《真臘風土記校注》，中華書局，1981 年，第 76 頁。
2 ［元］周達觀著，夏鼐校注：《真臘風土記校注》，中華書局，1981 年，第 88 頁。
3 ［明］張燮著，謝方校點：《東西洋考》，中華書局，1981 年，第 85 — 86 頁。

磁器……女或悅華人，持香蕉、甘蔗、茉莉相贈遺，多與之調笑。」[1] 文郎馬神古國位於今印度尼西亞加里曼丹島南部馬辰一帶，此地土著民以甘蔗、香蕉、茉莉等貨物與中國商人進行交換，由此可見，茉莉在印度尼西亞應屬特色物種而廣泛用於外貿通商。此外，《東西洋考》還記有文萊一處名勝古跡浮納招廟：

> 神為國初時押工、總管、直庫三人，陣亡合葬於此，因廟食其地。賈舶到，必屠牛烹雞，並獻茉莉花、紅花、梳篦等物以祭。舟中有人不拜則病。彼國人將行賈，亦獻花禮神。[2]

文萊土著風俗，茉莉又被用做禮神祭品，每有商船到達即用茉莉祭祀求福。當地人欲外出貿易，亦會獻茉莉花祭神以求平安，種種風俗表明，在原住民心裏，茉莉花地位尊崇且極具祭祀功能，並不是普通的尋常香花。

綜觀《真臘風土記》與《東西洋考》所記茉莉，此花深深烙印於柬埔寨、印度尼西亞、文萊等國的風土人情之中，茉莉在東南亞諸地區普遍生長且備受推崇。即就今日而言，茉莉在柬埔寨、印度尼西亞、文萊、越南等地皆比中國更為繁盛，茉莉花還是柬埔寨的國花。茉莉已超越其植物香花屬性，完美融入當地民風民俗，並成為人們文化生活不可或缺的重要成分。

（五）印度說

雖然茉莉繁盛浸染於東南亞，但其原產地仍是一個難於確定的問

1 ［清］張廷玉等編：《明史》第 28 冊，中華書局，1974 年，第 8380 頁。
2 ［明］張燮著，謝方校點：《東西洋考》，中華書局，1981 年，第 103 頁。

題。考察茉莉在東南亞和南亞的分佈情況，南亞地區茉莉屬植物的數量明顯多於東南亞。茉莉在印度歷史文獻中的記載比東南亞更為久遠。此外，柬埔寨語「maly」與梵語「mallica」在語源上存在相似的親緣關係。因此，我們推斷，繁盛於東南亞諸區域的茉莉似應來自印度。茉莉原產於印度，經過數千年的傳播，茉莉已移植於東南亞諸國及中國廣大區域。越南、柬埔寨地區的茉莉正是通過南方絲綢之路輾轉傳入巴蜀，在巴山蜀水間扎根繁衍，以其獨特的花香與茶不經意間相遇，一經融合，並留存於巴蜀茶客的味蕾深處，成為再也揮之不去的幽幽茶香記憶。

唐人慧超《往五天竺國傳》卷一《吠舍釐國》提到耆那教創始人之一大雄增勝，張毅箋釋謂：

大雄本名增勝，公元前539年生於吠舍釐國茉莉村。[1]

吠舍釐，又譯為毗舍離、毗耶離、鞞舍離、維耶離，意為廣嚴，位於今日中印度比哈爾邦首府巴特那的北邊，為釋迦牟尼時代的名城，佛陀即在此城預言自己即將入滅。吠舍釐一直被佛教和耆那教視為聖地。中印度吠舍釐國境內在公元前539年有茉莉村，以茉莉名村，此地茉莉之繁盛甚為久遠，茉莉在公元前6世紀已為當地人尊崇並融入印度文化特別是民風民俗之中。

唐穆宗宰相段文昌之孫段公路，與慧超生活於同一時代，其《北戶錄》有茉莉原產地的記載：

耶悉弭花、白末利花，皆波斯移植中夏，如毗尸沙金錢花也。本出外國，大同二年始來中土。今番禺士女，多以彩縷貫花賣之。

1　［唐］慧超著，張毅箋釋：《往五天竺國傳箋釋》，中華書局，2000年，第3頁。

愚詳末利乃五印度華名，佛書多載之，貫華亦佛事也。[1]

「耶悉弭」即前論「耶悉茗」，「末利」即茉莉。大同為梁武帝蕭衍年號，大同二年即公元536年，段公路認為茉莉來華的時間為南朝蕭梁，與前嵇含《南方草木狀》所記不同，此不論。此外，段公路將《南方草木狀》中茉莉來自西國具體化為茉莉原產於波斯，波斯在中亞，與印度似乎還有不同，但是，他又明確說茉莉為印度物產，且為佛教所青睞。段公路所謂茉莉產於五印度，但到底是東、西、南、北、中的什麼地方，他沒有明言，參核同時代慧超《往五天竺國傳》所記，似乎這個五印度為中印度。

南宋名臣王十朋，號梅溪，他在詩歌中多次或隱或顯提及茉莉花源自印度。其《二道人以抹利及東山蘭為贈再成一章》謂：

西域名花最孤潔，東山芳友更清幽。[2]

「抹利」即茉莉，王十朋此詩稱茉莉為西域名花，茉莉源自何處，我們尚不得而知。幸王十朋還有《又覓沒利花》傳世：

沒利名嘉花亦嘉，遠從佛國到中華。[3]

「沒利」即茉莉，此詩已確言茉莉花源出佛國印度。

南宋鄭域《茉莉花》謂：

1　[唐] 段公路纂，[唐] 崔龜圖注：《北戶錄》，中華書局，1985年，第49頁。

2　[南宋] 王十朋：《梅溪集》，載《文淵閣四庫全書》第1151冊，上海古籍出版社，1987年，第163頁。

3　[南宋] 王十朋：《梅溪集》，載《文淵閣四庫全書》第1151冊，上海古籍出版社，1987年，第163頁。

風韻傳天竺，隨經入漢京。香飄山麝馥，露染雪衣輕。玉瑳蓮子作尖丸，龍腦薰香簇滿冠。好是瑩無紅一點，苦教紅卻不堪看。[1]

唐朝初年稱印度為天竺，鄭域此詩已明確道明茉莉花傳自印度。

南宋趙汝适《諸蕃志》成書於宋理宗寶慶元年（1225），為宋代海外地理名著，是書詳記南亞、東南亞風土物產，其中亦有茉莉身影：

注輦國，西天南印度也…… 地產真珠、象牙、珊瑚、玻璃、檳榔、豆蔻、琉璃、色絲布、吉貝布…… 花有白茉莉、散絲、蛇臍、佛桑、麗秋、青黃碧婆羅。[2]

注輦國即朱羅國，為印度半島古國，其地在今南印度泰米爾納德邦。該國初建於公元前 3 世紀，滅國於公元 1279 年，延續 1500 餘年。趙汝适的記載也十分明確，茉莉花原產於印度。

由此觀之，唐宋僧侶、文士多言茉莉，其留存文獻所記茉莉源自吠舍釐國、五印度、佛國、天竺、注輦國等，均指今天印度次大陸。比較而言，茉莉源自印度的文獻材料顯然比其他產地的記載要豐富得多，且為唐宋時代所通識。唐宋特別是唐朝與印度的經貿文化交往空前頻繁密切，時人的記載應十分可靠，由此可見，在唐宋時期，文人學士似乎公認茉莉源自印度。

元人馬端臨《文獻通考》也記有茉莉：

注輦國東距海五千里，西至西天竺千五百里，南至羅蘭二千五百里，北至頓田三千里，自古不通中國…… 地產真珠、象、

1　傅璇琮等編：《全宋詩》第 51 冊，北京大學出版社，1998 年，第 32027 頁。
2　［南宋］趙汝适著，楊博文校釋：《諸蕃志校釋》，中華書局，2000 年，第 74 — 76 頁。

> 珊瑚、玻璃、檳榔、豆蔻、吉貝布……花有白茉莉、散絲、蛇臍、佛桑、麗秋、青黃碧婆羅。[1]

馬端臨所記與趙汝适《諸蕃志》一致，皆認同茉莉原產於印度。

明清之際意大利來華傳教士艾儒略，其人生前三十年居住在意大利，31 歲（1613）始來華傳教，逝世於中國福建，對 17 世紀中國風土人情記載頗多。來華傳教士多以域外眼光審視中國本土文化，因而他們在考證外來物種方面甚有建樹。艾儒略《職方外紀》卷一介紹「印弟亞」物產時亦有茉莉的詳細記載：

> 中國之西南曰印弟亞，即天竺五印度也，在印度河左右，國人面皆紫色……又有二奇木，其一名陰樹，花形如茉莉，旦晝不開，至夜始放，向晨盡落地矣。[2]

謝方校釋曰：「陰樹，即素馨花樹（學名 Jasminum of ficinale var. grandiflorum），香似茉莉花，印度及我國雲南、廣東等省均有種植。」[3]「印弟亞」即印度，「素馨」已見前論，為茉莉同屬物種。艾儒略博通廣識，稱「素馨」為印度奇木，由此可以推知此物為印度特產，在印度以外並不多見。「素馨」既為印度特產，其他區域甚為罕見，茉莉與「素馨」又同屬異種，生長條件一致。由此可知，艾儒略生活的地中海地區似乎並沒有茉莉屬物種，前面所列舉茉莉「大秦說」似乎即不成立。《職方外紀》此一記載不僅證實茉莉原產於印度，同時亦可反證茉莉源出地中海沿岸大秦一說失據。

---

1 ［元］馬端臨：《文獻通考》，中華書局，1986 年，第 2611 頁。

2 ［意］艾儒略著，謝方校釋：《職方外紀校釋》，中華書局，1996，第 39 — 40 頁。

3 ［意］艾儒略著，謝方校釋：《職方外紀校釋》，中華書局，1996，第 43 頁。

勞費爾《中國伊朗編》有茉莉種屬的考證：

> 茉莉屬的花的種類繁多 —— 在印度大約有四十九至七十種；馬來亞羣島有大約三十九種；中國和日本約有十五種。[1]

根據勞費爾的記載，茉莉屬花品種繁多，印度最多，東南亞次之，中、日品種最少。根據物種傳播規律，植物由原產區向外播徙過程中，自然地理環境首先會對其進行辨別和取捨，其次當地人文因素也會影響物種的選擇。眾所周知，只有那些優異的品種方能在適合的地方被引種進而被接受並融入當地民俗，茉莉屬物種數量在印度、東南亞、東亞的變化正好印證物種播遷所表現出的遠近地域特性。

當代學者於茉莉原產地及傳入路線亦有研究，然多認為中國茉莉自亞洲西南印度次大陸傳入。舒迎瀾《古代花卉》認為伊朗、印度半島和印度支那半島皆有可能為茉莉的原產地[2]，然並沒有給我們一個準確的答案。常任俠《海上絲路與文化交流》一文記述自己任教於印度時，當地校園裏廣種茉莉，梵語叫作「mallika」，他還指出「在花卉果木中，有些雖不以『胡』名，但實際上移自西南海外，如茉莉、庵沒羅這兩種都自印度傳來」[3]。常任俠以自己親身經歷和觀察認為茉莉來自印度。高錫珍認為：「茉莉花傳入我國的歷史已很悠久，它可能是在亞洲西南部傳入的，最先植於華南。」[4] 亞洲西南部範圍甚為寬泛，這裏似乎當為印度次大陸。

綜上所述，我們認為茉莉自大秦傳入不具足夠文獻證據，因而大秦並非茉莉原產地。波斯傳入說的主要支持者為李時珍和勞費爾，李時珍

1　[美] 勞費爾：《中國伊朗編》，商務印書館，2001 年，第 157 頁。
2　舒迎瀾：《古代花卉》，農業出版社，1993 年，第 175 頁。
3　郭淑芬、常法韞、沈寧編：《常任俠文集》卷四，安徽教育出版社，2002 年，第 317 頁。
4　高錫珍、陳慰民：《茉莉花》，江蘇科學技術出版社，1981 年，第 2 — 3 頁。

據「西國」從而判斷茉莉源自波斯，似乎有失偏頗。勞費爾從語言學考察漢語名稱「耶悉茗」源自波斯語音「jasmine」之音譯，茉莉即由波斯傳入。但是，記載茉莉之最早文獻嵇含《南方草木狀》即有「末利」與「耶悉茗」並列，因此，茉莉與「耶悉茗」並非同一物種，勞費爾將兩者混同亦為明顯失誤。大秦、波斯之說或許皆由「西國」地域的不同界定所致。中國古代文獻對地域的記載較為籠統，「胡人」「西國」諸類概念亦無定指，「胡人自西國移至」之類的模糊說法比比皆是，這並不能確切表明茉莉、「耶悉茗」的原產地域，致使諸說紛紜，莫衷一是。

通過文獻整理分析，結合植物學、語言學以及地理學知識，我們重新考察了茉莉原產地以及傳入中國的可能路徑，因此，我們認為大秦、波斯之外，梵語語音「mallika」以及柬埔寨語「maly」不僅與漢語「茉莉」的語音聯繫更為直接，此外，唐代以後大量歷史文獻亦清晰表明茉莉自印度傳入中土的播遷路線。眾所周知，任何物種的傳播都不可能是兩點之間的簡單播遷，而應是一條綿延路線上的交流和互動，因此考察物種交流不應僅局限於簡單兩點，而應以廣闊的空間和視域考察其流動性與兼容性。秦漢以來，巴蜀與南亞地區通過南方絲綢之路交流頻繁，在物質和文化上相互影響。植物、器物、藝術、宗教等諸多方面皆有互動，茉莉僅為浪花一朵。通過交流的文化因子相互交融，形成你中有我、我中有你的文化格局。

三　茉莉花茶：巴蜀文化邂逅印度茉莉的完美轉型

茉莉傳入中國，旋即受到尊崇，廣為世人所喜愛，其倩姿靚影常在文人歌賦中飄然而過。中國民歌經典曲目《茉莉花》更是家喻戶曉，廣為傳唱並至今風行。嵇含《南方草木狀》所引西漢初年陸賈《南越行紀》「南越之境，五穀無味，百花不香，此二花特芳香者。緣自胡國移至，不隨水土而變」的珍貴記載，告訴我們最遲在漢代初年，茉莉已經傳入南越之境。鄭域「隨經入漢京」透露出茉莉跟隨佛經自印度傳入中土。佛經來華自有南北兩道，北道經中亞、西域抵達長安，南道經南方絲綢之路穿越滇緬，直抵巴蜀，此詳後論《峨眉與早期佛教》。茉莉「其性畏寒，不宜中土」[1]，茉莉生長需依賴溫濕的氣候環境，由此推知茉莉不大可能經由北方絲綢之路播遷，因而茉莉經南方絲綢之路或海路或陸路傳入中土最為合理。南方絲綢之路大體有東、中、西三條線路。西道為靈關道，或稱零關道、犛牛道，由蜀之成都通往雲南。中道為五尺道，由蜀之成都通往貴州西部和雲南東部。東道是牂牁道，或稱為夜郎道、南夷道，由蜀之成都經貴州通往兩廣至南海。無論東道、中道和西道，皆可由印度通往巴蜀。巴蜀地區氣候溫潤，夏季炎熱多雨，其地理環境適宜茉莉生長繁殖。此一播遷路線符合茉莉屬物種的生長條件以及中國與南亞地區的經貿人文交流歷史。在適應中播遷，於沃土中繁衍，這是茉莉植入中土的必由道路。一朵純色不染纖塵的茉莉翻越千山萬水，跨峽谷，穿平原，最後根植於巴山蜀水肥沃的土壤間，開出潔白芬芳的花朵，傲視羣芳，為人所鍾愛。

四川茉莉花茶為花茶大宗，產量大，消費旺盛。碧潭飄雪、峨頂飄雪、細芽飄雪、茉莉香雪、林湖飄雪、金針蘭雪等為茉莉花茶之常見品種，在中國茶藝界獨具風格。四川茉莉花茶多以四川峨眉山、蒙山、宜賓等本土所產川青明前茶為茶坯，採用四川本地天然茉莉鮮花經多重

---

1 ［明］李時珍：《本草綱目》，載《文淵閣四庫全書》第 773 冊，上海古籍出版社，1987 年，第 124 頁。

3-3　四川茉莉花茶

窨制工藝而成。茉莉花晚間開瓣吐香，鮮花須在當日午後採摘，此時花朵蕾大質優。採摘的花朵忌擠壓，採摘後須及時將花瓣攤開，使其散熱降溫，恢復生機，促使花瓣儘量盛放吐香。隨後篩選花瓣，將花瓣大小分類，剔除青蕾花蒂。窨花拼和是茉莉花茶窨製過程的重點工藝，也是茶與茉莉完美融合的關鍵。鮮花與茶按比例拌和，從而使鮮花香氣直接被茶葉吸收。茉莉花吐香與青茶吸香，此一過程正如兩種文化的水乳交融，形成你中有我、我中有你的全新嬗變。花香不掩茶香，茶香混有花香。成型的茉莉花茶茶湯由清茶的綠變為淡淡的淺黃，滋味由清茶的淡澀轉變為濃醇，將香、色、味融為一體，滋鮮味醇，味覺層次豐富。普通茶客多得益於茉莉花茶的保健功能，從而長飲不輟。茉莉花所含微量元素具有行氣開鬱、散結止痛的功效，可緩解胸腹脹痛等病狀。此外，茉莉花所含元素對多種細菌具有抑制作用，可疏肝明目、緩解瘡瘍等炎性病症。今日年輕人羣更喜愛茉莉花茶潤膚養顏、排毒美容的功效，茉莉花與茶的邂逅之路似乎才剛剛開始。一撮茉莉花茶入杯，沖泡、聞香、品茗、欣賞，帶給茶客的是無限的悠閒與從容，茉莉花就這樣從南亞的異域聯姻巴蜀綠茶，融入茶客的味蕾，化為世人五臟六腑的氤氳氣韻，一代一代傳承並創新。

四　巴蜀茶葉的南傳之路

原產於蜀滇山地的茶樹，經人工培植而採摘的茶葉，至遲在西漢時期已經定型為人們的飲品。茶葉經南方絲綢之路穿越江河、橫跨山嶺，一路傳播至南亞、西亞、歐洲，成為風靡世界的茶飲文化。

（一）文獻所載巴蜀種茶歷史最為久遠

原生於蜀滇山地的野生茶樹，極早即被移栽培植。西蜀蒙山茶、峨眉山茶、青城山茶、邛崍茶皆是山地野生茶樹培植而成的名茶。蜀地種茶飲茶歷史甚為久遠，據顧炎武《日知錄．茶》記載：

> 是知自秦人取蜀而後始有茗飲之事。[1]

周慎靚王五年即秦惠文王九年（前316），秦舉兵滅蜀，自此，發源於蜀地的茶飲才被傳播至中原。如果顧炎武所載屬實，四川地區的飲茶歷史當不晚於戰國中期。此外，中國最早有關茶的直接歷史文獻材料皆集中於漢代的蜀地，司馬相如《凡將篇》、揚雄《方言》、王褒《僮約》皆有明確記載。

西漢蜀郡成都文人司馬相如《凡將篇》記載二十餘種藥材，其中有「荈詫」[2]。司馬相如《凡將篇》「荈」即為茶葉。《爾雅．釋木》記載：檟，苦荼。郭璞注謂：「樹小如梔子，冬生葉。可煮作羹飲。今呼早採者為荼，晚取者為茗。一名荈，蜀人名之苦荼。」[3]《爾雅》所記之「荼」，根

1 ［清］顧炎武著，黃汝成集釋：《日知錄集釋》，上海古籍出版社，2006年，第449頁。
2 ［西漢］司馬相如：《凡將篇》，載馬國翰：《玉函山房輯佚書》第2冊，上海古籍出版社，1990年，第2255頁。
3 《爾雅注疏》，載《阮刻十三經注疏》，上海古籍出版社，1997年，第2638頁。

據郭璞的解釋，檟樹所生樹葉，早採為「荼」，晚採為「茗」，「茗」即是「荼」，此樹又名「荈」。陸德明《經典釋文．爾雅音義》謂：「荈，尺兗反。荈、𣘻、茗，其實一也。」[1] 陸德明的解釋告訴我們，「荈」即是茶。此外，《三國志．吳書．韋曜傳》載：「曜素飲酒不過二升，初見禮異時，常為裁減，或密賜茶荈以當酒。」[2] 茶荈並稱，皆指當時已經流行的茶飲。西晉杜毓《荈賦》「靈山惟嶽，奇產所鍾，厥生荈草」[3]，也賦詠茶葉的清奇。南朝顧野王《玉篇》也有「荈」的解釋：「荈，尺兗切。茶葉老者。」[4] 無疑也可證明《凡將篇》所載「荈」為漢代蜀人對茶的稱名。唐代陸羽《茶經．五之煮》載：「其味甘，檟也；不甘而苦，荈也；啜苦咽甘，茶也。」[5] 味甘為檟，味苦為荈，咀嚼苦而吞咽甘為茶，陸羽的解釋已十分詳細而專業。由此可知，西漢司馬相如《凡將篇》所記「荈」即為茶。

與揚雄並稱「淵雲」的西漢蜀地資中人王褒，以賦著稱於世。其《僮約》一文，別具特色。該文記述神爵三年（前 59），王褒到「湔」（今四川成都彭州市一帶）辦事，遇見寡婦楊惠家發生主奴糾紛，他為這家名叫便了的奴僕訂立一份契券，規定奴僕須從事的若干勞役事務以及不准擁有的生活待遇。此文是漢代極其珍貴的歷史資料，不但反映了漢代蜀地的風俗，更重要的是比較詳細地記載了四川地區茶葉貿易和飲用的重要歷史。《僮約》記載：

> 築肉臛芋，膾魚炰鱉，烹茶盡具，已而蓋藏……牽犬販鵝，武

1　［唐］陸德明：《經典釋文》，中華書局，1983 年，第 430 頁。
2　［西晉］陳壽：《三國志》，中華書局，1959 年，第 1462 頁。
3　［西晉］杜毓：《荈賦》，載胡山源：《古今茶事》，上海書店，1985 年，第 149 頁。
4　［南朝梁］顧野王：《玉篇》，載陳彭年：《宋本玉篇》，中國書店，1983 年，第 255 頁。
5　［唐］陸羽撰，沈冬梅校注：《茶經校注》，中國農業出版社，2007 年，第 36 頁。

都買茶。[1]

這是我國，也是全世界最早的關於飲茶、買茶的確切文字記載。由此可知，四川無疑是世界最早種茶與飲茶的地區，武都（一說四川綿竹、一說四川江油、一說成都、一說四川彭山）即為漢代茶葉生產盛地和遠近聞名的茶葉貿易市場。東晉常璩《華陽國志・蜀志・廣漢郡・什邡縣》「山出好茶」也有類似記載[2]，說明武都所指或即為成都西北之山區彭州、綿竹、江油一帶。但《華陽國志・蜀志・犍為郡・南安縣》記載：「漢有鹽井。南安、武陽皆出名茶。」[3]南安為樂山，武陽為彭山，這似乎又表明樂山、彭山一帶亦盛產茶葉，且質量甚好。總之，無論武都所指在四川何處，我們完全可以相信，漢代四川茶葉已經成為市場商品，我們完全可以推斷，當時蜀人已熱衷飲茶，茶已成為人們生活用品。不但如此，日常飲茶已注重茶具的選擇，從種茶到烹茶，從茶飲到茶具，這已經是比較成熟的茶飲文化。蜀中飲茶之盛，此風直至今日仍存。

陸羽《茶經・一之源》載：「楊執戟云：『蜀西南人謂茶曰蔎。』」[4]楊執戟，即西漢蜀郡成都人揚雄，曹植、李白詩文皆有同稱。曹植《與楊德祖書》有「昔揚子雲，先朝執戟之臣耳，猶稱壯夫不為也。」李白《古風》（其四十六）謂「獨有揚執戟，閉關草《太玄》」。由此可知，蜀西南正是茶的發源地區，在西漢，蜀西南方言區稱茶為蔎，揚雄此一記載，再次證明繼西漢武帝時期司馬相如和昭、宣時期王褒後，西漢後期元、成時期揚雄也非常清楚蜀地產茶的歷史與現實。

1　[西漢] 王褒：《僮約》，載《全上古三代秦漢三國六朝文》第1冊，中華書局，1958年，第359頁。

2　[東晉] 常璩撰，劉琳校注：《華陽國志校注》，巴蜀書社，1984年，第261頁。

3　[東晉] 常璩撰，劉琳校注：《華陽國志校注》，巴蜀書社，1984年，第281頁。

4　[唐] 陸羽撰，沈冬梅校注：《茶經校注》，中國農業出版社，2007年，第1頁。

四川雅安名山縣蒙頂山，一直流傳西漢蒙山甘露寺祖師吳理真種茶的傳說。清嘉慶《四川通志・食貨志・物產》記載：「名山縣治之西十五里，有蒙山，其山有五頂，形如蓮花五瓣，其中頂最高，名曰上清峰，至頂上略開，一坪直一丈二尺，橫二丈餘，即種『仙茶』之處。漢時甘露祖師，姓吳名理真者手植。至今不長不滅，共八小株。其七株高僅四五寸；其一株高尺二三寸。每歲摘茶二十餘片。至春末夏初始發芽，五月方成葉。摘採後其樹即似枯枝。常用柵欄封鎖。其山頂土僅深寸許，故茶不甚長。」[1] 蒙頂山至今仍保留大量有關吳理真種茶的行跡，諸如蒙泉井、皇茶園、甘露石室、天蓋寺等，都浸染着當地人民對「茶祖」吳理真的紀念。相傳蒙泉井為吳理真種茶汲水處，取此井水烹茶則有異香。天蓋寺供奉着吳理真塑像，為吳理真結廬種茶之地。《四川通志》的記載已晚至晚清，文獻尚不足徵信，但是，宋代王象之《輿地紀勝》卷第一百四十七「雅州」條「仙釋・甘露大師」也有記載：「西漢時，有僧從嶺表來，以茶實植蒙山，忽隱池中，乃一石像。今蒙頂茶擅名，師所植也。至今呼其石像為甘露大師。」[2]《輿地紀勝》雖沒有說明嶺表來蜀的僧人具體姓氏，但種茶於蒙山卻十分明確。唐朝飲茶者即有「蒙頂第一，顧渚第二」的說法，可見從漢至唐，蒙頂山皆以茶聞名天下。綜觀地志和方志的記載，西蜀蒙頂山種茶的歷史至少可以上溯到西漢時期。結合前述司馬相如、揚雄、王褒關於茶的記寫，我們完全有理由相信，在西漢時期，四川地區特別是西蜀蒙頂山已經有人工種茶的活動，茶已從野生被人工培植，人們已經有意識地種茶飲茶，以求治病延年。由此可見，四川地區種茶歷史之早，自有其文獻和傳說根據。

陸羽《茶經・七之事》引三國張揖《廣雅》有關巴蜀茶葉的記載：

1 ［清］常明、楊芳燦等纂修：《四川通志》，巴蜀書社，1984 年，第 2431 頁。
2 ［南宋］王象之：《輿地紀勝》第 9 冊，浙江古籍出版社，2012 年，第 3147 頁。

荊、巴間採葉作餅，葉老者，餅成，以米膏出之。欲煮茗飲，先炙令赤色，搗末置瓷器中，以湯澆覆之，用葱、薑、橘子芼之。其飲醒酒，令人不眠。[1]

此條材料雖不見載於今本《廣雅》，但依陸羽《茶經》轉引的詳細記錄，我們隱約可以感知三國時代巴蜀茶事已經完全融入人們日常生活之中，並推陳出新，由漢代的茶具茶飲演化為三國時期的餅茶文化，不斷增加巴蜀茶文化的內容並翻新茶飲形式。

東晉常璩《華陽國志・巴志》載：

土植五穀，牲具六畜。桑、蠶、麻、紵、魚、鹽、銅、鐵、丹、漆、茶、蜜、靈龜、巨犀、山雞、白雉、黃潤、鮮粉，皆納貢之。其果實之珍者：樹有荔芰，蔓有辛蒟，園有芳蒻、香茗。[2]

在《華陽國志》成書的東晉時代，巴地生產的茶已是貢品，足見巴地茶葉產量和質量皆有可觀。園中人工培植的香茗應為人們日常生活所需，飲茶之俗在巴地已成風尚。

曹學佺《蜀中廣記・方物記・茶譜》記載：「《文選注》『峨山多藥草，茶尤好，異於天下。』」[3] 今本李善《文選注》無此條材料，若依曹學佺的記載，峨眉山茶葉在唐代時尚用於治病祛疾。《峨眉山志》也有峨眉山茶葉的記載：「今黑水寺後絕頂，產一種茶，味佳，而色二年白，一年綠，間出有常……茶為蜀中常產，蒙嶺在名山，霧中在大邑，俱擅古今

1　[唐] 陸羽撰，沈冬梅校注：《茶經校注》，中國農業出版社，2007 年，第 45 頁。
2　[東晉] 常璩撰，劉琳校注：《華陽國志校注》，巴蜀書社，1984 年，第 25 頁。
3　[明] 曹學佺：《蜀中廣記》（外六種），載《文淵閣四庫全書》第 592 冊，上海古籍出版社，1993 年，第 91 頁。

名品。世又謂，峨眉味初甘終苦，不減江南春採。」[1] 五代毛文錫《茶譜》已佚，宋人陳景沂《全芳備祖後集》卷二十八有輯錄，亦記蒙頂茶：「南劍：蒙頂石花、露鋑牙、籛牙。」[2] 茶用於療疾養生，明萬邦寧《茗史》「療風」條有載：

> 瀘州有茶樹，夷僚常攜瓢置側，登樹採摘芽葉，必先銜於口中。其味極佳，辛而性熱。彼人云飲之療風。[3]

《本草綱目》卷三十二「果部」「茗」條王慶國校注引毛文錫《茶譜》云：

> 蒙山有五頂，上有茶園，其中頂曰上清峰。昔有僧人病冷且久。遇一老父謂曰：「蒙之中頂茶，當以春分之先後，多構人力，俟雷發聲，並手採擇，三日而止。若獲一兩，以本處水煎服，即能祛宿疾，二兩當眼前無疾，三兩能固肌骨，四兩即為地仙矣。」其僧如說，獲一兩餘服之，未盡而疾瘳。其四頂茶園，採摘不廢。惟中峰草木繁密，雲霧蔽虧，鷙獸時出，故人跡不到矣。[4]

毛文錫曾任五代前蜀禮部尚書，對巴蜀地方風土人情甚為了解。所記蜀南土著獠人以茶為療風之飲，可見瀘州土著早先以茶為藥湯的史實。毛文錫所記西蜀蒙頂山僧人以茶療疾，雖為傳說，但一樣反映了蒙

---

1 ［清］蔣超著，印光大師修訂：《峨眉山志》，福建莆田廣化寺，2008 年，第 279 — 280 頁。

2 ［五代］毛文錫：《茶譜》，載［宋］陳景沂編：《全芳備祖後集》，農業出版社，1982 年，第 1451 頁。

3 ［明］萬邦寧：《茗史》，載《四庫存目叢書》第 591 冊，齊魯書社，1997 年，第 767 頁。

4 ［明］李時珍撰，王慶國校注：《本草綱目（金陵本）新校注》，中國中醫藥出版社，2013 年，第 1010 — 1011 頁。

3-4　蒙頂山茶園

頂山土著將茶用為藥療的早期歷史。蒙山茶一直有「仙茶」之稱，歷來有常飲蒙山茶，可消暑解毒、祛病延年的藥用記載。巴蜀以茶為藥草的風俗一路南傳至滇緬，至今尚保存在當地民風民俗之中。

（二）茶葉南傳之路

蜀地培植成功的茶樹，早先用於祛病延年，後發展為日常飲品，為世人所珍愛。西蜀蒙頂山茶、邛崍山地茶、峨眉高山茶、青城山地茶在歷代皆名重一時，且多為皇家貢品。隨人口的遷徙流動和邊境貿易的互換有無，巴蜀地區的茶飲風俗很快向南傳播，穿越滇緬，進入東北印度。

1. 巴蜀茶傳入滇境

滇西南瀾滄江東岸流域西雙版納自治州境內景洪市和勐臘縣，分佈攸樂、革登、倚邦、莽枝、蠻磚、慢撒等六大茶山，山周八百里，做茶者數十萬人，以普洱茶著稱於世。因諸葛亮於 225 年從成都南下西進滇西，並到攸樂山，以茶樹葉治療士兵疾病，六大茶山地域皆祀三國蜀漢丞相諸葛亮為「茶祖」。漢曆 7 月 23 日是孔明生日，基諾族人在這天集會祭祀懷念孔明，放「孔明燈」，當地人稱為「茶祖會」。至唐代，南詔國居民採茶飲茶已成風尚。明末清初，雲南中部紅河州石屏漢族移民至六大茶山，開荒種茶，建立人工茶園。經過由野生到栽培的逐漸培植，六大茶山產出的優質茶葉，雍正十年（1732）被欽定為貢茶，由此六大茶山成為西南著名產茶地，名噪一時，茶商雲集，商道縱橫，茶葉貿易成一時之盛。六大茶山所產優質茶葉北上進入西藏，同時沿南方絲綢之路南下銷入東南亞諸國與印度。黃桂樞《普洱茶文化》說：「從清道光至光緒初年（1821 — 1876），思茅城因『普茶運銷』而商旅雲集，市場繁榮，『年有千餘藏族商人到此，印度商旅馱運茶、膠（紫膠）者絡繹於途。』」[1] 清道光二十五年（1845），政府修築思茅連接六大茶山的運輸線路，光緒二十三年（1897），法國、英國先後在思茅設立海關，其主要經濟目的皆為茶而來，思茅遂成為六大茶山普洱茶運銷東南亞、南亞繼而遠銷歐洲的茶葉集散地。原本生於山地密林的野生茶樹，經過蜀地技術成熟的漢人茶農不斷移植培栽，成為東南亞、南亞青睞並風靡世界的大葉紅茶。

普洱之外，產於西雙版納勐海縣境的竹筒香茶、景谷縣境的大白茶、瑪玉河畔黃連山麓的瑪玉茶，皆為雲南名品。據雲南省普洱茶協會、昆明民族茶文化促進會主編的《中國普洱茶百科全書》介紹，雲南各少數民族皆保留着各自古老的飲茶習俗，形式多樣。諸如昆明「九道茶」，也稱迎客茶，從迎客開始，選茶、沖茶、敬茶，整個過程有九道程序，優雅精緻，十分講究。白族「三道茶」，也稱三味茶，第一道為苦茶，是烤茶直接煮出的原汁；第二道為糖茶，加入糖、核桃仁、芝麻等

1　黃桂樞：《普洱茶文化》，雲南大學出版社，2016 年，第 123 頁。

佐料；第三道為回味茶，加入花椒末、辣椒末、薑絲等材料。納西族「龍虎鬥茶」，將茶置於土陶罐中烘烤，然後注入沸水煎煮，將茶葉煎濃，沖茶時先在茶杯倒入白酒，注茶於杯，響聲悅耳，然後茶香四溢。傣族「竹筒茶」，將曬乾的春茶裝滿新鮮的竹筒內，置於火塘三腳架上烘烤，待茶葉軟化脫水，用木棒擠壓竹筒內茶葉，再裝入新茶，再烘烤，直至竹筒內填滿茶葉為止，待茶烤乾，剖開竹筒取出圓柱形的茶葉，掰下放入杯中，沖入沸水飲用，青竹清香與茶香混合。布朗族「青竹茶」，將裝滿山泉水的大竹筒靠在火塘上烘烤至沸騰，投入鮮茶葉煮至茶香四溢時，將茶倒入短竹筒內飲用，清香醇厚。愛伲族「土鍋茶」，盛山泉水於大土鍋至沸騰，然後放入勐海縣當地南糯山上特製的「南糯白毫」，煮至茶香溢出，倒入竹杯飲用，清香而回味悠長。拉祜族「烤茶」，先烤熱土陶罐，放入茶葉在炙熱的陶罐內抖烤，待茶色變黃，沖入沸水烹煮，茶水香氣濃烈。佤族「燒茶」，用水壺煮山泉水至沸騰，一面用薄鐵板盛上茶葉放在火牆上烘烤，至茶色焦黃並溢出茶香後，將茶葉倒入水壺，此茶耐品味。基諾族「涼拌茶」，將新採摘的鮮嫩茶葉揉軟搓細，放在大碗中倒進清泉水，再加入黃果葉、酸筍、酸螞蟻、大蒜、辣椒、鹽等配料拌勻，茶葉當野菜食用，為基諾人所喜愛。彝族「腌茶」，將採摘的鮮茶放入灰泥缸中，邊放邊壓，直至壓滿，用蓋子壓緊，數月後啟封，以茶當蔬菜，味道獨特。怒族「鹽巴茶」，將小罐放在火炭上烤，取青茶或餅茶放入瓦罐內烤香，沖入沸水，烹煮幾分鐘後去掉浮沫，將鹽巴塊放在罐中浸數次，再將茶汁倒入茶杯，茶杯內再加沸水稀釋，邊煨邊飲。怒族人愛飲茶，有俗諺為證：「早茶一盅，一天威風。午茶一盅，勞動輕鬆。晚茶一盅，提神去痛。一日三盅，雷打不動。」此外，滇地少數民族還有麵湯茶、炒米茶、麻籽茶、薑茶、雪茶等，品種繁多，特色各異。發源於蜀地的茶飲傳至滇地，其品飲方式根據當地食材和風俗不斷翻新，大有青出於藍而勝於藍的創新景象。蜀茶向外傳播而不斷與接受者的風俗相結合，從而產生出新的飲茶方式，這正可體現文化傳播與接受的客觀規律。

2. 巴蜀茶再傳入滇緬邊境

滇西南至緬甸邊境種茶歷史也甚為久遠，生活在滇緬邊境的德昂族，在緬甸境內稱崩龍族，皆擅長種植茶樹。崩龍族即為中國文獻所載之「蒲蠻人」，與滇西南布朗族、阿佤族同屬百濮族系，與古哀牢人同源。緬甸北部木埂崩龍族佛寺所藏經書記載，瀾滄景邁茶山的芒景崩龍族建寨和種植茶樹最早可追溯至佛曆 713 年[1]，即公元 169 年，正值東漢後期。由前述考證可知，發源於西漢蜀地的種茶飲茶文明正一路向南，傳入滇緬地區，沉澱在當地人民的生活之中，凝固為緬甸人民所喜愛的「大山崩龍茶」。巴蜀種茶技術的南傳，與緬甸北部崩龍族中流傳的古老傳說正可吻合。據載，阿公阿祖在世的時候，崩龍人居住在盪基大山上，日子過得苦。有一次，阿隆悉都大帝視察疆界時，從東北面的中國飛來三隻白鶴，「嘎 — 嘎 — 嘎」地叫了三聲，吐下三顆茶籽飛走了。阿隆悉都大帝叫百姓把茶籽種下，從此世世代代種茶為生，吃的、穿的、住的、用的靠的就是漫山遍野的茶樹[2]。阿隆悉都大帝即緬甸 11 世紀蒲甘王國的君王，崩龍族關於茶的傳說，正傳遞出產生於蜀地的種茶飲茶文化通過南方絲綢之路南傳至滇緬崩龍人所生活的地域的文明傳播史實。

緬甸有吃茶的習俗。緬甸氣候炎熱，空氣潮濕，他們將生茶腌製成酸味製品，食用時拌入食鹽、生薑、花生等輔料以佐餐，有清涼的口感。此一古風，正與前引張輯《廣雅》所載巴蜀食茶古俗相合。今日巴蜀已很難再見這種食茶之俗，但這種古老風俗一經傳播，即與滇緬民俗相融合，成為當地人民的生活喜好，從而更為長久地保存在日常生活之

---

1 屈小玲：《南方絲綢之路沿線古國文明與文明傳播》，人民出版社，2016 年，第 274 頁。
2 李必雨、杜益學：《茶王賦》，雲南人民出版社，2007 年，第 69 頁。

中。文化即是這樣，當文化發源地的人民不再堅守某種習俗，這種習俗卻在遙遠的傳播之路上繼續生根發芽，反倒延續着它在時空轉換上的生命活力。我們欲考察一種文化在歷史上的時間延展，往往能從地域空間的逆向思考中得到答案。流傳至滇緬的食茶古俗正是茶文化起源地巴蜀最早的食茶歷史印跡，今日巴蜀茶飲已流行上千年，但更為古老的食茶習俗卻完好保存在遙遠的滇緬山水人家之中。

3. 巴蜀茶再傳入印度

茶樹培植技術以及茶葉採摘工藝沿南方絲綢之路，從巴蜀一路南下滇緬，再穿越滇西高山峽谷，繼續向西南傳播，在印度密支那地區阿薩姆生根，成就印度著名紅茶並遠銷歐美，成為歐美紳士談天論地、津津樂道的下午茶。阿薩姆地區即是《史記》所載「蜀身毒道」西端之東天竺迦摩縷波國所在地域，此地氣候條件適宜種茶，當中國茶藝傳入該地，旋即成為產茶重地。

美國傳教士丁韙良於1873年發表在《中西聞見錄．各國近事》上的一篇文章《印度種植茶葉》記載：

> 英國採買內地茶葉，已有二百餘年，頻歲加多，屆今增至十餘千萬磅，運往英京。英人早思於屬國擇選土地，宜於藝茶者種之，以省費而利國。嗣遣人購覓茶種，於印度崑崙山相近處試種，更僱中國善於採取與燒煉者，教土人以採燒之法。試行以來，著有成效，所收茶品，頗不遜於中華。於同治二年，種茶已有一百萬磅。至同治十一年，迭增至二千萬磅之多，將來獲利自不可量云。[1]

1　丁韙良：《印度種植茶葉》，載《中西聞見錄》第十一號，同治十二年（1873）五月，第25頁。

丁韙良的記載告訴我們，印度北部毗鄰崑崙山地區種植茶葉即來自中國茶藝人傳入的中國工藝，同治二年（1863），阿薩姆地區產茶已具規模，且茶葉質量已可與中國媲美。此外，黃遵憲《日本國志》卷三十八「物產志」也詳細記載了印度阿薩姆地區種茶歷史：

> 印度種茶起於泰西一千八百三十四年，至今五十餘年矣。先是侯爵某上書政府，首倡其議，英國從其言，遂選英人及印度人十三名為委員。阿朔昔州舊有茶樹，當印度未入英國版圖時，於千八百二十四年緬甸之役，炮船長官巡察其地，並攜茶種歸告政府。及是，所遣委員遂於阿朔昔州先建數所茶苗園，並開小制場。至三十七年，暫通製造焙煉諸法，又遣員往中國福建廈門購種種之，漸及東北諸州。其後，政府決議以移植中國種為便，又往安徽、杭州、寧波、福建武夷山購覓良種，植於西北諸州。爾後考論工拙，爭以金牌為賭物，植物家又考究樹質佳否，土宜如何，一一論究中國焙煉之法，政府並譯其書佈告於眾。凡種茶之地，雖在絕域深山，政府皆開通道路以便運輸。人民亦爭自奮發，益求良法，佐以機器。至千八百六十九年，印度茶之名競噪於世。[1]

「阿朔昔州」即「阿薩姆」。1824 年，印度東北阿薩姆地區試圖通過培植野生茶樹而獲取茶葉，至 1837 年又從中國福建廈門購種培育，後乾脆移植中國茶樹，經過 50 多年的培植，遂成就印度紅茶，名噪一時。雖然印度人工茶樹來源於安徽、福建等地，但結合前論巴蜀茶葉的起源歷史，我們依然可以勾連出巴蜀茶葉與印度紅茶的輾轉牽連。印度東北阿薩姆地區種植茶葉的成功，改變了中國茶葉外銷的貿易結構，印度和南

---

1 ［清］黃遵憲：《日本國志》，上海古籍出版社，2001 年，第 398 頁。

3-5　印度紅茶

亞成為歐洲茶葉消費的主要產區，從而打破中國茶葉外貿在歐洲的壟斷地位，此為中國近代史上的經貿大事。

英國人在印度阿薩姆地區有規模地組織茶葉種植以供英國大量茶葉消費之需，從而減少因茶葉進口而導致的財政赤字，這一段歷史在法國地理探險家亨利·奧爾良《雲南遊記 —— 從東京灣到印度·從坎底到印度》中有詳細記載：「從薩地亞下去，很容易就可到加爾各達 …… 這個地區，茶園一望無垠，綿延一百多公里，寬達四十多公里。是 1894 年官方公佈的阿薩姆產茶統計數據。這一年，阿薩姆共種茶 268 796 英畝，分佈在 823 個茶園，共有 331 807 名工人，外加 98 043 名臨時工人，產茶 94 829 059 斤，加爾各達每斤茶葉的賣價為 0. 8 法郎 …… 茶不是種在山上的，而是種在平原已開墾過的土地上，不用施肥 …… 收成好的年份，每英畝可產茶 900 斤，一般三到四年後產茶。塔拉有 1350 英畝茶園，一般每英畝有茶樹 2700 株。茶園裏，有苦力們的小村落，一般是歐式房子，兩層樓，寬大舒適。然後是車間，高大的磚房，蓋着金屬頂子，有四十來米長，裏面安裝着烤製茶葉的機器和其他輔助設備。另外還有些房子，覆蓋着好幾層格子，那是曬茶的工具。」[1] 亨利·奧爾良的記載為我們展現出英國在印度龐大的茶葉生產規模，英國人使用工業革命取得的

1　[法] 亨利·奧爾良著，龍雲譯：《雲南遊記 —— 從東京灣到印度》，雲南人民出版社，2001 年，第 350 — 351 頁。

先進管理經驗和工業生產模式，修建專業的生產車間，配置專門的烤茶設備和曬茶工具，短時間內大幅提升印度茶園的產量和質量，從而使印度成為供給英國本土茶葉消費的海外生產基地。

在廣闊的阿薩姆茶葉生產基地，產生了阿薩姆茶園、金大吉嶺茶園、杜阿滋茶園、大吉嶺小葉種茶園等著名茶園。隨着茶葉產業的興起，印度人亦嗜茶成風。印度民間也有將茶葉加入牛奶、薑、豆蔻等輔料混飲的風俗，此風與滇緬食茶無異。今日印度的紅茶與奶茶更是充溢大街小巷，使印度成為世界第一飲茶大國。毗鄰阿薩姆地區的孟加拉國也於 19 世紀末建立大量茶園，茶葉已成為孟加拉國主要外銷農產品。印度、孟加拉茶園與滇緬產茶區、巴蜀產茶區形成南方絲綢之路沿線產茶生產線，從巴蜀南下滇緬到印度到孟加拉國，成為世界最為重要的產茶線路，古老的南方絲綢之路在茶葉的牽連下，再次向世人展現它的芬芳和甘甜。

第四章　久遠的井鹽生產與外銷

鹽為人類生存所必需，自古即為生活領域的重要商貿物資。食鹽主要成分是氯和鈉，食鹽攝入人體，可以調節人體細胞液的滲透壓。人體內體液三分之一為外液，而外液的滲透壓主要依賴鈉離子和氯離子達到平衡。滲透壓不平衡時即感口渴。食鹽中金屬鈉離子因其帶電關係，造成人體細胞內外不等壓，細胞內壓力偏低，壓力高的營養物質通過細胞壁滲入細胞內，逐漸被細胞吸收。營養的積累，促進腦細胞的生成和發育，使人類不斷變得聰明。由此可知，食鹽在人類文明進化史中起着重要作用。此外，氯離子和鈉離子進入人體和胃酸發生反應，進而維持人體內酸碱平衡。食鹽同樣還會影響人的神經功能，如果人體長期不攝入食鹽，人的神經反應即會變慢，心臟功能也會變弱。中國食鹽資源主要蘊藏於海水、鹽湖水和地下岩鹵，因而海鹽、湖鹽、井鹽為製鹽業大宗。中國內陸廣大，井鹽製藝自古即為人重視，中國井鹽資源的地理分佈主要集中在四川盆地及雲南地區，其中四川井鹽業最為悠久繁盛，時至今日，猶不枯竭。

一　巴蜀鹽業由來已古

巴蜀鹽鐵產業由來甚古，《華陽國志・蜀志》記載：

惠王二十七年，儀與若城成都，周迴十二里，高七丈……成都縣本治赤里街，若徙置少城內（城）。營廣府舍，置鹽、鐵、市官並長丞；修整里闠，市張列肆，與咸陽同制。[1]

秦惠文王二十七年即公元前 311 年，蜀國守張若主持修築成都城，營建宮舍，設置鹽官、鐵官、市官以及正副官長，鹽官負責鹽稅，鐵官負責鐵稅，市官負責管理市場及商業稅。由此可知，在秦滅巴蜀後，隨着成都城的大規模建造，鹽鐵業已經在成都地區廣泛開展且為中央政權所專控。

由鹽鐵業而來的食鹽生產在巴蜀亦開發甚早，有文獻記載的確信歷史即可上推至戰國時期。成都雙流地區開鑿的廣都鹽井，不但是巴蜀地區井鹽生產有文字記載的最早記錄，也是中國井鹽生產有文字記載的最早序篇。《華陽國志・蜀志》記載：

周滅後，秦孝文王以李冰為蜀守。冰能知天文地理……又識察水脈，穿廣都鹽井、諸陂池，蜀於是盛有養生之饒焉。[2]

公元前 256 年，秦昭襄王滅西周，公元前 249 年，秦莊襄王滅東周，周王朝徹底覆亡。秦國秦孝文王於公元前 250 年即位，享國祚日淺，僅三天即崩。《華陽國志》所記秦孝文王以李冰為蜀守或誤載，當為秦昭襄王時李冰即已為蜀太守。至少在公元前 250 年前後，蜀守李冰即在廣都開鑿很多鹽池以取井鹽。劉琳校注謂：「井當在廣都東南今龍泉山地區。據《元和志》卷三三，西魏曾於仁壽東北六十七里置貴平縣（治

1 ［東晉］常璩撰，劉琳校注：《華陽國志校注》，巴蜀書社，1984 年，第 196 頁。
2 ［東晉］常璩撰，劉琳校注：《華陽國志校注》，巴蜀書社，1984 年，第 201 — 210 頁。

今仁壽東北高家場），縣『本漢廣都縣之東南地』，有平井鹽井。《寰宇記》卷八五引《益州記》說：平井，『官有兩灶，二十八鎮，一日一夜收鹽四石，如霜雪也。』《寰宇記》並謂朱辰廟在此，因近鹽井，聞推車唱歌之聲，因名唱車廟。可證漢時廣都鹽井即此。又民國《華陽縣志》載雙流文星場（在成都南約三十里）南杏花山下有地名『十八口』，為昔時鹽井之名。」[1] 據《華陽國志》記載以及劉琳校注，四川成都南郊雙流縣境內早在戰國時期即已廣開井鹽產業，我們可以遙想當時的成都即以井鹽作為特殊稀缺物資，與外界保持着緊密的商貿往來。《四川省志．鹽業志》即謂：「早在先秦時代，巴蜀先民們就已經開始利用自然鹽泉和裸露地面的岩鹽。2300 餘年前秦統一巴蜀後，隨着鐵工具的大量使用和大批移民入蜀，帶來了中原的鑿井技術和人才，西蜀地區經濟逐漸有了長足的發展。」[2]

成都平原所在蜀地井鹽業起源甚早，最晚可以確認為戰國時期，這不但有文獻資料可以稽考，也有考古遺存以及今日尚存的鹽井遺跡可供佐證。但是，近年考古新發現，又將巴蜀地區井鹽生產提前到商代晚期。1992 年全國人大通過興建三峽工程的決議，三峽庫區地下文物搶救發掘保護工作隨即啟動。考古工作者在渝東地區發現並發掘了多處先秦時期井鹽工業的遺址，這些遺址的年代最早可上推至商代晚期，這為巴蜀乃至中國井鹽工業的早期起源研究提供了新的考古證據。由此推測，巴地渝東地區應為中國早期製鹽工業的最早起源地之一。如果依據目前考古而論，商代晚期已成型於渝東地區的鹽業生產在秦滅巴蜀後又擴展至川西成都平原廣都地區。

據《四川省志．鹽業志》介紹，四川盆地原為內陸海洋，在四川

1　［東晉］常璩撰，劉琳校注：《華陽國志校注》，巴蜀書社，1984 年，第 250 頁。

2　四川省地方志編撰委員會：《四川省志》，四川科技出版社，1995 年，第 2 頁。

盆地形成過程中，海水退卻後的濃縮鹽鹵結晶層逐漸沉積，並埋藏於地下，成為岩鹽和鹽鹵礦藏。四川盆地鹽礦蘊藏量十分豐富，地質儲量居全國首位。東到萬縣、石柱，西至洪雅、鹽源，北到儀隴、閬中、江油，南到長寧、江津等地區，都有鹽層分佈，其中威西、萬縣、墊江、南充、成都等 5 處鹽盆更為集中。固態鹽岩一般深埋地下，液態鹽鹵最容易識別和開採，四川盆地盆西的樂山、邛崍、蒲江，盆中的自貢、蓬溪、鹽亭，盆東的宣漢、雲陽、奉節、巫溪、開縣，都有大量分佈。

《漢書・地理志上・南郡》記載：

> 巫，夷水東至夷道入江，過郡二，行五百四十里。有鹽官。[1]

渝東巫縣在漢時已設鹽官，足以說明其時鹽業生產之盛況。我們可以推測，遠在漢代以前，巫縣即有鹽業開採和利用。巫縣大寧河古稱「鹽水」，此一地名明示着大寧河流域盛產食鹽。酈道元《水經注・江水》注江水「又東過巫縣南，鹽水從縣東南流注之」記載：「江水又東，巫溪水注之。溪水導源梁州晉興郡之宣漢縣東，又南徑建平郡泰昌縣南，又徑北井縣西，東轉歷其縣北。水南有鹽井，井在縣北，故縣名北井，建平一郡之所資也。鹽水下通巫溪，溪水是兼鹽水之稱矣。」[2] 巫縣歷代名稱有北井縣、始寧郡、永昌郡、大寧監、大寧州、大寧縣、巫溪縣，巫縣大寧鹽泉是極為特殊的地表「鹽水」，便於取用和煮取食鹽。大寧鹽泉位於大寧河上游，鹽泉至今仍懸掛河邊，形成瀑布。以自然條件的便捷計，大寧鹽泉應當為人類早期所認識和利用，其製鹽的久遠歷史或許遠遠早於文獻記載。

---

1 ［東漢］班固：《漢書》，中華書局，1962 年，第 1566 頁。
2 ［北魏］酈道元：《水經注》，嶽麓書社，1995 年，第 498 頁。

《後漢書・南蠻西南夷列傳》記載岷江上游汶川縣境有鹽岩裸露地表，巴地邊境雲陽縣也有地表鹽岩。酈道元《水經注・江水》注江水「東過魚復縣南」時對朐忍縣（今重慶雲陽縣）的地理風物進行了描述，並引王隱《晉書・地道記》曰：「入湯口四十三里，有石，煮以為鹽。石大者如升，小者如拳，煮之，水竭鹽成。蓋蜀火井之倫，水火相得乃佳矣。」[1] 巴東雲陽境內豐富的鹽業資源，在《漢書・地理志上・巴郡》中亦有記載：

> 朐忍，容毋水所出，南入江。有橘官、鹽官。[2]

巴郡朐忍專設有鹽官，表明在漢時這裏已經有大規模成熟的鹽業生產。《華陽國志・巴志・臨江縣》記載：「枳東四百里，接朐忍。有鹽官，在監、塗二溪，一郡所仰；其豪門亦家有鹽井。」[3] 臨江縣為今重慶忠縣，臨近朐忍，表明此一長江沿岸地區盛產井鹽。酈道元《水經注・江水》注江水「又東至枳縣西」時曰：「江水又東徑臨江縣南，王莽之監江縣也。《華陽記》曰：縣在枳東四百里，東接朐忍。縣有鹽官。自縣北入鹽井溪，有鹽井營戶。」[4] 酈道元記載臨江縣北沿鹽井溪有鹽井營戶，此為成規模的井鹽生產圖景。凡此種種，皆可說明遠在秦漢之前，巴地渝東地區即是井鹽生產繁盛之地。孫華甚至認為：「渝東的萬縣地區，鹽礦不僅蘊藏量較大，而且埋藏較淺，自然露頭較多。這在尚沒有發明和廣泛使用鐵器的遠古時期，這裏的自然露頭的鹽鹵理所當然地會成為人們優先利用的對象 …… 這種容易發現、省力省物的自然露頭的鹽鹵，當然就會成為四

1　[北魏] 酈道元：《水經注》，嶽麓書社，1995 年，第 495 頁。
2　[東漢] 班固：《漢書》，中華書局，1962 年，第 1603 頁。
3　[東晉] 常璩撰，劉琳校注：《華陽國志校注》，巴蜀書社，1984 年，第 67 頁。
4　[北魏] 酈道元：《水經注》，嶽麓書社，1995 年，第 494 頁。

川地區人們最早利用的對象。」[1]

巴地古老傳說也有鹽的身影，《後漢書・南蠻西南夷列傳》記載：

> 巴郡南郡蠻，本有五姓：巴氏、樊氏、瞫氏、相氏、鄭氏。皆出於武落鍾離山，其山有赤黑二穴，巴氏之子生於赤穴，四姓之子皆生黑穴。未有君長，俱事鬼神，乃共擲劍於石穴，約能中者，奉以為君。巴氏子務相乃獨中之，眾皆歎。又令各乘土船，約能浮者，當以為君。餘姓悉沉，唯務相獨浮。因共立之，是為廩君。乃乘土船，從夷水至鹽陽。鹽水有神女，謂廩君曰：「此地廣大，魚鹽所出，願留共居。」廩君不許。鹽神暮輒來取宿，旦即化為蟲，與諸蟲羣飛，掩蔽日光，天地晦冥，積十餘日，廩君伺其便，因射殺之，天乃開明。廩君於是君乎夷城，四姓皆臣之。廩君死，魂魄世為白虎，巴氏以虎飲人血，遂以人祠焉。[2]

《後漢書》所記本自戰國成書的《世本》，《世本》或許有更為久遠的文獻和口頭來源。巴人先祖廩君射殺征服鹽陽女部落，從夷水擴展至川東鹽陽。我們可以遙想廩君盡力佔取「魚鹽所出」的鹽陽之地，其關鍵目的應該是獲取生活必需資源 —— 食鹽。《後漢書》的記載隱藏着這樣一個歷史訊息，為了部落生存利益，廩君向鹽陽土著女部落發動了奪取稀有資源食鹽的戰爭且取得勝利，即使在女部落試圖求和共處的情況下，廩君依然徹底摧毀女部落的核心集團，從而形成完全控制食鹽資源的局面。

重慶忠縣中壩遺址正好可作為廩君傳說的考古證據。中壩地區發現

---

1 孫華：《四川盆地鹽業起源論綱 —— 渝東鹽業考古的現狀、問題與展望》，《鹽業史研究》2003 年第 1 期。

2 ［南朝宋］范曄：《後漢書》，中華書局，1965 年，第 2840 頁。

了多處由大量陶器殘片堆積而成的遺址，中壩遺址最早發現於 20 世紀 50 年代末，這些遺址多集中於鹽泉或鹽鹵附近，忠縣長江北岸兩條小河甘井溝及塗井河（汝溪河）較為集中。甘井溝附近的羊子巖遺址 2001 年由四川省文物考古研究所發掘，羊子巖遺址發現大量東周時期遺存，遺存物由深厚的單調中口釜、尖底杯等陶器殘件組成，並有儲鹵池、窯灶等製鹽遺跡。哨棚嘴遺址 2001 年由北京大學考古文博院三峽考古隊發掘，瓦渣地遺址 1997 年由北京大學考古文博院三峽考古隊發掘。塗井河附近的李園遺址 1993 年由四川省文物考古研究所三星堆遺址工作站發掘。瓦渣地遺址表面散佈大量陶片，並有圓形的窯灶遺跡，符合陶器製鹽工業遺址特徵，遺址文化地層堆積 12 米厚，5000 餘年連續不斷，該遺址是目前中國已經發掘的時代最早且延續數千年的井鹽製鹽遺址。

中壩遺址位於忠縣縣城北約 6 公里甘井河兩岸的臺地上，甘井河由東、中、西三條支流匯成後由忠縣縣城忠州鎮東北流入長江。遺址東西最長約 350 米，南北最寬約 140 米，總面積約 5 萬平方米。遺址主體部分已被河水沖刷成一座面積約 7000 平方米的孤島，故稱「中壩」。中壩遺址發現有新石器時代晚期數百座鹽業生產作坊，房址有地面、柱洞、鹵水水槽和用火痕跡。該底層還出土大量敞口深腹尖底缸。遺址出土有商代晚期至西周早期的製鹽工具陶角杯和花邊束頸圜底罐，還出土有春秋戰國時期坑壁用黃黏土加工、內壁常常留有灰白色鈣化物的長方形鹵水槽。遺址發現排列有序的唐代鹽灶多座。

中壩遺址處於四川盆地川東、川中、川西三大鹽盆的川東萬縣鹽盆，由於鹽盆盆沿淺，時有自然露頭，因而極易被古代先民發現和開採。至清朝雍正十二年（1734），甘井河和塗井河二溪尚共有鹽井 35 眼，道光《忠州直隸州志》記載甘、塗兩鹽廠有鹽井 34 眼，同治年間 34 井猶存。民國時期，鹽井時開時停，民國十四年（1925）有鹽井 28 眼，民國二十九年（1940）忠縣設鹽場公署，鹽產量達 2 萬擔。1950 年設西

4-1　重慶忠縣中壩遺址全景

4-2　重慶忠縣中壩遺址出土的陶器殘片

南鹽務局萬縣分局忠縣鹽場公署，直至 1962 年鹽廠關停。忠縣鹽業生產從廩君傳說時代到漢代迄 20 世紀 70 年代，一直沒有間斷，實為巴蜀鹽業史上的大事。

二　由漢及清：巴蜀鹽業從未衰歇

巴東之外，漢時蜀地鹽業貿易極盛。據高文《四川漢代畫像磚》介紹，1956 年成都市郊羊子山漢墓出土東漢井鹽生產畫像磚，長 48 厘米，寬 40 厘米，畫面大部分是山林，各種動物跳躍林間。畫面左下為一井架，4 人於井架上汲取鹵水。畫面右下為一長條形老虎灶，一人在灶前撥火，上有圓形牢盆 5 口，其左側為一方形盛器，在井、灶見有竹梘將鹵水引入方形盛器內。該畫像磚形象反映了東漢時期開採地下鹽鹵並煎煮食鹽的場景。此外，邛崍縣花牌坊場出土的鹽業生產畫像磚長 45 厘米，寬 34. 5 厘米，除鹽灶搭有頂篷、一人彎腰做攪拌鹵水狀外，畫面內容與成都羊子山畫像磚基本一致。成都地區畫像磚為早期鹽井工具提供實物證據[1]。畫像磚中的製鹽牢盆，在川西蒲江縣有實物出土，牢盆為生鐵鑄造，器形規範，盆壁厚度均勻，重數百公斤，內外壁皆光潔。盆內壁鑄有漢隸書「二五石」3 字[2]。

四川南安（今樂山）地區也有鹽業生產。《漢書 · 地理志 · 犍為郡》載：

> 南安，有鹽官、鐵官。[3]

1　高文：《四川漢代畫像磚》，上海人民美術出版社，1987 年。

2　龍騰、夏暉：《蒲江縣出土漢代牢盆考》，《鹽業史研究》2002 年第 2 期。

3　［東漢］班固：《漢書》，中華書局，1962 年，第 1599 頁。

4-3　羊子山漢墓出土的東漢井鹽生產畫像磚（40×48cm）

4-4　邛崍縣花牌坊場出土的鹽業生產畫像磚拓片（34.5×45cm）

南安地區在漢朝時設有鹽、鐵官方專營官員，專門管理鹽、鐵生產貿易，對食鹽產、運、銷實行壟斷專賣。說明此一地區井鹽應有相當規模。《華陽國志・蜀志・南安縣》亦記有南安縣井鹽生產：「南安縣……漢有鹽井。」[1]

臨邛鹽業也盛況空前。《華陽國志・蜀志》又載：

孝宣帝地節三年，罷汶山郡，置北部都尉。時又穿臨邛、蒲江

1　［東晉］常璩撰，劉琳校注：《華陽國志校注》，巴蜀書社，1984年，第281頁。

鹽井二十所，增置鹽、鐵官。[1]

漢宣帝地節三年為公元前 67 年，可知除南安外，臨邛、蒲江等地亦有鹽井。臨邛開鑿天然氣火井以煮鹽的盛況，《華陽國志・蜀志・臨邛縣》也有記載：

有火井，夜時光映上昭。民欲其火，先以家火投之。頃許，如雷聲，火焰出，通耀數十里，以竹筒盛其光藏之，可拽行終日不滅也。井有二，一燥一水。取井火煮之，一斛水得五斗鹽；家火煮之，得無幾也。[2]

利用天然氣以煮井鹽，提高產量，早在秦漢之際，臨邛鹽業已繁盛如此。

川南鹽業也甚可觀。《華陽國志・南中志・南廣縣》記載：

漢武帝太初元年置。有鹽官。[3]

漢之南廣縣包括今川南高縣、珙縣、筠連、興文等地及雲南鹽津、威信、鎮雄等地。如此偏遠之地，官府特置鹽官，足見鹽業可觀。

四川西南邊地也有鹽業生產。《漢書・地理志・越巂郡》有「定筰，出鹽」[4] 的記載，定筰在越巂郡西，為今四川西南邊地鹽源縣，鹽源地處南方絲綢之路要衝，再往南行即是雲南。鹽源一帶產鹽，此事《三國志・蜀書・張嶷傳》也有記載：

---

1 ［東晉］常璩撰，劉琳校注：《華陽國志校注》，巴蜀書社，1984 年，第 218 頁。
2 ［東晉］常璩撰，劉琳校注：《華陽國志校注》，巴蜀書社，1984 年，第 244 頁。
3 ［東晉］常璩撰，劉琳校注：《華陽國志校注》，巴蜀書社，1984 年，第 422 — 423 頁。
4 ［東漢］班固：《漢書》，中華書局，1962 年，第 1600 頁。

定莋、臺登、卑水三縣去郡三百餘里，舊出鹽鐵及漆，而夷徼久自固食。嶷率所領奪取，署長吏焉。[1]

郡為越巂郡，張嶷掌控越巂郡，先行奪取定笮（鹽源）等地鹽業，可見定笮一地鹽業由來繁盛。《華陽國志．蜀志．定笮縣》則對定笮製鹽方法詳加記載：「縣在郡西，渡瀘水。賓剛徼，曰摩沙夷。有鹽池，積薪，以齊水灌，而後焚之，成鹽。」[2] 此地最先開採井鹽者為當地少數民族笮人或摩梭人，但他們還沒有完全掌握從成都平原傳播而來的製鹽工藝，煮鹽技術也尚不熟練，故採用「積薪，以齊水灌，而後焚之，成鹽」的辦法，「齊水」即鹵水，可見這是古代川滇少數民族早期習用的製鹽方法。據張學君《南方絲綢之路上的食鹽貿易》介紹，1939 年刊行的《寧屬調查報告彙編》曾記載鹽源縣有黑白二池。白鹽井有二，其一在市南街，井深四十五尺，井口作長方形，可容四對水桶同時上下，稱為班井。其一在市東小溪南岸白崖之下，稱為白崖井，井為一大坑，較平地低五丈，可容多人上下挑水。黑鹽塘在縣西 70 餘公里摩沙人聚居地。煎鹽方式原始，積薪後，灌以鹵水，而後焚之成鹽，鹽色黑，故名黑鹽塘[3]。

據李福德《四川鹽業發展概述》介紹，漢代巴蜀鹽業發展迅速，產地由秦代 3 縣擴充至 17 縣，鹽井數量更是日益增多，僅廣都鹽井即達 10 多處。無論從鹽井數量還是鹽、鐵官的專門設置來看，巴蜀地區無疑是當時中國最重要的井鹽生產基地。

蜀漢時期，劉備在蜀地設「鹽府校尉」專門管理食鹽產業。魏將鄧艾滅蜀後，將隴右兵二萬人和蜀兵二萬人留駐蜀地專門煮鹽興冶，以備魏國擴張之需。魏晉南北朝時期，蜀地井鹽生產持續發展，官方增開越

1　［西晉］陳壽：《三國志》，中華書局，1959 年，第 1053 頁。
2　［東晉］常璩撰，劉琳校注：《華陽國志校注》，巴蜀書社，1984 年，第 320 頁。
3　張學君：《南方絲綢之路上的食鹽貿易》，《鹽業史研究》1995 年第 4 期。

嶲、梓潼、江安等地的鹽井。此一時期，今四川自貢富順縣廣開鹽井，採鹽產業持續至今不衰。至唐朝後期，巴蜀鹽井遍佈成、梓、遂、綿、合、昌、渝、瀘、資、榮、陵、簡、邛、眉、嘉、果、閬、開、通、黔中、越嶲等州共計 639 口，鹽務管理除了滿足當地居民生活所需外，更多食鹽已經走向對外貿易，從而大大提高了唐政府的鹽稅收入。北宋慶曆、皇祐年間，川南鹽民創造「卓筒井」，此鑽井技術利用衝擊式頓挫法，使用鐵製鑽具圜刃，可鑿出深度數十丈，口小腔直的小口井鹽井，此一技術領先世界井鹽生產，大大提高了井鹽的產量和質量，至南宋紹興二年（1132），巴蜀已有鹽井 4900 餘口，歲產食鹽 6000 餘萬斤。由此，人民生活所需食鹽短缺矛盾以產量的提升得以緩解，巴蜀食鹽生產在供大於求的市場催使下，其銷售地域也不斷向外擴展，川鹽已通過南方絲綢之路交通要道一路向南運銷，經雲貴，穿峽谷，從而走進南亞內陸居民的日常生活。

19 世紀前半葉，四川鹽業加快發展，使製鹽生產規模、經營方式發生巨大變化。川鹽已發展為鑿井、汲鹵、置梘、煮鹽四個成熟製鹽環節，特別是鑿井技術不斷改進和優化，使得井深不斷向下延展，1835 年

4-5　自貢富榮鹽場的燊海井

自貢富榮鹽場的燊海井鑽井深度達到 1001.4 米，成為世界最深的鹽井。由於鑽井加深，自貢地區還首次鑽探到岩鹽。這一時期，原始畜力汲鹵也已逐漸為蒸汽汲鹵機車所取代，從而降低了成本、增大了食鹽產量，擴大了食鹽的產運銷商業化貿易規模。自貢食鹽由於產量大增，除行銷巴、蜀、湘、鄂外，還遠銷黔、滇以至南亞內陸，因而自貢一時號稱富庶甲於蜀中的「鹽都」。

三 巴蜀鹽業外銷南亞的斑駁遺跡

據段渝《西班牙、法國、伊朗博物館所見南絲路中外交流》介紹，西班牙瓦倫西亞史前博物館存有不少公元 3 世紀前後來自中國以及印度、泰國、越南的古錢幣，特別還有一枚鑄刻「富順縣」字樣的銀錠[1]。

富順即前面所討論的四川自貢富順，以產鹽盛名於世。地處四川盆地南沿，沱江下游。富順縣漢代屬江陽縣，東漢前期崔駰《博徒論》曾記「江陽之鹽」[2]，崔駰所言載於虞世南《北堂書鈔》卷一百四十六，足證東漢前期富順已經有鹽業生產。北周天和二年（567）因鹽設縣，劃出富世鹽井及周圍地區，設雒原郡及所轄之富世縣。隋開皇二年（582）撤雒原郡存富世縣，隸於瀘州。唐貞觀二十三年（649），因避唐太宗李世民之諱，改富世縣為富義縣，五代因之。李吉甫《元和郡縣圖志》卷三十三載：「富義鹽井，在縣西南五十步。月出鹽三千六百六十石，劍南鹽井，唯此最大。」[3] 唐時富順（自貢）鹽場產量巨大，已經是巴蜀最大的鹽業生

1 段渝、鄒一清：《西班牙、法國、伊朗博物館所見南絲路中外交流》，載王欣、萬明主編：《中外關係史視野下的一帶一路》（《中外關係史論叢》第 24 輯），陝西師範大學出版社，2016 年，第 44 頁。

2 ［唐］虞世南：《北堂書鈔》，中國書店，1989 年，第 616 頁。

3 ［唐］李吉甫著，賀次君點校：《元和郡縣圖志》，中華書局，1983 年，第 865 頁。

4-6　西班牙瓦倫西亞史前博物館「富順縣」字樣銀錠

產基地。在北宋乾德四年（966）升富義縣為州級「鹽監」，稱富義監。太平興國元年（976），因避宋太宗趙匡義之諱，富義監改名為富順監，富順縣名由此存世。治平元年（1064）置富順縣主管鹽政稅課。熙寧元年（1068）廢縣存監。南宋咸淳元年（1265）為抵抗蒙古軍隊進攻，富順監治遷於縣南虎頭城（今懷德鎮虎頭寨）。元初（1275）改富順監為富順安撫使司，由虎頭城遷回原治。至元二十年（1283），升富順安撫使司為富順州。明洪武四年（1371），降富順州為富順縣，隸於下川南道之敘州府。清代因之。民國元年（1912），沿襲清代區劃，仍隸於敘州府。民國二年（1913），廢省改道，以道統縣，富順屬下川南道（次年改稱永寧道）。1949 年 12 月 18 日，富順縣人民政府成立，隸於瀘縣專區（後改稱隆昌專區、瀘州專區）。1983 年，富順縣劃歸自貢市，成為市轄縣。

由此可知，富順歷來即為鹽業重鎮，因鹽置治，為歷朝官方所重視。段渝在西班牙瓦倫西亞博物館所見「富順縣」銀錠，即為北宋 976 年後富順鹽業對外貿易的有力憑證。穿越時空，往事越千年，遙想當年富順鹽場生產的上乘井鹽，一路向南，經宜賓，抵川滇邊境「鹽津」驛站，過昭通，再南下昆明，穿越山水，流通至南亞、西亞。鹽商懷揣「富順縣」官方流通貨幣銀錠，一路輾轉銷賣，將巴蜀井鹽實物以及產鹽先進技術帶到域外。如今銀錠靜靜安放於遙遠的異域，似乎在訴說千年以前的南方絲綢貿易路線絡繹不絕的馬幫走卒的昔日繁華。

川滇、川黔邊境一路因鹽命名的特色地名也默默講述着巴蜀鹽業一路向南流播的塵封往事。秦漢時期，巴蜀地區鹽業發展，早已引起中央王朝的重視。秦併巴蜀，設鹽鐵市官於成都。西漢武帝元封二年（前109）全國設鹽官37處，位於南方絲綢之路川滇沿線即有臨邛（邛崍）、南安（樂山）、南廣（長寧）、連然（安寧）、蜻蛉（大姚）等5處。鹽官的設置，不但說明川滇鹽業生產的旺盛，而且證實這條道路上鹽業貿易的發達。自貢往南過宜賓的川滇邊境城鎮鹽津、鹽源，西昌向南的鹽道、鹽源、鹽津、鹽塘、鹽邊、鹽興、鹽豐等，川南以鹽名地的城鎮如此密集，這本身即可聯想巴蜀鹽業貿易通過南方絲綢之路不斷向南亞內陸延展的歷史場景，還可為我們考察巴蜀先進的鹽業技藝輾轉向南亞次大陸傳播的歷史交流進程提供參證。巴蜀滇黔利用先天的自然環境和豐富的鹽鹵礦藏資源，廣開井鹽之業，從而形成一條食鹽產業貿易通道，這條人類生活必需品貿易通道又促進南方絲綢之路上其他商品貿易的往來交流。從某種意義上說，南方絲綢之路的開闢和貫通，與巴蜀川滇地區與緬甸、印度等地的食鹽貿易密切相關。

第五章　來自南亞的遠客：象牙與海貝的奇幻之旅

根據目前考古資料，學界普遍認為古蜀文明孕育於至今 4500 年至 3700 年之間的寶墩文化。寶墩文化是都江堰芒城、崇州雙河城、新津寶墩、溫江魚鳧城等眾多川西早期城址羣的總稱，此文化羣以陶器為典型代表。寶墩文化在距今 4000 年左右開始轉型，隨即釁變為考古學意義上的三星堆文明和之後的金沙文明。「三星堆遺址」「金沙遺址」以及巴蜀其他考古遺跡所見海貝和象牙，激發學術界研究熱情，引起學者持續關注。學者渴望找尋這些來自幾千年前的文化使者的來蹤去跡，試圖構擬那消逝的古蜀文明曾經存在的輝煌以及與外界密切溝通的交流圖景。

一　三星堆遺址和金沙遺址概況

三星堆遺址在寶墩文化城址羣的北面，位於四川省廣漢市西北的鴨子河南岸，南距成都市 40 公里，東距廣漢市區 7 公里。自 1934 年發掘以來，經過半個多世紀的持續考古，出土遺址和文物揭示三星堆文化形成於公元前 3000 年左右，至公元前 1200 年左右發生文化轉型而走向沒落，前後連續 2000 年之久。三星堆遺址為迄今為止巴蜀地區最大最重要的古文化遺存。三星堆文化形成時期比中原夏王朝創立稍晚，終結期大致相當於中原商王朝晚期或西周初期。考古學家將三星堆遺址羣的文化遺存分為四期。其中一期的陶器與寶墩文化三期相同，二到四期出土的大批精美青銅文物最為驚豔，不僅為古蜀文明的典型代表，亦是長江上游的古代文明中心，也是公元前 16 世紀至公元前 14 世紀世界青銅文明的典型代表。三星堆遺址的發現，為文獻典籍消逝的古蜀王國提供考古物證，同時也為中華文明多元一體的起源提供實證，巴蜀地區的文明史由此向前推進了 2000 多年。

目前考古證實，三星堆文化繼承寶墩文化，並大量吸收各種外來文化而逐步形成風格獨異的早期文明。1986 年三星堆遺址發現兩個巨大器物埋葬坑，坑中大量精美絕倫的青銅製品、玉器、黃金製品、海貝、象牙等物品，為我們正式揭開一個燦爛輝煌、有着高度文明的古蜀王國，其中青銅面罩及青銅雕像羣、金杖及金面罩、海貝和象牙尤為引人注目，這些文物在中國同時期遺址中首次被發現。據考古清理發現，大量青銅罍、青銅尊等青銅器物皆與中原商文化中的青銅禮器極為相似，而做工精細的玉器製品則與長江下游的良渚文化所見玉器製作方式有相似之處。讓考古學家更感興趣的是埋葬坑中大量域外文化基因，諸如黃金面罩與權杖等，而海貝與象牙已經證實來自南亞地區，三星堆遺物再次為我們證明古老的巴蜀與南亞之間的密切關聯。

2001 年，在成都城區西郊蘇坡鄉金沙村摸底河畔，一工地建設偶然發現地下文物。考古學者經過三次考古發掘，在工地周邊發現大型佈局規律的房屋基址，共計房址 17 座、窯址 17 座、灰坑 300 餘個、墓葬 13 座等遺跡，佔地面積逾 10000 平方米，規模宏大，因其位於金沙村，學界故命名為金沙遺址。根據房址的面積、佈局結構和出土文物綜合考察推測，金沙遺址的歷史時期是商代晚期至西周早期。金沙遺址為 21 世紀中國重要考古發現，該遺址是古蜀文明繼廣漢三星堆遺址之後最為重要的實物證據，對研究古蜀歷史文化具有極其重要的意義。專家普遍認為，金沙遺址是三星堆文玥之後，在成都平原興起的一個政治、經濟、文化中心。

金沙遺址出土有金器、銅器、玉器、石器、漆木器、陶器、象牙等文物共 2235 件，其中太陽神鳥金飾、黃金面具、十節玉琮、青銅立人、石虎等文物皆引人注目。出土的 30 多件金器在出土文物中最放異彩，風格獨特。這些金器包括金面具、金帶、圓形金飾、蛙形金飾、喇叭形金飾等。除了金面具與三星堆青銅面具在造型風格上基本一致以外，其他各類金飾均為金沙遺址所獨有，都是用金片、金箔錘打而成，種類非常豐富。此外，出土的象牙與三星堆大致相似，再次向世人證明古蜀王國與南亞地區的文化交流。

2021 年 3 月 20 日，三星堆遺址新發現 6 個器物坑。大量象牙、黃金面具、發掘出土的首件完整圓口方尊、青銅神樹、青銅面具、目前最大的青銅神獸、青銅神壇、青銅立人、四翼小神獸、青銅鳥、頂尊跪坐人像等精美文物再次驚豔世界。截至 2022 年 9 月，6 座新坑已出土編號文物 15109 件，近完整器 4060 件。

二　象牙：南亞物產與古蜀文明的神祕融合

成都平原的古蜀遺址出土有大量象牙及其製品，是 3000 多年前成都平原本土大象生存的證據還是外來文化的遺留，曾引起不少考古學者的思考和討論。出土象牙尤以三星堆遺址和金沙遺址為眾，這些還不曾腐爛的象牙靜靜躺在遺址的土坑中，為我們訴說着那神祕的過往塵煙。顏信碩士論文《南方絲綢之路與古蜀對外關係探研》[1] 為此部分內容提供不少材料，茲表感謝。

1　顏信：《南方絲綢之路與古蜀對外關係探研》，四川師範大學 2012 年碩士論文。

（一）三星堆遺址和金沙遺址中的象牙製品

1986 年夏，廣漢三星堆遺址坑陸續發掘，大量象牙再現於世。三星堆遺址一號器物坑發現象牙 13 根，均有火燒痕跡[1]。三星堆遺址二號器物坑發現象牙 60 餘根，縱橫交錯覆蓋在坑內最上層。此外，坑中還出土一百多件象牙珠以及一批經過雕琢並有一定紋飾的象牙器殘片[2]。兩個器物坑出土共計 70 餘根象牙，這些象牙長約 80 — 120 厘米左右。2021 年 3 月，三星堆遺址新發現的 6 個器物坑內，也有大量象牙遺存。2001 年，金沙遺址出土數百根象牙和大量象臼齒。遺址坑中還發現由整支象牙切割成的短節象牙柱以及象牙段、象牙片、象牙珠等象牙制器多達 400 餘件[3]。

除直接的象牙及象牙製品外，三星堆遺址和金沙遺址同時還發現與象間接相關的其他器物。三星堆遺址二號器物坑最具代表性的青銅器青銅大立人，距今 3000 多年。銅像通體採用分段澆鑄法嵌鑄而成，身體中空，分人像和底座兩部分。通高 260. 8 厘米，人像高 180 厘米，重約 180 公斤。人像頭戴高冠，身穿窄袖與半臂式共三層衣，衣上紋飾繁複精麗，以龍紋為主，輔配鳥紋、蟲紋和目紋等，身佩方格紋帶飾。其雙手手型環握中空，兩臂略呈環抱狀構勢於胸前。腳戴足鐲，赤足站立於方形怪獸座上。其整體形象典重莊嚴，似一個具有通天異稟、神威赫赫的大人物正在做法。銅像是現存最高、最完整的青銅立人像，被譽為「世界銅像之王」。該青銅立人像的基座中層，即用四個大象頭形狀物勾連而成。此外，青銅立人雙手所握為何物一直備受關注，根據雙手構造不在一個同心圓之上，可以推測物品應是呈弧形的豎直類器物。段渝即認為：「從大立人的手形、兩手間的距離和交錯弧度等因素來考慮，再比較一

---

1 四川省文物管理委員會：《廣漢三星堆遺址一號祭祀坑發掘簡報》，《文物》1987 年第 10 期。
2 四川省文物管理委員會：《廣漢三星堆遺址二號祭祀坑發掘簡報》，《文物》1989 年第 5 期。
3 成都文物考古研究所：《金沙 —— 21 世紀中國考古新發現》，五洲傳播出版社，2005 年，第 1 頁。

5-1　三星堆遺址一號坑

5-2　三星堆遺址二號坑

5-3　三星堆遺址八號坑出土象牙

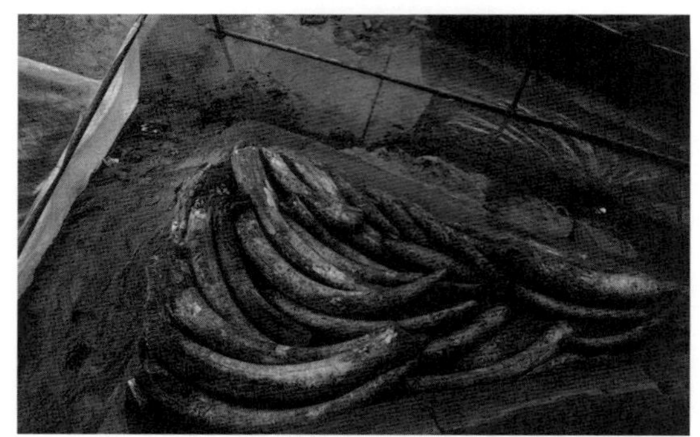

5-4 金沙遺址出土的象牙

下象牙的長度、弧度和直徑，可以認為大立人雙手所執之物是一整支象牙。」[1]

三星堆二號器物坑發現有獸首冠人像，殘斷，僅存人像上半部，全器殘高 40. 2 厘米。人像頭戴獸首狀冠，獸首冠作昂揚取勢，獸口寬扁，口部兩側各飾一太陽紋。冠兩側為獸眼，冠頂中部鑄一勁拔的獸鼻，冠頂後部兩側鑄呈外展開張之勢的獸耳。獸首怪異莫名，是綜合多種動物局部特徵的複合型神獸形象。從獸鼻和獸耳的造型特徵看，當是以意象手法仿擬大象的鼻與耳。此外，金沙遺址出土有大量玉璋，十號遺跡坑中出土一件跪坐人像玉璋，人像四組對稱且肩扛象牙。

三星堆遺址和金沙遺址中所見象牙以及象牙相關器物，足以表明在先秦古蜀王國時期，對大象以及象牙的珍愛已烙印在祭祀物品以及生活器物之中。我們穿越 3000 餘年的歷史煙塵，由此可以還原古蜀人與象牙的際遇場景。

（二）古蜀遺跡中的象牙來源於南亞地區

三星堆遺址和金沙遺址出土的象牙及其製品，多達 1000 餘件，數量

1 段渝：《古蜀象牙祭祀考》，《中華文化論壇》2007 年第 1 期。

5-5　三星堆遺址二號坑出土青銅大立人

5-6　三星堆遺址獸首冠人像正面

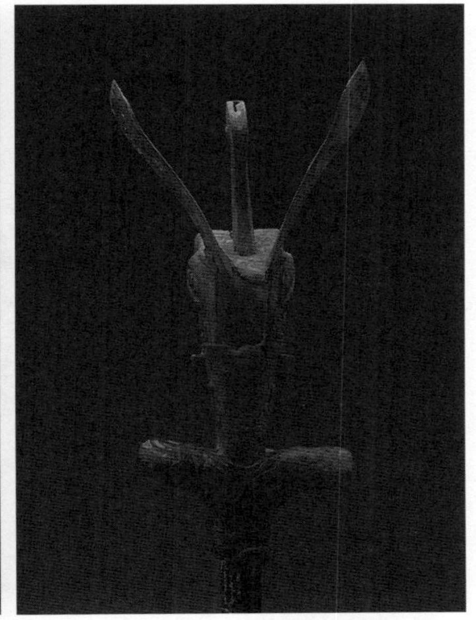

5-7　三星堆遺址獸首冠人像背面

龐大，在中國乃至世界其他同時期古遺址中皆十分罕見。數量眾多的象牙來自何方，這是每一位考古學者以及關心古蜀文明的歷史愛好者皆感興趣的話題。考古學者對三星堆遺址和金沙遺址出土的象牙進行測定和研究，發現所有象牙有同一物種來源，皆為亞洲象，出土象牙長度均為 80 至 120 厘米，由此推測象牙來自成年亞洲象。它們是否取自四川盆地本土生長但已消失的亞洲象？在四川盆地各類同時期遺址中，考古並未發現有相對集中的亞洲象遺骸坑。那麼，三星堆遺址和金沙遺址的象牙到底來源於何方？

1. 古蜀產象的文獻辨證

認同遠古巴蜀本即出產亞洲象的學者援引《詩》《山海經》《左傳》《國語》《禹貢》等文獻典籍相關記載以求書證，現一一辨析如下。

《詩・魯頌・泮水》載：

> 憬彼淮夷，來獻其琛，元龜象齒，大賂南金。[1]

憬者，遠行也。琛者，寶也。此詩記載淮夷向魯國進獻大龜和象牙，淮夷處長江流域，但材料並沒有說象牙即為淮夷土產，同時我們也不能據此即推斷長江上游的巴蜀也產象牙。

《山海經・中山經・中次九經》載：

> 又東北三百里，曰岷山，江水出焉……其獸多犀、象，多夔牛。[2]

1 ［東漢］鄭玄箋，［唐］孔穎達正義：《毛詩正義》，載《阮刻十三經注疏》，上海古籍出版社，1997 年，第 612 頁。

2 袁珂校注：《山海經校注》，巴蜀書社，1996 年，第 189 頁。

此言「江水出焉」之岷山產象。東晉常璩《華陽國志・蜀志》據《山海經》所載也有相同看法：「《夏書》曰：『岷山導江，東別為沱。』泉源深盛，為四瀆之首，而分為九江。其寶則有……犛、犀、象……」[1]「岷山有象」，那麼，岷山所指為何？考《尚書・禹貢》和《漢書・地理志》有關記載，先秦「岷山」即是「江水出焉」的今日川西岷江上游地區。但是，該地區目前考古發掘中並沒有任何象牙、象骨、象牙製品以及與象有關的遺存物，因此，以考古學視角觀察，岷江上游地區在遠古曾是產象之地還有待進一步證實。此外，岷山氣候環境也可為我們提供佐證。岷山地處高山峽谷，常年氣候乾寒，並不適合大型動物如大象、犀牛的生存，該地區氣候環境出現大量象羣的可能性極小。前引《華陽國志・蜀志》岷山有象的記載，劉琳校注則謂：「犀產於會無金沙江谷地。象則未聞。」[2]因此，在川西岷山高地盛產大象的說法可能並不符合歷史事實，似為向壁之論。

又《山海經・海內南經》載：

> 巴蛇食象，三歲而出其骨，君子服之，無心腹之疾。[3]

此言巴蛇食象，《楚辭・天問》也有「一蛇吞象，厥大何如」[4]的慨問。古巴之地應屬荊州，巴楚更為接近，由此《山海經》所記巴蛇即使存在，似乎也與古梁州的巴蜀關係不大。

《左傳・定公四年》載：

1　[東晉] 常璩撰，劉琳校注：《華陽國志校注》，巴蜀書社，1984 年，第 175 頁。
2　[東晉] 常璩撰，劉琳校注：《華陽國志校注》，巴蜀書社，1984 年，第 179 頁。
3　袁珂校注：《山海經校注》，巴蜀書社，1996 年，第 331 頁。
4　[南宋] 洪興祖：《楚辭補注》，中華書局，1983 年，第 95 頁。

鍼尹固與王同舟，王使執燧象以奔吳師。[1]

杜預注曰：「燒火燧繫象尾，使赴吳師，驚卻之。」[2] 此記吳楚戰爭，楚國為了抵抗吳軍的進攻，楚昭王使用大型猛獸象作為戰鬥工具，用火索繫象尾，使象驚懼奔突。可見，春秋時代大象曾用於戰爭。

《國語・楚語上》載曰：

巴浦之犀、犛、兕、象，其可盡乎，其又以規為瑱也？[3]

此記楚國白公子張諫楚靈王事。楚靈王暴虐無道，白公子張多次勸諫靈王希望接受自己的規諫，子張以巴浦地方的犀牛、犛牛、兕、象的角和牙齒做成耳瑱之多為喻，反對靈王將勸諫之語掛在耳邊而不用。韋昭注曰：「今象出徼外，其三獸則荊、交有焉。巴浦，地名。或曰：『巴，巴郡。浦，合浦。』」[4] 三國東吳韋昭認為犀、犛和兕三種野獸產於楚國和交趾國，而象則產於徼外之地。韋昭的注釋十分重要，他清楚告訴我們兩條信息：一則是象產於徼外之地，一則是巴浦為楚國一獨立地名。但同時，韋昭也羅列了「巴浦」的另一種解說，認為巴浦是兩個地名的合稱，巴是巴郡，浦是合浦，巴郡在嘉陵江流域，而合浦在廣西南部合浦縣境。楚靈王去世於公元前 529 年，時值春秋中葉。我們知道，巴郡的設置要晚至秦滅巴蜀之後，最早也不過戰國晚期，而合浦納入中原版圖，晚至漢武帝元鼎六年（前 111）。由此，楚靈王怎會知道晚於他幾百

1 ［西晉］杜預注，［唐］孔穎達正義：《春秋左傳正義》，載《阮刻十三經注疏》，上海古籍出版社，1997 年，第 2136 頁。

2 ［西晉］杜預注，［唐］孔穎達正義：《春秋左傳正義》，載《阮刻十三經注疏》，上海古籍出版社，1997 年，第 2136 頁。

3 徐元誥：《國語集解》，中華書局，2002 年，第 505 頁。

4 徐元誥：《國語集解》，中華書局，2002 年，第 505 頁。

年後的身後地名？故《國語》白公子張所言「巴浦」之「巴」應不是巴郡。此外，百越之地的合浦歸屬漢地中央王權應是漢初的事情，故《國語》白公子張所言「巴浦」之浦也不應是南越之「合浦」。因此，韋昭所言「今象出徼外」之「徼外」，應不是三國時期西南的巴郡和長江中游的楚地，此時的巴楚之地絕不應以「徼外」稱之。

《尚書．禹貢》成書年代，學界向稱不一，迄無定論，有代表性的說法大凡有四：一、辛樹幟「西周說」；二、王成組「春秋孔子說」；三、顧頡剛「戰國中期說」；四、日本內滕虎次郎「戰國末至漢初說」，目前學界多尊顧頡剛戰國中期說。《禹貢》有「淮海惟揚州……齒革羽毛惟木……荊及衡陽惟荊州……厥貢羽毛齒革」[1]的記載，孔穎達正義曰：「《詩》云『元龜象齒』，知齒是象牙也。」[2]孔穎達解釋揚州所產齒為象牙，由是可知，依戰國中期《禹貢》撰述者的觀點，大禹時代的長江中下游荊州、揚州地區也產大象。

《孟子．滕文公下》記載：

> 周公相武王，誅紂伐奄，三年討其君，驅飛廉於海隅而戮之；滅國者五十，驅虎豹犀象而遠之，天下大悦。[3]

周公輔佐武王伐紂，曾驅逐商紂王軍隊裏的大象。關於商民善用大象作戰的記錄，《呂氏春秋．古樂》有更詳細記載：「成王立，殷民反，王命周公踐伐之。商人服象，為虐於東夷。周公遂以師逐之，至於江南，乃為三象，以嘉其德。」[4]周武王之子成王姬誦繼位，年紀尚幼，商

---

1 ［唐］孔穎達等：《尚書正義》，載《阮刻十三經注疏》，上海古籍出版社，1997 年，第 148 — 149 頁。
2 ［唐］孔穎達等：《尚書正義》，載《阮刻十三經注疏》，上海古籍出版社，1997 年，第 148 頁。
3 ［南宋］朱熹：《四書集注．孟子集注》，嶽麓書社，1987 年，第 389 頁。
4 許維遹：《呂氏春秋集釋》，中華書局，2009 年，第 128 頁。

紂王之子武庚與管叔、蔡叔作亂，周公誅伐，立微子於宋。《呂氏春秋》記載武庚叛亂即以大象為戰鬥工具，此情此景一如印度、緬甸以象作戰的記載。以此而論，似乎當時殷商遺民所在江淮之地曾擁有數量不寡的象羣。

《爾雅・釋地・九府》有「南方之美者，有梁山之犀象焉」的記載，郭璞注謂：「犀牛皮、角，象牙、骨。」[1] 梁山又名筐山，位於湖北西部宜都市西南，山勢雄奇，風光秀麗。《爾雅》所記梁山產象與前述《國語》所載吻合，皆記荊楚之地有此物產。

2. 三星堆遺址和金沙遺址出土象牙來源於南亞

如此多的文獻材料似乎皆說明遠古中國長江流域有大象的足跡，那麼，成都平原是否也有大象的存在？現代研究認為，亞洲象習慣生活繁衍於熱帶雨林、季雨林以及森林間的溝谷、山坡、草原等寬闊地帶。古地質學研究成果表明，新石器時代的成都平原為茂密森林覆蓋，水草甚豐，但同時也多沼澤，沼澤水潭多，從而溫度較為暖濕，並不適宜喜歡熱帶或亞熱帶氣候的大象生存。此外，除三星堆遺址和金沙遺址出土有大批象牙外，目前成都平原地區各上古至商周遺址的考古發掘材料顯示，遺址中發現有大量動物遺骨遺骸，除家豬外，還有鹿、野豬、牛、羊、狗、雞等多種動物遺骨，但並未發現有大象的遺骸遺骨[2]。由此，三星堆遺址和金沙遺址出土象牙的取材似乎並不在成都平原地區，那麼，三星堆遺址和金沙遺址所見大批象牙來自何方？

《說文解字》曰：

---

1 ［西晉］郭璞注：《爾雅》，載《叢書集成初編》，民國二十六年（1937），第 80 頁。

2 顏信：《南方絲綢之路與古蜀對外關係探討 —— 以古蜀和古印度經貿關係為例》，《中華文化論壇》2012 年第 1 期。

> 象，長鼻牙，南越大獸，三季一乳。象，耳牙四足之形。[1]

許慎的解釋或可為我們揭開封存於遺址坑中的千年文明密碼，我們試着將目光投向遠方，以外來文化的視角來解讀三星堆遺址和金沙遺址中虔誠的祭祀場景。

從古至今，雲南西南部至滇緬邊境以及印度廣大地區一直都盛產大象。雲南產象區靠近緬甸和印度東北，此區域即東晉常璩《華陽國志・南中志》以及唐時曾任安南經略史的樊綽《蠻書》等史書所謂的雲南西南邊陲，該區域已是泰、緬所處的古哀牢國南部地區。但是，滇西南廣大地區的考古遺址中尚未發現有集中埋葬象牙的遺跡，由此，古哀牢地區或許也還沒有象牙加工產業。三星堆遺址和金沙遺址出土的象牙如果不是來源於雲南西南部地區，那麼，又會來自於哪裏呢？

我們再引《史記・大宛列傳》的記載：

> 騫曰：「臣在大夏時，見邛竹杖、蜀布。問曰：『安得此？』大夏國人曰：『吾賈人往市之身毒。身毒在大夏東南可數千里。其俗土著，大與大夏同，而卑濕暑熱雲。其人民乘象以戰。其國臨大水焉。』……」天子欣然，以騫言為然，乃令騫因蜀犍為發間使……昆明之屬無君長，善寇盜，輒殺略漢使，終莫得通。然聞其西可千餘里有乘象國，名曰滇越，而蜀賈姦出物者或至焉，於是漢以求大夏道始通滇國。[2]

昆明之西千餘里是乘象國，即滇越，乘象國人民乘象以戰。汶江《滇

1　［東漢］許慎：《説文解字》，中華書局，1963 年，第 198 頁。
2　［西漢］司馬遷：《史記》，中華書局，1959 年，第 3166 頁。

越考》考釋滇越即印度古代文獻所言之迦摩縷波國，其故地在今東印度阿薩姆邦[1]。迦摩縷波國即《舊唐書》《新唐書》所記之伽沒路國，此國與中國交往甚早，《史記》「滇越」及《後漢書》「盤越」可能皆指該國。那麼，《大宛列傳》所言「大水」即為恆河。此外，《大唐西域記》卷十《迦摩縷波國》載：

> 此國東，山阜連接，無大國都，境接西南夷，故其人類蠻獠矣。詳問土俗，可兩月行，入蜀西南之境。然山川險阻，嶂氣氛沴，為害滋甚。國之東南，野象羣暴，故此國中象軍特盛。[2]

唐僧玄奘的實地記載再次證實迦摩縷波國盛產大象，且該國有組織地以象羣為作戰工具。關於古印度盛產大象並以象羣為作戰工具的記載，印度本土學者 R. 塔帕爾《印度古代文明》也有論述：「難陀王朝（注：前 362 — 前 321）有時被說成是印度第一個帝國的締造者。它們繼承了摩揭陀的大王國，並且希圖把它擴張到更遙遠的疆域。為這一目標，它們建立一支龐大的軍隊，據希臘作者的誇張估計 —— 二萬騎兵、二十萬步兵、二千戰車和三千頭大象，這還是最少的數字。」[3] 孔雀王朝（前 321 — 前 185）創建者月護王擁有一支由 9000 頭戰象、3 萬騎兵、60 萬名步兵組成的強大軍隊[4]。由此可知古印度產象之盛、象羣數量之多，時至今日，印度依然是亞洲象的主要產地。

豐富的物產必然催生相應的加工產業，這已是人類手工業發展史上的普遍常識，前面我們討論的由蜀地野蠶進而發展為養蠶業再蛻變為

---

1 汶江：《滇越考》，《中華文史論叢》1980 年第 2 輯。

2 ［唐］玄奘著，季羡林校注：《大唐西域記校注》，中華書局，2000 年，第 799 頁。

3 ［印］R. 塔帕爾（Romila Thapar）著，林太譯：《印度古代文明》，浙江人民出版社，1990 年，第 49 — 50 頁。

4 劉建、朱明忠、葛維鈞：《印度文明》，中國社會科學出版社，2004 年，第 74 頁。

蠶絲加工生產，也可為印度的大象以及象牙加工產業提供相同論據。印度學者 K. P. Nautiyal《Proto Historic India》論述：「在印度河流域文明的哈拉帕文化時期，不僅在摩亨佐・達羅和強胡・達羅而且在羅塔爾和 Surkotda 等地，象牙加工業已經變成當時期相當流行的手工業，且原材料源源不斷從不缺乏。象牙及象牙製品已經遠銷於西亞、北阿富汗等地區。」[1] K. P. Nautiyal 告訴我們，由於生產象牙的原材料源源不斷，象牙加工產業一直是古印度成熟且繁盛的手工產業，象牙及其製品由印度外銷至中亞、西亞。

惜乎，K. P. Nautiyal 可能尚不清楚三星堆遺址和金沙遺址的發掘坑中靜靜躺着的大批亞洲象象牙，如果他及早了解並詳加研究，他一定會加上古印度象牙及其製品通過南方絲綢之路外銷中國西南地區的記述。在印度河流域和恆河流域的廣袤土地上，在古老的「滇越」之地，繁盛的象羣催生着象牙產業的繁榮，象牙及其製品沿着南方絲綢之路的山山水水經過商販的肩膀和馬匹一路輾轉向東北販運至富庶的成都平原，商販們從成都平原運回絲綢等物品再一路輾轉運銷至印度。這一往一來的經貿交流，再一次向世人證實古代巴蜀與南亞的互動與融合。

（三）來源於南亞的象牙在古蜀國的諸種功用

三星堆遺址和金沙遺址中數量龐大的象牙卻並不見於成都平原其他遺址，這種考古學上的個案着實需要尋思。這些特別的象牙放置於遺址坑，會有什麼特殊的象徵和隱喻，由於缺乏文字記錄，我們只能根據相關遺物試作猜想。

1 轉引自顏信：《南方絲綢之路與古蜀對外關係探研》，四川師範大學 2012 年碩士論文，第 29 頁。

1. 象牙用於天地祭祀

三星堆遺址一號和二號器物坑中出土大批完整象牙，其中部分象牙有灼燒痕跡。一號器物坑中出土的青銅頭像，頸部做成倒三角形，出土銅像有的內裝海貝，有的內插象牙，均被火燒過[1]。三星堆遺址歷史時期相當於中原的商王朝，商代十分重視祭祀活動，這在殷墟甲骨文中多有記載。周代能取代商朝即是摒棄神權，接受人文，從而以理性代替神性。周代不信鬼神信人民，將中國歷史大大向前推進一個階段，這也是孔子所推崇的「郁郁乎文哉」的人文盛世。商代的祭祀主要有野蠻的人祭和代替人祭的殺牲祭。三星堆部分青銅頭像中插入有象牙，據推測，這種形式或許正是祭祀活動中人祭的代替品，從而象徵一種特殊的祭品功用。

三星堆一號器物坑中瘞埋有大約 3 立方米被敲碎的骨渣，均有灼燒痕跡，同坑出土的青銅器、金器、陶器、玉石器、象牙、海貝等遺物也有火燒痕跡。遺址坑中器物被火焚燒，在同時期殷墟丙組基址內也有類似情形，史書稱這種埋葬為「燔燎」。《說文》解「燔」「燎」皆為燒。《爾雅．釋天．祭名》載：「祭天曰燔柴，祭地曰瘞埋。」[2]《禮記．祭法》載：「燔柴於泰壇，祭天也。瘞埋於泰折，祭地也。」[3]孔穎達正義曰：「燔柴於泰壇者，謂積薪於壇上而取玉及牲置柴上燔之，使氣達於天也……瘞埋於泰折，祭地也者，謂瘞繒埋牲祭神州地祇於北郊也。」[4]由此可知，遠古神權社會，人們通過燔燒祭物以求上通天神，通過瘞埋祭物以求下通地神。殷墟甲骨卜辭所載「燎祭」的記錄即有不少。甲骨文研究學者認為

---

1 四川省文物管理委員會：《廣漢三星堆遺址一號祭祀坑發掘簡報》，《文物》1987 年第 10 期。

2 ［西晉］郭璞注：《爾雅》，載《叢書集成初編》，民國二十六年（1937），第 76 頁。

3 ［東漢］鄭玄注，孔穎達正義：《禮記正義》，載《阮刻十三經注疏》，上海古籍出版社，1997 年，第 1588 頁。

4 ［東漢］鄭玄注，孔穎達正義：《禮記正義》，載《阮刻十三經注疏》，上海古籍出版社，1997 年，第 1588 頁。

「燎祭」的祭祀對象多為天、地、山川、河流等自然神祇，偶祭先公先王等人鬼[1]。燎祭為殷商莊嚴隆重的大型祭祀活動，燎祭時，祭品多以羊、牛、豚等家畜為主。據《爾雅》，祭祀時，用火焚燒之「燎」法和深坑堆積之「埋」法往往同時並用。

由此可知，三星堆一號、二號祭祀坑集中瘞埋的象牙和分佈於三星堆遺址中單獨瘞埋的象牙被灼燒的痕跡均可能是在「燎祭」活動中所產生的，而這些象牙作為祭品，其祭祀的對象很可能是天、地、山、川等諸自然神祇。結合三星堆遺址一號、二號器物坑中出土的大量火燒痕跡的器物，我們可以推測，在 3000 餘年前的廣漢鴨子河畔的某個月光皎潔的夜晚，這裏曾隆重舉行過一場規模浩大的「燎祭」儀式，所有精美的祭品隨後被瘞埋在祭祀坑中，在這裏沉睡 30 多個世紀後，再一次驚豔世界。

金沙遺址「梅園」遺址區也發現大量象牙、玉器、銅器等器物集中瘞埋的情況，但未見器物有被火灼燒的痕跡。該遺址區出土的遺物多為禮器而不是生活實用器，這些禮器從器類、器形上皆與三星堆一號、二號器物坑相關遺物相同或相似。由此可以推測，金沙遺址出土的瘞埋遺物也是祭祀活動後有組織的人工填埋，因而，象牙無疑也是祭祀天、地神祇的貴重祭器。

2. 完整象牙為象牙人工製品的原料

印度學者 K. P. Nautiyal 告訴我們，公元前 2500 年左右發源於印度河流域的哈拉帕文化時期，其象牙製作手工業已高度發達，該地區生產的象牙珠及其他象牙製品已遠銷周邊區域。成都平原古蜀地區遺址出土

1　彭裕商：《卜辭中的土、河、嶽》，載《四川大學學報叢刊》第十輯，四川大學出版社，1982 年。

的象牙無疑也來自印度河流域，象牙製作工藝隨象牙而來到古蜀王國，這似乎也於理可循。

三星堆器物坑中出土大量完整象牙，同時，器物坑中也隨之發現有一百多件象牙珠製品及一批經過雕琢並帶有紋飾的象牙器殘片。金沙遺址也出土百餘支完整象牙，遺址坑中還發現有象臼齒，同時，隨之也出土大量象牙段、象牙片、象牙珠等象牙器製品四百餘件[1]。我們將時空轉移至南亞印度河流域的哈拉帕文化中心區域摩亨佐・達羅、羅塔爾以及強胡・達羅等地區，雖然空間相去甚遠，但兩地的考古遺址為我們呈現出相同的場景，是歷史的巧合還是時空聯結的物證？這讓中外考古學者倍感興趣。哈拉帕文化區域考古遺址中均發現有象牙珠製品，且與三星堆遺址和金沙遺址發現的象牙珠極為類似。成都平原所見象牙珠要麼直接由印度地區販運而至，要麼由販運的象牙在當地加工製作而成。結合遺址器物坑中亦有大量象牙的存在，再加之三星堆遺址和金沙遺址高度發達的製作文明，我們可以推測當時的古蜀國完全有財力掌握由印度通過南方絲綢之路傳入的外來象牙製作工藝。讓考古學者興奮的是，在三星堆遺址和金沙遺址的手工業製作區中，同時有發掘出土的與象牙製作相關的手工作坊遺址，來自南亞的象牙通過長途運輸至成都平原，並在當地切割雕琢打磨成型，賦予象牙製品神祕的通靈功能，通過燔柴和瘞埋，祈求天地的神佑，以保統治的長久平安。

前論蜀蠶及絲綢的外銷已經告訴我們，早在商周時期，古蜀王國的手工業已高度發達，並成為支撐蜀國經濟的重要支柱。在考古遺跡中，我們發現，青銅器、玉器、陶器、象牙等製造加工業皆已十分成熟，這些器物雖經歷千年風雨，但淤積的泥土仍掩飾不住當年的燦爛輝煌。古

1 成都文物考古研究所：《金沙 —— 21 世紀中國考古新發現》，五洲傳播出版社，2005 年，第 1 頁。

蜀國象牙製作工藝既充分吸收哈拉帕文化先進的象牙手工技術，同時也革新改良並融合古蜀本土地域族羣特色，象牙製品加工，必然會需要大量象牙原料成品，這或許就是遺址器物坑中大量完整象牙的存在原因。

3. 物以稀為貴，象牙或為財富的象徵

除三星堆遺址和金沙遺址出土發現有大量集中填埋的象牙及象牙製品外，在西南地區商周考古遺址中，陶器、玉器、青銅器等製品皆有相似發現，但象牙及象牙製品卻極為罕見，由此可以推測，象牙及其製品在遠古西南地區應屬十分珍貴的稀有物品。

古蜀蠶絲通過南方絲綢之路傳入印度，而印度的象牙又逆向通過南方絲綢之路運銷成都平原古蜀王都的中心城邑，一來一往，即成互動、雙向的物資貿易交換。珍稀的物品總是先滿足統治階級特別是王庭的需求，象牙來到古蜀王國，自然即會成為上層貴族權力階層權威和財富的象徵。加之社會的神權統治，用於祭祀的外來珍品即可成為統治階層向天地神祇邀功祈福的通靈媒介。象牙成為財富的象徵，與青銅、玉器等如出一轍，凡是常人難以擁有的珍品，自然會成為社會財富和地位尊顯的最好象徵，這種現象，不特三星堆遺址和金沙遺址有突出體現，就是中國歷史甚至人類歷史的各個時期皆有同樣的表現。

綜上所述，我們以象牙為個案，根據考古遺跡和自然地理條件的種種證據，結合南方絲綢之路的研究成果，我們有理由相信，早在先秦前的商周時期，地處水豐土沃的成都平原的古蜀國，即以富庶的國力與周邊發生着密切的經貿往來，其中，蜀商通過南方絲綢之路遠涉山水，一路輾轉與南亞廣大地區進行着物資交流，南亞地區的象牙以珍奇稀有面貌輸入古蜀王國大都城邑之中，伴隨象牙而來的，還有印度河流域成熟的象牙手工製作工藝，古蜀工匠將外來的象牙製作工藝融合進本土地域文化特色，最終成就三星堆遺址和金沙遺址中驚豔世人的象牙手工製品。

三　海貝：古蜀與南亞貿易的貨幣媒介

中國西南地區特別是以成都平原為中心的古蜀文化區域，近年考古不斷，成果豐碩。這些地區的考古遺址多有海貝的出土，一枚枚小小的海貝，足以牽動考古學者和歷史愛好者的無限遐想和各種猜測。海貝來自何方？有什麼功用？一直為研究者孜孜探求。拭去千年封存的塵埃，一枚海貝或許可以打破地域的阻隔，將中國西南與遙遠的印度洋聯結成一地域整體。顏信碩士論文《南方絲綢之路與古蜀對外關係探研》[1] 為此部分內容提供不少材料，茲表感謝。

（一）西南地區考古所見海貝概況

1986 年夏，廣漢三星堆遺址一號器物坑青銅頭像內出土海貝 62 枚[2]。更讓人驚歎的是三星堆遺址二號器物坑青銅容器尊、罍、彝中以及青銅頭像內竟然發現海貝約 4600 枚[3]。三星堆遺址出土海貝大致有虎斑貝、貨貝、環紋貝和擬棗貝四種。虎斑貝（cypraeatiyris）出土較少，長約 3 厘米，背部有大小不同的棕色斑點。貨貝（monetaria moneta）又名齒貝，出土較多，長約 1. 5 厘米，略呈卵圓形，背部上方略高，大都有被磨的大孔，正面和背面的四周有黃褐、灰綠及紅色紋點。環紋貝（monetaria annulus）出土數量最多，長 1 厘米左右，大小只及虎斑貝的三分之一，背部環紋內有的呈淡褐色、淺灰色，環紋外有的呈灰褐或灰白色，大部分背部被磨成大孔，以致有的背面成扁平狀。擬棗貝出土比環紋貝、貨貝少，但比虎斑貝多，其兩側沒有結節，呈棗狀[4]。這些珍貴的海貝，有

1　顏信：《南方絲綢之路與古蜀對外關係探研》，四川師範大學 2012 年碩士論文。
2　四川省文物管理委員會：《廣漢三星堆遺址一號祭祀坑發掘簡報》，《文物》1987 年第 10 期。
3　四川省文物管理委員會：《廣漢三星堆遺址二號祭祀坑發掘簡報》，《文物》1989 年第 5 期。
4　張善熙、陳顯丹:《三星堆文化的貝幣試探》，《四川文物》(三星堆遺址研究專輯)，1989 年。

5-8　三星堆遺址一號坑出土的海貝

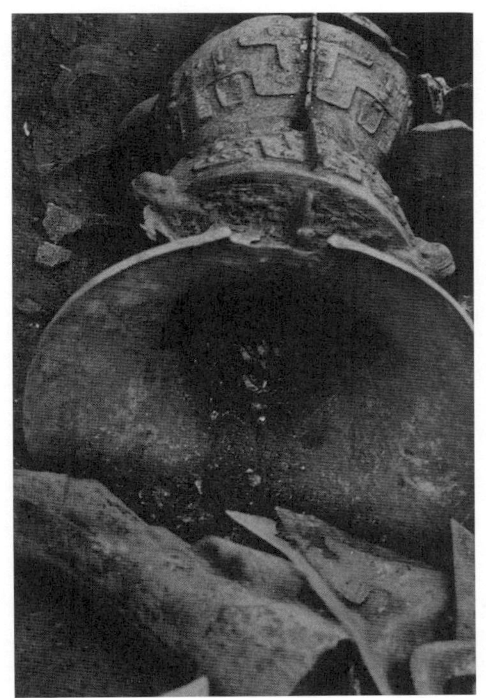

5-9　三星堆遺址二號坑裝有海貝的青銅尊

的堆放於坑底，有的裝在尊、罍、彝等青銅容器內。一號坑出土的青銅人頭像，頸部作倒三角形，出土時即內裝海貝。專家推測，填埋時海貝應穿成串並掛於銅人頸部。經考察鑒定，青銅人像和海貝皆有被火灼燒的痕跡，由此可以推測這是燔祭時的祭品。二號坑出土的海貝，大部分裝在青銅禮器中，且大部分有穿孔。此外，兩個器物坑中還出土 3 件銅貝，長度在 3 — 6 厘米之間。

中原各地商代墓葬器物坑內，也有貝的出土。西周時期的墓葬，貝的使用更為普遍，一般一枚至數枚，放於死者的口或手中或置於墓中。郭沫若《十批判書·古代研究的自我批判》甚至認為：

> （貝）這個字的出現盡足以表示商行為業已存在。貝即貝子，學名所謂「貨貝」（Cyprea moneta），是南海出產的東西，特別以中南半島附近所產為名貴；東海海岸不產此物，殷代已有貝，可知必自南方輸入。至今南洋土人猶呼貝子為 Bia，音與華語相近，可知貝之為物不僅是三四千年前的船來品，即貝字讀音也是三四千年前的船來語。貝子的輸入是由實物交易而得，毫無疑問。[1]

1931 年河南鶴壁浚縣辛村衛墓共發現殉貝 3472 枚[2]。1950 年河南輝縣琉璃閣附近發掘的 53 座商代中、晚期墓葬，隨葬品除陶、銅、玉、石、骨角、蚌器外，也有海貝、金葉等[3]。1953 年安陽大司空村發掘的殷商晚期 165 座墓葬，有 83 座墓填埋有貝，共出土 234 枚貝，貝的背部有一琢孔。貝大多置於人骨架的口中、手內和腳下三處[4]。1955 年鄭州白家

1 郭沫若：《十批判書》，人民出版社，1954 年，第 15 頁。
2 郭寶均：《浚縣辛村》，科學出版社，1964 年，第 67 頁。
3 中國大百科全書總編輯委員會：《中國大百科全書·考古學》，中國大百科全書出版社，1986 年，第 282 頁。
4 馬德志、周永珍、張雲鵬：《一九五三年安陽大司空村發掘報告》，《考古學報》1955 年第 1 期。

莊一個奴隸主的墓葬中出土隨葬品有穿孔貝 460 多枚[1]。1956 年 — 1957 年河南三門峽上嶺村虢國墓共發現貝 275 枚（不包括成串的貝）[2]。1956 年 — 1966 年山東益都縣蘇埠屯村商代晚期墓葬羣，出土貝 3990 枚，多為小型貨貝[3]。1959 年河南安陽市高樓莊發掘的商代晚期殺人祭祀坑，內埋人骨 73 具，分為 3 層。下層 19 具人骨旁有骨笄和貝等。上層發現有青銅器、成堆的貝、穀物和燒焦的麻絲織物等[4]。1960 年陝西長安縣灃西鄉張家坡西周車馬坑出土一對馬絡頭，用貝近百朋作裝飾品。灃西遺址出土的貝總計在千枚以上，背上都磨透一孔[5]。1976 年灃西遺址再次發掘的 11 座西周墓葬，出土貝 700 多枚，蚌貝 163 枚[6]。1969 年安陽殷墟發掘的 250 座商代器物坑和 1 座商代大墓，出土貝 4 枚，背部磨平，有孔，長約 2. 4 厘米[7]。1973 年北京市房山縣琉璃河發掘西周燕國貴族墓地，墓葬 200 座，隨葬器有青銅器、陶器、玉石器、漆器、貝和寶石器、瓷器等[8]。1975 年 — 1976 年甘肅靈臺百里公社和五星公社發掘的兩座西周墓，出土貝 52 枚[9]。1976 年出土河南安陽市小屯村商代武丁配偶婦好的墓葬，出土有 6880 餘枚海貝和 2 枚海螺，大型貝 1 枚，玉貝 8 枚，其中小型貝多為齒貝。婦好墓槨內放置大量青銅禮器，棺內則主要放置玉器、貝等飾物[10]。玉、貝放在一起，並貼身置於死者身旁，這明顯是財富和地位的象徵。1984 年陝西長安縣灃河東岸普渡村先後發掘的三座西周墓，出土

1 東紅：《鄭州白家莊遺址發掘簡報》，《文物參考資料》1956 年第 4 期。
2 中國科學院考古研究所：《上村嶺虢國墓地》，科學出版社，1959 年。
3 羅勛章等：《青州市蘇埠屯商代墓發掘報告》，《海岱考古》第一輯，1989 年專輯。
4 周到：《1957 年秋安陽高樓莊殷代遺址的調查》，《考古》1963 年第 4 期。
5 楊國忠、張長源：《1960 年秋陝西長安張家坡發掘簡報》，《考古》1962 年第 1 期。
6 馮孝堂、梁星彭：《1976 — 1978 年長安灃西發掘簡報》，《考古》1981 年第 3 期。
7 中國社會科學院考古研究所：《殷墟婦好墓》，文物出版社，1980 年。
8 琉璃河考古隊：《1981 — 1983 琉璃河西周燕國墓地發掘簡報》，《考古》1984 年第 5 期。
9 劉得禎：《甘肅靈臺兩座西周墓》，《考古》1981 年第 6 期。
10 中國社會科學院考古研究所：《殷墟婦好墓》，文物出版社，1980 年。

貝 69 枚，大小不同，背面皆有磨孔[1]。1979 年山東濟陽劉檯子發掘的西周早期墓，出土貝 77 枚[2]。

綜上可知，西周時期出土的海貝總數雖不及商代多，但墓中出土有海貝的遺址卻比商代普遍。西周時期，還出現有銅仿貝，這在三星堆晚期遺跡中也有出土。三星堆一號、二號器物坑出土的海貝形制均與張家坡、後岡等地同時期出土的海貝形制相同，多為背面磨平[3]。

此外，成都金沙遺址器物坑中發現有玉海貝[4]。除成都平原外，四川其他考古遺跡也有海貝發現。四川甘孜藏族自治州九龍縣烏拉溪鄉小偏橋石棺墓葬中出土 25 枚海貝，這些海貝為卵圓形，背面有切痕或磨痕，有穿孔，長約 2 厘米[5]。1980 年代，考古學者在大渡河源頭青衣江上游地區先後發現眾多漢代石棺墓葬，其中四川雅安寶興縣隴東鄉發現 6 個漢代石棺墓葬，在這些石棺墓葬中共出土背面有穿孔的 7 枚齒貝[6]。四川寶興漢塔山戰國土坑積石墓中發現海貝 1 枚，薄殼細齒，有穿孔[7]。青衣江上游寶興縣五龍公社瓦西溝口漢代石棺墓中發現海貝 40 多枚，規格形制均同於寶興其他地區所見海貝[8]。另外，金沙江支流黑水河上游地區的部分遺址中也發現有海貝，涼山州普格縣小興場附近的瓦打洛新石器晚期遺址的三座土坑墓中發現 20 餘枚海貝[9]。由此可知，先秦至秦漢時期，四川成都平原、金沙江流域以及大渡河流域均有海貝出現於各類遺址及墓葬中，但

1 戴應新：《1984 年長安普渡村西周墓葬發掘簡報》，《考古》1988 年第 9 期。
2 陳駿：《山東濟陽劉檯子西周早期墓發掘簡報》，《文物》1981 年第 9 期。
3 張善熙、陳顯丹：《三星堆文化的貝幣試探》，《四川文物》（《三星堆遺址研究專輯》），1989 年，第 71 頁。
4 成都文物考古研究所：《金沙：走進古蜀都邑金沙村》，四川文藝出版社，2006 年，第 118 頁。
5 四川省文物考古研究院、九龍縣文化旅遊局：《九龍縣烏拉溪鄉石棺葬墓調查清理簡報》，《四川文物》2011 年第 1 期。
6 楊文成：《四川寶興隴東東漢墓羣》，《文物》1987 年第 10 期。
7 四川省文管會、雅安地區文管所、寶興縣文管所：《四川寶興漢塔山戰國土坑積石墓發掘報告》，《考古學報》1999 年第 3 期。
8 楊文成：《四川寶興縣漢代石棺墓》，《考古》1982 年第 4 期。
9 劉世旭、秦蔭遠：《四川普格縣瓦打洛遺址調查》，《考古》1983 年第 6 期。

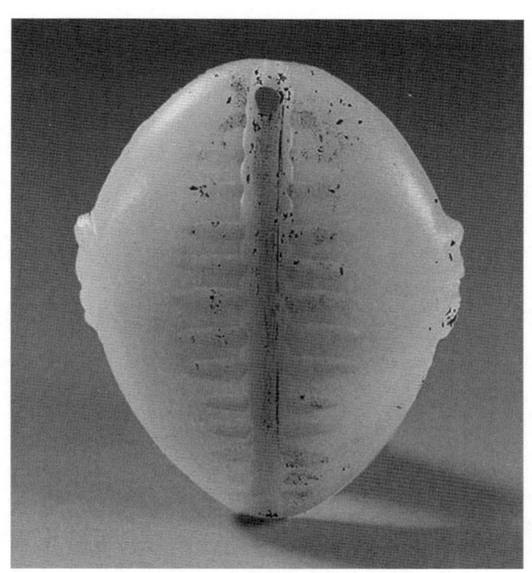

5-10　金沙遺址器物坑出土的玉海貝

就數量論，三星堆一號、二號器物坑出土的海貝最為巨大。此為三星堆遺址、金沙遺址和四川其他地區遺址出土海貝的大致情況，除成都平原外，四川東部巫山瞿塘峽東口新石器時代大溪遺址出土有海產品，但來源尚不清楚。

雲南地區也有海貝發掘出土。1955 年至 1960 年，雲南省博物館發掘整理雲南省晉寧縣戰國末至西漢時期的古墓羣，17 座墓中竟出土 149000 枚海貝[1]。數量之巨，目前考古所見無出其右，使考古學界海貝研究者興奮不已。1979 年底至 1980 年初，昆明市文物管理委員會發掘整理呈貢天子廟戰國中期 41 號墓葬時，在葬坑中出土 1500 餘枚海貝[2]。數量之多，足以引人注目。雲南中部大理劍川鰲鳳山春秋中期至戰國初期 3 座墓葬中出

1　雲南省博物館：《雲南晉寧石寨山古墓羣發掘報告》，文物出版社，1959 年。雲南省博物館：《雲南晉寧石寨山第三次發掘簡報》，《考古》1959 年第 9 期。雲南省博物館：《雲南晉寧石寨山第四次發掘簡報》，《考古》1963 年第 9 期。

2　昆明市文物管理委員會：《呈貢天子廟滇墓》，《考古學報》1985 年第 4 期。

土海貝約 50 枚[1]。此外，雲南楚雄、祿豐、曲靖市的珠街八塔臺等遺址或墓葬均發掘出土有海貝[2]。

由此可知，三星堆遺址和金沙遺址所見海貝並不是孤立現象，古蜀文明時期和滇文化時期的遺址和墓葬中皆有海貝的出土，且數量驚人，足以引發世人關注。我們將這些海貝出土遺址串聯起來，正是中國西南與印度地區古已存在的「蜀身毒道」。三星堆遺址出土海貝有的集中掩埋，有的置於青銅頭像或青銅尊、罍等容器中，這與雲南滇池地區青銅時代所見青銅儲貝器性質一致。但是，三星堆遺址出土海貝卻較雲南滇池地區出土海貝時間更早。我們不禁要問，從蜀至滇這一古南方絲綢之路上，為什麼會有如此相似的眾多海貝埋藏於泥土之中？這些海貝是否有歷史前後承續關聯？

此外，前面提到三星堆遺址尚有 3 枚銅貝出土，我們在此也稍加說明。殷墟卜辭中記載商代即有銅貝，貨貝（齒貝）與銅貝一同出土，這又蘊藏着什麼歷史信息呢？傳統觀點認為直到春秋中葉後，中國才開始出現金屬鑄幣。但是，如果三星堆銅貝充當貨幣功能，那麼，無疑將以實物推翻這一傳統說法。眾所周知，三星堆文明通過南方絲綢之路與印度河文明、兩河文明、愛琴海文明甚至小亞細亞赫梯文明建立通商往來，而這些文明皆早於三星堆文明進入青銅時代，那麼，三星堆遺址出土的銅貝是否來自上述文明？目前被譽為「西方金屬鑄幣之祖」的小亞細亞黑底亞金屬幣，係公元前 8 世紀後實物。三星堆遺址一號、二號器物坑年代測定應為公元前 13 世紀至公元前 11 世紀，即是說三星堆銅貝最晚也在公元前 11 世紀，比世界金屬鑄幣的最早使用時間早出 300 多年。我們完全可以這樣推測，古蜀王國引入印度洋地區的實物齒貝為商貿活動

---

1 雲南省博物館：《劍川鰲鳳山古墓發掘報告》，《考古學報》1990 年第 2 期。

2 王大道：《雲南出土貨幣初探》，《雲南文物》1987 年第 12 期。

的流通貨幣，由於齒貝不敷使用，古蜀先民創新性地運用先進的青銅技術仿製出齒貝以充流通之用，如果這一推論成立，三星堆遺址出土的銅貝可能就是世界金屬鑄幣之祖了。

（二）海貝來源於印度洋沿岸

三星堆遺址及四川其他地區出土的海貝，取材於何方？這是考古學界最感興趣的話題。三星堆遺址有一種環紋貝，其大小約為虎齒貝的三分之一，環紋貝的背部光滑，表面有斑紋，其腹部有齒形溝槽，日本學者稱此貝為「子安貝」。經考察，三星堆出土的環紋貝與雲南滇文化地區出土的海貝屬同一種類，考古學者鑒定，這種海貝不大可能產於成都平原或者長江流域及周邊地區的江河湖泊之中，也不大可能產於中國近海地區，這種環紋貝只產於印度洋深海水域[1]。印度洋海域的海貝填埋在三星堆的器物坑中，着實讓人深思。

中國古文獻有關貝的記載頗多，早期文獻所載貝多為貨幣，其使用單位為「朋」。《尚書．禹貢》有「淮海惟揚州 …… 厥篚織貝」[2] 的記載，揚州包括今天淮水流域、黃海以及長江下游廣大地區，這裏揚州所產貝似乎為淡水貝類。《尚書．盤庚中》亦有「茲予有亂政同位，具乃貝玉」[3] 的記載，如果承認《盤庚》所記歷史為商朝舊事，那麼，商王朝已經視貝為珍寶。《逸周書．王會解》載：「周公旦主東方所之 …… 東越海蛤，歐人蟬蛇，蟬蛇順，食之美。姑於越納，曰姑妹珍，且甌文蜃，若人玄貝，海陽大蟹。」[4] 可見在西周初年，吳越沿海地區似乎也盛產貝，這種貝

1 熊永忠：《雲南古代用貝試探》，《四川文物》1988 年第 5 期。王大道：《雲南出土貨幣概述》，《四川文物》1988 年第 5 期。

2 《尚書正義》，載《阮刻十三經注疏》，上海古籍出版社，1997 年，第 148 頁。

3 《尚書正義》，載《阮刻十三經注疏》，上海古籍出版社，1997 年，第 171 頁。

4 黃懷信、張懋熔、田旭東：《逸周書彙校集注》，上海古籍出版社，2007 年，第 819 — 843 頁。

產於中國東海和南部近海地區。公元 9 — 10 世紀阿拉伯人所著《中國印度見聞錄》，曾記載廣州從海島和沿海國家進口海貝，是中國海上引進海貝的輸入點[1]。段渝據此認為：「大批海貝有賴進口，可是中國史籍卻多誤以為廣州一帶產貝，可見是將海貝的進口地和集散地誤為原產地。」[2] 丁福保《歷代古錢圖說》拓印古代中原的海貝、骨貝、銅貝圖片，認為：「荒古之世，以物易物，後以交易日繁，乃用海貝為媒介，又以海貝產量不多，不敷應用，故又有骨貝、石貝、珧貝、銅貝等之仿貝出焉。」[3] 可見，貝幣為上古商貿活動的貨幣媒介應最符合歷史真實。

印度洋地區一直流行以齒貝為貿易貨幣。唐人杜佑《通典・邊防典》「天竺」條記載：

> 西與大秦、安息交市海中，或至扶南、交趾貿易。多珊瑚、珠璣、琅玕。俗無簿籍，以齒貝為貨。[4]

天竺國向西向東的商業貿易皆以齒貝為貨幣。唐人樊綽《蠻書》卷十《南蠻疆界接連諸番夷國名》也記東印度和緬甸產齒貝：

> 小婆羅門與驃國及彌臣國接界，在永昌北七十四日程。俗不食牛肉，預知身後事。出貝齒、白蝎、越諾。[5]

驃國位於伊洛瓦底江流域，其地域大體即今緬甸。彌臣國位於緬甸

---

1 穆根來、汶江、黃倬漢譯：《中國印度見聞錄》，中華書局，1983 年，第 15 頁。
2 段渝：《中國西南地區海貝和象牙的來源》，載《巴蜀文化研究集刊》（5），巴蜀書社，2009 年，第 293 頁。
3 丁福保：《歷代古錢圖說》，齊魯書社，2006 年，第 1 頁。
4 ［唐］杜佑：《通典》，中華書局，1988 年，第 5261 頁。
5 ［唐］樊綽撰，向達校注：《蠻書校注》，中華書局，1962 年，第 242 頁。

西南。那麼，小婆羅門國即在東印度與緬甸一帶。貝齒即齒貝，由此可見，《蠻書》所記與《通典》所載基本一致，那就是東印度（天竺）盛產齒貝。《舊唐書・天竺傳》載：「天竺……以齒貝為貨。」[1]《舊唐書》明確載錄天竺（今印度）以齒貝為貨幣。《新唐書・南詔傳》記載：「以繒帛及貝市易，貝者大若指，十六枚為一覓。」[2]南詔國往西，即為緬甸密支那與印度阿薩姆地區，足見孟加拉灣廣大地區皆以貝為流通貨幣。方國瑜即認為雲南歷史上長期以齒貝為貨幣，即受印度影響所致[3]。元朝民間航海家汪大淵先後兩次從泉州出發，過海南島，經南洋羣島、阿拉伯海、波斯灣、紅海、地中海，到達非洲埃及、莫桑比克等地。汪大淵根據220餘國的旅行經歷寫成《島夷志略》，其書「北溜」記載：

> 地產椰子索、䝙子、魚乾、大手巾布，海商每將一船䝙子下烏爹、朋加剌，必互易米一船有餘。蓋彼番以䝙子權錢用，亦久遠之食法也。[4]

北溜，故地為今馬爾代夫羣島首都馬累（Male），「朋加剌」即孟加拉對音，「烏爹」即「烏荼」異譯，其地在今印度拉賈斯坦邦之烏代普爾。「北溜」以貝為貨幣，明人馬歡《瀛涯勝覽・溜山國》也有記載：

> 海䝙，彼人採積如山，罨爛其肉，轉賣暹羅、榜葛剌國，當錢使用。[5]

1　[後晉] 劉昫等：《舊唐書》，中華書局，1975年，第5306—5307頁。
2　[北宋] 歐陽修、宋祁：《新唐書》，中華書局，1975年，第6270頁。
3　方國瑜：《雲南用貝作貨幣的年代及貝的來源》，《雲南大學學報》1957年第12期。
4　[元] 汪大淵著，蘇繼庼校釋：《島夷志略校釋》，中華書局，1981年，第264頁。
5　[明] 馬歡著，馮承鈞校注：《瀛涯勝覽校注》，中華書局，1955年，第52頁。

馬歡隨鄭和下西洋，擔任外事翻譯。「暹羅」為泰國，「榜葛剌」為孟加拉，亦即《島夷志略》所載「朋加剌」，可見泰國和孟加拉國也流行使用貝幣。與馬歡同時隨鄭和下西洋的鞏珍，擔任隨行祕書，著《西洋番國志》，記錄鄭和船隊所經過二十個國家的風土人情，其書「溜山國」記載：「出海[illegible]，土人採積如山，堆罨待肉爛取殼，轉賣暹羅、榜葛剌國代錢使。」[1] 鞏珍所記與馬歡一致。《島夷志略．朋加剌》還有另外的記載：

> 國鑄銀錢，名唐加，每個二錢八分重，流通使用。互易𧴩子一萬一千五百二十有餘，以權小錢便民，良有益也。[2]

朋加剌國亦大量使用齒貝為貨幣。英國人哈威《緬甸史》引用唐大中五年（851）波斯旅行家蘇雷曼（Sulayman）至緬甸的記載：

> 居民市易，常用海𧴩（cowries）以為貨幣。[3]

在唐代，波斯人所見緬甸地區依然盛行使用貝幣。李家瑞認為海肥，即是文獻所謂海𧴩[4]。由此可見，在印度洋廣大地區，直至元代和明代，尚以海貝為貿易貨幣，貝幣在南洋地區的廣泛存在於史有徵。結合早期典籍和域外史地的考察可知，生長在海洋沿岸的海貝，早在新石器時代即被當作貨幣，貝幣也是中國發現的最早的貨幣。

印度洋地區既流行以貝為貨幣，那自然也會生產海貝。南宋地理學家趙汝适《諸蕃志．交趾國》即載越南海域產貝：

1 ［明］鞏珍著，向達校注：《西洋番國志》，中華書局，1961 年，第 33 頁。
2 ［元］汪大淵著，蘇繼廎校釋：《島夷志略校釋》，中華書局，1981 年，第 330 頁。
3 ［英］戈．埃．哈威著，姚梓良譯：《緬甸史》，商務印書館，1973 年，第 34 頁。
4 李家瑞：《古代雲南用貝幣的大概情形》，《歷史研究》1956 年第 9 期。

> 交趾，古交州……生金、銀、鐵、朱砂、珠、貝……吉貝之屬。[1]

明王朝建立後，鑄錢機構曾經規定每家每戶必須出銅以鑄官銀，普通百姓大都毀器充官，頗以為苦，朱元璋對雲南以貝為幣的舊制頗感興趣，於是命僧人無極法師將雲南以貝為錢的情況賦成文章，無極作《貝生賦》，曾云：「居陸名贆，在水曰蜬。小者名貞，出交州，大者名䲓，出日南。」[2]《貝生賦》不但告訴我們，雲南在明代初年尚有以貝為幣的風俗，而且還告訴我們貝產於越南南部海域。《馬可波羅行紀》載：

> 離開大理城，西行十天便到達在哈喇章省的一個主要城市，居民也同樣用貝作為貨幣，不過這種貝殼不是本地出產，而是從印度進口的。[3]

據馬可波羅的敘述可知，其時大理尚用貝幣，離大理十天路程的哈剌章省的城市也使用貝幣。馬可波羅親見親聞，這些貝幣屬於進口物資，來源於印度。此外，馬可波羅還告訴我們，雲南大理地區使用的貝幣多為白色，八十個海貝與兩個威尼斯銀幣相等同[4]。吳欽承《南方絲綢之路商貿貨幣探討》通過研究分析，認為：「海貝，在南方絲綢之路沿線許多地區均有發現，這說明戰國至西漢初年，隨着商品經濟的日趨發展，雲南地區就有盛行以海貝充當貨幣，時間越往後推，數量越多，雲南早

---

1 [南宋] 趙汝适著，楊博文校釋：《諸蕃志校釋》，中華書局，1996 年，第 1 頁。
2 [明] 釋法天：《貝生賦》，載《朝天集》，載《叢書集成續編》第 137 冊，新文豐出版公司，1988 年，第 712 頁。
3 [法] 沙海昂注，馮承鈞譯：《馬可波羅行紀》，中華書局，2004 年，第 465 頁。
4 [法] 沙海昂注，馮承鈞譯：《馬可波羅行紀》，中華書局，2004 年，第 465 頁。

期的海貝來源主要是通過南方絲綢之路從印度地區而來。」[1]

三星堆遺址出土的穿孔海貝多為白色，大多數海貝的背面均被磨平，此為便於串連海貝以更好攜帶。馬可波羅提到的大理白色海貝與三星堆出土的環紋海貝即應屬同類，皆與南亞印度洋地區以貝為貨幣的風俗完全相同。無獨有偶，我國境內同時期廣大地區皆有以貝為貨幣的習俗。正如段渝《政治結構與文化模式：巴蜀古代文明研究》指出：「蜀國青銅原料的來源，同樣並不在成都平原的腹心地區⋯⋯據科學測試，三星堆青銅器的鉛料來自雲南，而蜀國青銅器同雲南青銅器的合金成分又十分接近。由此看來，雲南是蜀國青銅原料的主要來源地之一⋯⋯商王朝要獲取雲南的青銅原料，只能通過蜀國⋯⋯為了獲取蜀國以南雲南地區的青銅原料，商王朝必須而且只能採用貿易方式，通過蜀為貿易中介的途徑來取得，甚至有可能直接與蜀進行貿易，從蜀人手中獲取青銅原料⋯⋯不論商還是蜀都有比較發達的貿易系統，而共同的貿易中介物是海貝即貝幣，這種貝幣在商、蜀地域內都有大量發現，背部磨平穿孔，以便串繫，進行交易。貝幣為商、周之間的銅礦資源貿易提供了雙方通用的等價商品，使雙邊貿易成為可能。」[2] 我們可以推測，串聯蜀國和雲南兩地青銅原料貿易的貨幣很可能也是貝幣。

由以上分析，我們完全有理由相信，沉睡在三星堆遺址坑和四川其他地區遺址和墓葬中的海貝與雲南地區以及印度哈拉帕文化遺跡中出土的海貝材質相同、形制一致，這些海貝主要是用於貿易結算的貨幣，就是古籍所記載的貝幣，此已毋庸置疑。漢字「財」「貿」「貴」「賜」「貨」「貸」等皆是與「貝」有關的經濟活動，這充分說明，古人造字時，貝的貨幣功能尚為最重要的流通媒介，貝在早期貿易中地位顯赫。此外，

---

1 吳欽承、孔凡勝、蕭安富：《南方絲綢之路商貿貨幣研究》，載《南方絲綢之路研究論集》，巴蜀書社，2008 年，第 260 頁。

2 段渝：《政治結構與文化模式：巴蜀古代文明研究》，學林出版社，1999 年，第 404 — 405 頁。

這些貝幣不是巴蜀地區所產，也不是雲南地區的土產，深海白色海貝，通過古「蜀身毒道」即南方絲綢之路，從印度洋北部地區特別是孟加拉灣和阿拉伯海之間的沿海地區引入而來。有趣的是，三星堆遺址出土海貝的年代在商代中晚期，而雲南和四川其他地區出土的海貝卻多在春秋時期，中間存在 1000 多年的時差。正如段渝所說：「不難看出，三星堆的海貝，應是古蜀人直接與印度地區進行文化交流的結果。而這類未經中轉的直接的遠距離文化傳播，很難在雙方之間的間隔地區留下傳播痕跡，通常是直接送達目的地。因為無論對於傳播一方還是引入一方來說，這些文化因素都是十分珍貴的，否則遠距離傳播便失去了意義。正如經由印巴次大陸傳入古蜀地區的青銅雕像和金杖等文化因素，也未在雲南境內留下任何痕跡，而是直接達於成都平原一樣。」[1]「文化飛地」現象通過海貝實物向世人證實文化的人類連接屬性，成都平原考古遺址中的貝幣正是印度洋地區與巴蜀對外經貿交流的貨幣實證，這一長途流通，不僅交換着貨物，而且也使用通行的貝幣，貝幣即是當時南亞諸國間國際通行的流通貨幣。歷史再一次證明古蜀與南亞之間密切的往來，巴蜀再也不是想像的封閉文化圈，一個開放的、積極與外界交流的古國印象越來越深地印入今人的意識。

（三）海貝其他功用簡述

天然海貝質地堅固，個數鮮明，方便計算。上古文獻「取貝」「賜貝」等記載，無不證明在夏商周時期，海貝已是最重要的實物貨幣，象徵着財富和地位。此外，除用於商品交換的中間媒介物外，海貝也用於裝飾和觀賞。

1　段渝：《中國西南地區海貝和象牙的來源》，載《巴蜀文化研究集刊》（5），巴蜀書社，2009 年，第 294 頁。

1. 海貝用於裝飾，彰顯尊貴地位

1986 年廣漢三星堆遺址二號器物坑出土青銅扇貝形狀掛飾。掛飾呈覆扇貝狀，背部有放射狀肋脊，前端有一圓環，圓環兩側有新月形觸角，類似甲蟲的觸角[1]。青銅扇貝前端圓環有學者猜測為穿孔，便於穿繩懸掛。三星堆遺址二號器物坑還出土青銅貝串飾，三枚成套。上端有三個環鈕並聯，三環鈕上套有鏈環，銅貝尾端的圓鈕套於鏈環上[2]。青銅貝明顯以海貝為原型製作，青銅貝三個成套由繩子串連在一起，以便懸掛用於裝飾。由此可知，在三星堆文明時期，海貝本身或海貝的青銅仿製品已成為當時有某種象徵意義的裝飾品。

成都金沙遺址也出土了一枚海貝形狀的玉器製品。玉貝長 3. 24 厘米，寬 2. 7 厘米，厚 0. 2 — 0. 63 厘米，重 8 克，為海貝的玉雕仿製配飾[3]。玉貝原材料為質地細膩的青白玉，從外觀考察，玉貝明顯經過仔細打磨、拋光和精湛雕琢，製作十分精美，其外形與三星堆遺址所見海貝相似。玉貝一端有穿孔，估計也是用於穿繩之用。由此可知，此玉貝也應該是佩戴裝飾品，且象徵尊貴的身份地位，或許是王室貴族專享的特供也未為可知。顏信《南方絲綢之路與古蜀對外關係探研》認為：「晚於三星堆文化時期的金沙遺址（其屬於十二橋文化時期）並未發現似三星堆遺址中那樣大量集中埋葬的海貝，說明這一時期海貝的功能已經發生一定的變化，其不再如三星堆文化時期主要充當貨幣功能。筆者認為很可能在這個時期海貝已經是一種較為珍稀的物品，因而成為一種財富的象徵物，以海貝形制的各類物品也逐漸出現，成為一種裝飾物。」[4]

除成都平原外，四川其他地區遺址也發現有裝飾功用的海貝。四川

---

1 陳德安：《三星堆：古蜀王國的聖地》，四川人民出版社，2000 年，第 84 頁。

2 陳德安：《三星堆：古蜀王國的聖地》，四川人民出版社，2000 年，第 86 頁。

3 黃劍華：《金沙遺址：古蜀文化考古新發現》，四川人民出版社，2003 年，第 97 頁。

4 顏信：《南方絲綢之路與古蜀對外關係探研》，四川師範大學 2012 年碩士論文。

甘孜藏族自治州九龍縣烏拉溪鄉小偏橋石棺墓 M1、M2 中出土有海貝，小偏橋村 M1 出土的海貝，其位置在人骨架上肢尺橈骨與腕骨和胸椎骨處，據此可以推測，該墓出土的 20 枚海貝用作裝飾功能的可能性較大[1]。

無獨有偶，印度古文明的代表哈拉帕文化時期也有海貝的蹤跡。摩亨佐・達羅和強胡・達羅兩座古城遺址即發現有大量海貝，海貝一樣也出土於遺址的各類墓葬之中。印度考古學家 K. P. Nautiyal《Proto Historic India》有較詳細的闡述：「哈拉帕 R-37 墓地是一個十分特別的墓葬，在墓主右手中指上帶有一枚銅戒指，同時位於顱骨左邊有一個海貝耳環。另外兩個海貝耳環位於墓主左肩上方。」[2] K. P. Nautiyal 所描述的墓葬是哈拉帕文化時期較為典型的貴族墓葬，可見這一時期海貝已被加工製作成耳環類的裝飾品，並佩戴於有身份有地位的貴族身上。前面我們已經論證，古蜀地區出土的海貝來源於印度洋地區，與海貝攜手而來的印度海貝裝飾習俗沿着南方絲綢之路，穿越千山萬水，傳播至古蜀王國。穿越時空，可以遙想當時佩戴海貝之風尚在古蜀大地上是怎樣的新奇與時尚。

2. 海貝用於祭祀，祗敬天地神靈

三星堆遺址一號器物坑出土金、銅、玉、石、骨、陶、象牙等遺物 300 餘件以及大量海貝和約 3 立方米左右的燒骨碎渣[3]。三星堆遺址二號器物坑也出土大量海貝、玉石禮器、青銅獸面等遺物。考古學者清理坑中遺物時，發現遺物大都存於灰燼的炭屑裏，且都有明顯被灼燒的痕跡。坑的東南和東北面主要存放尊、罍、彝等青銅容器，容器表面大都被塗成朱色。青銅容器中皆裝有海貝和玉石器。器物坑的西北面，存

1　四川省文物考古研究院、九龍縣文化旅遊局：《九龍縣烏拉溪鄉石棺葬墓調查清理簡報》，《四川文物》2011 年第 1 期。
2　轉引自顏信：《南方絲綢之路與古蜀對外關係探研》，四川師範大學 2012 年碩士論文。
3　四川省文物管理委員會：《廣漢三星堆遺址一號祭祀坑發掘簡報》，《文物》1987 年第 10 期。

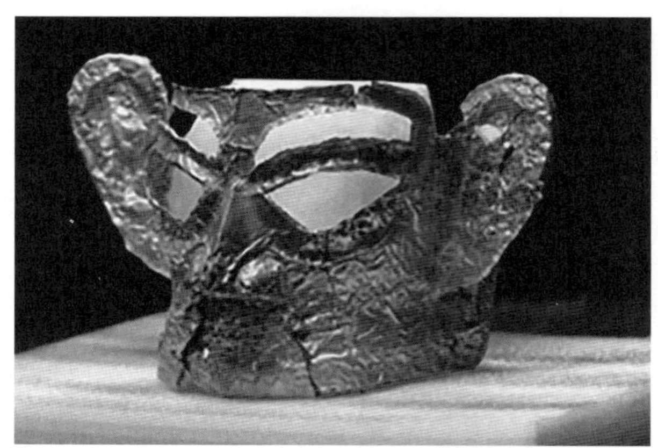

5-11 三星堆遺址三號坑出土黃金面具

放大量海貝與青銅頭像，一些青銅頭像內也裝有海貝，它們大多也被火燒且有不同程度損毀[1]。兩個器物坑出土的海貝，部分盛裝於青銅容器，部分置放於青銅頭像內。而其他更多數量的海貝則被集中填埋，填埋的海貝也有被火灼燒的痕跡，同時也有損毀。綜合器物坑中的遺物推測，海貝放置於青銅容器和青銅頭像中，這些青銅器也有被灼燒和損毀的痕跡，因此，這些海貝極有可能是古蜀先民在祭祀儀式之後主動有意識地集中填埋。

1959 年河南安陽市高樓莊後崗出土商代晚期的墓葬，墓坑埋有人骨 73 具，下層的 19 具人骨旁有骨笄和海貝等祭祀品，墓祀上層發現有青銅器、成堆的海貝和燒焦的絲麻製品等。綜合推斷，這些人骨、絲麻製品和貝等祭物皆是在祭祀儀式後集中掩埋於此。前文所述中原商周遺址墓地出土海貝作為祭祀物品多有所見，這些海貝與三星堆遺址一號、二號器物坑出土被灼燒海貝的情形別無二樣。由此，我們可以推斷，三星堆遺址器物坑出土海貝或與同時期中原文化相同，其用途應為祭祀的祭品。結合古印度哈拉帕文化，以海貝為祭品的風習應有廣泛地域認同。

1 四川省文物管理委員會：《廣漢三星堆遺址二號祭祀坑發掘簡報》，《文物》1989 年第 5 期。

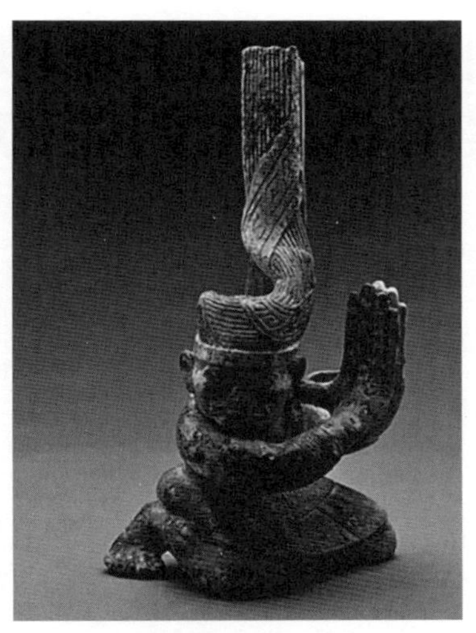

5-12　三星堆遺址四號坑出土青銅扭頭跪坐人像

前文我們已經討論過器物坑中出土象牙也有被火灼燒的痕跡，此為上古燔燎祭祀。海貝也是燔祭後被填埋的祭祀禮品。物以稀為貴，自古皆然。來源於千里之外印度洋沿岸的海貝在內陸成都平原，自然會被視為奇珍寶貨。誰擁有更多奇珍，即象徵着擁有更多財富，誰就擁有更大權力。國之大事，在祀與戎，上古先民懷着異常虔敬之誠意祭祀天地神祇，他們自然會以最為珍貴的物品為祭祀禮品。遠客海貝既是實物貨幣，本身極為貴重，又為本土所罕有，正符合以珍異之物供奉於神靈，以求神靈庇祐的先民心態。於是，一枚小小的海貝就這樣莊嚴走進祭祀的神壇，成為國之祭器。當考古開啟塵封的泥土，經過打磨雕琢的精緻海貝依然熠熠生輝，閃耀着那段神祕的過往。

第六章　西南地區出土琥珀與南亞甚至西亞的時空交流

中生代白堊紀至新生代第三紀的松柏科、雲實科、南洋杉科等植物樹脂滴落，掩埋在地下千萬年，在壓力和熱力作用下石化形成透明樹脂化石，也就是我們所說的「琥珀」。「琥珀」的形成一般要經歷三個階段：第一階段是樹脂從樹上分泌出來，第二階段是樹脂被深埋並發生石化作用，第三階段是石化樹脂被沖刷、搬運、沉積和發生成岩作用從而形成有機化合物。南朝梁陶弘景《本草經集注》即詳細記錄了「琥珀」的形成過程：

> 舊說云是松脂淪入地，千年所化，今燒之亦作松氣。世有虎魄，中有一蜂，形色如生。《博物志》又云燒蜂巢所作，恐非實。此或當蜂為松脂所粘，因墜地淪沒耳。[1]

陶弘景以科學的精神，對「琥珀」的形成機理進行了解釋，他認為形成「琥珀」的材質為松脂，松脂入地並經千年孕化所成。此外，陶弘景還對「蟲珀」的形成原理進行了科學解釋，與今日對「琥珀」的認識完全一致。

1　[南朝梁] 陶弘景集注，尚志鈞、尚元勝輯校：《本草經集注》（輯校本），人民衛生出版社，1994 年，第 190 — 191 頁。

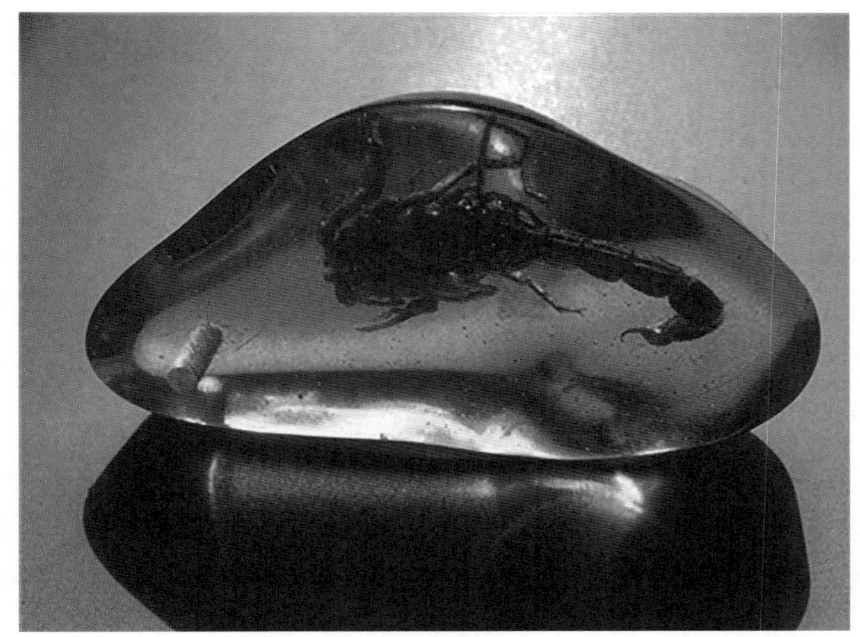

6-1　琥珀

詹長法、周萍通過考證認為，「琥珀」英語為 Amber，語源來自拉丁語 Ambar，此詞指所謂的「灰琥珀」，即一種巨鯨（巨頭鯨）的蠟質分泌液。[1]「琥珀」的形狀千姿百態，表面及內部常保留當初樹脂流動時產生的紋路，內部還常可見氣泡及古老昆蟲、動物或植物碎屑，異常奇麗。「琥珀」種類十分豐富，常見的有金珀、金藍珀、綠茶珀、紅茶珀、血珀、瑿珀、花珀、棕紅珀、藍珀、綠珀、蟲珀、蜜珀、珀根、緬甸根珀等。依礦源看，「琥珀」大致有三類：一是海珀（Sea Amber），琥珀原礦沉積於海牀或附着於海岸巖壁，被海水不斷沖刷而沖上海灘，為人所得，波羅的海沿岸出產的琥珀多屬此類；二是礦珀（Pit Amber），直接從地礦中採獲，我國出產的琥珀多屬此類；三是湖珀（Lake Amber），琥珀

1　詹長法、周萍：《琥珀的歷史及保護》，載中國文物研究所編《文物科技研究》第 1 輯，科學出版社，2004 年，第 119 頁。

原礦被山谷雨水沖刷，隨溪流進入下游湖泊而成，此類琥珀數量較少。[1] 世界上最大琥珀產地在歐洲波羅的海地區如德國、瑞典、波蘭、烏克蘭等地，另外美國、加拿大、墨西哥、意大利、緬甸以及中國東北和西南雲貴等地也有琥珀出現。波羅的海所產琥珀色淡黃，意大利西西里島所產琥珀色紅或橙黃，羅馬尼亞所產琥珀含有硫，緬甸產最為名貴的色澤血紅的「血珀」，中國西南雲南永平、保山、麗江一帶所產琥珀色褐黃或暗褐。[2] 此外，中國東北撫順所產琥珀色彩多樣，多為色黃白、橙黃、黃色、深褐色，還有少量白、黃、褐相間的條紋狀花琥珀及黑琥珀。[3]

據目前文獻材料和考古資料，有關「琥珀」的最早使用，可能始於15000年前歐洲舊石器時代早期住民。章鴻釗《石雅・琥珀》載：「又或謂琥珀產波羅的海岸者自昔已有名，羅馬尼祿帝嘗遣師駐採於此，其遺物今猶得於希臘、埃及之古墓及瑞西上古穴居中發見之。」[4] 根據國外歷史學者的研究，歐洲在舊石器時代即有琥珀開發與利用，中國將「琥珀」納入珍玩視野或許要晚於歐洲，但也為時甚早。先秦文獻中「琥珀」較為鮮見，秦漢以後文獻多有記載，漢晉墓葬也多有琥珀製品出土，中古時期琥珀製品作為奇珍異物更為達官貴人所追捧。在中國古代文獻中，「琥珀」曾有「虎珀」「虎魄」「獸魄」等不同記寫形式，還有所謂「育沛」「江珠」「遺玉」等別稱。考察「琥珀」一詞的漢字形態演變，我們可以窺探中土在引入域外珍寶的過程中，不斷將譯音語詞逐漸漢化為具有可解性的漢字表義語彙，進而附加上中華民族以虎鎮邪的文化期許。

---

1 霍巍、趙德雲：《戰國秦漢時期西南地區的對外文化交流》，巴蜀書社，2007年，第83頁。
2 郭守國、王以羣：《寶玉石學》，學林出版社，2005年，第217頁。
3 王徽樞：《遼寧撫順煤田琥珀的礦物學特徵》，《國外非金屬礦與寶石》1990年第5期。
4 章鴻釗：《石雅・寶石説》，上海古籍出版社，1993年，第62頁。

一　琥珀流變考

西漢初年陸賈《新語》最早以譯音方式記載「琥珀」，東漢班固《漢書》意化為「虎魄」。魏晉《名醫別錄》進一步解說「虎魄」，並附會出「虎死，精魄入地化為石」等各種本土民間文化期許。由譯音無義的「琥珀」而變為譯意特稱「虎魄」，尚有「虎珀」中間語言變體的長期存在。隨魏晉六朝引入域外「琥珀」特別是「蟲珀」風尚日熾，加之其時道教學者對「琥珀」成因、品種的研究，人們對「琥珀」的認識不斷修正，並凝固為《隋書》泛稱的「獸魄」。此外，揆諸文獻，「育沛」「遺玉」「頓牟」「江珠」原本或皆非「琥珀」別稱。「琥珀」一詞的書寫流變，反映出中華民族吸收融合外來文化之後所發生的文化互動直至本土化的變異歷程。

(一)《新語》最早記「琥珀」之譯音

西漢初年陸賈《新語・道基》為目前所見記載「琥珀」最早的確信文獻：

> 後世淫邪，增之以鄭、衛之音，民棄本趨末，技巧横出，用意各殊，則加雕文刻鏤，傅致膠漆丹青、玄黄琦瑋之色，以窮耳目之好，極工匠之巧。
>
> 夫驢騾駱駝，犀象瑇瑁，琥珀珊瑚，翠羽珠玉，山生水藏，擇地而居，潔清明朗，潤澤而濡，磨而不磷，涅而不淄，天氣所生，神靈所治，幽閒清淨，與神浮沉，莫不效力為用，盡情為器。[1]

1　[西漢] 陸賈著，王利器校注：《新語校注》，中華書局，1986 年，第 21 — 24 頁。

陸賈本意在批評世人追逐奢靡之風，崇尚奇技淫巧，捨本逐末，而不固本強基，重視農業之根本。陸賈所舉耳目之好、工匠之巧的種種表現中，即有琥珀一種。可見，琥珀至少在漢初已成為顯貴人士和富裕階層的珍愛之物。陸賈此一譯名，直至今日尚為通用。

漢高祖劉邦和漢文帝劉恆時，陸賈曾兩次出使南越，說服南越王趙佗臣服漢朝。趙佗趁楚漢相爭之際，稱王南越。劉邦遣陸賈出使南越，陸賈說服趙佗對漢稱臣。趙佗留陸賈宴飲數月而歸。後趙佗趁漢文帝誅呂氏內亂又自封為「南越武帝」。陸賈受文帝之遣第二次出使南越，說服趙佗放棄帝號，永為藩臣[1]。陸賈將出使南越的經歷撰成《南越行紀》，是為最早記嶺南地區的地方風俗志，惜該書早已亡佚。西晉稽含《南方草木狀》中有《南越行紀》的零星引錄，說明晚至西晉時代，《南越行紀》尚存於世。

聯繫陸賈出使南越的多次經歷和他關注南越地區物產風俗的行紀，以及緬甸地區盛產「琥珐」的自然條件，陸賈《新語》所記「琥珀」或許即來自親身行跡《南越行紀》所記南越廣大地區的真實情形。由此，「琥珀」的最初語源或即為南越土語的漢語音譯。此一問題尚有探索空間，留待學者繼續探究。時過境遷，語音流轉萬千，即使我們很難考察「琥珀」一語的原始語源，但陸賈《新語》所記「琥珀」音譯的起始痕跡，時至今日我們依然清晰可得。先秦文獻多載「琥」字，《說文》謂：「琥，發兵瑞玉，為虎文。从玉从虎，虎亦聲。」[2] 據許慎注解，「琥」為一種帶虎紋的玉石，此字造字兼具音義，「玉」表義，「虎」表音。但是，先秦文獻卻無「珀」字記載，「珀」字第一次出現在陸賈《新語》「琥珀」之中，此為陸賈借音自製新字抑或借用他典成文漢字，我們不得而知。自此，

1 ［西漢］司馬遷：《史記》，中華書局，1959 年，第 2970 頁。
2 ［東漢］許慎：《說文解字》，中華書局，1963 年，第 11 頁。

「琥珀」即成一聯綿詞，逐漸固化於漢語語詞系統中。《新語》所用「琥珀」，同樣兼具音義雙重功能。「琥珀」自然特性為樹脂經千年沉積而成化石，因而「琥珀」兩字皆以「玉」為意符，代表着陸賈時代對「琥珀」自然礦物屬性的認識。「虎」表聲，即至今日猶未改變。「白」之今音與「珀」似乎不合，但檢王力《漢語語音史》「先秦 29 韻部例字表」，「伯」「白」「柏」「貊」皆歸鐸部 [ak] 開二 [eak][1]，以及丁聲樹《古今字音對照手冊》「ai 韻」，「白」為「傍陌切」[2]，「陌」字今音仍與「珀」音相近，因而，在陸賈前時代，「珀」也完全取聲符「白」的讀音。由此，「琥珀」一語至少在漢代初年應是完全意義上的典型形聲字，由「玉」之意符以及「虎」「白」之聲符構成。

(二)《漢書》為「琥珀」譯音意變為「虎魄」的最早範例

由陸賈載於《新語》的「琥珀」，並非隨即成為固定不變的書寫形式，其間輾轉流變，經歷文化輸入吸收與互動變異的演變融合歷程。陸賈之後約二百年，東漢初年班固在《漢書・西域傳》中則記「琥珀」為「虎魄」：

> 罽賓……出封牛水牛、象、大狗、沐猴、孔爵、珠璣、珊瑚、虎魄、璧流離。[3]

毫無疑問，「虎魄」即「琥珀」。《漢書》記罽賓出產琥珀等眾多特產，罽賓國又作凜賓國、劫賓國、羯賓國，地處中亞內陸。古希臘人稱喀布爾河為 Kophen，罽賓為其音譯。自西漢至唐，罽賓均指卡菲里斯坦至喀布爾河中下游之間的河谷平原。《漢書》此記西域罽賓「虎魄」的文

1　王力：《漢語語音史》，商務印書館，2008 年，第 54 頁。
2　丁聲樹編錄，李榮參訂：《古今字音對照手冊》，中華書局，1981 年，第 82 頁。
3　[東漢] 班固：《漢書》，中華書局，1962 年，第 3885 頁。

字材料十分重要，它似為「琥珀」意變為「虎魄」的最早文獻。欲闡明此事，我們需從漢代讖緯之學入手。讖緯為「讖書」和「緯書」之合稱，「讖」有符讖和圖讖，以神祕預言假託神仙聖人以預決未來吉凶。「緯」與「經」相對，專事附會儒家經典。東漢光武帝劉秀曾以符瑞圖讖起兵並得天下，即位後崇信讖緯，「宣佈圖讖於天下」[1]，讖緯之學於是大盛於天下，成為東漢最重要的統治思想。劉秀之後，讖緯被稱為「內學」，尊為祕經，而原本經典反被稱為「外學」，因此解釋儒家經典，需向讖緯看齊。因此，當時的儒學即發展為儒教，具備完整宗教神學體系而成為東漢官方意識形態。讖緯具有高度神聖性，其時用人施政乃至重大問題的決策，皆依讖緯決定，決定的理論依據即是董仲舒「天人感應論」與流行於漢代的「陰陽五行學說」。我們知道，班固雖身為史官，但所處歷史時代讓他不自覺地深深烙印時代意識，讖緯之學在《漢書》多有所見，因而班固將原本音譯的礦物化石「琥珀」意化為「虎魄」，也是順理成章的事情。但是，班固《漢書》記「琥珀」為「虎魄」的歷史原因是什麼，《漢書》本身沒有告訴我們，這個答案要等到陶弘景所輯的《名醫別錄》。

南朝宋范曄雖晚至東漢之後二百年始撰《後漢書》，然是書多據漢晉史籍綜合而成，故我們認為《後漢書》所記大致為東漢歷史原貌。其《西域傳》也載有「虎魄」：

> 大秦國一名犁鞬……土多金銀奇寶，有夜光璧、明月珠、駭雞犀、珊瑚、虎魄、琉璃、琅玕、朱丹、青碧。[2]

《史記》所載張騫自西域返漢之時，似尚不知有大秦一名，其時大秦

1 ［南朝宋］范曄：《後漢書》，中華書局，1965 年，第 84 页。
2 ［南朝宋］范曄：《後漢書》，中華書局，1965 年，第 2919 頁。

名為犁軒。犁軒到底所指哪一地區，中外歧義頗多。伯希和、白鳥庫吉認為是埃及 Alexandria（亞歷山大），余太山認同此說；夏德認為是西奈半島以東那巴提安人王國首都 Rekem 的漢譯名；藤田豐八認為是古代米底（Media）東端的 Raghā。大秦，夏德認為是 Tyre；藤田豐八認為是伊蘭語 Dasina 的對音[1]，此外，德巴拉威認為是 Seres 的對音王爾；沙畹認為是希臘語 Polin 的對音；楊憲益據羅馬皇帝維斯巴西昂置黑海以西原希臘殖民地為一省，其名為 Thynia，認為大秦即為 Thynia 之對音。凡此種種，意見頗為分歧。雖然古大秦國的地理位置尚存爭議，但學界普遍認為，古大秦國位於地中海沿岸，這當沒有異議。由此，大秦國也盛產「琥珀」。

此外，《後漢書・南蠻西南夷列傳》也載有「虎魄」：

> 哀牢……出銅、鐵、鉛、錫、金、銀、光珠、虎魄、水精、琉璃、軻蟲、蚌珠、孔雀、翡翠、犀、象、猩猩、貊獸。[2]

哀牢為傣語「哀隆」轉譯，也譯為「乘象國」，是公元前 5 世紀在瀾滄江、怒江中上游地區組建的部落聯盟國家，地處今天雲南西南邊陲與緬甸北部邊界，由此可知，中國西南方哀牢古國也盛產「琥珀」。

此外，三國張揖《廣雅・釋地》「玉」條載有「虎魄」，與《漢書》《後漢書》所載大體一致，並無特別：

> 水精謂之石英，琉璃、珊瑚、玟瑰、夜光、隨侯、虎魄、金精……[3]

1　轉引自：龔纓晏：《20 世紀黎軒、條支和大秦研究述評》，《中國史研究動態》2002 年第 8 期。
2　[南朝宋] 范曄：《後漢書》，中華書局，1965 年，第 2849 頁。
3　[三國魏] 張揖：《廣雅》，載《叢書集成初編》，商務印書館，1936 年，第 116 頁。

東晉蜀郡常璩《華陽國志・漢中志》同樣載有「虎魄」：

張騫特以蒙險遠，為孝武帝開緣邊之地，賓沙越之國，致大宛之馬，入南海之象，而車渠、瑪瑙、珊瑚、琳碧、罽寶、明珠、玳瑁、虎魄、水晶、琉璃、火浣之布、蒲桃之酒、笻竹、蒟醬，殊方奇玩，盈於市朝。[1]

據常璩的看法，「琥珀」為張騫鑿空西域後引進的奇珍寶物。

《南齊書・本紀・東昏侯》亦載有「虎魄」：

潘氏服御，極選珍寶，主衣庫舊物，不復周用，貴市民間金銀寶物，價皆數倍。虎魄釧一隻，直百七十萬。[2]

南朝齊第六位皇帝東昏侯蕭寶卷，寵信潘妃。此記東昏侯為寵妃潘氏置辦衣服用具，極盡奢華之能事，其中說到東昏侯為潘氏在民間市場上購置一隻昂貴「虎魄釧」。由此可知，直到南朝齊時，人們還崇尚使用「虎魄」一名。

就產地而論，以上所引《漢書・西域傳》《後漢書・西域傳》《華陽國志・漢中志》所載「琥珀」皆產自西域諸國。而《後漢書・南蠻西南夷列傳》所載「琥珀」卻產自南方哀牢國。此外，從漢初陸賈《新語》，到《漢書》《後漢書》《廣雅》《華陽國志》《南齊書》，「琥珀」之字形漸變為「虎魄」，兩字雖完全同音，但字形卻相去甚遠，看似同音異寫，實則隱藏一段外來文化本土化的文化密碼。令人欣喜的是，這段密碼在《神農本草經》以及醫家的注解中有完美答案。

1 ［東晉］常璩著，劉琳校注：《華陽國志校注》，巴蜀書社，1984 年，第 109 頁。
2 ［南朝梁］蕭子顯：《南齊書》，中華書局，1972 年，第 104 頁。

(三)《神農本草經》醫家注疏對「虎魄」的意化解說

《神農本草經》又稱《本草經》或《本經》，為中醫四大經典之一，是現存最早中藥學著作，為中藥理論寶典。該書託名神農氏所作，但經歷代學者研究，現在學界一致認為該書成於東漢，為東漢藥學家集結歷代藥物學理論和實踐成果而總成。「本草」一語，也是西漢方士盛行後設「本草官」的產物，由此，衛聚賢論定《神農本草經》為西漢末年的推斷[1]較接近歷史真實。《神農本草經》原書早佚，現行本為後世從陶弘景《本草經集注》中集輯而成。該書最早著錄於《隋書・經籍志》，《舊唐書・經籍志》《新唐書・藝文志》、宋鄭樵《通志・藝文略》均有著錄，明《國史經籍志》《清史稿・藝文志》亦有著錄。

《神農本草經》經文輯本目前雖不見「虎魄」記載，但陶弘景《本草經集注》據魏晉名醫記錄文獻增入 365 種藥物中記有「虎魄」，其書《草木上品》「虎魄」條云：

> 虎魄，味甘，平，無毒。主安五藏，定魂魄，殺精魅邪鬼，消淤血，通五淋。生永昌。[2]

陶弘景據魏晉名醫記錄增補的《名醫別錄》文獻材料也同樣重要，它似為班固《漢書》將陸賈所記「琥珀」意變為「虎魄」的最早解說。

成書於東漢的《神農本草經》其時已受讖緯文化的浸染，學界已多論述。王家葵即認為《本經》是在漢代儒家哲學、神仙學說和陰陽五行

1　衛聚賢：《〈山海經〉的研究》，載《古史研究》(第二集上冊)，商務印書館，1934 年，第 269 頁。

2　[南朝梁] 陶弘景集注，尚志鈞、尚元勝輯校：《本草經集注》(輯校本)，人民衛生出版社，1994 年，第 190 — 191 頁。

學派思想影響下的產物，具有鮮明的漢代文化特徵[1]。此外，尚志鈞也有相關論述[2]。受方士方術陰陽五行和讖緯之學的影響，極力誇大藥物的養生延年作用，應是東漢醫學的時代特徵。在漢代方士看來，金石不朽，煉餌服食，其療效更在草木凡品之上，故《神農本草經》中金石類藥物共有45味之多，佔藥物總數12%，比重極大，居歷代本草之冠。

《神農本草經》之後，魏晉從事醫學者多為方士。眾所周知，方士後來逐漸發展成為道教徒，後世醫學大家即多為道教徒。魏晉醫家在《神農本草經》的基礎上，補充「虎魄」，並濃墨重彩記述「虎魄」之藥用也就不足為奇，將原本來自自然礦物的化石譯音「琥珀」附之以「虎之魂魄」的意化漢語詞彙，也是順水推舟的自然之舉，由此完成域外所來「琥珀」蛻變為本土化色彩濃厚的意解漢語，這本身也符合道教的本土思想意識。

此外，《名醫別錄》還記「琥珀」產於「永昌」。考《後漢書志·郡國志·永昌》：「永昌郡（明帝永平十二年分益州置。洛陽西七千二百六十里）…… 不韋出鐵。嶲唐。比蘇。楪榆。邪龍。雲南。哀牢，永平中置，故牢王國。博南，永平中置。」[3]《名醫別錄》所記「永昌」遠在雲南邊陲，「永昌」為東漢明帝始設，《後漢書志》的記載或可佐證《神農本草經》成書不會早於漢明帝永平十二年，即公元69年，由此《神農本草經》成書千年懸案似可以《名醫別錄》的記載而終結。結合前述「琥珀」的世界產地，永昌故地即為滇緬境域。南朝梁劉昭對永昌郡的注也證實此一說法：「《廣志》曰：『有虎魄生地中，其上及旁不生草，深者四五八九尺，大者如斛，削去外皮，中成虎魄如升，初如桃膠凝堅成也。』」[4]論述

1 王家葵：《論〈神農本草經〉成書的文化背景》，《中國醫藥學報》1994年第3期。

2 尚志鈞：《〈神農本草經〉與古代方士間的歷史關聯》，《皖南醫學院學報》1997年第3期。

3 ［西晉］司馬彪著，［南朝梁］劉昭注補：《後漢書志》，中華書局，1965年，第3513—3514頁。

4 ［西晉］司馬彪著，［南朝梁］劉昭注補：《後漢書志》，中華書局，1965年，第3514頁。

6-2　緬甸血珀

至此，《名醫別錄》意變「虎魄」的文化密碼已然揭開，我們知道，滇緬盛產名貴「血珀」，此「琥珀」以顏色似殷紅血色而得名，當緬甸「血珀」傳入中土，方術之士附會於「虎之魂魄」，並記載於《名醫別錄》成為中藥經典，此一說法應是班固《漢書》「虎魄」的最早解說，兩相印證，若合符節。於是，「琥珀」祛魅鎮邪的民間風俗即由此而生，遂成為影響至今的「琥珀」文化習俗。筆者曾討論「自鄭玄注《尚書》和張揖注《漢書》後，『三危』便逐步走上了『中原化』『本土化』的闡釋歷程」[1]。「三危」也是在東漢時期開始走向意化歷程，此與「琥珀」在兩漢之際的意化過程完全一致。

前曾引陶弘景《本草經集注．虎魄》有關「琥珀」的形成過程，「山中宰相」陶弘景深得梁武帝恩遇，為名傾一時的醫藥家、煉丹家、文學家，同時也是道教茅山派代表人物。他曾整理《神農本草經》，增收魏晉名醫新藥，總成《本草經集注》。陶弘景博聞多識，他對「虎魄」「定魂

1　湯洪：《歷代注疏對〈楚辭〉地名解說的訛變 — 以「三危」為例》，《社會科學研究》2013年第5期。

魄，殺精魅邪鬼」的說法毫無異議，其《本草經集注・序錄》有陶氏「慈石引針，虎魄拾芥」[1]語，表明道教學者陶弘景意識深層對「虎魄」的某種肯定。

綜上所述，《名醫別錄》以本土方士的身份對《漢書》意化的「虎魄」進行了完美解說，此乃根據緬甸「血珀」的自然屬性有意附會之。這不僅反映外來語詞逐漸漢化的歷史演變過程，同時更重要的是，本土士人以自身的知識文化系統為外來事物烙上時代意識並賦予本土文化期許，「由於不同時代的學者受到各自時代知識儲備度、思維方式、觀念結構、意識形態以及他們所身處的社會權威話語模式的影響，由此而導致人們主觀上對於古代典籍及其內容的不同認識與評價，乃至於對於同一個概念、名詞、稱謂，在不同的歷史時段可能都會得出完全不同的理解。歸根結底，這便是一種人類歷史宏觀地演進變化着的歷史意識，即對於人類演進着的觀念意識本身的意識演變狀態。這種歷史意識與人類理解和闡釋世界的根本方式有着深刻關聯。借用西方當代闡釋學的觀點，世界、歷史與文獻的存在首先是，而且也只能是在人類的『認識』與『理解』中的存在」[2]。

（四）從「琥珀」到「虎珀」：由音到意的中間變體

西晉陳壽《三國志・魏書・烏丸鮮卑東夷傳》裴松之注引《魏略・西戎傳》也有「琥珀」的身影：

大秦多金、銀、銅、鐵、鉛、錫、神龜、白馬、朱髦、駭雞

---

1 ［南朝梁］陶弘景集注，尚志鈞、尚元勝輯校：《本草經集注》（輯校本），人民衛生出版社，1994 年，第 93 頁。

2 湯洪：《歷代注疏對〈楚辭〉地名解說的訛變 — 以「三危」為例》，《社會科學研究》2013 年第 5 期。

犀、瑇瑁、玄熊、赤螭、辟毒鼠、大貝、車渠、瑪瑙、南金、翠爵、羽翮、象牙、符采玉、明月珠、夜光珠、真白珠、虎珀、珊瑚、赤白黑綠黃青紺縹紅紫十種流離、璆琳、琅玕、水精。[1]

《魏略》為曹魏時期魚豢私撰，此記與《後漢書．西域傳》大致相同，僅易《後漢書》「虎魄」為「虎珀」。「虎珀」即「琥珀」的同音異寫，這一記寫方式與同時代西晉左思《三都賦．蜀都賦》中「虎珀」相同：

其間則有虎珀丹青，江珠瑕英。金沙銀礫，符采彪炳，輝麗灼爍。[2]

但是，左思所言「虎珀」與《魏略》所記「虎珀」雖為同物，但產地卻相隔遙遠。如果我們承認左思的都城大賦是依史實而作，那麼廣義的蜀地即有琥珀出產，但是，這琥珀具體產自哪裏，左思並沒有明確說明，徒令讀者興歎。

從「琥珀」到「虎珀」，變玉石之「琥」為猛獸之「虎」，反映「琥珀」語詞由聲轉義的中間變體。在「虎珀」語詞階段，據字形已經可以聯想到虎虎生威之動物，但「珀」完全為漢代新造漢字，尚不能引起人們更多意解。需待「虎魄」出現，此一意化轉變才算完成。「虎珀」更接近譯音的「琥珀」，而「琥珀」在西漢陸賈《新語》中即已出現；揆之事理，「虎珀」的出現應早於帶有濃重譯意色彩的「虎魄」，可惜西漢文獻不載，現最早見於晉代文獻，徒留遺憾。我們推測，身處三國時期的魚豢時代，「虎珀」與「虎魄」尚同時俱在，只不過魚豢《魏略》選擇了「虎珀」。

1　[西晉] 陳壽：《三國志》，中華書局，1959 年，第 861 頁。
2　[南朝梁] 蕭統編，[唐] 李善注：《文選》，上海古籍出版社，2019 年，第 182 頁。

（五）從「虎魄」到「獸魄」：一而再再而三的衍變

《隋書・波斯傳》也記「琥珀」，但記寫為「獸魄」：

> 波斯國……土多良馬、大驢、師子、白象、大鳥卵、真珠、頗黎、獸魄、珊瑚、琉璃、碼碯、水精、瑟瑟……波斯每遣使貢獻……煬帝遣雲騎尉李昱使通波斯，尋遣使隨昱貢方物。[1]

波斯，漢時稱安息，隋唐為薩珊波斯，地域大致即今伊朗，疆域東至印度河及葱嶺，西臨巴爾幹半島與地中海。《隋書》所記波斯與《漢書》罽賓和《後漢書》大秦所記物產基本相似，所不同者，《漢書》《後漢書》為「虎魄」，而《隋書》為「獸魄」。因而「獸魄」即「琥珀」又一別名無疑。

從「琥珀」到「虎魄」，再到「獸魄」，已經三轉，迭換更變，足多趣味。《隋書》將特指之「虎」泛化為「獸」之總稱，此一轉義，或為域外「琥珀」之「蟲珀」的大量引入後造成的認識變化。我們知道，由於魏晉六朝談玄風尚、審美情趣以及道教持續發展，中原士人崇尚「琥珀」的熱情一路高漲，從而促使「琥珀」的不斷引入和製作。前引《南齊書》東昏侯為其寵妃潘氏高價置買「虎魄釧」也是顯例。「蟲珀」因奇異而備受珍愛，密閉在松脂中有螞蟻、甲蟲、瓢蟲、蝎子、蜜蜂、蝴蝶、蜈蚣、金龜子、蟬、螃蟹、螳螂、蜘蛛等，不一而足。由於早先從西域諸國引入「琥珀」多為透明化石，因而起始階段慢慢意化為「虎魄」，後來，隨緬甸「蟲珀」以及其他地區「蟲珀」的大量引入，人們的認識不斷發生變化，「蟲珀」裏密閉的並不是「虎」，而是形形色色各種各樣的

1 ［唐］魏徵、令狐德棻：《隋書》，中華書局，1973 年，第 1857 頁。

飛蟲和爬行動物，根據大量眼見的「琥珀」實物，隋唐博達之士遂變「虎魄」為「獸魄」，這亦是水到渠成的順勢之舉。

（六）育沛、遺玉、頓牟、江珠：琥珀別稱辨析

1. 育沛

《山海經．南山經》載有「育沛」：

> 其首曰招搖之山，臨於西海之上……麗麐之水出焉，而西流注於海，其中多育沛，佩之無瘕疾。[1]

章鴻釗《石雅．琥珀》認為「育沛與琥珀音相近」[2]，從而認定「育沛」為「琥珀」之異名。如果章氏所言不差，那麼《山海經》應為中國最早記錄「琥珀」的文獻典籍。章鴻釗為近代頗有影響的地質學家，其說法影響巨大，幾成後世定論。動物學家郭郛《山海經注證》也認同章鴻釗此說[3]。但是，博學多識、精於古文奇字的郭璞注《山海經》面對「育沛」也只能云「未詳」[4]，袁珂校注《山海經》面對「育沛」也未能有任何發明，因此，認為《南山經》「育沛」與「琥珀」聲音相近的說法實多牽強，「育沛」為「琥珀」的推論無疑因缺乏文獻依據而多是猜測之詞。

2. 遺玉

《山海經．海外北經》載有「遺玉」：

---

1 袁珂校注：《山海經校注》，巴蜀書社，1993 年，第 1 頁。
2 章鴻釗：《石雅．寶石說》，上海古籍出版社，1993 年，第 61 頁。
3 郭郛注證：《山海經注證》，中國社會科學出版社，2004 年，第 18 頁。
4 袁珂校注：《山海經校注》，巴蜀書社，1993 年，第 2 頁。

> 平丘在三桑東，爰有遺玉、青鳥、視肉、楊柳、幹柤、甘華，百果所生。[1]

舊注《山海經》最早為晉人道教徒郭璞，郭璞云：「遺玉，玉石。」[2] 郭璞博學多識，曾為《爾雅》《方言》作注，為一時訓詁大家，他不可能不聞魏晉崇尚有加、風行一時的「琥珀」珍玩。但是，清人郝懿行《山海經箋疏》則云：

> 吳氏云：「遺玉即瑿玉，琥珀千年為瑿。《字書》云：『瑿，遺玉也。』」吳氏之說，據《本草》舊注，未審是否。瑿，黑玉也。《說文》無此字。[3]

郝懿行所言吳氏為吳任臣，曾著《山海經廣注》，郝氏所引即為是書。然遍檢典籍，吳任臣所謂「琥珀千年為瑿」的說法似乎並無文獻依據。《字書》即南宋李從周《字通》。隨着「琥珀」品種的日益繁多，世人專門造字「瑿」以表示黑色的「琥珀」，此即《字書》所記「瑿」。但《說文解字》並無「瑿」。考李時珍《本草綱目・木部・瑿》有「瑿珀，瑿是眾珀之長，故號瑿珀。時珍曰：亦作 ，其色瑿黑，故名」[4] 之語，此處記載十分清楚，「瑿」為「瑿珀」之專名，「瑿珀」就是黑色的「琥珀」。李時珍不過是對後世晚出之「瑿」字的字義解釋，他絲毫沒有提及《山海經》「遺玉」，更無「遺玉」即是「琥珀」之論。因此，吳任臣雜糅《字書》「瑿，遺玉」的說法以及李時珍「瑿即琥珀之黑色者」的解釋而牽強附會

1 袁珂校注：《山海經校注》，巴蜀書社，1993 年，第 292 頁。
2 袁珂校注：《山海經校注》，巴蜀書社，1993 年，第 292 頁。
3 袁珂校注：《山海經校注》，巴蜀書社，1993 年，第 292 頁。
4 〔明〕李時珍：《本草綱目》，人民衛生出版社，1978 年，第 2154 頁。

於《山海經》「遺玉」之上，轉生臆測之詞，不足為信。何況郝懿行對是說也闕疑不論，直言「未審是否」。因此，「遺玉」為「琥珀」之別稱亦屬誤解附會所致。

3. 頓牟

東漢王充《論衡・亂龍》載有「頓牟」：

> 頓牟掇芥，磁石引針，皆以其真是，不假他類。[1]

「頓牟」為何物，歷來聚訟紛紜，莫衷一是。陶弘景《本草經集注・序錄》有「虎嘯風生，龍吟雲起，慈石引針，虎魄拾芥」[2] 語，後世有關「頓牟」為「虎魄」的種種說法皆源自於此。但是，陶氏此語並未明確告知「虎魄」即是「頓牟」，陶弘景「虎魄拾芥」與王充「頓牟掇芥」還不能就此等量齊觀，或許兩物皆有吸附草芥的功能也未可知。宋朝李石《續博物志》卷九曾引陶弘景此語為「磁石引針，琥珀拾芥」[3]。清人王筠《菉友臆說》探討《論衡》此語謂：「又曰：頓牟掇芥，磁石引針。頓牟豈虎魄之異名邪？抑別自一物邪？」[4] 王筠為清道光年間語言學家，「頓牟」為「琥珀」之異名抑或別是一物，王筠亦未可斷論。

近代著名古典文學研究大家劉盼遂《論衡集解》解「頓牟」句時引錄《菉友臆說》此語並提出思疑：「王筠《菉友臆說》云：『頓牟豈虎魄之異名邪？抑別自一物邪？』是頓牟之為物，宜存區蓋。」[5]「區蓋」語出《荀子・大略》，為疑而不明。由是，劉盼遂絲毫也沒有確定「頓牟」即

1 ［東漢］王充著，黃暉校釋：《論衡校釋》，中華書局，1990 年，第 695 頁。
2 ［南朝梁］陶弘景集注，尚志鈞、尚元勝輯校：《本草經集注》（輯校本），人民衛生出版社，1994 年，第 93 頁。
3 ［北宋］李石：《續博物志》，載《叢書集成初編》，商務印書館，1936 年，第 120 頁。
4 ［清］王筠《菉友臆說》，載《叢書集成初編》，商務印書館，1937 年，第 15 頁。
5 ［東漢］王充著，劉盼遂集解：《論衡集解》，古籍出版社，1957 年，第 327 頁。

為「虎魄」。黃暉《論衡校釋》釋「頓牟」時，對王筠的疑惑和劉盼遂的質疑，又有新的論據：「《春秋考異郵》：承石取鐵，玳瑁吸褚」[1]，認為「頓牟」為「玳瑁」。此外，馬怡《尹灣漢墓遺策札記》考釋江蘇連雲港尹灣二號漢墓出土衣物上「頓牟簪」時，認為「玳瑁」與「頓牟」讀音相近，「頓牟簪」應為「玳瑁簪」[2]。據尹灣漢墓發掘報告，尹灣漢墓確出土有兩件「玳瑁簪」實物，墓中並未見任何「琥珀」製品[3]。綜上所述，「頓牟」為「玳瑁」的同音異寫於語音和文獻皆更為合理。由此觀之，學界將「頓牟」與「虎魄」兩相牽連，糅合齊論的說法完全是子虛烏有。

4. 江珠

西晉張華《博物志》載有「江珠」：

> 《神仙傳》云：「松柏脂淪入地中，千年化為茯苓，茯苓千年化為琥珀。」琥珀一名江珠。今泰山出茯苓而無琥珀，益州永昌出琥珀而無茯苓。或云燒蜂窠所作。未詳此二說。[4]

《神仙傳》為東晉道教學者葛洪所撰，《博物志》所引已不載今本《神仙傳》。《神仙傳》關於茯苓和「琥珀」形成的說法明顯不符合今人認識，也與前論南朝梁陶弘景《本草經集注》關於「琥珀」形成過程的科學認識大相徑庭。《神仙傳》所言「琥珀一名江珠」的看法未見其他典籍稱引，我們只能存而不論，留待後學。

---

1 ［東漢］王充著，黃暉校釋：《論衡校釋》，中華書局，1990 年，第 695 頁。

2 馬怡：《尹灣漢墓遺策札記》，載《簡帛研究（2002 — 2003）》，廣西師範大學出版社，2005 年，第 265 — 266 頁。

3 連雲港市博物館：《江蘇東海縣尹灣漢墓羣發掘簡報》，《文物》1996 年第 8 期。

4 ［西晉］張華：《博物志》，載《叢書集成初編》，商務印書館，1939 年，第 44 頁。

結語

至此，我們對「琥珀」一語的來龍去脈以及流轉衍變進行梳理總結。

「琥珀」名稱的語源，已很難考證。章鴻釗《石雅・寶石說》據琥珀英文 Amber 和希臘語 harpax 的對音，認為琥珀一詞的得名很可能是我國古代與外域之間中外交通關係引入的詞彙[1]。「漢語一詞多形詞語的歷史來源恐怕大多為音譯外來語詞。在借用漢字表達外來語音的初始階段，有極大的隨意性，然後慢慢經過權威典籍的權威譯法定型後，人們也就習慣遵照某種通行的寫法，當這種通行的寫法逐年累月、反反覆覆植入並沉澱於該文化系統的深層結構後，常人也就難於辨認它的真正歷史淵源了」[2]。

域外傳來的琥珀至遲在漢代初年已經進入人們的生活，至魏晉時期，伴隨魏晉清談之風和道教的興盛，琥珀曾受顯貴熱捧並被大量使用。今天所見「琥珀」以域外來物的身份第一次載錄文獻為西漢初年陸賈《新語》，《新語》所載「琥珀」或為陸賈出使南越地區所見實物的記錄，陸賈始記「琥珀」純為音譯語詞，「琥」借用先秦文字，「珀」則為新造漢字。《新語》之後，《漢書》將「琥珀」意化為「虎魄」，《後漢書》《廣雅》《華陽國志》《南齊書》等重要歷史文典皆沿用這一本土化明顯的意譯詞彙。魏晉醫家《名醫別錄》以本土醫士身份根據緬甸「血珀」的色紅的自然屬性為「琥珀」意變為「虎魄」進行了理據解說，從而附會為「虎死，精魄入地化為石」等各種中國民間說法。「虎魄」一經《漢書》和《名醫別錄》定型，遂影響甚巨。從譯音「琥珀」到譯意「虎魄」，其間尚有《魏略》「虎珀」的中間變體。「虎魄」經過一而再再而三的音意衍變，加之魏晉六朝外來「琥珀」的品種異常繁多，從而導致士人對「琥

1 章鴻釗：《石雅・寶石說》，上海古籍出版社，1993 年，第 62 頁。

2 湯洪：《屈辭域外地名與外來文化》，中華書局，2016 年，第 73 頁。

珀」成因、產地多有研究，特別是「蟲珀」的大量引入，導致人們發生認識的裂變，「虎魄」遂凝固為《隋書》泛稱意義上的「獸魄」。但是，經幾千年語言使用實踐和篩選，原初的「琥珀」終成為漢語的固定選擇。此外，《山海經》所載「育沛」及「遺玉」為「琥珀」之別稱的推斷皆是猜測附會之論。《論衡》所載「頓牟」為「琥珀」的認識亦毫無根據。《神仙傳》所載「江珠」為「琥珀」的說法亦是兩可之論。由此，文獻所記「琥珀」「虎珀」「虎魄」為同音異寫的流行說法過於簡單而片面，「育沛」「遺玉」「頓牟」為「琥珀」之別稱的說法實屬以訛傳訛的不經之論，「江珠」為「琥珀」別名的說法則缺乏更詳實文獻而難成定論。

「琥珀」一語的輾轉流變，看似是文字的書寫異趣，亦符合音譯外來詞初譯階段同音異形的記寫特點，但實際卻隱藏一段不為人知的中外文化接觸適應、借鑒融合、吸收改造、互動變異的文化密碼。外來物品「琥珀」以其亮麗異彩的外形深得中國人珍藏喜好，當原本自然界的松脂化石一遇漢代讖緯時代文化，經方士方術的增飾附會，漢人變譯音「琥珀」為意象豐富的「虎魄」，遂根據依文附義的漢字特徵敷衍出「老虎精魄」，隨後自然附加趨吉避凶、鎮宅安神的本土寓意。人們對傳入文化的認識總是不斷深入，隨着「琥珀」製品傳入中原的種類不斷繁多，特別是「蟲珀」等品種的引入，催生世人加深對「琥珀」成因、品種的研究，人們不斷修正自身認識，並將新的認識表現於「琥珀」稱名的書寫符號上。這種一往一來、反反覆覆的交流互動，正深深反映了不同地域、不同文明背景之下文化吸收與變異的特殊現象。

二　西南地區出土琥珀製品概況

前論已經表明，文獻記載至遲在秦漢之際，琥珀已傳入中原。隨漢帝國疆土不斷擴張與對外交流的日益頻繁，琥珀傳入中國的品種和數量皆逐漸增多，魏晉六朝琥珀製品已然成為達官顯貴追捧的時尚珍寶，前引蕭寶卷為其寵妃潘氏以貴金置買琥珀即其顯例。時風所致，魏晉六朝士人特別是道教學者對琥珀成因和品種多有科學探究。世有所好，必然導致身後墳墓埋葬所取，因此，漢魏六朝時期我國出土琥珀頗為可觀，其中，西南地區出土琥珀製品也足以引人關注。近年來，我國西南地區考古發掘多出現琥珀製品，為與前論琥珀漢魏六朝以前的文獻梳理相契合，此一部分西南地區考古出土實物我們也側重於這個時期。

經考古學者研究，西南地區出土琥珀製品主要用作裝飾，包括珠飾、佩飾、印章、耳墜等多種，其中珠飾最夥，一般長度不超過 3 厘米，多在 1 — 2. 5 厘米之間。琥珀珠飾中有穿孔，應為串飾的組成部分。從形制看，珠飾有三類：一為圓形，最為常見；一為半圓、扁圓、橢圓以及壺形等幾何形，數量較少；一為動物形象，最具特色。不同形制的珠飾應皆賦予不同的文化象徵。

（一）巴蜀地區出土琥珀製品

三星堆遺址一號器物坑出土有琥珀墜飾，是目前考古所見四川乃至中國境內出土年代最早的琥珀製品，年代為殷商時期，與陸賈《新語》文獻所載琥珀時代相較，時間早至如此，令人驚歎。琥珀墜飾形制一端有所殘缺，略呈心形，兩面有陰刻紋飾，一面為蟬背紋，另外一面為蟬腹紋，墜飾上端有一凹槽，凹槽中有一圓形穿孔上下貫通，高 5. 1 厘米，殘寬 3. 8 厘米，厚 1. 2 厘米[1]。茂汶城關戰國後期至漢武帝前期石棺葬出

1　四川省文物考古研究所：《三星堆祭祀坑》，文物出版社，1999 年，第 117 頁。

土有琥珀珠飾。珠飾磨製成扁圓形，直徑 0. 3 — 0. 9 厘米[1]。這是西漢時期為數不多的出土琥珀，西漢之後，四川地區墓葬出土琥珀製品數量明顯有所增加，且多集中於東漢時期。綿陽何家山 2 號東漢晚期崖墓出土 1 件琥珀製品，長 1. 9 厘米，寬 0. 9 厘米，高 2 厘米，另有獅形琥珀珠飾 1 件，長 1. 9 厘米，寬 0. 9 厘米，高 2 厘米，考古報告描述為：「似為植物膠脂凝固後雕刻而成，極易破碎。」[2] 從描述分析，應為琥珀，其頭、五官、身體均為粗線條刻成，臥姿，腰部有一小孔，長 3. 1 厘米，高 2. 2 厘米。此外，宜賓山谷祠 M3 東漢晚期墓出土的琥珀珠飾，褐色，橢圓形，有小圓穿孔[3]。西昌經久周屯村墓出土琥珀扣飾 1 件，形如蟬，兩翅有穿孔，考古鑒定年代也為東漢[4]。江油彰明縣佛兒崖 M5 東漢墓[5]以及達州市區東漢早期墓[6]等墓地均出土有琥珀珠飾。漢代以後，六朝時期墓葬中琥珀製品亦時有所見，昭化寶輪院 M4 出土的醬紅色琥珀珠、M6 出土的黑色方形琥珀墜飾、M7 出土的黑色獅形琥珀珠飾[7]，彰明縣常山村 M12 出土的琥珀珠[8]，經考古鑒定，出土琥珀製品的時期大致皆在六朝。此外，成都光華村街 M41 唐代磚室墓出土橘紅色琥珀製品，長 2. 6 厘米，厚 0. 9 厘米，扁平狀，平面近三角形，刻有花卉、葉片等圖案。[9] 廣安城南明代三室石室墓出土深褐色半透明琥珀製品 2 件，其中琥珀帶鉤 1 件，呈圓潤形、光澤鮮亮，鉤作龍首形（圖 6-4）；琥珀雙耳杯 1 件，由杯身、

---

1 四川省文管會、茂汶縣文管所：《四川茂汶羌族自治縣石棺葬發掘報告》，《文物資料叢刊》（7），文物出版社，1983 年。

2 綿陽博物館：《四川綿陽何家山 2 號東漢崖墓清理簡報》，《文物》1991 年第 3 期。

3 四川省博物館、宜賓市文管所：《宜賓市山谷祠漢代崖墓清理簡報》，《文物資料叢刊》（9），文物出版社，1985 年。

4 凉山州博物館：《四川凉山西昌發現東漢、蜀漢墓》，《考古》1990 年第 5 期。

5 石光明、沈仲常、張彥煌：《四川彰明縣常山村崖墓清理簡報》，《考古通訊》1955 年第 5 期。

6 任超俗：《東漢時期的戒指在達縣市出土》，《四川文物》1992 年第 2 期。

7 張彥煌、龔廷萬：《四川昭化寶輪院屋基坡崖墓清理記》，《考古通訊》1958 年第 7 期。

8 石光明、沈仲常、張彥煌：《四川彰明縣常山村崖墓清理簡報》，《考古通訊》1955 年第 5 期。

9 成都市文物考古研究所：《成都市青羊區唐代磚室墓》，《考古學集刊》2018 年第 21 集，第 63 頁。

6-3　三星堆遺址一號坑出土的琥珀墜飾

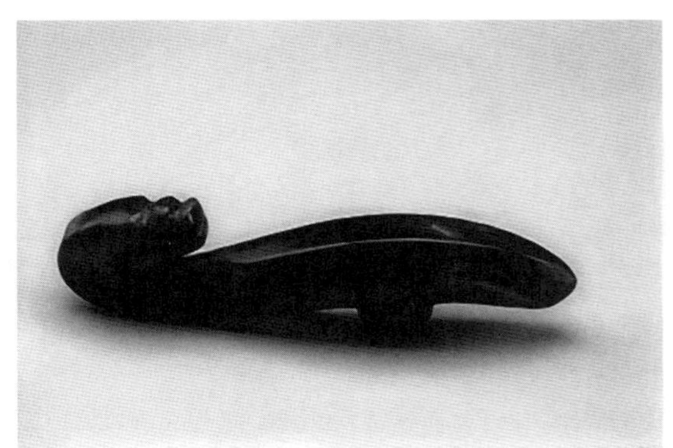

6-4　廣安石室墓出土的琥珀帶鈎

6-5　廣安石室墓出土的琥珀雙耳杯

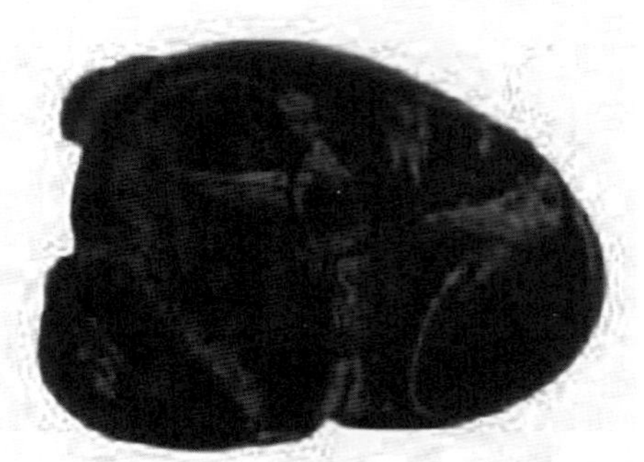

6-6 重慶忠縣翠屏山西晉崖墓出土的琥珀飾品

圖自吳沫《重慶忠縣翠屏山西晉崖墓出土寶玉石和玻璃飾品的工藝初探》

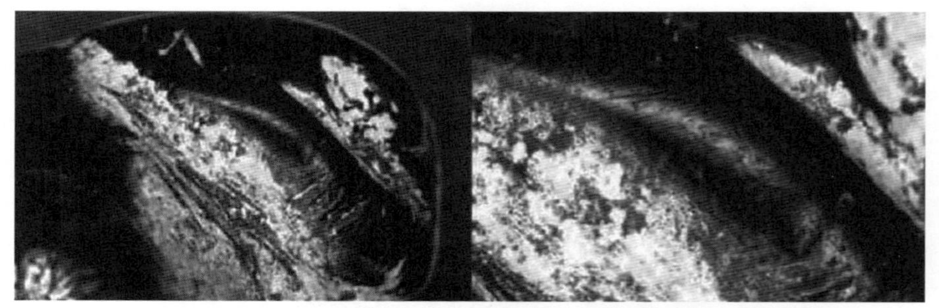

6-7 重慶忠縣翠屏山西晉崖墓出土的琥珀飾品細節圖

圖自吳沫《重慶忠縣翠屏山西晉崖墓出土寶玉石和玻璃飾品的工藝初探》

杯柄兩部分組成，杯把刻有魚紋，鱗片清晰可見，或為整塊琥珀雕琢而成（圖 6-5）。[1]

巴地考古所見琥珀不多，但近年也時有發現。重慶忠縣翠屏山西晉崖墓出土有琥珀飾品，琥珀表面鑽孔外緣存在較多應力裂紋，明顯有人工痕跡[2]。

---

1 肖林芝：《四川廣安明墓出土的兩件琥珀製品小考》，《文物鑒定與鑒賞》2022 年第 15 期，第 14 頁。

2 吳沫：《重慶忠縣翠屏山西晉崖墓出土寶玉石和玻璃飾品的工藝初探》，《寶石和寶石學雜志》2013 年第 2 期。

（二）雲貴出土琥珀製品

為更全面研討西南地區出土琥珀全貌，我們將雲貴出土的琥珀製品也一併簡述如次。就目前考古所見，雲南省出土的琥珀製品數量並不多，但也具有一定代表性。楚雄萬家壩古墓羣出土琥珀珠 5 顆，紫紅色。4 顆長方形，長約 1. 7 — 2 厘米。1 顆圓柱體，長 1 厘米。整個墓葬羣的年代延續時間較長，大致為春秋晚期到戰國早期[1]。雲南保山昌寧大甸山 M1、2、10、16、18、20、43、50、53、96、109、118、172、179、181 出土紅褐色琥珀串珠百餘顆，呈長圓形管珠狀，長 1. 8 — 3. 2 厘米，內孔徑 0. 2 — 0. 4 厘米，年代為戰國中晚期至西漢晚期。[2] 雲南晉寧石寨山 M1、13 出土琥珀珠若干件，或為一串，呈不規則長柱體，年代為戰國至西漢時期。[3] 另外，曲靖八塔臺 M41 出土琥珀珠 1 件，橢圓形，小圓穿孔，色帶暗紋，直徑 1. 1 厘米，長 1. 3 厘米，年代為西漢後期[4]。江川李家山第二次發掘 M44、47、49、68、69、82 出土琥珀珠 16 件其中棗核形 3 件、方形 2 件、扁球形 11 件，年代為西漢中期至東漢初期。[5] 昆明羊甫頭墓葬羣 M481 出土琥珀獸 1 件，年代為西漢末至東漢初。[6] 昭通桂家院子漢墓出土琥珀珠飾 5 件，1 件雕琢為獸形，長 2. 4 厘米，高 1. 7 厘米。1 件為魚尾形，長 2. 6 厘米。1 件為雙聯方管形，長寬均 1. 7 厘米。2 件為橢圓珠體[7]。昭通白泥井東漢早期墓葬出土琥珀製品也雕琢為獸形[8]。由此可見，雲南地區墓葬出土琥珀多為珠飾，形狀多樣，有來自緬甸的

1　昆明市文物工作隊：《楚雄萬家壩古墓羣發掘報告》，《考古學報》1983 年第 3 期。

2　雲南省文物考古研究所等：《雲南昌寧縣大甸山墓地發掘簡報》，《考古》2016 年第 1 期。

3　雲南省博物館考古發掘工作組：《雲南晉寧石寨山古遺址及墓葬》，《考古》1956 年第 9 期。

4　雲南省文物考古研究所：《曲靖八塔臺與橫大路》，科學出版社，2003 年。

5　江川縣文化局、玉溪市文物管理所：《江川李家山：第二次發掘報告》，文物出版社，2007 年，第 221 頁。

6　昆明市官渡區博物館編：《昆明羊甫頭文物精粹》，雲南人民出版社，2003 年，第 227 頁。

7　雲南省文物工作隊：《雲南昭通桂家院子東漢墓發掘》，《考古》1962 年第 8 期。

8　曹吟葵：《雲南昭通縣白泥井發現東漢墓》，《考古》1965 年第 2 期。

6-8 雲南大理三塔崇聖寺主塔出土的琥珀塔圖

血珀。此外，雲南大理三塔崇聖寺主塔亦出土琥珀塔 1 件，底座為青銅貼金圓形臺階式，上飾銀質蓮臺，蓮臺內依次套合琥珀塔、金塔罩、銀塔罩、銅鎏金塔剎，年代為大理國時期。[1]

目前貴州地區出土的琥珀製品，年代都在兩漢及以後。出土發現最早的琥珀製品為赫章可樂甲類墓出土的 3 件珠飾，伏獸形、鈁形、扁壺形各 1 件，高 1 厘米左右，可惜無法判斷珠飾具體年代，但此墓地的年代大致可判斷在西漢昭宣之後到東漢初期[2]。另外，安順寧谷徐家墳山 M9 東漢墓出土琥珀墜飾 1 件，因殘損，形狀模糊不清[3]。安順寧谷東漢晚期石室墓出土 2 件獅形珠，半透明，色紅，長 3 厘米，高約 2 厘米[4]。清鎮平壩漢墓出土琥珀珠飾，有動物雕像[5]。此外，興仁交樂 M19 出土琥珀珠飾 7 件，暗紅色，皆指頭大小，中央有穿孔，形狀有鳥、獸、虎、龜、連

---

1 孔繁利等：《琥珀傳承的文化和相關考古發現》，《寶石和寶石學雜志》2023 年第 4 期，第 172 頁。

2 貴州省博物館、貴州省赫章縣文化館：《赫章可樂發掘報告》，《考古學報》1986 年第 2 期。

3 貴州省博物館：《貴州安順寧谷漢墓》，《文物資料叢刊》(4)，文物出版社，1981 年。

4 貴州省博物館：《貴州安順寧谷發現東漢墓》，《考古》1972 年第 2 期。

5 貴州省博物館：《貴州清鎮平壩漢至宋墓發掘簡報》，《考古》1961 年第 4 期。

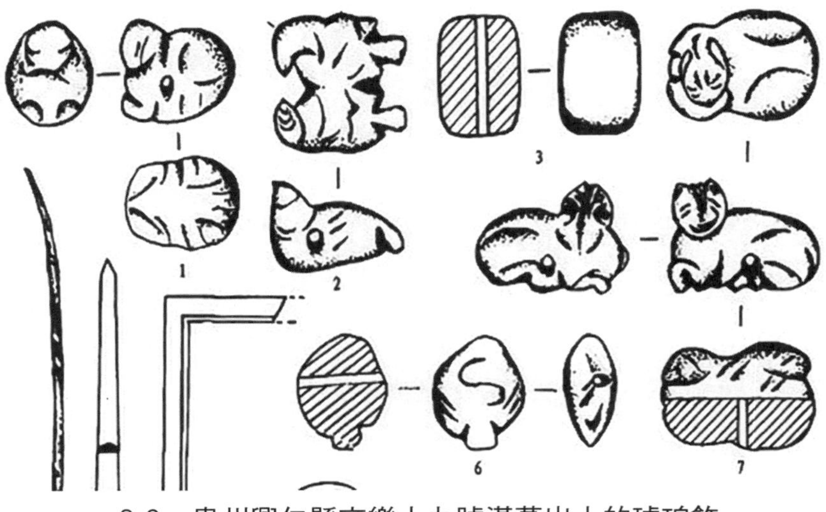

6-9　貴州興仁縣交樂十九號漢墓出土的琥珀飾

體鴛鴦和管狀等，年代為東漢晚期[1]。黔西縣火電廠東漢晚期 M34 出土 21 件小獸形琥珀珠，數量較為可觀。其中 1 件首殘，側面中部有小孔，長 1. 8 厘米，寬 1. 4 厘米。另有 1 件琥珀珠飾半成品，中部有加工的凹痕，底部中央經加工形成輕微內凹，頂部有不規則穿孔，高 2. 4 厘米。同墓地 M37 出土有琥珀小珠，兩側略加磨製，頂部有不規則穿孔，高 1. 2 厘米[2]。除此之外，興義縣頂郊區萬屯公社 M4 及興仁縣兩樟區交樂公社 M5 兩墓共出土 3 件獅形琥珀珠飾，年代為東漢[3]。興仁縣交樂漢墓 M6、7、8 出土琥珀製品若干，時間為東漢早期。[4] 平壩馬場東晉至南朝古墓出土 21 件琥珀珠飾，數量亦可觀。色暗紅或黑色，形狀有獅、臥獸、蟬、束腰珠和圓柱等[5]。由此可見，貴州地區墓葬出土琥珀製品也是珠飾為主，同時

1　貴州省文物考古研究所：《貴州興仁縣交樂十九號漢墓》，《考古》2004 年第 3 期。
2　貴州省文物考古研究所、黔西縣文物管理所：《貴州黔西縣漢墓的發掘》，《考古》2006 年第 8 期。
3　貴州省博物館考古組：《貴州興義、興仁漢墓》，《文物》1979 年第 5 期。
4　貴州省博物館考古研究所：《貴州田野考古四十年》，貴州民族出版社，1993 年，第 239 頁。
5　貴州省博物館考古組：《貴州平壩馬場東晉南朝墓發掘簡報》，《考古》1973 年第 6 期。

也有不少動物獸形雕刻製品，也有來自緬甸的血珀。

（三）西南地區出土琥珀製品綜覽

綜合考察川、渝、滇、黔地區漢魏六朝以前出土的琥珀製品，除廣漢三星堆遺址一號器物坑外，其他發現皆在墓葬之中。這些墓葬均規模較大，且隨葬品豐富而製作精美。綿陽何家山 2 號崖墓，出土有高為 1. 34 米的銅馬。宜賓山谷祠 M3 墓地，墓室結構複雜，墓葬主人身份絕非普通平民。昭通桂家院子漢墓、曲靖八塔臺古墓羣 M41、安順寧谷徐家墳山 M9 等，可以判斷墓主生前社會地位較高，且家世殷富，不是一般平民百姓。貴州興仁交樂 M19 墓地，是目前貴州境內發現規模最大的磚墓之一，結構複雜，墓頂鋪設有白膏泥及木炭，墓葬中出土有銅車馬，發掘者認為墓主身份相當顯赫。西南地區出土漢魏六朝時期的琥珀製品，表明多為達官顯貴所擁有，此與前論文獻所載完全吻合，表明此一時期琥珀尚為域外傳入的昂貴奢侈品，一般平民則無力消費。

先秦時期琥珀製品出土發現總體數量較少。三星堆遺址一號器物坑出土的墜飾，是目前考古所見中國年代最為久遠的琥珀製品，其材質來源等問題，亦為本書所重點關注。雲南楚雄萬家壩古墓羣出土的 5 件琥珀珠飾，年代大約在春秋中晚期至戰國早期。此外，全國其他地方還有幾處先秦琥珀製品發現。江蘇東海廟墩 M1 出土 1 件春秋早中期橘黃色琥珀珠飾 [1]，唐山賈各莊 M38 出土 1 件春秋戰國之際虎形黑色琥珀飾品 [2]，寧夏固原於家莊墓葬出土春秋晚期至戰國早期琥珀珠飾 [3]，浙江紹興坡塘公社

1 南京博物院、東海縣圖書館：《江蘇東海廟墩遺址和墓葬》，《考古》1986 年第 12 期。
2 安志敏：《河北省唐山市賈各莊發掘報告》，載《考古學報》第六冊，中國科學院出版，1953 年。
3 寧夏文物考古研究所：《寧夏固原于家莊目的發掘簡報》，《華夏考古》1991 年第 3 期。

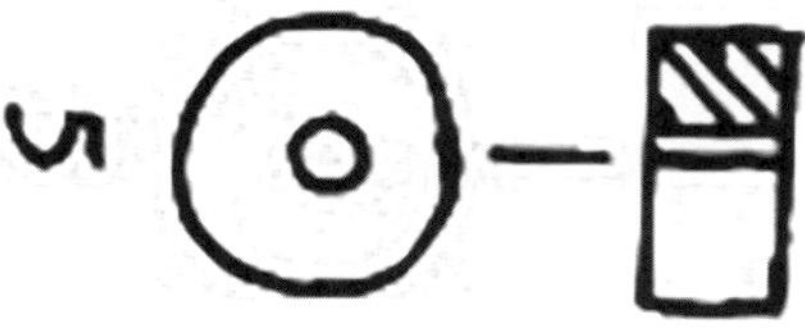

6-10　江蘇東海廟墩遺址和墓葬出土的琥珀珠

6-11　河北省唐山市賈各莊出土的黑色虎型琥珀飾品

獅子山 M306 出土 5 件戰國早期琥珀珠[1]。這些珍貴的琥珀製品，其材質、來源、製作、使用等情況，皆難以確定，尚有待考古學者和歷史學者進一步研究。

茂汶城關石棺葬出土的琥珀珠飾，諸多細節尚不清楚。從發掘報告描述的形制看，與寧夏固原於家莊春秋晚期至戰國早期墓葬和西安北郊棗園西漢中期墓出土的琥珀珠相近[2]，而與西南地區出土琥珀珠飾多製成各種動物形狀有所不同，且地理位置近北方，年代偏早，墓葬風格更接近甘青古文化，「我們認為這批材料的來源應和後世的琥珀製品不同，與北

1　浙江省文物管理委員會等：《紹興 306 號戰國墓發掘簡報》，《文物》1984 年第 1 期。
2　韓保全、程林泉：《西安北郊棗園漢墓發掘簡報》，《考古與文物》1991 年第 4 期。

方地區的關係應更密切」[1]。

其餘更多發現皆集中於西漢之後。以出土年代考察，雲南、貴州的一些發現或可早至西漢後期，而魏晉六朝時期巴蜀地區的發現集中於東漢以後。以分佈地域考察，琥珀製品發現地多集中於滇東、黔西以及川南這一相鄰區域。

三　西南地區出土琥珀製品來源及路徑

前引文獻記載琥珀產地頗有不同。《漢書．西域傳》記「罽賓」出琥珀，漢時「罽賓」古國地理位置大致為卡菲裏斯坦至喀布爾河中下游廣大地區。《後漢書．西域傳》《魏略．西戎傳》記「大秦」多琥珀，漢時「大秦」古國位於地中海沿岸。《後漢書．南蠻西南夷列傳》記「哀牢」出琥珀，漢時「哀牢」地處滇緬邊境。《神農本草經》記「永昌」生琥珀，漢時「永昌」地處雲南邊陲。《隋書．波斯傳》記「波斯」多琥珀，隋朝「波斯」地域大致即今伊朗。此外，《大唐西域記》記「迦濕彌羅」產琥珀，唐時「迦濕彌羅」位於喜馬拉雅山麓北印度犍陀羅東北。由文獻可知，魏晉六朝時期，中國境內的琥珀多依靠域外輸入。但西南地區出土琥珀製品又來自域外何方？

（一）南方絲綢之路為西南地區出土琥珀的主要傳入路線

由前論可知，西南地區琥珀製品多出現於大中型墓葬，墓主多為地位顯赫的地方豪族。墓葬出土琥珀的形制多具域外風格，因墓主尊顯的地位和豐厚的財富才使域外奇珍埋葬地下，此非一般平民所能隨便獲

1　霍巍、趙德雲：《戰國秦漢時期中國西南的對外文化交流》，巴蜀書社，2007 年，第 93 頁。

得。此外，分析琥珀原料以及製作工藝，皆可推測這些琥珀製品並非本土所產。考古學家大多認為這一時期域外琥珀製品的產地多是歐洲波羅的海沿岸地區和亞洲印度、緬甸等地。西南地區出土的琥珀製品帶有典型中國風格，如耳瑱、印章、蟬狀飾物等。雖製作有中國風格，但應為進口原料再行加工的再製作。同時，也有動物和獸形琥珀製品，其工藝方法或雕刻形象，均與波羅的海沿岸出土的琥珀製品較為一致。可見此一時期西南地區出土的琥珀製品，除部分製作於本土外，絕大部分從周邊地區或域外引入，而傳入的路線應即是當時西南地區與周邊及外域商貿往來的南方絲綢之路東、西兩線。

西南地區出土琥珀製品多集中於川南滇黔地域，特別是黔西地區，而黔西地區又多集中於盤江流域。盤江即古文獻所記牂牁江，自漢武帝遣唐蒙開通夜郎道以來，遂成為西南聯繫南越廣大地區的主幹道。秦漢時期蜀地所產「蒟醬」亦是經由此道銷往兩廣南越之地。《漢書》載：「自日南障塞、徐聞、合浦船行可五月，有都元國；又船行可四月，有邑盧沒國；又船行可二十餘日，有諶離國；步行可十餘日，有夫甘都盧國。自夫甘都盧國船行可二月餘，有黃支國，民俗略與珠崖相類。其州廣大，戶口多，多異物，自武帝以來皆獻見。有譯長，屬黃門，與應募者俱入海市明珠、璧流離、奇石異物，齎黃金雜繒而往。」[1]「奇石異物」或包含琥珀。由此，西南地區西漢以後出土的琥珀製品或許正是通過南方絲綢之路傳入。前引考古所見琥珀提到雲南晉寧石寨山墓地出土的半透明血紅色珠飾，與緬甸盛產的「血珀」甚為接近，有學者就認為珠飾原料來自緬甸的琥珀山[2]。余英時《漢代貿易與擴張》認為，漢代的琥珀一部分最初是從緬甸北部輸入雲南，然後從雲南散佈到中國其他地區[3]。據余英

1　班固：《漢書》，中華書局，1962 年，第 1671 頁。
2　張增祺：《晉寧石寨山》，雲南美術出版社，1998 年，第 214 頁。
3　余英時：《漢代貿易與擴張》，上海古籍出版社，2005 年，第 100 — 101 頁。

時的說法，西南地區漢魏六朝琥珀製品的來源，即完全可能經由海路沿江舶來，從兩廣沿海地區經牂牁道、五尺道等南方絲綢之路東線交通道路向雲南、貴州、四川等地傳佈。

（二）廣西出土琥珀年代普遍早於西南表明南絲路東線亦是琥珀輸入路線

我國境內雖有琥珀礦藏，但在漢魏六朝時期，埋藏地下的琥珀礦藏尚不為時人所利用，此一時期琥珀多從域外引入當無異議。物以稀為貴，因而舶來琥珀在此間長期被達官顯貴視為奢侈品而備受珍視，成為地位和財富的象徵。中國全境考古所現琥珀製品亦多為漢魏六朝域外來物，此可引為旁證。青海、甘肅、寧夏、內蒙古、陝西、河南、湖北、山東、江蘇、湖南等地琥珀出土情況與本論相去甚遠，我們姑且從略。廣西地區與南方絲綢之路東線關係尚緊密，我們簡單介紹如次。廣西出土琥珀製品尤為集中。貴縣羅泊灣一號墓出土圓球形琥珀 1 件，中有穿孔，年代為西漢早期。[1] 合浦堂排漢墓 M1 出土琥珀印章 1 件，長寬各 2. 3 厘米，呈蛇紐型，年代為西漢時期；M2 出土 3 件珠飾，1 件半球形，2 件腰鼓形，皆深褐色，年代為西漢晚期。合浦豐門嶺 M10 出土琥珀珠 3 件，2 大 1 小，年代為東漢早期[2]。豐門嶺 M23 出土琥珀珠飾 3 件。1 件獅形，赭石色，橫穿孔，長 2. 4 厘米，高 1. 5 厘米。2 件腰鼓形，長 2. 2 厘米。年代為西漢後期。豐門嶺 M24 出土 1 件赭石色羊穿飾，長 1. 7 厘米，高 1. 2 厘米，年代為東漢後期。豐門嶺 M26 出土琥珀珠飾 7 件，半圓或圓形的動物形，年代為西漢後期[3]。廣西望牛嶺西漢晚期木槨墓出土琥

1　廣西壯族自治區博物館：《廣西貴縣羅泊灣漢墓》，文物出版社，1988 年，第 56 頁。
2　合浦縣博物館：《廣西合浦縣豐門嶺十號漢墓發掘簡報》，《考古》1995 年第 3 期。
3　廣西壯族自治區文物工作隊、合浦縣博物館：《合浦豐門嶺漢墓 —— 2003 — 2005 發掘報告》，科學出版社，2006 年。

珀配飾 5 件，有圓紐形、扇形、籃形、蛙形[1]。廣西九隻嶺 M5 出土 1 件圓形琥珀印章和琥珀珠飾 3 件，1 件直徑 0. 8 厘米瓜棱形，1 件直徑 1. 2 厘米紐扣形，1 件直徑 0. 8 厘米長橄欖形，年代為東漢前期。九隻嶺 M6a 出土 3 件琥珀珠飾，1 件不規則形，2 件圓形，年代為東漢後期[2]。廣西母豬嶺 M6 出土琥珀珠飾 28 件，年代為東漢[3]。此外，廣西貴縣漢墓出土 199 件琥珀製品，年代為西漢的 57 件淡紅色橢圓形珠飾，有小圓孔穿過兩端。年代為東漢的 142 件紅色或褐色長圓形、球形、橄欖形珠飾，兩端中央有圓孔。另有乳白和黑白斑紋伏狀小獅 1 件[4]。廣西梧州市富民坊南朝墓出土圓鼓形琥珀珠飾 28 件，中穿孔，半透明紫紅色[5]。廣西昭平東漢墓出土長圓形琥珀珠飾 5 件，中穿孔，黑色[6]。廣西墓葬出土琥珀製品，年代較西南地區為早，大多集中在西漢後期和東漢早期，墓葬主人亦為地位顯赫的豪族，豐門嶺 M26 墓有外椁即表明墓主身份尊榮。墓葬琥珀製品往往與黃金、琉璃、瑪瑙、水晶等奇珍共出，考古專家認為，諸如多面金珠黃金製品為典型的西方器物[7]，琉璃、琥珀等製品域外風格典型，應為舶來品。考察交通，廣西經北部水、陸皆可暢達貴州，貴州再北通往川南，此即南方絲綢之路之東線交通，東線道路沿線出土琥珀正可佐證此一交通路線的真實存在。西南地區琥珀貿易經南方絲綢之路東、西兩線皆可傳入。

1　廣西壯族自治區文物考古寫作小組：《廣西合浦西漢木椁墓》，《考古》1972 年第 5 期。

2　廣西壯族自治區文物工作隊、合浦縣博物館：《廣西合浦縣九隻嶺東漢墓》，《考古》2003 年第 10 期。

3　廣西文物工作隊、合浦縣博物館：《廣西合浦縣母猪嶺東漢墓》，《考古》1998 年第 5 期。

4　廣西文物管理委員會：《廣西貴縣漢墓的清理》，《考古學報》1957 年第 1 期。

5　梧州市博物館：《廣西壯族自治區梧州市富民坊南朝墓》，《考古》1983 年第 9 期。

6　廣西壯族自治區博物館、昭平縣文物管理所:《廣西昭平東漢墓》，《考古學報》1989 年第 2 期。

7　孫機：《建國以來西方古器物在我國的發現與研究》，《文物》1999 年第 10 期。

（三）緬、印琥珀產地或為西南出土琥珀重要來源

前引《神農本草經》記「永昌」生琥珀，漢時「永昌」在滇緬邊境。時至今日，緬北與印度接壤的克欽邦密支那到德乃的沼澤地帶仍是世界琥珀主要產地。緬甸琥珀形成於 8000 萬年 — 1. 3 億年前的白堊紀中晚期，是世界硬度、密度最高的琥珀，與其他產地琥珀相比，緬甸琥珀更耐磨，光澤更明亮，有明顯的「琥珀光」。同時，緬甸琥珀也是種類、顏色最多的琥珀，其中為世人所追捧的金珀、血珀、蟲珀、棕珀等皆是名品，還有獨具特色的茶珀、變色龍、綠珀、根珀等佳品。緬北滇南本為一體，此區所產琥珀經南方絲綢之路北上巴蜀，成為巴蜀琥珀重要來源，當在情理邏輯之中。

中國西南與緬甸、印度等廣大區域的貿易交通線自先秦甚至更早時期即已存在，此即前論之南方絲綢之路，也即《史記》所謂「蜀身毒道」，此路是中國西南與南亞、中亞以及歐洲大陸之間重要的商貿通道，因此無論產自地中海沿岸還是印、緬的琥珀製品經由此道傳入西南滇、黔、川、渝地區應合情合理。當然川北、川東北地區出土的琥珀製品地處巴蜀北向交通路線，有與中原地區連接的金牛道、褒斜道、米倉道等多條古道，因而不可排除這些琥珀製品經由北部中原再輾轉傳入巴蜀地區的可能性。

從歷史發展脈絡與地緣政治經濟格局看，該路線構成中國西南與南亞、中亞以及歐洲大陸商貿往來的關鍵通道。基於當時的貿易網絡與物資流通路徑，琥珀無論其原產於地中海沿岸，還是印度、緬甸等地，通過南方絲綢之路輾轉傳入西南地區的滇、黔、川、渝等地，在貿易邏輯與歷史情境上均具有合理性與可能性，且有大量考古發掘成果與歷史文獻為其旁證。與此同時，川北、川東北地區出土琥珀製品所處地理位置較為特殊，恰好處於巴蜀北向交通路線的覆蓋範圍內，其間存在金牛

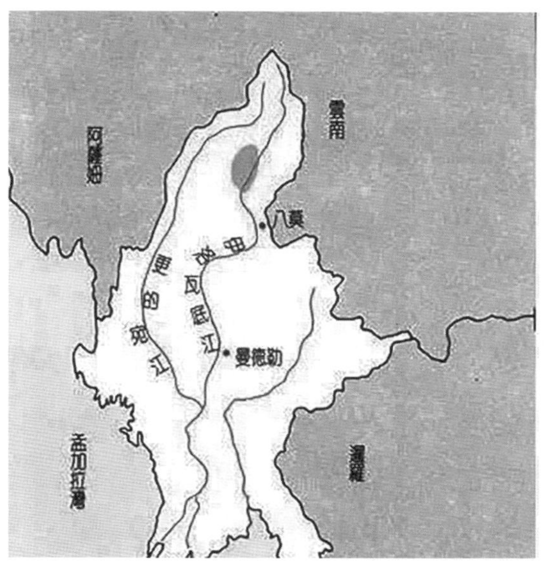

6-12　緬北琥珀主要產地地區示意圖

6-13　密支那出產琥珀的沼澤地

道、褒斜道、米倉道等多條歷史悠久且在古代交通體系中佔據重要地位的古道，這些古道直接或間接與中原地區緊密相連，構成中原與巴蜀地區人員、物資交流的主要通道。因此，從交通路徑與區域聯繫的角度考量，不可完全排除部分琥珀製品先在中原地區流通，而後通過蜀道再輾轉進入巴蜀地區的可能性。

（四）西南地區琥珀「壺形珠」或經南亞來自於地中海沿岸

西南地區出土琥珀製品中有一類製成壺形的珠飾，形制特殊，與本書所探討的中外文化交流甚為密切，特表於此。以下材料多來自霍巍、趙德雲《戰國秦漢時期中國西南的對外文化交流》，特致謝意。前論廣西合浦豐門嶺 M26 墓出土 2 件西漢後期壺形珠飾，廣西合浦九隻嶺 M5 出土 2 件東漢前期壺形珠飾，貴州赫章可樂 M8 出土壺形珠飾。雖然目前琥珀玉石類壺形珠尚僅見於貴州和廣西，但是，年代早於黔、桂，川、滇地區出土的戰國時代青銅、銀、玉石製造的壺形珠，雖材質不一，但形制相同，足以啟發思索。四川滎經縣南羅壩村 M4 出土 2 件戰國中晚期青銅壺形珠，中空，侈口，束頸，鼓腹，肩以下四周有凸帶紋，間飾乳釘紋三周，高 3. 2 厘米[1]。四川什邡城關 M33 出土 1 件戰國中期青銅壺形珠，侈口，束頸，鼓腹，腹部遍飾乳釘紋，高 2. 1 厘米，口徑 1. 2 厘米[2]。四川成都京川飯店戰國晚期墓出土 7 件青銅壺形珠，中空，外飾三周三角形陰文，間以兩周帶狀弦紋相隔，高 2. 2 厘米，最大徑 1. 6 厘米[3]。此外，成都羊子山 172 號戰國墓出土銀壺形珠 1 件，細頸大腹，中空透頂，頂平封口，長

---

1 滎經嚴道古城遺址博物館：《四川滎經南羅壩村戰國墓》，《考古學報》1994 年第 3 期。

2 四川省文物考古研究所、什邡市文物保護管理所：《什邡市城關戰國秦漢墓葬發掘報告》，載《四川考古報告集》，文物出版社，1998 年。

3 成都市博物館考古隊：《成都京川飯店戰國墓》，《文物》1989 年第 2 期。

3. 2 厘米，口徑 1. 5 厘米[1]。雲南呈貢天子廟 M41 出土戰國中期瑪瑙壺形珠 5 件，2 件紅色，3 件白色，壺下有孔，當是串珠使用，高 1. 2 — 1. 8 厘米[2]。雲南昭通雞窩院子東漢早期墓也出土青銅壺形珠[3]。

這些出土壺形珠正好集中於南方絲綢之路東、西兩線周邊，材質雖由早期青銅變化為後來的琥珀、琉璃、玉石等，但形制卻同一。考古學界認為，「壺形珠」之形制最早出現於米諾斯（Minoan）文明，可能具有某種宗教內涵。米諾斯文明是約公元前 2850 年 — 前 1450 年存在於愛琴海地區的古代文明，興盛於古希臘、邁錫尼文明之前的青銅時代。該文明的繁盛時期主要集中在克里特島，因此，米諾斯文明，確切說應是克里特文明。克里特文明源於古埃及和小亞細亞，從出土器物和建築考古類型學角度考察，克里特文明是亞非古大陸文明在地中海上的一處海島次生文明。考古學者在公元前 2000 年 — 前 1700 年馬其頓 Podidaca 附近米諾斯墓葬遺址中，出土有 2 件金製的壺形珠，現藏於大英博物館，1 件高 3. 8 厘米，1 件高 2. 6 厘米，壺體的造型與當時的實用器物並無二致，中空，應為穿繫之用，年代大約在公元前 800 年 — 前 700 年。類似地中海沿岸的考古例證，尚有不少，茲不一一列舉。由此可見，「壺形珠」的造型意趣在地中海沿岸地區出現甚早，其材質多種多樣。

結合前引中國西南地區出土的不同材質壺形珠，考古學者分析川、滇、黔、桂出土的壺形珠的造型和工藝，可能很大部分系域外輸入而來。西南地區出土壺形珠整體早於整個中國考古所見壺形珠的出土年代，而特別重要的是此類壺形珠不見於中國西部地區，說明地中海沿岸壺形珠早期並不經由北方絲綢之路傳入中國。我們可以推測，壺形珠從地中海沿岸一路東傳，經西亞、中亞，越印巴次大陸，通過南方絲綢之

1　四川省文物管理委員會：《成都羊子山第 172 號墓發掘報告》，《考古學報》1956 年第 4 期。
2　昆明市文物管理委員會：《呈貢天子廟滇墓》，《考古學報》1985 年第 4 期。
3　昭通地區文物管理所：《雲南昭通市雞窩院子漢墓》，《考古》1986 年第 11 期。

路輸入中國西南地區。巴蜀地區出土的琥珀壺形珠，當然也包括其他材質的壺形珠再一次證明巴蜀地區經南方絲綢之路與南亞甚至更遙遠的西亞地區發生着經貿往來的歷史事實。

（五）西南地區出土琥珀製品傳入路線綜論

綜觀，西南地區出土琥珀製品的原料來源途徑大致有三條路線：一是經由南方絲綢之路西線傳入，始巴蜀入雲南，至緬甸、印度，甚至更遠中亞、西亞等地的交通路線。二是經由南方絲綢之路東線傳入，即五尺道、牂牁道連接兩廣之地再達南越的交通路線。三是經由川陝邊境古蜀道傳入，通過中原經西域達中亞的北方絲綢之路交通路線。相較而言，經南方絲綢之路西線傳入琥珀的時間應更早，此在三星堆遺址一號器物坑所見商朝時期琥珀製品即為明證。此線也是我國西南與域外實現貿易往來及文化交流的最早路線。經蜀道北向的北方絲綢之路傳入的琥珀或要晚至西漢以後，即張騫出使西域之後，漢武帝開通西南夷的結果。而經南方絲綢之路東線沿海路傳入的琥珀，其年代或要晚至西漢晚期，此一時期西南夷諸族充分利用五尺道、牂牁道進行商貿往來，因而雲、貴等地的琥珀製品多由此線運輸實現。

西南地區出土琥珀製品告訴我們，自先秦甚至更早以來，該區域即已通過南方絲綢之路與遙遠的緬甸、印度等域外南亞國家之間發生着貿易往來。隨沿途地區廣大人民的參與、往來物資品種的日益增多以及各種文化之間的交流互動，這條道路到漢魏六朝時期發揮着更大作用，從而使此一路線成為我國西南早期最為重要的國際貿易交通線。這一時期，隨着漢帝國開疆拓土、三國吳國以及東晉王朝的重心南移，南方絲綢之路的支線不斷擴充，五尺道、牂牁道與兩廣、南越交趾實現暢通交往，特別是南方海路的出現，使得更多舶來品源源不斷輸入我國。

綜上所述，文獻所載最早「琥珀」為西漢初年陸賈《新語》以譯音方式所記。受漢代讖緯之學及方士方術思想之影響，成書於兩漢之際的《神農本草經》遂以意化可解的「虎魄」代替「琥珀」，由是附會出「虎死，精魄入地化為石」等各種本土民間文化期許。由譯音無義「琥珀」而譯意特稱「虎魄」，尚有「虎珀」中間語言變體的長期存在。隨魏晉六朝引入域外「琥珀」特別是「蟲珀」風尚日熾，加之其時道教學者對「琥珀」成因、品種的研究，人們對「琥珀」的認識不斷修正，並凝固為《隋書》泛稱「獸魄」。此外，揆諸文獻，「育沛」「遺玉」「頓牟」「江珠」原本或皆非「琥珀」別稱。「琥珀」一詞的書寫流變，反映出中華民族吸收融合外來文化之後所發生的文化互動直至本土化的變異歷程。

早期琥珀來自域外，因其稀少而奇異，自古即為人所珍愛，一度成為達官顯貴地位和財富的象徵。生前喜愛之物，自然會帶到身後，正緣於此，我國境內特別是漢魏六朝大型墓葬中多發現琥珀製品。同樣，西南地區亦有相同情況。西南地區出土所見琥珀製品最早為三星堆遺址，其後漢魏六朝時期考古多有所見。西南地區出土琥珀製品與中國境內其他地區所見琥珀一樣來自域外。但是，西南地區琥珀的傳入更多藉助於南方絲綢之路陸路交通和海路交通完成。從而再一次證明南方絲綢之路在西南地區上古至中古時期曾發揮着重要的交通功能以及經貿文化傳播功能。

一塊玲瓏剔透的琥珀，鋪置沉睡在南方絲綢之路沿線，串聯起巴蜀乃至西南地區與南亞、東南亞、中亞、西亞之間的時空牽連。千年以後，拂去包裹這些精美的琥珀製品身上的塵土，其神采依然不減當年，我們似曾想到，這些來自域外的奇珍在不自覺之間成為中外交流的信使，將歷史的豐富信息凝固在琥珀的材質和形制之中。這些松脂凝結的化石，總能讓我們回首那段南方絲綢之路上的歷史貿易場景，此場景即是巴蜀地區甚至西南地區與遙遠域外之間中外物資交流的動人篇章。

第二編
宗教文化

古代巴蜀與南亞在精神觀念方面亦保持着良性互動，最為突出者即為佛教與道教的流播與互滲。阿育王以政治力量向周邊包括巴蜀地區在內傳播佛法，早期佛教經南絲路傳至巴蜀的史實皆清晰可尋，20 世紀 40 年代後，大量早期佛教文物在巴蜀出土，其數量居全國之首，《魏略 · 西戎傳》《魏書 · 釋老志》《拾遺記》《弘明集》《歷代三寶紀》等史志皆有巴蜀早期佛教遺跡的記載。早期佛教支系法藏比丘阿彌陀佛 Amitābha，經南絲路傳入峨眉山，當地人即稱此山為「Ami」山，此可從「峨眉」上古語音［ŋɑmi］（「阿彌陀佛」之「阿彌」）以及峨眉當地土音、韓語、越南語得以證明。佛語「阿彌」之音進入蜀語，即為揚雄《蜀都賦》以「峨眉」之形記錄的「Ami」之音。佛教與巴蜀本土信仰交融而成早期道教，而道教又傳入印度阿薩姆地區，旋即產生新的佛教流派密宗以及由此而生的印度煉金術。佛教與道教的嫁接聯姻再一次證明文化之樹需要外來陽光雨露的滋潤才能結出繁花碩果。

第七章　峨眉與早期佛教

峨眉山為西蜀名山，也是北傳漢語系佛教聖地。對於「峨眉」二字的語義來源，歷來史志與文士異說紛紜，附會者眾。「峨眉」既不與牙門山相關，山形如「蛾眉」之說亦是牽強附會，又非因「涐水」而成「峨眉」。「峨眉」二字在原初階段，非關山水風月，而是牽連着早期佛教的流播與融合。我們擬系統梳理舊傳史志，參核南絲路早期佛教考古成果以及語音調查材料，試對「峨眉」語源進行考證辨析，以圖還原「峨眉」語音本為「阿彌陀佛」之「阿彌」，當漢字進入峨眉地區後，「阿彌」之音記為「峨眉」之形的本來面目。

7-1　峨眉山金頂風光

一 「峨眉」不是「蛾眉」，也不是「牙門山」，更與「涐水」無關

典籍最早記載「峨眉」，為西漢末年揚雄《蜀都賦》：

> 蜀都之地，古曰梁州……南則有犍牂潛夷，昆明峩眉。[1]

揚雄《蜀都賦》，最早見於《古文苑》，然《漢書．揚雄傳》《文選》皆不載。《古文苑》所錄作品，均為史傳與《文選》所不錄，據傳為唐人舊藏，然《隋書．經籍志》《新唐書．經籍志》《舊唐書．經籍志》均未見此書著錄，清人錢熙祚《守山閣叢書》認為《古文苑》是宋人偽託唐人之作。如果誠如錢熙祚所言，那麼，揚雄《蜀都賦》亦為偽託。但是，熊良智《揚雄〈蜀都賦〉釋疑》一文已從多方面論證《蜀都賦》為揚雄所作[2]。此外，《文選》所錄左思《蜀都賦》劉淵林注中即出現「揚雄《蜀都賦》」[3]，劉淵林與左思同一時代，因而，至少在西晉劉淵林時代，揚雄《蜀都賦》即為人所熟知。此外，《蜀都賦》創作年代對本書所涉問題至關緊要，筆者於此也稍加說明。劉躍進《秦漢文學編年史》認為：「漢元帝劉奭建昭五年（前 34）丁亥，揚雄此前在蜀中作《蜀都賦》《蜀王本紀》《逐貧賦》。時年二十歲。」[4]而湯炳正《漢代語言文字學家揚雄年譜》認為《蜀王本紀》於永始四年（前 13）撰成，揚雄時年四十一歲[5]。與劉躍進考訂的年代有些出入，但我們可以肯定的是，揚雄《蜀都賦》創作年

1 ［西漢］揚雄：《蜀都賦》，《古文苑》第 1 冊，載《叢書集成初編》第 1692 冊，中華書局，1985 年，第 99 頁。
2 熊良智：《揚雄〈蜀都賦〉釋疑》，《文獻》2010 年第 1 期。
3 ［南朝梁］蕭統編，［唐］李善注：《文選》，中華書局，1977 年，第 75 頁。
4 劉躍進：《秦漢文學編年史》，商務印書館，2006 年，第 257 頁。
5 湯炳正：《語言之起源》，貫雅文化事業有限公司，1990 年，第 324 頁。

7-2　峨眉山萬佛頂風光

代也即是「峨眉」出現於典籍的最早年代大致於西漢成、哀之際是沒有多大問題的。

北宋樂史《太平寰宇記》載：

> 峩眉山，按《益州記》云：「峩眉山在南安縣界，兩山相對，狀似蛾眉。」張華《博物志》以為牙門山。[1]

這條材料並不載於今本《博物志》，而最早出現於南朝梁劉昭為西晉司馬彪《續漢志·郡國》犍為郡「南安有魚涪津」所作的注釋，劉昭曰：

> 《蜀都賦》注曰：「魚符津數百步……昔唐蒙所造。」《博物記》：

1　[北宋] 樂史：《太平寰宇記》，載《文淵閣四庫全書》第469冊，上海古籍出版社，1987年，第612頁。

「縣西百里有牙門山。」《華陽國志》曰：「縣西有熊耳峽，南有峨眉山，去縣八十餘里。」[1]

劉昭引張華《博物記》和常璩《華陽國志》皆是為了說明（南安）縣周邊的山川風物，南安縣（今樂山）西有牙門山，南安縣西還有熊耳峽，南安縣南有峨眉山，由此記載，牙門山和峨眉山應為完全不同方位的兩座大山。南朝梁人劉昭去西晉張華和東晉常璩不遠，又親見其著述，劉昭的說法較宋代的樂史應更為可信。在劉昭為南安縣作補充注解時，如果張華明言峨眉山就是牙門山，他定不會犯牙門山在縣西而峨眉山在縣南的低級錯誤。《太平寰宇記》此一失誤，影響甚大。清雍正年間黃廷桂監修的《四川通志》「峨眉縣」亦沿襲了《太平寰宇記》此一說法：

峩眉山，在縣西南。《博物記》「南安縣西百里有牙門山」，即此。[2]

自此，峨眉山又名牙門山的說法幾乎成為峨眉名稱來源的又一通論，後來不少學者盲目因襲此說，以訛傳訛，為峨眉語源的探尋徒增迷霧。劉琳認為：「《續漢志》犍為郡劉昭注引張華《博物志》云：『南安縣西百里有牙門山』。按牙門山即峨眉山，牙與峨，門與眉，古音俱相近。」[3] 田家樂認為：「西晉著名文學家張華，在他所著《博物志》中，稱峨眉山為牙門山。『峨眉』是牙門二字語言之轉。據說當時羌人的語言，牙門就是我們。」[4] 熊鋒認為：「峨眉山在古代又名牙門山。《續漢志》犍為

1　［西晉］司馬彪著，［南朝梁］劉昭注補：《後漢書志》，中華書局，1965 年，第 3510 頁。
2　［清］張晉生等編著，［清］黃廷桂等監修：《四川通志》，載《文淵閣四庫全書》第 560 冊，上海古籍出版社，1987 年，第 403 頁。
3　［東晉］常璩撰，劉琳校注：《華陽國志校注》，巴蜀書社，1984 年，第 285 頁。
4　田家樂：《略談「峨眉」二字的來歷》，《四川文物》1987 年第 2 期。

郡劉昭注引張華《博物志》:『南安縣西百里有牙門山。』」[1]《太平寰宇記》以及《四川通志》的這一失誤，為劉琳、田家樂、熊鋒諸家所遵從，究其原由，或許皆因沒能親自翻檢《續漢志》所致。

「峨眉」作為山名，在兩晉時期的典籍中亦有出現。西晉左思《蜀都賦》:

> 夫蜀都者，蓋兆基於上世，開國於中古，廓靈關以為門，包玉壘而為宇，帶二江之雙流，抗峨眉之重阻。[2]

由此可知，「峨眉」當為險峻的大山。東晉常璩《華陽國志・蜀志》:

> 後有王曰杜宇，教民務農，一號杜主……自以功德高諸王，乃以褒斜為前門，熊耳、靈關為後戶，玉壘、峨眉為城郭，江、潛、綿、洛為池澤，以汶山為畜牧，南中為園苑。[3]

此「峨眉」當為轄域邊界之大山。《華陽國志・蜀志》還有一處記載:

> 南安縣……西有熊耳峽，南有峨眉山。山去縣八十里。[4]

此「峨眉」在南安縣（今樂山）南。

從揚雄到常璩，皆用「峨眉」其名來描摹蜀地山川，然直至公元 6 世紀的梁代，皆沒有人解釋「峨眉」其名的涵義與由來。最早對「峨眉」二字作出解釋的是晉人任豫的《益州記》，《益州記》至宋已佚，這條材

1　熊鋒:《峨眉山又名眉山考》，《文史雜誌》2009 年第 3 期。

2　［西晉］左思:《蜀都賦》，載《文選》，中華書局，1977 年，第 75 頁。

3　［東晉］常璩撰，劉琳校注:《華陽國志校注》，巴蜀書社，1984 年，第 182 頁。

4　［東晉］常璩撰，劉琳校注:《華陽國志校注》，巴蜀書社，1984 年，第 281 — 282 頁。

料保存於宋初李昉《太平御覽》卷四十「地部五」之「峨眉山」：

> 《益州記》曰：「峨眉山在南安縣界，當縣南八十里，兩山首相望如娥眉。」[1]

同時，《太平御覽》卷一六六「州郡部一二」之「嘉州」也有相似記載：「《益州記》曰：『峨眉山，兩山相對，望之如峨眉。』」[2]

《益州記》此說為北朝酈道元《水經注》（成書於孝昌元年公元525年與孝昌三年公元527年間[3]）所吸收：

> 青衣水徑平鄉，謂之平鄉江。《益州記》曰：「平鄉江東徑峨眉山，在南安縣界，去成都南千里。然秋日清澄，望見兩山相峙，如蛾眉焉。」[4]

任、酈二氏從峨眉山的外形來推定「峨眉」二字的語源語義來歷，幾乎成為後世定論。然考索圖籍，我們卻找不到「峨眉」為「蛾眉」的文獻證據。李白詩謂「蜀國多仙山，峨眉邈難匹」，這恰是峨眉山所處地理地貌的真實寫照，峨眉山頂峰海拔三千多米，獨立無匹，周圍並無一山與它媲美、競秀爭雄，真可謂橫空出世，故此所謂「兩山相對如蛾眉」之說純屬望文而生義。筆者認為，這或許是任豫對「峨眉」（本是記音漢字）二字所生發的「中國式」漢字釋義，無疑皆因望文生義而來。此外，歷來典籍皆言「峨眉」有三山，「大峨山」「中峨山」與「小峨山」，這也

1 ［晉］任豫：《益州記》，載《太平御覽》，中華書局，1960年，第192頁。
2 ［晉］任豫：《益州記》，載《太平御覽》，中華書局，1960年，第811頁。
3 徐中原：《〈水經注〉研究》，蘇州大學2009年博士論文。
4 ［北魏］酈道元：《水經注》，嶽麓書社，1995年，第516頁。

7-3　大峨山

7-4　中峨山

7-5　小峨山

不符合「兩山相對」之說。追根溯源，任豫或以《詩經・衛風・碩人》「螓首蛾眉」為文獻根據，然後對「峨眉」作了如此形象的比附，此一比附，反為「峨眉」增添不少秀色，從而也樂為世人所認同。然實況是否真是如此卻頗值得懷疑，依據劉師培的考證，在魏晉以前，「蛾眉」一詞，原義亦並非指「女子之修眉」，而是指女子「體態之美好」[1]。因而在此前語境之中，「蛾眉」一詞並無「眉目」之含義，則亦可說明以「峨眉」隱指「蛾眉」，進一步賦以「相對如蛾眉」之意義，完全是魏晉以後的事情了。對於這種注疏闡釋流變過程中望文生義、因文附會的作法，筆者《歷代注疏對〈楚辭〉地名解說的訛變 —— 以「三危」為例》[2] 一文多有論述。文人們涵養而成的「中國式」注疏精神，極易催生在經典文獻中去找尋當下語境遠古淵源的習慣，任豫此說，正符合此一文化特徵。

「峨眉」自漢代進入中原視野之後，歷代史志如《隋志》《十道志》《元和郡縣志》《太平寰宇記》《方輿勝覽》《明一統志》《大清一統志》《四川通志》等以及范成大《峨眉紀行》、陸深《蜀都雜抄》、曹學佺《蜀中名勝記》等文人紀行皆有詳細記載，然諸志諸說皆採錄沿用所謂張華《博物志》「牙門山」說以及《益州記》《水經注》「蛾眉」說，茲不贅錄。

此外，尚有主張以「涐水」之名求「峨眉」之名的。持這種觀點的學者如何紹基、趙熙等普遍認為，大渡河古稱「涐水」，峨眉山在涐水之湄，山因水而得名。然遍考圖籍，「涐水」之名最早或出現於東漢許慎《說文解字》：

> 涐，水出蜀汶江徼外，東南入江，从水，我聲。[3]

---

1 劉師培：《清儒得失論》，中國人民大學出版社，2009 年，第 2 — 3 頁。
2 湯洪：《歷代注疏對〈楚辭〉地名解說的訛變 —— 以「三危」為例》，《社會科學研究》2013 年第 5 期。
3 ［東漢］許慎：《說文解字》，中華書局，1963 年，第 224 頁。

以文獻觀之，許慎所記「涐水」明顯晚於揚雄《蜀都賦》所記「峨眉」。由此可知，以後起之「涐水」注解早先之「峨眉」，或許並不能還原「峨眉」之本真，因此，「峨眉」因「涐水」而名於史實或許並不相符。大約三國魏時成書的《水經》，其記「江水」並未提及「涐水」之名，《水經》曰：

> 岷山在蜀郡氐道縣，大江所出，東南過其縣北。又東南過犍為武陽縣，青衣水、沫水從西南來，合而注之。[1]

犍為武陽處今樂山一帶，《水經》此記當為今日之青衣江、大渡河於今樂山大佛腳下合流之事，由此可知，在《水經》時代，大渡河尚稱沫水，而與「涐水」無關。對於《水經》的此條記載，酈道元《水經注》曰：

> 南安縣……縣南有峨眉山，有蒙水，即大渡水也。水發蒙溪，東南流與涐水合。水出徼外，徑汶江道。呂忱曰：渽水出蜀。許慎以為涐水也，出蜀汶江徼外，從水，我聲。南至南安，入大渡水。[2]

在酈道元的時代，沫水已經被稱為大渡水，與今大渡河之名相同。《水經注》所言「涐水」應為今日之青衣江，「涐水」（青衣江）南流於南安（樂山）匯入大渡水，與今天大渡河、青衣江、岷江水系完全吻合。酈道元最擅長以文化視角解讀河流，他在此記峨眉山，記蒙水，記大渡水，記涐水，如果「峨眉」因「涐水」而生名，想必酈道元是不會錯過記載的。綜觀《說文》《水經》《水經注》，許慎筆下的「涐水」語焉不詳，《水經》並無「涐水」記載，而《水經注》確言「涐水」為青衣江，但不

1　[北魏] 酈道元：《水經注》，嶽麓書社，1995 年，第 485 — 488 頁。
2　[北魏] 酈道元：《水經注》，嶽麓書社，1995 年，第 489 — 490 頁。

管怎樣，我們皆不能推導出「峨眉」因「涐水」而成其名。然揣摩文獻，「涐水」水名因「峨眉」山名而生，似乎與文獻記載更為契合。先有「峨眉」之名，然後生成「峨水」，再變為「涐水」，由漢字記音並造成新的形聲字，這是漢字文化圈不斷向外擴展過程中的必然現象，這也正是漢字生命力之所在。

二　峨眉山是南絲路上早期佛教傳播的重要驛站

「峨眉」既不與牙門山相關，山形如「蛾眉」之說亦是牽強附會，又非因「涐水」而成「峨眉」，那麼，「峨眉」究竟因何而成其名？筆者認為，「峨眉」二字在原初階段，非關山水風月，而是牽連着早期佛教的流播與融合。

由喬達摩．悉達多創始的原始佛教產生甚早，至少應在中國東周周敬王時代。有影響的思想一旦產生，自會擁有其信徒。佛教哲學自釋迦牟尼昌明之後，旋即產生廣泛影響。那麼，早期佛教是否可能通過南方絲綢之路傳播至峨眉地區呢？「至遲從公元前二千年代中葉開始，在從近東、中亞、南亞到中國西南四川盆地之間廣闊的空間內，存在着相同或相似文化因素集結的連續分佈現象。這個廣闊的連續空間，就是古代亞洲最大、最長的文化交流紐帶。這條紐帶的南段和南段轉折向東伸入四川盆地，以及由四川盆地出雲南至東南亞的一段遠距離國際交流線路，便是『南方絲綢之路』」[1]。從佛教誕生地尼泊爾經孟加拉，越緬甸密支那地區，即可抵達滇西大理。從大理北上麗江、鹽源，可抵西昌。從大理東去楚雄，再北上攀枝花，亦可抵西昌。再由西昌北上犛牛道經漢源、

1　段渝：《淺談南方絲綢之路》，《光明日報》1993 年 5 月 24 日。

雅安抵成都，或由西昌東折五尺道經宜賓北上犍為、樂山抵成都，此即近年來不斷為考古學家、歷史學家所證實的南方絲綢之路。此一交通要道，在《史記・西南夷列傳》中也有記載：「及元狩元年，博望侯張騫使大夏來，言居大夏時見蜀布、邛竹杖，使問所從來，曰：『從東南身毒國，可數千里，得蜀賈人市。』或聞邛西可二千里有身毒國。騫因盛言大夏在漢西南，慕中國，患匈奴隔其道，誠通蜀身毒國道，便近，有利無害。」[1] 公元前 122 年，張騫出使西域，回朝後向漢武帝報告，稱他在大夏國（今阿富汗）親眼見到產自蜀地的布帛和竹杖，並且得知這些物產是從「身毒國」（今印度）傳入。由《史記》記載可知，早在張騫出使西域以前，蜀地的物產即通過（南絲路）印度輾轉流傳穿越印度河而至阿富汗、伊朗。

此一國際交通經貿線路「蜀身毒道」存在時間甚早，佛教自誕生後，從喜馬拉雅山南麓尼泊爾地區沿着「蜀身毒道」向東北方向傳播至峨眉地區是完全暢達的。峨眉所處地理位置正為犍為、樂山與漢源、雅安交通要道所環繞，其東南西北皆可暢達南絲路。將峨眉所處地理環境置入南絲路中稍加研判，我們一定不會認為峨眉地區是徼外僻遠荒無人煙之地，其正處成都與南方諸域交通網絡之中。另外，中國典籍如《高僧傳》《續高僧傳》等記載有大量漢地僧人西行求法或求法返程多取蜀地作為通道，此亦為有力反證。

交通經貿路線即佛教傳播路徑已清晰可見，那麼，有沒有早期佛教向外傳播的史實動因和實物依據呢？一種思想的傳播，信徒的宣化自是重要，但政治力量的推動才會有更廣泛的效果。釋迦牟尼寂滅後的二百年間，印度產生了一位佛教史上顯赫的「大護法」阿育王。阿育王為古印度摩揭陀國孔雀王朝的第三代王，以武力統一印度各部。其晚年篤佛，

1 ［西漢］司馬遷：《史記》，中華書局，1959 年，第 2995 頁。

廣修寺廟，曾在首府華氏城雞園寺，會集比丘一千眾，結集佛教經典。阿育王不但在境內推行佛教，使佛教成為國教，而且派大批僧人甚至包括王子和公主在內的佛教使團向四面八方傳播佛教，佛教遂以政治的力量開始向邊陲地區和周邊國家迅速流播，佛教使團甚至親歷敘利亞、埃及、緬甸以東等地。翻開地圖，緬甸北部的密支那地區與峨眉地區相隔甚近，從地域來看，從密支那地區北上峨眉地區並不是想像中的天塹之途。據佛教史乘所稱，秦始皇時代，曾囚禁外國沙門釋利防等十八賢者，後被丈六金剛破獄獲救。雖然沙門並不一定指佛教徒，但至少可以說明遠在秦漢之際，印度宗教徒即遠涉中原。秦漢之際，正好與阿育王在位時間（公元前 273 — 公元前 232）相吻合。凡此種種，皆可說明印度的佛教極有可能在阿育王時代傳播至中原，當然峨眉地區更是南線傳播路程中的重要區域。

由此可知，峨眉地區成為早期佛教傳播過程的驛站，於理有據。邏輯和道理明白如此，但是否具備實物與文獻的證據呢？

自 20 世紀 40 年代以來，蜀地出土了大量早期佛教文物，隨着西昌邛海漢墓磚上的梵文朱書符號[1]、蘆山漢墓的青銅佛像[2]、宜賓黃塔山漢墓的坐佛像[3]、南溪漢墓的浮雕佛像[4]、樂山麻浩崖墓浮雕坐佛像與樂山柿子灣崖墓浮雕羣像[5]、什邡漢墓畫像磚上的佛塔和菩提樹[6]、彭山東漢崖墓搖錢樹座上的佛像和菩薩像[7]、綿陽何家山漢代崖墓的坐佛像[8]等的出土，四川早期佛教造像在數量上已居全國之首。1940 年四川樂山市麻浩第 1 號崖墓後

1　鄧廷良：《絲路文化》，浙江人民出版社，1995 年，第 137 頁。
2　鄧廷良：《絲路文化》，浙江人民出版社，1995 年，第 137 頁。
3　鄧廷良：《絲路文化》，浙江人民出版社，1995 年，第 137 頁。
4　鄧廷良：《絲路文化》，浙江人民出版社，1995 年，第 137 頁。
5　江玉祥編著：《古代西南絲綢之路研究》第二輯，四川大學出版社，1995 年，第 55 頁。
6　謝志成：《四川漢代畫像磚上的佛塔圖像》，《四川文物》1987 年第 4 期。
7　南京博物院編：《四川彭山漢代崖墓》，文物出版社，1991 年，第 36 頁。
8　何志國：《四川綿陽何家山 1 號東漢崖墓清理簡報》，《文物》1991 年第 3 期。

7-6　四川彭山第 166 號崖墓出土的搖錢樹座佛像

室門楣上發現一尊浮雕石佛像，圓形的頭光，頂有高肉髻，身着通肩大衣，右手施無畏印，左手握衣角，結跏趺坐[1]。同年，樂山柿子灣第 1 號東漢崖墓的門楣上，也發現兩尊佛像，形制與麻浩崖墓佛像相同，高肉髻，着通肩大衣，右手施無畏印，左手握衣角下擺。1942 年，四川彭山第 166 號崖墓出土搖錢樹座佛像，此為中國首次搖錢樹佛像考古發現，此件現藏南京博物院。佛像樹座為泥質灰陶，高 21 厘米，全器成圓形，樹座表面塑出模制人像，其中間一像結跏趺坐，高肉髻，右手結施無畏印，左手握拳執衣裳之下擺，身上的僧衣紋飾呈「U」字形下垂，具有明顯佛像特徵。佛像兩側尚有兩侍從站立而侍，為一佛二菩薩[2]。1989 年 11 月，四川綿陽何家山 1 號崖墓出土搖錢樹佛像，現藏四川省綿陽市博物館。此件搖錢樹分為樹幹和樹葉，樹幹殘長 76 厘米，其上有 5 尊形象一致的佛像，均高 6. 5 厘米。佛像頭後有橢圓形的項光，頂有肉髻，雙眼

1　李復華、陶鳴寬：《東漢巖墓內的一尊石刻佛像》，《文物參考資料》1957 年第 6 期。

2　南京博物院編：《四川彭山漢代崖墓》，文物出版社，1991 年，第 37 — 38 頁。

7-7 四川綿陽何家山 1 號崖墓出土的搖錢樹佛像

微合，兩耳較大，上脣有髭，穿通肩袈裟，右手豎掌，掌心向外，作施無畏印，左手握拳執衣下擺，衣角下垂呈「U」字形，繞於右手腕，再垂至足前，結跏趺坐[1]。這些搖錢樹佛像皆有印度犍陀羅藝術佛教造像特徵，佛像為印度傳入確鑿無疑。

這些佛像建造年代大致在兩漢時期，而在同一時期，北方中原區域的佛教才剛剛傳入，並不見得有大規模的佛像建造活動。這一事實本身即已說明四川早期佛教並不是通過中原南傳而來，而是通過南方絲綢之路從印度直接傳入。出土的這些文物正好位於峨眉周邊，峨眉為早期佛教重要驛站應符合當時歷史情形。

佛教傳入中土時間甚早，遠遠早於漢明帝永平七年（64）。此一情形，不僅有上述考古材料作為證據，另外在中國諸多典籍中也有述及。應該說，佛教自釋迦牟尼昌明和阿育王推廣後，即已傳播至四方，中國史志隱約有其記載。此亦恰似史家所謂張騫通西域事，事實證明，在張騫出使西域的更早年代，中土與西域已有交通存在。

東晉王嘉《拾遺記》記載：

> 燕昭王……七年，沐胥之國來朝，則身毒國之一名也。有道

1 何志國：《四川綿陽何家山 1 號東漢崖墓清理簡報》，《文物》1991 年第 3 期。

> 術人，名尸羅。問其年，云百三十歲，荷錫持瓶，云發其國五年乃至燕都。善衒惑之術，於其指端出浮屠十層，高三尺，乃諸天神仙……[1]

若依王嘉所言，在燕昭王七年（前 305），印度即有類似佛教僧人行走 5 年入燕都，此正是釋迦牟尼寂滅後的佛教傳播之事。

隋費長房《歷代三寶紀》記載：

> 三十四年，所有典籍悉皆焚燒……緣是周代聖教靈跡及阿育王造舍利塔，傳記湮絕，靡知所承。又始皇時有諸沙門釋利防等十八賢者，賫經來化始皇，弗從，遂禁利防等。[2]

依費長房所言，在秦始皇焚書坑儒之前，佛教即已流播至中土。秦始皇又與阿育王同時稱雄亞洲，阿育王晚年息兵好佛，釋利防等十八人準備說服秦始皇效法阿育王放棄殺生，但反遭秦始皇囚禁，由此記載，在嬴秦之際，佛教當已流播入中土。

曹學佺《蜀中名勝記》「雙流縣」記有「大塔山」：

> 陰宏道《益州山川圖》云：「阿育王使鬼兵造八萬四千塔，廣都有其一。」[3]

廣都即今成都雙流，此一史料，與阿育王向四面八方弘揚佛法正好

---

1 ［東晉］王嘉：《拾遺記》，載《文淵閣四庫全書》第 1042 冊，上海古籍出版社，1987 年，第 330 頁。

2 ［隋］費長房：《歷代三寶紀》，載《續修四庫全書》第 1288 冊，上海古籍出版社，2002 年，第 384 頁。

3 ［明］曹學佺：《蜀中名勝記》，重慶出版社，1984 年，第 63 頁。

吻合。《蜀中名勝記》「蒲江縣」又記載：

> 《紀勝》云：「南十五里，莫佛鎮。相傳漢文帝時有莫將軍征西南夷歸，而學佛於此。其佛臺前，石羊虎尚在。」[1]

據此，在漢文帝時代，四川蒲江地區即有佛教傳播，蒲江與峨眉相距甚近，峨眉地區有佛教流行不言而喻。

北齊魏收《魏書・釋老志》記載：

> 漢武元狩中，遣霍去病討匈奴，至臯蘭，過居延，斬首大獲。昆邪王殺休屠王，將其眾五萬來降。獲其金人，帝以為大神，列於甘泉宮。金人率長丈餘，不祭祀，但燒香禮拜而已。此則佛道流通之漸也。及開西域，遣張騫使大夏還，傳其旁有身毒國，一名天竺，始聞有浮屠之教。[2]

若依魏收的說法，在漢武帝的時代，中土不但已知佛教造像，而且還知身毒國（印度）佛教這一學術流派，此與阿育王弘揚佛法的歷史背景亦可吻合。

《三國志・魏書・烏丸鮮卑東夷傳》裴松之注引魚豢《魏略・西戎傳》曰：

> 天竺又有神人，名沙律。昔漢哀帝元壽元年，博士弟子景盧受大月氏王使伊存口受《浮屠經》，曰復立者其人也。《浮屠》所

1 ［明］曹學佺：《蜀中名勝記》，重慶出版社，1984 年，第 201 頁。
2 ［北齊］魏收：《魏書》，中華書局，1974 年，第 3025 頁。

> 載……比丘……，皆弟子號也。[1]

浮屠之教即佛教，若依魚豢的說法，佛教典籍在漢哀帝元壽元年（公元前 2）已經傳入中土，漢哀帝與揚雄《蜀都賦》出現「峨眉」時代正好可以吻合。

《弘明集》所載習鑿齒《與釋道安書》曰：

> 自大教東流，四百餘年矣。[2]

習鑿齒為東晉文士，卒於公元 383 年。大教在此文即指佛教，若依習鑿齒說向上推溯四百餘年，正當西漢末世，與揚雄《蜀都賦》時代亦可吻合。

《世說新語・文學》記東晉殷浩談論佛經的玄理時，劉孝標注曰：

> 佛經之行中國尚矣，莫詳其始……如此，即漢成、哀之間，已有經矣……此神全類於佛，豈當漢武之時，其經未行於中土，而但神明事之邪。故驗劉向、魚豢之說，佛至自哀、成之世明矣。[3]

若依劉孝標的說法，佛經在漢成帝、漢哀帝之季已經流播至中土，此與揚雄《蜀都賦》時代若合符節。

凡此種種，皆可證明在揚雄《蜀都賦》出現「峨眉」之前，佛教學術以及佛教法物皆已為中土所了解。以地域觀察，蜀地更接近印度，而

1　[西晉] 陳壽：《三國志》，中華書局，1959 年，第 859 頁。

2　[南朝梁] 釋僧祐：《弘明集》，載《文淵閣四庫全書》第 1048 冊，上海古籍出版社，1987 年，第 175 頁。

3　[南朝宋] 劉義慶著，[南朝梁] 劉孝標注，余嘉錫箋疏：《世說新語》，中華書局，2011 年，第 187 頁。

且印度通往蜀地的「蜀身毒道」也即是今人所謂的「南方絲綢之路」自商周至秦漢皆暢達無阻，自 20 世紀 40 年代樂山麻浩崖墓佛像被發現以來，峨眉地區的早期佛教遺物多有發現[1]，且這些佛像造型與印度早期犍陀羅與秣菟羅佛像非常相似，由此，峨眉地區在揚雄《蜀都賦》時代已是佛教重要傳播陣地，這一結論當有充分依據。此外，漢明帝時，於大峨峰頂（今金頂）修建普光殿（今華藏寺）[2]，此事在漢明帝永平八年（65）。世界遺產委員會對峨眉山被列入《世界遺產名錄》時評價說：「公元 1 世紀，在四川省峨眉山景色秀麗的山巔上，落成了中國第一座佛教寺院。」[3] 佛教通過南方絲綢之路傳入蜀地並建制廟宇並不孤立，峨眉山北部的大邑霧中山，在永平十六年（73），由印度高僧迦葉摩騰、竺法蘭建制寺廟，歷代史志如《四川通志》以及文士如楊慎《霧中山開化寺碑記》多有記載[4]。法國漢學家伯希和即認為摩騰和竺法蘭是由緬甸的伊洛瓦底江上游取道雲南而達四川的[5]。對於早期佛教經由南絲路傳入，歷史學家也多有認同。翦伯贊即認為：

> 佛教之最初傳入中國，我們便不能不追溯到西漢之季。[6]

呂思勉亦認為：「梁啟超作《中國佛教之初輸入》，疑佛初來自南方。馮承鈞《中國南洋交通史》亦云然。雖乏誠證，然以理度之，說固可通。」[7] 對於蜀地佛教的傳入，任繼愈認為：「更大的可能是通過雲南輸

1 向玉成：《樂山崖墓佛教與佛教傳入問題》，《四川師範大學學報》2004 年第 3 期。
2 ［清］蔣超著，印光大師修訂：《峨眉山志》，福建莆田廣化寺，2008 年，第 141 頁。
3 劉曉芳：《世界遺產委員會對我國「雙遺產」的評價》，2002 年 8 月 11 日《樂山日報》。
4 衞復華：《漢代四川佛教活動問題初探 —— 兼談霧中山寺在我國佛教史上的地位》，《法音》1986 年第 4 期。
5 ［法］伯希和著，馮承鈞譯：《交廣印度兩道考》，中華書局，1955 年，第 21 頁。
6 翦伯贊：《秦漢史》，北京大學出版社，1983 年，第 557 頁。
7 呂思勉：《秦漢史》，上海古籍出版社，2005 年，第 752 頁。

7-8　峨眉山金頂華藏寺

7-9　大邑霧中山

入的。」[1]

三 「峨眉」語源的真實面目為「阿彌」之音譯

由以上清理，我們似已隱約可知，「峨眉」或與早期佛教有着千絲萬縷的聯繫，種種佛教文獻和考古遺跡自不待說，僅就「峨眉」二字的成因即可窺豹一斑。筆者認為，「峨眉」二字語源實為「阿彌陀佛」之「阿彌」。

「峨」字最早見於司馬相如《上林賦》：

> 於是乎崇山巃嵸，崔巍嵯峨⋯⋯南山峨峨。[2]

《說文解字》謂：「峨，嵯峨也，从山，我聲。」[3]《說文》的注解或正是依據《上林賦》的描寫而成。後世「峨」幾乎皆與「嵯」組合成聯綿字「嵯峨」或者叠字「峨峨」用於狀高山之貌。司馬相如與揚雄皆為蜀人，一前一後，可見「峨」字為當時蜀語語音所新造漢字。據何九盈《上古音》介紹，上古音有三十個韻部，歌部一等開口［ai］下收「我、俄、娥、餓、蛾、鵝、阿」[4] 等字，可以推測，以「我」作聲部的「峨」字與「阿彌陀佛」之「阿」字在上古應屬同一韻部。今天的音韻學者大致認為「峨」上古音為［ŋɑ］，「眉」上古音為［mi］，「峨眉」兩字在揚雄《蜀都賦》時代大致讀為［ŋɑmi］。此外，直至今日，峨眉當地土音、韓語、越南語

---

1 任繼愈：《中國佛教史》，中國社會科學出版社，1981 年，第 185 頁。
2 ［西漢］司馬遷：《史記》，中華書局，1959 年，第 3022 頁。
3 ［東漢］許慎：《說文解字》，中華書局，1963 年，第 191 頁。
4 何九盈：《上古音》，商務印書館，1991 年，第 45 頁。

等皆讀「峨眉」為［ηami］。

眾所周知，「阿彌陀佛」源於梵語 Amitābha（無量佛）的音譯。據《佛說無量壽經》記載，釋迦牟尼佛在耆闍崛山講無量壽經時，命阿難禮拜，見到阿彌陀佛。此外，《阿彌陀經》也記載釋迦牟尼佛與舍利弗說到西方極樂世界有佛名阿彌陀，由此可知，「阿彌陀佛」的出現在印度甚早，在釋迦牟尼去世後的結經時代即已成型。結合前面早期佛教傳播的諸種論述，「阿彌陀佛（Amitābha）」這一早期佛教的稱唸語音通過南方絲綢之路而傳播至峨眉地區是完全可能的。由此可以推斷，「峨眉」［ηami］即為佛教早期阿彌陀佛信仰所誦唸「阿彌陀佛」之「阿彌」［ηami］，也即流衍到中土後演化為淨土宗之「阿彌」［ηami］，今天中土寺僧仍舊讀「阿彌」若［ηami］。由此觀之，峨眉與早期佛教的淵源遠遠早於中原史志的記載，也要早於金頂普光殿的修建年代。

至此，我們可以對「峨眉」語音語義的流變做一清理。在漢字文化圈還沒波及峨眉地區時，當地人對峨眉山的稱呼我們今天已無從考證。早期佛教自南方絲綢之路傳播至峨眉地區後，峨眉山即成為早期佛教傳播的重要驛站，或許由於這一佛教支系所宣揚者重在法藏比丘阿彌陀佛 Amitābha，佛教徒或當地人即稱呼此山為「Ami」山。此稱名一經流播，峨眉山的原始土著名稱即漸次湮沒而無聞。隨着秦漢軍事、政治、經濟逐步對西南地區的影響，蜀地開明王朝即告崩解。伴隨秦漢政權而來的，除了人口、經濟的融合外，漢字文化也逐漸在蜀地生根發芽。文翁化蜀前後，蜀地興起一批漢化文士，司馬相如、王褒、嚴遵、揚雄即為代表。漢字文化一旦傳播並浸入蜀地，很多蜀語即以音譯形式為漢字所記錄。揚雄即是第一個將「Ami」之音以「峨眉」之形記錄於《蜀都賦》的本土文士。「峨眉」正式融入中華漢字文化系統前，漢字語庫中的構件是「我、眉」，「峨」最早出現於司馬相如辭賦即為證明。當「Ami」語音進入漢字系統後，語音所對應義項即會逐漸漢化，使用者隨即另造新字與之對應，新造漢字，往往即為形聲字。從「我眉」到「峨嵋」，添加了義符，從而構成新的形聲字。在借用漢字標識音譯的初始階段，漢字記寫有很大隨意性，「峨嵋」「峨眉」「我嵋」「峨眉」「涐湄」「涐眉」等皆是其例。一旦音譯漢字定型之後，經年累月，世人也就難於看清它的本真面貌，甚至會自然而然認為該字來源於歷史經典，隨即便會對其作文化附會闡釋。《詩經・衛風・碩人》「螓首蛾眉」恰可作為「峨眉」的歷史典籍文獻支撐，於是便有任豫《益州記》和酈道元《水經注》「兩山相對如蛾眉」的文化溯源附會，有此望文生義，「蛾眉」「娥眉」之名隨即產生，但此一說法直至今日也沒形成統一意見，相反，在歷代史志的記載中，多沿用「峨眉」一名，在經由政治和文化權威的逐漸定型後，人們也就樂於遵照一定的通行寫法，這便是今日之「峨眉」。

由以上「峨眉」語源的清理可知，大量歷史文獻和考古材料均可證明在佛教產生的早期，佛教即通過南方絲綢之路一路北上，穿越千山萬水，溝壑津橋，直入巴蜀大地。峨眉地區為由滇入蜀的重要驛站，早期佛教在此凝固傳播，峨眉周邊大量早期佛教遺跡即可印證，更為顯明的是，「峨眉」一語的語源也烙下早期佛教流播的痕跡。早期佛教流傳至巴蜀，這讓我們不得不相信，在如此久遠的時代，區域與區域之間的文化交流從未間斷，人們渴望了解異域文化以及積極主動傳播自身文明的情懷永遠沒有改變。

第八章　道教南傳

早期佛教自南方絲綢之路傳播至巴蜀大地，與巴蜀奇山異水相遇，旋即凝固並根植於民眾心理，慢慢浸染民眾信仰並產生深遠影響。雖然南線傳播途程更近，但所到區域文明程度尚低，其產生的影響也就有限。此外，佛教傳播還有一條路線，自中亞入新疆，經河西走廊進入中原。傳播至中原的佛教，與中原文化排斥、碰撞、吸收、融合，逐漸為中原文化所塑造。經過加工改造的佛教再一次向外傳播，從長安地區南越秦嶺，進入巴蜀，以更為強勁的勢力影響着巴蜀地區的宗教信仰。佛教擁有整套的理論體系和嚴密的教儀教規，一經與普通民眾的生活信仰結合，勢必在民間產生廣泛影響，從而成為世俗化的民眾信仰。中國本土的精神文化和民俗習慣，十分迅速地將佛教的教儀教規嫁接於自己的意識之中，旋即產生中國本土的宗教信仰道教。

一　道教發源地及創始人文獻考辨

關於道教的發源地，學界尚存爭議，但學者普遍認為，道教產生於蜀山蜀水，也有學者認為道教應是齊魯文化特別是齊文化滋生的結果。但無論如何，從文獻記載來看，巴蜀大地產生道教的時間甚早甚古。道教醞釀成熟於巴蜀山水之間，這本身也可說明早期佛教在巴蜀大地的廣泛信仰基礎。兩者水乳交融，不可分割。

關於道教的創始人張陵以及開創之初的教義教規，歷代史志記載甚為簡略。張陵事跡始載成書於晉初的《三國志・魏書・張魯傳》：

張魯字公祺，沛國豐人也。祖父陵，客蜀，學道鵠鳴山中，造作道書以惑百姓，從受道者出五斗米，故世號米賊。陵死，子衡行其道。衡死，魯復行之。[1]

此外，常璩《華陽國志》較《三國志》記述更為詳細：

漢末，沛國張陵學道於蜀鶴鳴山，造作道書，自稱「太清玄元」，以惑百姓。陵死，子衡傳其業。衡死，子魯傳其業。魯字公祺，以鬼道見信於益州牧劉焉。魯母有少容，往來焉家。初平中，以魯為督義司馬，住漢中，斷谷道。魯既至，行寬惠，以鬼道教。立義舍，置義米、義肉其中，行者取之，量腹而已，不得過，過多云鬼病之。其市肆賈平亦然。犯法者三原而後行刑。學道未信者謂之「鬼卒」，後乃為「祭酒」。巴、漢夷民多便之。其供道限出五斗米，故世謂之「米道」。[2]

《後漢書・劉焉傳》的記載與《三國志》《華陽國志》相差不大：

沛人張魯，母有姿色，兼挾鬼道，往來焉家，遂任魯以為督義司馬，（遂）與別部司馬張修將兵掩殺漢中太守蘇固，斷絕斜谷，殺使者。魯既得漢中，遂復殺張修而併其眾 …… 魯因襲取之，遂雄於巴漢 …… 曹操破張魯，定漢中。

1 ［西晉］陳壽：《三國志》，中華書局，1959 年，第 263 頁。
2 ［東晉］常璩撰，劉琳校注：《華陽國志校注》，巴蜀書社，1984 年，第 114 頁。

> 魯字公旗，初，祖父陵，順帝時客於蜀，學道鶴鳴山中，造作符書，以惑百姓。受其道者輒出米五斗，故謂之「米賊」。陵傳子衡，衡傳於魯，魯遂自號「師君」。其來學者，初名為「鬼卒」，後號「祭酒」。祭酒各領部眾，眾多者名曰「理頭」。皆校以誠信，不聽欺妄，有病但令首過而已。諸祭酒各起義舍於路，同之亭傳，縣置米肉以給行旅。食者量腹取足，過多則鬼能病之。犯法者先加三原，然後行刑。不置長吏，以祭酒為理，民夷信向。朝廷不能討，遂就拜魯鎮夷中郎將，領漢寧太守，通其貢獻。[1]

此後，葛洪《神仙傳·張道陵》以及魏收《魏書·釋老志》的記載逐漸將張陵及其創設的道教神仙化：

> 天師張道陵，字輔漢，沛國豐縣人也。本太學書生，博採五經，晚乃歎曰：「此無益於年命。」遂學長生之道，得《黃帝九鼎丹經》，修煉於繁陽山。丹成服之，能坐在立亡，漸漸復少。後於萬山石室中，得隱書祕文及制命山嶽眾神之術，行之有驗。
>
> 初，天師值中國紛亂，在位者多危，退耕於餘杭，又漢政陵遲，賦斂無度，難以自安，雖聚徒教授，而文道雕喪，不足以拯危佐世。陵年五十，方退身修道，十年之間，已成道矣。聞蜀民樸素可教化，且多名山，乃將弟子入蜀於鶴鳴山隱居。既遇老君，遂於隱居之所，備藥物，依法修煉，三年丹成，未敢服餌，謂弟子曰：「神丹已成，若服之，當衝天為真人，然未有大功於世，須為國家除害興利以濟民庶，然後服丹即輕舉，臣事三境，庶無愧焉。」老君尋遣清和玉女，教以吐納清和之法，修行千日，能內見五藏，外集

1　[南朝宋] 范曄：《後漢書》，中華書局，1965 年，第 2432 — 2436 頁。

外神，乃行三步九跡，交乾履斗，隨罡所指，以攝精邪，戰六天魔鬼，奪二十四治，改為福庭，名之化宇，降其帥為陰官。先時蜀中魔鬼數萬，白晝為市，擅行疫癘，生民久罹其害，自六天大魔推伏之後，陵斥其鬼眾，散處西北不毛之地，與之為誓曰：「人主於晝，鬼行於夜，陰陽分別，各有司存，違者正一有法，必加誅戮。」於是幽冥異域，人鬼殊途，今西蜀青城山有鬼市，並天師誓鬼碑，石天地、石日月存焉。[1]

道家之原，出於老子……如此之文，不可勝紀。其為教也，咸蠲去邪累，澡雪心神，積行樹功，累德增善，乃至白日升天，長生世上。所以秦皇、漢武，甘心不息。靈帝置華蓋於濯龍，設壇場而為禮。及張陵受道於鵠鳴，因傳天官章本千有二百，弟子相授，其事大行。齋祠跪拜，各成法道，有三元九府、百二十官，一切諸神，咸所統攝。又稱劫數，頗類佛經。其延康、龍漢、赤明、開皇之屬，皆其名也。及其劫終，稱天地俱壞。其書多有禁祕，非其徒也，不得輒覯。至於化金銷玉，行符敕水，奇方妙術，萬等千條，上云羽化飛天，次稱消災滅禍。故好異者，往往而尊事之……謙之守志嵩嶽，精專不懈，以神瑞二年十月乙卯，忽遇大神，乘雲駕龍，導從百靈，仙人玉女，左右侍衛，集止山頂，稱太上老君。謂謙之曰：「往辛亥年，嵩嶽鎮靈集仙宮主，表天曹，稱自天師張陵去世已來，地上曠誠，修善之人，無所師授」……牧土之來，赤松、王喬之倫，及韓終、張安世、劉根、張陵，近世仙者，並為翼從。牧土命謙之為子，與羣仙結為徒友。幽冥之事，世所不了，謙之具問，一一告焉。[2]

---

1 ［東晉］葛洪撰，胡守為校釋：《神仙傳校釋》，中華書局，2010 年，第 190 — 191 頁。
2 ［北齊］魏收：《魏書》，中華書局，1974 年，第 3048 — 3052 頁。

綜觀《三國志》《華陽國志》《後漢書》《神仙傳》以及《魏書》的記載，我們雖難於勾勒出張陵豐腴的人生軌跡，但史志卻可為我們提供有關道教源流以及產生地域等歷史信息。張陵是張魯的祖父，生於沛國豐縣（今徐州西北），不遠萬里，來到四川，在鵠鳴山（今成都之西大邑鶴鳴山）中學道，並自己創製《道書》以迷惑民眾信仰。凡跟從張陵學道，需自奉五斗米方可，當時稱之為「米賊」。今天我們一般認為張陵是道教的創始人，但依《三國志》以及《華陽國志》的記載，張陵尚在大邑鵠鳴山學道於人，那麼，在張陵之前，應該還有更早傳道之人，惜乎文獻史志無考。但可以肯定的是，張陵憑自己的才華，創製了道教早期理論書籍，並將理論運用於實際生活，因而發揚光大了大邑鵠鳴山的道教，讓道教第一次真正走向民間，成為廣大世俗民眾的精神信仰。依史志記載，張陵已經開始創製使用「太清玄元」這類道教術語，逐步使道教神祇系統化，遂讓道教第一次走上有體系的宗教形式。此外，入教尚需有五斗米的物質貢獻，世遂稱五斗米道。這不僅可以急遽聚集財富，讓自己有更為充裕的時間來研究教理，而且還可以用富裕的財富來發展更多門徒，從而使道教走出鶴鳴山，不斷向外擴散，直至成為民眾的廣泛信仰。

五斗米道能成為早期道教有影響力的流派，與張陵之後幾代人的繼起關係甚大。張陵去世，其子張衡亦傳承家學，繼續發展五斗米道。五斗米道真正為世人所關注並為官方所重視，最得力於張衡之子、張陵之孫張魯（張公祺）。張魯於東漢末年以鬼道並以其母與劉焉的關係見信於益州牧劉焉。張魯相繼襲殺漢中太守蘇固、別部司馬張修，割據漢中，並在漢中地區廣泛傳播五斗米道。張魯行寬惠，以鬼道教化民眾，創設「義舍」，放置米、肉於公共房屋之內，行者根據自己的需要量腹各取所需，此舉極似儒家所謂「大同」，因而得到廣大民眾的支持和響應。此外，張魯還將信徒分為「鬼卒」「祭酒」「理頭」等不同層級，這樣就利於團體以樹狀結構的組織形式不斷向外擴展，從而迅速吸納信徒，擴張影響。張魯雄據漢中三十餘年，後歸降曹操，官拜鎮南將軍，封閬中侯，食邑萬戶。張魯承襲家學，利用政治與軍事的力量，將政治與宗教結合，遂使宗教得以更為通暢和廣泛的傳播，道教在張魯之時，藉着張魯割據漢中三十餘年的政治便利，已然發展成為擁有廣泛羣眾基礎的大眾宗教。

《三國志》之後東晉葛洪《神仙傳》以及三百年後北齊魏收《魏書》中的描述逐漸增補演化史書簡略的史料，讓張陵形象不斷豐腴起來。葛洪第一次將張陵記載為張道陵，一字變化，足以表明在道教繁盛的東晉時代，張陵已經被時人推尊為道教天師，作為歷史人物的張陵在時代風尚下漸漸神聖化。葛洪增添張陵出身太學並博採五經的官方學術背景，再追補張陵學術來源於《黃帝九鼎丹經》，遂將道教的源頭上溯至黃帝時代，遂使道教流派自古而下，淵源有自。葛洪再以儒家聖人標準對張陵的拯危佐世進行一番描述。張陵攜弟子入蜀鶴鳴山隱居煉丹，遇太上老君遣清和玉女教以吐納，修行內視，又降伏鬼眾，令人鬼各有司存。葛洪《神仙傳》所描述的張道陵形象已經超越《三國志》等史書所記張陵事跡，將張陵與道教緊緊融合，並不斷塑造道教天師的神威聖力，使道教人物逐漸仙化並遠離人間煙火，樹立道教開創人物的神聖特性。承續《神仙傳》，《釋老志》繼續將自張陵以後的道教與先秦道家相聯繫，以一脈相承的線索敘述着這個流派的發展軌跡。自老子開源，後世繼起者不可勝紀，已成為一個獨立於佛教之外的宗教流派，這已是南北朝時期人們的普遍認識。《釋老志》依然記載張陵受道鵠鳴山，受道應另有所學，但史書無載。張陵所傳《天官章本》是否即為《三國志》所謂《道書》，我們不可而知。張陵所創的五斗米道之所以能大行其世，在於弟子眾多，且能不斷傳授。《釋老志》記載張陵其道，更有價值的是其齋醮儀法。張陵所創製的一套儀式，「各成法道」，即是已經具備了宗教儀規的

8-1　鵠鳴山

理論性和系統性。張陵創製出道教神祇三元九府百二十官，皆統攝於一人。《釋老志》接着記載「又稱劫數，頗類佛經」，此一信息十分重要，張陵所創製的道教劫數理論，魏收說與佛教極其相似。其實，魏收已經道出了道教產生的理論來源。雖然道教的產生離不開自上古以來流傳於民間的化金銷玉、行符敕水、奇方妙術、羽化飛天、消災滅禍等世俗信仰，但其能成為有完整教義教規和理論體系的宗教，與佛教攜帶精密的理論體系流播於中土從而為中國士人所吸收借鑒密不可分。此外，《釋老志》還記寇謙之遇太上老君事，並言天師張陵之後的世俗修道情況，由此可知，張陵在南北朝時已經被道教徒尊為天師之稱。

王家祐說：「可以肯定張陵、張魯的『五斗米道』，是在巴蜀民俗基礎上建立起來的。」[1] 由此，道教產生於西蜀鵠鳴山，由張陵糅合先秦道家

1　王家祐：《道教論稿》，巴蜀書社，1987 年，第 126 頁。

學說並借鑒佛教成體系的教規教義，創製《道書》，將原始道教五斗米道真正闡揚光大，此應符合歷史真實。正如王家祐《道教論稿》所言：

> 張陵的天師道（或「正一盟威」）是黃老儒墨在巴蜀（四川）地區的土壤上開放的一枝奇花。是吸取了巴（蜀）族的原始巫術（鬼道）與地區傳統民俗而創成的。在建成天師正一教的過程中是有團結又有鬥爭的，這就是對巴人「五斗米道」的融合和改造，張陵在巴蜀巫道基礎上改造創立的天師道是真正的「道教」，而「五斗米道」只是構成漢族大集團中部分人民的（氐羌族系的）原始宗教（道教的主根）。[1]

《雲笈七籤》卷二十八《二十八治．二十四治》記載張陵創立天師道後，將教民按地區分成上八治、中八治、下八治等二十四治，其「中八治」第七「蒙秦治」記載：

> 山在越嶲郡臺登縣西，去城二十里，去成都一千四百二十里。治與越嶲郡隔河，水前有小山，後有大山，高一千丈。昔伊尹於此山學道，上有芝英金液草，服之得度世。後有漢中郡趙昇得道於此。治應奎宿，凡人發之，治王九十年。[2]

漢代臺登縣治所即今四川省冕寧縣東南瀘沽鎮，南接麗江，已是雲南北部地區。由此可知，張陵創立道教之初，其影響即已被及雲南地區。張陵的弟子趙昇即得道於蒙秦治。此外，《巍寶山志》還記載「道人

1 王家祐：《道教論稿》，巴蜀書社，1987 年，第 153 — 154 頁。
2 ［北宋］張君房：《雲笈七籤》，載《文淵閣四庫全書》第 1060 冊，上海古籍出版社，1987 年，第 320 頁。

楊波遠為東漢時人，人稱神明大士」[1]，楊波遠常騎三角青牛，出沒於蒼山洱海之間，逍遙於雞足山、巍寶山，授符傳教。巍寶山即巍山，為南詔發源地，離雲南下關縣城極近。《巍寶山志》還記載有孟優的道教事跡：

> 孟優世居巍寶山，與土帥孟獲兄弟也，素懷道念，常往來於瀾滄、瀘水間，得異人授長生、久視、方藥諸書，隨處濟人。後主建興三年，丞相亮南征，誤飲啞泉者，輒手足四禁而不語。或言優有良藥。使人往，優進仙草，立驗。武侯驚異之，與語人天運會，深有契焉。後入峨眉山，不知所終。[2]

由此可知，道教在初創早期即影響至雲南西南地區於史有徵，過巍山，經騰沖，即已達到密支那地區，道教傳播至印度的路線清晰可察。據鄒一清《南方絲綢之路與道教在東南亞的傳播》介紹，《雲南通志・釋道傳》《雲笈七籤・洞仙傳》關於三國時期雲南道士活動的記載，滇池地區漢、晉、南北朝時期墓葬、墓碑所現大量道教文化遺存，南詔國道教活動的活躍以及在道教文化影響下的雲南原始宗教本主教的發展盛行，皆說明「道教進入雲南後，由北而南，逐漸流傳」的流播路徑[3]。

生根西蜀山水，並流衍壯大於巴蜀大地的道教通過官員任職、官辦學校、領土擴展、漢族移民、宗教人士、對外貿易、少數民族以及外國朝貢使團等多種途徑沿着南方絲綢之路一路南傳[4]，途經雲貴、廣西，再抵南亞、東南亞地區，旋即在中南半島越南地區和印度阿薩姆地區植根於當地本土文化，與本土風俗文化激盪、融合，衍化出新的宗教信仰。

1　巍山彝族回族自治縣縣志編委會辦公室:《巍寶山志》，雲南人民出版社，1989 年，第 140 頁。
2　巍山彝族回族自治縣縣志編委會辦公室:《巍寶山志》，雲南人民出版社，1989 年，第 140 頁。
3　鄒一清 :《南方絲綢之路與道教在東南亞的傳播》，《中華文化論壇》2017 年第 10 期。
4　鄒一清 :《南方絲綢之路與道教在東南亞的傳播》，《中華文化論壇》2017 年第 10 期。

二 道教南傳越南

在文化交流和傳播過程中，人無疑是最為重要的傳播主體。商貿流通、民間客旅、地區戰爭皆為區域文化交流提供客觀平臺，但是，民族遷徙以及政府移民乃為民族融合和文化交融最為有效的途徑。巴蜀與越南地區即存在這種歷史機緣，使得浸染在巴蜀民眾中的道教文化遠涉千山萬水，一路波波折折移嫁於紅河流域甌、駱之地。

（一）安陽王蜀泮入越的早期文獻

《水經注》為目前所見中國最早記載古巴蜀開明王子安陽王蜀泮移民越南地區的文獻典籍。

《水經注・葉榆水》酈道元注引《交州外域記》記載：

> 交趾昔未有郡縣之時，土地有雒田。其田從潮水上下，民墾食其田，因名為雒民，設雒王、雒侯，主諸郡縣。縣多為雒將，雒將銅印青綬。後蜀王子將兵三萬來討雒王、雒侯，服諸雒將，蜀王子因稱為安陽王。後南越王尉佗舉眾攻安陽王。安陽王有神人名皋通，下輔佐，為安陽王治神弩一張，一發殺三百人。南越王知不可戰，卻軍住武寧縣。按《晉太康記》，縣屬交趾。越遣太子名始，降服安陽王，稱臣事之。[1]

北朝酈道元根據《交州外域記》所載，為我們勾勒出蜀王子安陽王將兵三萬南討交趾雒王的史跡。酈道元所引並沒有說明安陽王在何時遷交趾，只是說南越王尉佗曾舉兵攻安陽王，據《史記・南越列傳》記載

1 ［北魏］酈道元著，陳橋驛校證：《水經注校證》，中華書局，2007 年，第 861 頁。

「南越王尉佗者，真定人也，姓趙氏……佗，秦時用為南海龍川令……至建元四年卒」[1]，由此可知，尉佗自秦始皇（前259—前210）時即守邊南海郡，至漢武帝建元四年即公元前137年去世，長達80餘年，加之出仕前的年齡，估計尉佗應在百歲以上。另外，秦滅蜀在公元前316年，蜀亡國後，安陽王一路南遷交趾，並於「周赧王五十八年」（《大越史記全書》）即公元前257年在交趾建立政權。公元前316年至公元前257年，中間存有59年的時間差，致使蜀王子將兵討雒稱王的這段歷史遭到學者諸多質疑。然而肯定者也不乏其人，且推論亦合乎情理。陳修和推測：安陽王「必係蜀王的幼子，或其遺腹子……不得不逃避於素與秦敵之楚人勢力範圍中……遂王於滇池，自稱滇王……或不甘於貧郡，時秦勢正強，又無力重復故土，乃向南發展，與氣候溫和，農產富饒之雒王鬥爭……始將文郎國征服。」[2] 依據陳修和的推測，安陽王可能是蜀王的幼子或遺腹子，循岷江南下入滇，再繼續向南，戰勝雒王，征服文郎國。對於陳修和的推論，越南歷史學家陶維英深表贊同：「陳修和的推斷對於一些問題的解決，是比較穩妥的。雖然沒有必要假設安陽王為蜀王的遺腹子，而可能是舊蜀王宗族在貴州、雲南經過一個時期的流落後還留下來的蜀王的孫子。有鑒於秦國勢力日益強盛，蜀王後裔和那些先前隨從者的子孫們已無光復故土的希望，於是便一直南下以避秦的威脅。他們從滇池來到開化府，然後由此沿瀘江上游進入我國北部宣光地區，即當時文郎國的北界。」[3] 蒙文通對蜀人入越這段歷史也深信不疑：「後世越人本多蜀人之裔。」[4] 尉佗舉兵攻伐安陽王具體在哪一時間，我們已不得而知，但揆之史籍所載，安陽王與尉佗生活的時代雖有些出入，但相差

1　［西漢］司馬遷：《史記》，中華書局，1959年，第2967—2970頁。
2　陳修和：《越南古史及其民族文化之研究》，雲南省圖書雜誌審查處審查，1943年，第29頁。
3　［越］陶維英著，鍾民岩譯：《越南歷代疆域》，商務印書館，1973年，第29頁。
4　蒙文通遺著：《越史叢考》，人民出版社，1983年，第77頁。

無幾，大致吻合，因此安陽王由蜀南遷入交趾建國事亦可採信。

《舊唐書·地理志·嶺南道·安南都督府·平道縣》也有記載：

> 《南越志》：交趾之地，最為膏腴。舊有君長曰雄王，其佐曰雄侯。後蜀王將兵三萬討雄王，滅之。蜀以其子為安陽王，治交趾。其國，地在今平道縣東。其城九重，周九里，士庶蕃阜。尉佗在番禺，遣兵攻之。王有神弩，一發殺越軍萬人，趙佗乃與之和。[1]

觀《舊唐書》所記，除安陽王所持神弩的殺傷力與《水經注》所記有較大出入外，五代劉昫所據《南越志》記安陽王與尉佗之史跡與北朝酈道元所據《交州外域記》基本一致，由此可知，《南越志》應脫胎於《交州外域記》。

此外，《太平寰宇記》引《南越志》、《太平御覽》引《日南傳》等皆有與《交州外域記》相似記載，茲不贅。

中國文獻之外，越南本土歷史文獻《大越史記全書·蜀紀》，也記載有安陽王南遷入越南建國的史跡。

> 安陽王在位五十年。姓蜀，諱泮，巴蜀人也。都封溪，今螺城是也。甲辰元年，周赧王五十八年，王既併文郎國，改國號曰甌貉國。初王屢興兵攻雄王。雄王兵強將勇，王屢敗。雄王謂王曰：「我有神力，蜀不畏乎。」遂廢武備而不修，需酒食以為樂。蜀軍逼近，猶沉醉未醒，乃吐血墮井薨，其眾倒戈降蜀。王於是築城於越裳，廣千丈，盤旋如螺形，故號螺城。[2]

---

1 ［後唐］劉昫等：《舊唐書》，中華書局，1975 年，第 1750 — 1751 頁。
2 ［越］吳士連：《大越史記全書》，西南師範大學出版社，2015 年，第 43 — 44 頁。

越南後黎聖宗洪德年間（1470 — 1497），吳士連根據前人史書，以編年體編纂《大越史記全書》，收錄自鴻龐氏（前 2879 至前 258，其君主號為「雄王」「雒王」或「碓王」，曾用「赤鬼國」「文郎國」等國號）至十二使君（967）以來的傳說和史實，為研究越南歷史最重要的史書。據該書記載，安陽王蜀泮為巴蜀人，於周赧王五十八年（前 257）吞併文郎國，更國號為「甌貉」，都螺城，在位五十年。

越南學者陶維英認為：「如果說文郎國是傳說時代我國的國名，那麼甌雒國則是我國歷史開端時的第一個名稱。」[1] 蒙文通認為，「南遷之蜀人略為六萬」[2]，安陽王的大批部屬從巴蜀南遷而至越南，定會帶來巴蜀地區的風俗習慣和宗教信仰，建都立國後，蜀人身上浸染的巴蜀風俗文化也隨之在越南落地生根。巴蜀道教本根植於巴蜀本土之巫鬼信仰，由此信仰生成的道教一經南傳至越南，遂毫無障礙與越南當地移植而來的早期巴蜀信仰遇合，旋即為越南民眾欣然接受。陶維英認為：「如果承認蜀泮是蜀國的後裔，那蜀泮及其部屬必定將他們承受於祖先的蜀國文化豐富了甌雒的文化。」[3]

（二）越南本土蘊藏的民間信仰與道教完美契合

張儀、司馬錯滅蜀後，欲築城，但未能成功，後得大龜繞地而行，張儀乃循大龜行走的印跡再次築城，成都因此得以修建。安陽王修建螺城的經歷，被《嶺南摭怪・金龜傳》演繹成與張儀因龜築成都一事極為相似[4]。呂士朋對蜀、越異地相似的傳說有如此認識：「此類相同之神話，反映出一件史實……成都築城早於螺城，故安陽王之築螺城，當藉助於

1　［越］陶維英著，鍾民岩譯：《越南歷代疆域》，商務印書館，1973 年，第 28 頁。
2　蒙文通遺著：《越史叢考》，人民出版社，1983 年，第 76 頁。
3　［越］陶維英著，劉統文、子鉞譯：《越南古代史》，商務印書館，1976 年，第 248 — 249 頁。
4　戴可來、楊保筠校注：《嶺南摭怪等史料三種》，中州古籍出版社，1991 年，第 27 頁。

其故國之建築師，而蜀、越交通，在安陽王至越後，業未斷絕，蜀中人士仍可輾轉自滇黔來越。」[1]蜀、越交通，從未斷絕，這個判斷在兩地考古發掘中亦有印證，呂士朋即比較了四川出土的史前石器和越南石器文化以及四川銅鼓文化和駱越銅鼓文化，然後斷定：「四川史前文化與越南史前文化的相同，可以印證在史前時期蜀越間已有通道，而此通道或為越南先史住民自中國南徙的道路之一……在青銅器時代，四川成都白馬寺出土之銅器，在藝術風格上與東山出土之銅器大致相同。」[2]呂士朋的認識符合歷史實際，成都白馬寺之銅器在秦亡蜀之前，年代早於東山銅器，東山銅器正是蜀、越文化牽連的歷史見證。無獨有偶，自道教孕育產生於蜀中之後，依然是沿着古人熟悉的水路以及驛道一路傳播至中南半島。

據《大越史記全書》記載，炎帝神農氏三世孫帝明南巡至五嶺，娶婺仙女生得一子，是為越南開國始祖涇陽王祿續。神農氏封涇陽王治理南方，號曰赤鬼國。涇陽王娶洞庭君女神龍，生貉龍君。貉龍君娶帝來女嫗姬，生百男，世間傳說生百卵，是為百粵之祖。貉龍君認為自己是龍種，夫人嫗姬是仙種，認為龍種和仙種水火相剋，於是夫妻各分五十子，跟隨父親的長子即是雄王，繼承了父親的君位。成書於 1470 年至 1497 年間的《大越史記全書》在記載越南先民肇始來歷時，大量使用仙女、神龍、龍種、仙種等道教慣用仙道概念以及宗教信仰術語，顯然受到道教文化的浸染。越人此一信仰再演繹為族人的龍圖騰以及紋龍於身以避水禍之災，此與道教符籙消災滅禍的信仰有着相似的隱喻和功能。道教初創之時名為「鬼道」「鬼教」，張陵等人即是繼承了巴蜀本土巫風鬼道，糅合五斗米道並革新創立了天師道。越人自古即信尚鬼神，巫風之盛尤勝中原，這也是道教南傳至越南能生根成長的信仰契合。道教從

1 呂士朋：《北屬時期的越南》，華世出版社，1997 年，第 14 頁。
2 呂士朋：《北屬時期的越南》，華世出版社，1997 年，第 10 — 13 頁。

一開始即貴陰尚雌，《老子》一書之「玄牝」「穀神」等幾乎全用女性象徵「道」。越南女神崇拜也是本土最為重要的民間信仰，這為道教入越又提供了民間信仰根基，相同的貴陰文化讓越南本土民眾信仰毫無障礙地與道教兩相契合。此外，道教在發展過程中，形成服食丹藥以期羽化飛升的丹鼎派以及符字墨籙治病以期消災滅禍的符籙派，特別是符籙道術，與越南本土根深蒂固且有濃重影響的法師「幻術」「方術」以及「鬼神方」之設鬼消災治病的民眾俗求基本沒有什麼隔閡和陌生感，越南民眾對道教的文化認同也就自然而然。

越南多山，《抱朴子內篇．登涉》說「為道者多在山林」[1]，高山與仙道本有密切因緣，此為道教生根於越南地區的地理條件。陳寅恪認為：

> 璜傳云：「自基至綏四世為交州者五人」，是陶氏一門與南部濱海之地關係至切。匪獨陶氏如是，即鮑靚、葛洪，及孫泰、盧循諸人亦莫不然。豈交廣二州之區域不但丹砂靈藥可為修煉之資，且因臨近濱海，為道教徒眾所居之地，以有信仰之環境，故其道術之吸收與傳授，較易於距海遼遠之地域歟？[2]

陳寅恪所謂「璜」者，為《晉書．陶璜傳》之陶璜，該傳記載天師道世家陶基、基子陶璜、璜子陶威、威弟陶淑、淑子陶綏，四世五人皆曾就任交州刺史，陶氏家族在交州地區傳播道教即順水行舟，我們可以想見當時道教在越南地區流播之深。越南雲屯山和安子山皆名列道教七十二福地，足見道教在越南的深遠影響。越南丹砂自古即為道教徒所追捧，葛洪為求得交趾丹砂而請求去勾漏（在廣西北流縣境）做縣令，

1　[東晉] 葛洪著，王明校釋：《抱朴樸子內篇校釋》（增訂本），中華書局，1985 年，第 313 頁。
2　陳寅恪：《天師道與濱海地區之關係》，《金明館叢稿初編》，三聯書店，2001 年，第 36 頁。

此外，越產黃金被道教徒美稱為「南金」，是道教徒服食仙藥之佳選，越地之龍膏、玳瑁、玉、珍珠、肉芝、石乳、桂等皆是道教徒服食煉養之佳品。

「總而言之，越地富含的自然、人文及社會習俗等方面的仙道因素，使得越南早在道教正式傳入之前業已具有本土仙道信仰的端倪⋯⋯越南業有的仙道自然資源、原始信仰及仙機習俗與中國道教文化存在多方面的默契相通，為後世道教順利傳播越南以及越人對道教的主動接納，都打下了良好的基礎，提供了諸多的便利」[1]。

（三）道教入越的演進歷程

公元前 214 年，秦始皇統一嶺南，置象郡於越南北部，並實行移民實邊政策，遷中原民眾「使與百粵雜處」（《漢書・高帝紀》）[2]。秦末內亂，公元前 207 年，南海郡尉趙佗併桂林郡、象郡，割據南越，立南越國，自稱武王。南越國對西漢王朝入貢受封，實際為漢族統治者建立的地方割據政權。公元前 111 年，漢武帝滅南越國，漢朝實行直轄統治，設交趾、九真、日南三郡，統歸交趾刺史管理。西漢末年，交趾郡太守錫光以禮義教導當地民眾。東漢建武初年，九真太守任延以耕稼教民，並推行中原婚姻嫁娶制度。錫光、任延的推行策略收效甚大，逐漸使中原文化浸染越南地區。公元前 43 年，東漢大將馬援重新平定交趾、九真、日南三郡「二徵起義」，在當地推行修治城郭、整頓水利、修訂律法，大大推進了漢風的本土化。公元 2 世紀，日南郡「象林蠻夷」起兵事件頻起，對抗漢朝中央政府，象徵着林邑國（即占婆國）的逐漸建立。東漢末年州郡割據，交趾太守士燮於東漢中平四年（187）至東吳黃武五年

1 宇汝松：《道教南傳越南研究》，齊魯書社，2017 年，第 57 頁。
2 ［東漢］班固：《漢書》，中華書局，1962 年，第 73 頁。

（226）控制着交州全境，而九真、合浦、南海等郡則由士燮兄弟控制。公元226年，士燮去世，吳主孫權派吳將呂岱設計誘殺士徽兄弟，奪得交州控制權。公元280年西晉滅東吳，交州牧陶璜降晉，越南歸西晉統治。南朝梁武帝於大同十一年（545）派陳霸先鎮壓當地人士李賁起兵據交州建立的「前李朝」（萬春國），李賁餘部至隋仁壽二年（602）降隋，「前李朝」正式瓦解，越南復歸隋朝統治。越南地區在唐朝雖時有叛亂，但從未脫離過唐的統轄，唐廷實行藩鎮制度統治安南，由高駢任「靜海軍節度使」。唐末，交州曲氏家族掌控「靜海軍節度使」，與嶺南的南漢政權相爭。公元930年，南漢雖滅曲氏，但交州本地將領吳權據地反抗，且擊敗南漢，吳權自立為王，建立吳朝。六年後，吳權去世，吳朝內亂，十二使君各據一方。公元968年，丁部領擊敗各路使君，統一越南，建立大瞿越，是為丁朝。丁朝朝貢於宋，宋太祖冊封丁部領為「交趾郡王」，越南自此守朝貢之禮，結束一千餘年北屬中國的歷史。北屬時期客觀上造成中原與越地之間深度文化交融，王彥甚至認為北屬中國時期讓「越南社會的發展跨越了奴隸社會，直接從原始社會末期過渡到封建社會」[1]。

《大越史記全書》記載：

> 及漢帝遣張津為刺史，津好鬼神事，常著絳帕頭巾，鼓琴燒香，讀道書，云可以助化。[2]

考文獻可知，張津任刺史在漢建安六年（201）。西晉嵇含《南方草木狀・卷中・瑞木》記載：

1　王彥：《越南宗教與社會》，載《東南亞宗教與社會》，國際文化出版公司，2012年，第76頁。
2　［越］吳士連：《大越史記全書》，西南師範大學出版社，2015年，第73頁。

> 益智子……出交趾、合浦。建安八年，交州刺史張津，嘗以益智子粽餉魏武帝。[1]

由此可知，張津任交州刺史時，曾於建安八年（203）向曹操獻益智子仁。王家祐《道教論稿》說：「天師道頭著絳巾（絳近赤色），太平道著黃巾。」[2] 絳色近赤，由此可知張津奉持的是天師道，張津不僅身著道服，且信奉鬼神，喜讀道書。張津信奉道教且有教化目的，希望利用道教化佐交州民風。由此推知，道教南傳越南地區有文獻可考的史跡，至少在張津任交州刺史的建安年間。張津身為交州刺史，其利用特殊的上層政治身份傳播道教，當十分便利，張津傳教之方式與前文所述《三國志・張魯傳》「以鬼道教民」極為相似，可見張津借用張魯傳教化民的教化意圖。

張津之後，士燮繼任交州太守，交州經過士燮家族幾代人的經營，呈現繁盛局面，中原名士碩儒、飽學高道如許靖、虞翻等及道醫術士董奉等紛紛南下避難交州，大大推進了道教在越南的傳播和融合。士燮之後的交州刺史陶璜、杜慧度等皆奉道崇仙，大大促進了道教在越南的進一步發展。東晉道學大家葛洪應廣州刺史嵇含表請移居嶺南，曾前往交趾和扶南（柬埔寨）考察仙草丹藥，許永璋即言：「葛洪在這些地區活動，絕不僅僅是尋找丹砂產地，肯定會傳播道教。」[3] 葛洪等人的行醫佈道，無疑會推動道教南傳越南的發展進程。東晉末年，信奉五斗米道的孫泰出任郁林（今廣西貴港）太守，在南越交州地區大力傳播道教，使道教繼續深植於民眾之中。

---

1 ［西晉］嵇含：《南方草木狀》，載《文津閣四庫全書》第 195 冊，商務印書館影印本，2005 年，第 576 頁。

2 王家祐：《道教論稿》，巴蜀書社，1987 年，第 158 頁。

3 許永璋：《論道教在越南的傳播和影響》，《史學月刊》2002 年第 7 期。

唐朝開疆拓土，越南地區隸屬於安南都護府，李姓諸王更是崇老興道，這使道教在越南地區呈現繁盛局面。唐咸通七年（866），高駢出任靜海軍節度使，鎮守安南府。高駢精通道術，又身體力行，積極推進符籙道教在安南的勃然發展，深得民眾信服，安南人因此為高駢立祠，尊稱為王。此一時期，越南地區廣修道觀，普度道士，入越道教已深度融入越南本土文化，正式與越南本土信仰實現文化交融，成為越南本土文化不可分割的組成部分，南傳越南的道教在鼎盛時期完成了道教越南化的歷程。

（四）道教影響下越南神仙信仰與民俗文學藝術

道教「三清」信仰是其神祇系統中最為尊顯的天神，因而道觀常設「三清殿」供奉。元始天尊玉清天寶君居中，象徵天地未形、萬物未生的原始狀態。太上道君靈寶天尊上清居左，象徵着天地始生時的太極狀態。太上老君道德天尊太清神寶君居右，象徵由太極分化出的陰陽兩儀。道教南入越南，三清信仰旋即為越人接受並禮重，越南道觀多供奉三清神像，太上老君尤為越人所青睞。李朝李太祖（1010 — 1028 在位）「仿效李唐王朝，尊崇老子，將王權與神權結合起來，興建道教宮觀太清宮，詔度道士」[1]。立祠於香江上游的玉盞殿，即供奉着太上老君等神祇[2]。越南社會從上至下，皆尊崇太清宮，王室和皇族重大活動也多在太清宮進行，「太清宮在李、陳二朝都是官方祭祀的重要道教宮觀」[3]。民間對太上老君的信奉，已經超越了理性，將太上老君神化為可鎮壓蛇獸魍魎的神仙，即使在當今越南社會生活中，太上老君信仰仍有市場：「太上老君在

1 孫亦平：《論道教在越南的傳播方式》，載《東南亞宗教與社會發展研究》，中國社會科學出版社，2013 年，第 188 — 189 頁。

2 于向東：《天依阿那演婆海神傳說及其意義述略》，《東南亞縱橫》2008 年第 10 期。

3 王卡：《越南訪道研究報告》，載《道教經史論叢》，巴蜀書社，2007 年，第 438 頁。

越南也得到越南人的普遍信仰。不少地方的祠堂裏安放着太上老君、張天師的神像，人們常去焚香虔拜，以祈求福壽。」[1]

「三清」之外，道教神祇系統中還有「四御」，玉皇大帝、北極大帝、天皇大帝、后土皇帝等「四御」統領天地萬物，玉皇大帝更為越南民眾所尊崇。正月初九玉皇誕辰，越人皆往道觀瞻拜供奉玉皇，祈福求安。越南很多民間傳說故事涉及玉皇信仰，皆奉玉皇大帝為至上神靈。越南本土之「母道教」，奉柳杏聖母為最高神，「柳杏聖母就是道教玉皇大帝之次女」[2]。20 世紀 20 年代越南本土創建的高臺教，直接奉玉皇大帝為其最高神，可見玉皇信仰在越南的深遠影響。

天神之外，還有地祇。城隍為道教轄管下的城池守護神，為中國民間所普遍信仰。自唐穆宗（820 — 824 在位）安南都護李元嘉封蘇瀝江神蘇百為城隍神，至阮朝紹治年間（1841 — 1848）各地修建的城隍廟有確切記載的就達 27 座。城隍與王朝行政統治相結合，成為主管地方村寨的官神[3]。越南每個鄉社幾乎都供奉一位城隍神，「供奉城隍爺在人們的信仰和精神生活中有着至關重要的作用」[4]，「現在，城隍已成為越南村社的保護神。每個村社都有自己的城隍，他可以是傳說中的神、對人民或村社有功的歷史人物，也可以是民間諸神等」[5]。具有廣泛民眾基礎的城隍信仰在越南已成為本土淳風美俗不可或缺的組成部分。此外，道教中由「地母」崇拜而衍化出的土地神信仰以及源於神話傳說的灶神信仰在越南也極為盛行，今日尤流行於民間。

地祇之外，還有人神。文昌帝君為道教所尊奉，文昌本天之星宿，

1 韋凡州:《越南人信仰中的中越共同神研究》，廣西民族大學 2010 年碩士學位論文，第 34 頁。
2 ［越］喬氏雲英:《越南北方佛教女性神研究》，中央民族大學 2010 年博士學位論文，第 92 頁。
3 ［越］阮志堅：《越南的傳統文化與民俗》，雲南人民出版社，2012 年，第 199 頁。
4 ［越］阮志堅：《越南的傳統文化與民俗》，雲南人民出版社，2012 年，第 198 頁。
5 陳繼章：《越南研究》，軍事誼文出版社，2003 年，第 267 頁。

8-2　越南玉盞殿外景

8-3　越南玉盞殿內景

8-4　越南玉皇大帝像

8-5　越南城隍廟

主宰功名祿位，掌管士人文章科舉。道教文昌帝君與四川梓潼神張亞子有關。張亞子居蜀七曲山，仕晉戰死，人們立祠祭祀，名曰亞子祠。唐宋以來，張亞子神靈庇護文士功名的靈異故事在民間逐漸傳播，梓潼神張亞子不斷受到唐宋皇室加封，元延祐三年（1316），敕封梓潼神為「輔元開化文昌司祿宏仁帝君」，世人稱為文昌帝君。文昌帝君「即東晉道士張亞子與天上文昌星的和合」[1]。文昌帝君也是道教廣為人知的神靈，其信仰有廣泛的民眾基礎。「從早期的星辰之神、地方之神，到『掌人間桂籍、嗣胤、名爵、福祿、壽夭、貴賤、地府、水曹諸事』的道教尊神；從主宰人間的功名利祿、文運科名的文曲星，到勸善宏仁的神界帝君，文昌帝君成為中國歷史上民間各階層人們共同崇拜的對象」[2]。科舉考試自隋唐興起，其制度隨即南傳越南，主宰士子文運、利祿的文昌帝君信仰即應運而生，與科舉制度融合，在越南不斷傳播。越南後黎朝太宗（1434 — 1442 在位）大力推行科舉考試，在黎太宗主政期間，「各府州縣的儒學、書院、文廟，在尊奉孔子的同時，也尊奉文昌，建文昌閣或文

1　王興平：《文昌文化在國外的傳播和影響》，載《中華文昌文化：國際文昌學術研究論文集》，巴蜀書社，2004 年，第 25 頁。

2　李遠國：《道教與民間信仰》，上海人民出版社，2011 年，第 358 頁。

昌祠」[1]。一如中原，文昌帝君信仰旋即在越南文士中迅速流行並佔居文運神靈魁首。越南河內真武觀，建於李朝，觀內供奉文昌帝君，至今塑像猶存，香火仍旺，已成為越南士人的精神象徵。越南士人熱衷於編印、收藏有關文昌帝君信仰和研究的經籍論著，使文昌帝君信仰有圖可稽。後黎學者黎貴惇（1726 — 1784）信奉文昌帝君已至癡迷，曾為《文昌帝君陰騭文》作注，在道教學界有一定影響。「文昌帝君所具有的主宰文運祿命及勸善弘仁等特殊神職功能和文化內涵，滿足了越南官方的文教昌明、文人學子的科考及第、異域華人的文脈承續以及普通民眾的修善祈福等多重需求，使得道教文昌帝君至今仍為越人所奉祀和青睞」[2]。此外，道教世俗信仰財神趙公明、天后媽祖以及泰山石敢當，更為越南民眾所信奉，這些神祇已深深融入越南民間生活習俗，不留痕跡地成為民眾心理底層的精神印記。

神仙信仰尚屬偶像崇拜，道教對越南的影響，還深植於越人日常習慣性的民俗文化之中。深源於道教文化影響的春節、端午節和中秋節，為越南人所承傳，並逐漸融入其生命血脈，浸潤於土壤而不留痕跡。

春節習俗在越南已根深蒂固，越南人視春節為最重要的節日，至今仍稱為「元旦」。春節期間越南家庭家家插桃花，桃花枝已成為越南家庭春節必備的物品。在室內插桃枝辟邪的習俗早在先秦即見載典籍，至宋已演化為成熟的桃符文化。傳說東海度朔山中有大桃木，桃木上住有兩位神仙神荼、郁壘，監管萬鬼之門，並執葦索將惡鬼捆綁以喂虎。此為民眾所信，道教便使用桃符以為厭勝驅邪的法物，王安石《元日》曾謂「爆竹聲中一歲除，春風送暖入屠蘇。千門萬戶曈曈日，總把新桃換舊符」，可知北宋桃符文化已成民間風尚。越南春節擺設桃枝，此一習俗

1　王興平：《文昌文化在國外的傳播和影響》，載《中華文昌文化：國際文昌學術研究論文集》，巴蜀書社，2004 年，第 38 頁。

2　宇汝松：《道教南傳越南研究》，齊魯書社，2017 年，第 243 頁。

8-6　越南河內真武觀

8-7　越南河內真武觀內文昌帝君像

正是道教驅鬼辟邪之神品桃符在越南民間的再現。與道教壓勝法術有着密切關聯的除夕「壓歲錢」習俗，在越南同樣受到重視。根據道教習俗，每到新年，成年人送給小孩子紅包，紅包裏裝有八個硬幣，代表八仙，紅包置放小孩子枕頭下面以示驅邪避鬼。越南人春節有食年粽的習俗，年粽天圓地方的形狀正是道教宇宙觀的契合。

春節之外，端午節是越南又一重要傳統節日，其內容和形式與中國大同小異。驅害辟邪和祭祀禳災也是越南端午節的主要內容，所用艾蒿、雄黃酒和佩符等法物，皆是道教驅邪辟惡、伏魔祛病常用之壓勝法器。

此外，中秋節的重要性在越南也不言而喻。祭月、拜月，祈禱明月降福人間，時至今日，越南人依然保留着對月神的美好寄寓。越南人認為月宮中的玉兔是因食物緊缺而跳湖自盡以期拯救同類，佛祖嘉其節義，將其變為玉身帶上月宮向道教太陰神求得長生藥，死而復生並留在太陰身邊[1]。雖然玉兔神話已被越南本土化，但其整體神話背景和文化內涵皆與道教中秋神話密切相關。

由早期地理知識演化而來的堪輿術，是道教風水之說的歷史根源。堪為天道，輿為地道，堪輿即為天地之學。道教結合八卦、陰陽、五行學說，將堪輿術系統理論化為風水之法。風水術隨道教南傳越南，旋即為越南上層社會崇信。越南人一直認為河內為風水寶都，此城前身為唐穆宗安南都護李元嘉於長慶四年（824）專派風水道士於蘇瀝江畔勘察風水吉地後營建，後經高駢擴建，始具規模。李朝太祖李公蘊深諳風水之術，認為舊都華閭風水不佳，非帝王之都，遂遷都大羅城（今河內），此城即是李元嘉、高駢舊制，城池延續至今已 1200 多年。越南歷朝如陳朝、後黎朝以及阮朝的發家興起皆與風水傳說相關，足見風水文化已

1　農學冠：《中越民間文化的對話》，民族出版社，2010 年，第 56 頁。

沉澱於越南人的血脈。特別是阮朝皇家陵園的設計構造最能反映風水術深植越南的歷史印跡，「陵墓的設計過程中最講究的是風水，包括陵墓的方位、朝向都需要經過仔細的研究。設計陵墓的風水家和建築師需要很長時間來為陵墓選擇具有枕山面水、左青龍右白虎的地勢位置，因此阮朝皇帝的陵墓一般都具有雄偉的天然景觀」[1]。下層民眾則希冀風水改變命運，帶來福祉。阮朝民眾信奉風水術已趨氾濫，皇帝阮福映還曾專門下詔摒斥民間風水成災之風。有民眾的信仰需求，即會產生風水理論大師，16 世紀左幻即為越南本土影響巨大的風水師，其《地學精華》《地理左幻家書》《本國左幻先生地理立成歌》《左幻真傳地理》《地理左幻先生真傳正法》等著述皆着眼越南本土山水，演化為具有越南本土特色的風水道術。道教風水術在越南的影響流被，已非單純的信仰習俗，而浸化成為越南民族的思維方式和價值觀念，「儘管佛、儒、道是三個不同的教，但是當它們傳到我國時三教的思想就融合為一，很難劃清它們的界線 …… 在民間，儒教的尊卑秩序與佛教的消極忍辱的思想和道教的迷信風水的思想糅合在一起」[2]。

968 年，丁朝結束北屬中國的歷史，越南正式脫離中國。在中國道教文化的深遠影響之下，越南本土文學藝術潛滋暗長，深蘊道教仙道思想。受中國文化薰染的越南文人逸士皆鍾情道教，常將道教思想文化融入文學創作。981 年，前黎朝皇帝黎大行向禪師杜法順（915 — 990）諮政，杜法順作五言絕句《國祚》以回覆：

國祚如藤絡，南天理太平。無為居殿閣，處處息刀兵。[3]

1　阮玉英：《論越南順化皇家陵墓園林之造園藝術》，《華南理工大學學報》2013 年第 3 期。
2　［越］明崢著，范宏科、呂谷譯：《越南史略》，三聯書店，1958 年，第 44 頁。
3　于在照：《越南文學史》，軍事誼文出版社，2001 年，第 15 頁。

此詩為越南現存最早漢詩，詩中「太平」「無為」，直接承續道教術語，詩中文字傳遞出的無為而治、天下太平以及反戰息兵的治國思想，也是道教歷來所尊奉的人道無為思想的體現。後世李朝禪師王海蟬（1046 — 1100）《感懷》也有同樣的「無為」之思：「人人盡識無為樂，若得無為始是家。」

陳朝帝王陳聖宗（1240 — 1290）亦好漢詩，其《題玄天洞》遣詞用意皆符合道教玄旨：

> 雲掩玄天洞，煙開玉帝家。步虛聲寂寂，鳥散落山花。[1]

玄天洞供奉道教真武大帝，詩題即寫道教事。詩歌「玄天」「玉帝」「步虛」等術語皆是道教家法，「雲掩」「煙開」「鳥散」等意象無一不籠罩道教清虛玄遠的意趣。陳朝著名文學家莫挺之（1280 — 1346）設「客」與道士展開「泰華峰頭玉井之蓮」的對話，淋漓盡致展現詩人的高潔孤傲和超凡脫俗：

> 客有：隱几高齋，夏日正午。臨碧水之清池，芙蓉之樂府。忽有人焉，野其服，黃其冠。迥出塵之仙骨，凜辟谷之癯顏。問之客來，曰從華山。乃授之几，乃使之座。破東陵之瓜，薦瑤池之果。載言之琅，載笑之瑳。既而目客曰：非愛蓮之君子耶。我有異種，藏之袖間。非桃李之粗俗，非梅竹之孤寒。非僧房之枸杞，非洛土之牡丹。非陶令東籬之菊，非靈均九畹之蘭。乃泰華峰頭玉井之蓮。客曰：異哉。豈所謂藕如船兮花十丈，冷比霜兮甘比蜜者耶。昔聞其名，今得其實。道士欣然，乃袖中出。客一見之，心中

1　于在照：《越南文學史》，軍事誼文出版社，2001 年，第 24 頁。

> 鬱鬱。乃拂十樣之箋，沘五色之筆。以為歌曰：架水晶兮為宮，金鑿琉璃兮為戶。碎玻璃兮為泥，灑明珠兮為露。香馥鬱兮層霄，帝閩風兮女慕。桂子冷兮無香，素娥紛兮女妒。採瑤草兮芳洲，望美人兮湘浦。蹇何為兮中流，盍相返兮故宇。豈濩落兮無容，歎嬋娟兮多誤。苟予柄之不阿，果何傷乎風雨。恐芳紅兮搖落，美人來兮歲暮。道士聞而歎曰：子何為哀且怨也。獨不見鳳凰池上紫薇，白玉堂前之紅藥。敻地位之清高，藹聲明之昭灼。彼皆見貴於聖明之朝。子獨何之乎騷人之國。於是有感斯言起敬起慕。哦誠齋亭上之詩，賡昌黎峰頭之句。叫閶闔以披心，敬獻玉井蓮之賦。[1]

此賦在越南文學史上地位崇高，被認為「窮極越南漢語文學之美」[2]，是越南漢賦開山之作。賦文採用漢賦主客問答之體，以「道士」形象入賦，這為中國漢賦所沒有，道教在魏晉六朝繁盛後南傳入越，越南士人援道士形象進入文學創作，明顯帶有道教的直接影響。賦文「碧水清池」「芙蓉」「野服」「黃冠」「出塵」「仙骨」「辟谷」「癯顏」「華山」「瑤池」「紫薇」等無一不與道教緊密相關。

據于在照《越南文學史》記載，陳朝末年另一皇室宗親陳元旦（1325 — 1390），感朝政衰敗，奏請隱居，他為自己的避棲之地取名曰「清虛洞」，宅名所透露的道教文化情結與其詩作所體現的仙化追求融為一體，表現詩人對清虛隱逸生活的嚮往。其詩作《題玄天紫極宮》「玉皇校籙紅雲擁，金母朝元翠葆回」以及《題月澗道籙太極之觀妙堂》「門外誰家車馬喧，試將此理問蒼天。桃李春盡芳心歇，松菊秋深晚節全。一點凡誠生若死，幾回鶴化白為玄。瀛洲蓬島知何在，無欲無貪我是仙」，

---

1 ［越］潘秋雲：《賦體與東方思想 —— 論越南〈玉井蓮賦〉與中國〈子虛〉、〈上林〉賦》，《中國韻文學刊》2015 年第 2 期。

2 賀聖達：《東南亞文化發展史》，雲南人民出版社，1996 年，第 171 頁。

詩中大量道教術語如玉皇、校籙、金母、朝元、鶴化、玄、瀛洲、蓬島、仙等，皆表明陳元旦超塵入仙的道教情緣。與陳元旦同時或稍後的阮飛卿、范師孟、阮廌等皆鍾情老莊，流連山水，怡然田園，其詩作常常表露問道求仙的道教情懷，如阮飛卿《遊崑崙》「百年浮世人皆夢，半日偷閒我亦仙」、阮廌《夢山中》「清虛洞裏竹千竿，飛瀑霏霏落鏡寒。昨夜月明天似水，夢騎黃鶴上仙壇」等皆是其例，足見道教對越南文人的深厚影響。

15 世紀末，由武瓊、喬富修訂校正的神話故事集《嶺南摭怪》，也多道教神仙故事。其《一夜澤傳》《越井傳》《金龜傳》《二徵夫人傳》《蠻娘傳》《蘇瀝江傳》《傘圓山傳》《徐道行、阮明空傳》等故事皆具有濃厚的道教文化色彩[1]，「這些傳說故事，顯然是按照道教的說法杜撰的」[2]。

後黎王朝黎聖宗（1442 — 1497）是越南文學史上頗負盛名的文學大家，其詩作也多道家仙氣，《平灘夜泊》「老去道心乾不息，絕勝仙觀太清丹」、《文人》「道骨仙風乘日客，錦心繡口典文人」以及《遺筆》「蓬萊山上音容斷，冰玉幽魂入夢無」等無不深蘊道情仙緣。

越南南北朝時期道教文學仍然昌盛，阮秉謙及其弟子阮嶼皆鍾情道教，多以仙道意境入詩。阮嶼所著漢語文言文傳奇小說《傳奇漫錄》，文字典雅，故事情節完整，極具文學價值。《傳奇漫錄》「內容幾乎都與道士修煉成仙、凡人偶遇仙人修得奇門法術等有關，呈現在我們面前的是道士、仙人及仙境、城隍等，具有濃郁的道教色彩」[3]。繼《傳奇漫錄》之後，女作家段氏點續作《傳奇新譜》，將越南傳奇文學推向一個新的高度。

黎朝末年著名詩人阮攸（1766 — 1820）的詩作多蘊藏道教清虛自然、無為寧靜的思想，《寄友》「有生不帶公侯骨，無死終尋逐鹿盟。羨

1　戴可來、楊保筠校注：《嶺南摭怪等史料三種》，中州古籍出版社，1991 年，第 3 — 42 頁。
2　許永璋：《論道教在越南的傳播和影響》，《史學月刊》2002 年第 7 期。
3　唐桓：《道教與越南古代文學》，《解放軍外國語學院學報》2003 年第 4 期。

殺北窗高臥者，平居無事到虛靈」表現了仙家閒逸自適的情懷。《暮春漫興》「浮利榮名終一散，何如及早學神仙」直接表明作者企羨修道成仙的人生追求。此風尚一直延續至越南近現代文壇，吳必素（1892 — 1954）《未來與太上老君》等雜文作品將道教太上老君作為正義化身用來批判現實的輿論工具，足見道教對越南士人根深蒂固的影響。以上道教南傳越南以及道教入越的演進歷程兩個部分多參閱宇汝松《道教南傳越南研究》所提供的資料，特致謝意。

此外，據張玉安《東方神話傳說》介紹，柬埔寨神話《金環蛇的故事》《蚊子的演變》、老撾祖先神話《九龍的故事》、緬甸神話《三個龍蛋》、泰國神話《卡維》《金螺》等皆表明道教文化因素對東南亞古代神話的影響[1]。

三　道教流播印度的餘韻

印度文化之文學、宗教、雕塑、建築等對中國的影響可謂深巨，前人之述備矣，國人大多皆能識其一二。但是，中國文化對印度的反作用，似乎很少有人問津探索。其實，印度密宗之教義及修持方法即深受道教文化影響。

（一）道教流播印度文獻稽考

密宗，為佛教十大宗派之一，又稱為真言宗、金剛頂宗、毗盧遮那宗、祕密乘、金剛乘，也統稱為「密教」。魏晉南北朝至初唐，密宗在中土一直未能形成宗派體系，直到唐玄宗開元初期，印度密教高僧善無畏

1　張玉安主編：《東方神話傳說》第六卷，北京大學出版社，1999 年，第 89 — 227 頁。

（637 — 735）、金剛智（671 — 741）、不空（705 — 774）等人來中國傳法譯經，在中土修習傳授並形成密宗一派。密宗依《大經》《金剛頂經》建立三密瑜伽，事理觀行，修無上本尊祕法。此宗認為密法奧祕，不經灌頂和傳授不得任意傳習、顯示別人，因此稱為密宗。

產生於印度的密宗在形成之初即吸收涵化了中國道教的大量內容。

印度當代哲學家恰托巴底亞耶，以 1959 年出版的《順世論 —— 古代印度唯物主義研究》一書著稱於世，其《印度哲學》《印度無神論》《印度哲學中活着的和死去的》《古代印度的科學與社會》等在學術界也較有影響。恰托巴底亞耶用歷史唯物主義觀點論證印度古代哲學思想的產生與發展雖有自身特殊性，但最重要的還是由印度古代社會的政治和經濟條件所決定。恰托巴底亞耶認為印度密宗的出現是受中國道教的外部影響所致，此看法為大多數印度和西方學者所認同。李約瑟在《中國科學

8-8　密宗佛像

技術史》中認為，道教與印度密宗之間有兩個方面極其相似，其一為道教的宇宙起源論的確類似於印度的密教，其二為道教與密宗皆有一種明顯的尊崇女性的傾向，將陰性置於陽性之上[1]。此外，高羅佩《中國古代房內考 · 印度和中國的房中祕術》[2]、張毅《試論道教對印度的影響》[3]、張毅《試論密宗成立的時代與地區》[4]、蕭登福《道教與密宗》[5]、蕭登福《道教術儀與密教典籍》[6]、黃心川《道教與密教》[7]、朱越利《藏傳佛教和道教》[8]、夏廣興《密教傳持與唐代社會》[9]等皆有關於密教源於道教的相關論述。7世紀時，印度開始將《道德經》翻譯成梵文，主要集中在印度東部阿薩姆地區傳播。「中國」（即「支那」）在印度密宗文獻中大量出現，並有着重要意義。恰托巴底亞耶《順世論 —— 古代印度唯物主義研究》引用巴克奇的觀點認為：「有一批稱為支那行（cinacara）的修行法，學者們已經討論得很多了。為印度教和佛教雙方面都採納了的《祕密地母經》說到支那地母（Cina Tara）的崇拜來於大支那國家（Mahacina）。據說婆喜史多，最偉大的婆羅門聖者之一，曾去那個國家會晤佛陀，在那個時候在印度或西藏是找不到佛陀的。婆喜史多（Vasistha）在那裏接受佛陀的灌頂，學到『支那行』的祕密教義，後來回到印度宏揚此教。」[10]南印度密宗的十八位成就者中，博迦爾和普里巴尼兩位即來自中國。兩人擅長禁

---

1 ［英］李約瑟著，何兆武等譯：《中國科學技術史》第二卷《科學思想史》，科學出版社、上海古籍出版社，1990年，第454 — 458頁。

2 ［荷］高羅佩著，李零譯：《中國古代房內考》，上海人民出版社，1990年。

3 張毅：《試論道教對印度的影響》，《南亞與東南亞資料》1982年第2輯。

4 張毅：《試論密宗成立的時代與地區》，載《印度宗教與中國佛教》，中國社會科學出版社，1988年。

5 蕭登福：《道教與密宗》，新文豐出版公司，1993年。

6 蕭登福：《道教術儀與密教典籍》，新文豐出版公司，1994年。

7 黃心川：《道教與密教》，《中華佛學學報》1999年第7期。

8 朱越利：《藏傳佛教和道教》，《中央民族大學學報》2000年第4期。

9 夏廣興：《密教傳持與唐代社會》，上海人民出版社，2008年，第142 — 154頁。

10 ［印］德 · 恰托巴底亞耶著，王世安譯：《順世論 —— 古代印度唯物主義研究》，商務印書館，1992年，第414頁。

咒、醫術和煉丹術，南印度眾多密宗徒皆受業門下，觀兩人修煉行跡，無疑是道教徒常用之儀法。

中國學者普遍認為，印度佛教中的密宗，既不是來自印度教，也不是來自印度更為古老的民間傳統文化，亦不直接來自於佛教，而是來自於中國的道教。汶江認為：

> 密宗在教義和修持法上都和印度傳統各宗派有顯著的差異，與道教卻十分相似，而且相似之處非常明顯和眾多，不能輕率地認為是偶合。[1]

印度有不少學者認為密宗來自印度本土，且起源甚早，在古印度吠陀時代即已有之。但我們知道，道教的性理論和實踐在公元 2 世紀至 6 世紀已大盛於中國，此遠遠早於印度密教崇拜之興起。表面觀之，密教似乎從印度傳入中國，但實際情形可能是道教先輸入於印度形成密教，然後密教又反轉輸入中國。密宗真正興起晚至公元 7 世紀前後，與吠陀時代相距二千餘年。更為重要的是，密宗對待女性的態度也迥異於吠陀時代雅利安文化中森嚴的種姓制度。正如道教尊重陰陽、重視陰性的根本認識，密宗教義、神祇和信徒中女性皆有重要地位。

道教流播至印度應極為久遠，惜文獻闕失不存，我們終難理清其最初端倪。成書於東魏武定五年（547）的《洛陽伽藍記．城北》，隱約有其記載：

> 十二月初，入烏場國。北接葱嶺，南連天竺，土氣和暖，地方數千。民物殷阜，匹臨淄之神州；原田㐬㐬，等咸陽之上土。鞞羅

1　汶江：《試論道教對印度的影響》，《思想戰線》1988 年第 2 期。

> 施兒之所，薩埵投身之地，舊俗雖遠，土風猶存。國王精進，菜食長齋，晨夜禮佛。擊鼓吹貝，琵琶箜篌，笙簫備有。日中已後，始治國事。假有死罪，不立殺刑，唯從空山，任其飲啄。事涉疑似，以藥服之，清濁則驗；隨事輕重，當時即決。土地肥美，人物豐饒，百穀盡登，五果繁熟，夜聞鐘聲，遍滿世界。土饒異花，冬夏相接，道俗採之，上佛供養。國王見宋雲，云大魏使來，膜拜受詔書。聞太后崇奉佛法，即面東合掌，遙心頂禮。遣解魏語人問宋雲曰:「卿是日出人也？」宋雲答曰:「我國東界有大海水，日出其中，實如來旨。」王又問曰:「彼國出聖人否？」宋雲具說周、孔、莊、老之德，次序蓬萊山上銀闕金堂，神仙聖人並在其上；說管輅善卜，華陀治病，左慈方術，如此之事，分別說之。王曰:「若如卿言，即是佛國。我當命終，願生彼國。」[1]

宋雲，北魏敦煌人。北魏明帝神龜元年（518）十一月，受命於胡太后，與崇立寺僧人惠生、法力等西行天竺。宋雲自洛陽始，經吐谷渾、鄯善、於闐等地，進入西域，經波斯、賒靡國、缽盧勒國，於神龜二年（519）入烏場國。烏場國為古印度北天竺屬國，一譯烏萇國，位處今巴基斯坦西北邊境。《洛陽伽藍記》所記即為宋雲等人在烏場國的見聞行跡。此國佛教盛行，民風淳樸，經濟繁盛。國王專門找來能語北魏語言的翻譯者與宋雲會談，宋雲為國王講述周公、孔子、老子、莊子學說，烏場國國王甚為欣羨。由此可知，道家及道教學說在西元 519 年或許即已為印度士人所知悉。

此外，從四川經南方絲綢之路穿越滇緬，可直達迦摩縷波地區，此一交通路線頻繁的經貿文化交流前面已討論甚詳。川滇沿路少數民族如

---

1 ［東魏］楊衒之著，范祥雍校注:《洛陽伽藍記校注》，上海古籍出版社，1978 年，第 298 頁。

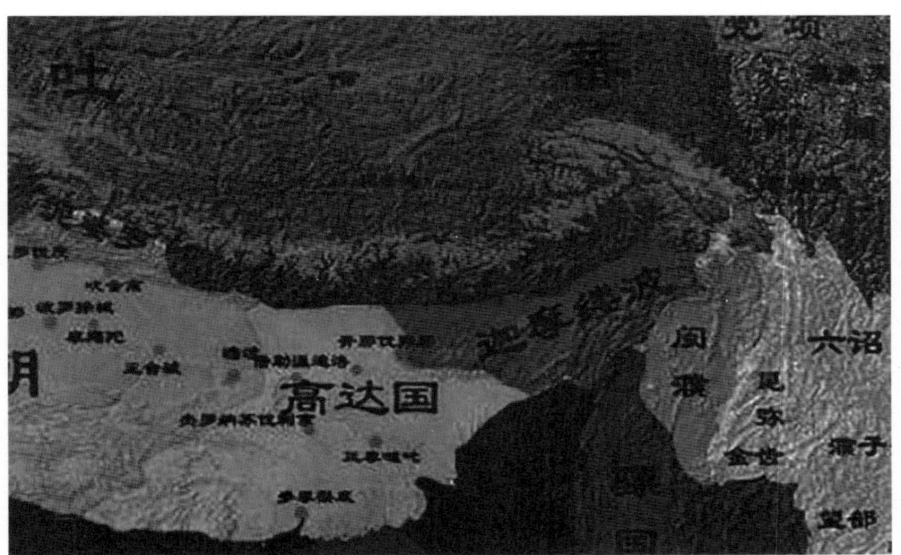

8-9　迦摩縷波地區示意圖

獠（夜郎）以及早期南詔皆信奉道教，南詔道教神話更與巴蜀密切相關。密宗濫觴於印度迦摩縷波地區，密宗大師如婆呵羅、魯以巴皆出生於迦摩縷波。迦摩縷波地區與中國直接的交往在文獻中也記載甚早。

《舊唐書・西戎・天竺》記載：

> 五天竺所屬之國數十，風俗物產略同。有伽沒路國，其俗開東門以向日，王玄策至，其王發使，貢以奇珍異物及地圖，因請老子像及《道德經》。[1]

《新唐書・西域》也有類似記載：

> 東天竺王尸鳩摩送牛馬三萬餽軍，及弓、刀、寶纓絡。迦沒路

1　［後唐］劉昫：《舊唐書》，中華書局，1975 年，第 5308 頁。

國獻異物，並上地圖，請老子象。[1]

《舊唐書》所記伽沒路國以及《新唐書》所記迦沒路國，即迦摩縷波國。此國與中國交往甚早，《史記．大宛列傳》所載「滇越」以及《後漢書》「盤越」可能即指該國。該國 4 世紀左右由阿薩姆人建國，故都位於今天印度東北阿薩姆邦西部古瓦哈蒂（Gawahati），13 世紀被緬甸的阿霍姆人征服並建立阿霍姆國。貞觀十五年（641）印度中天竺曷利沙帝國戒日王遣使節來唐以示友好，貞觀十七年（643），王玄策奉唐太宗命作為副使，隨李義表出使天竺（印度）。貞觀二十一年（647），王玄策以正使身份再度出使印度，此時曷利沙帝國大臣阿羅那順乘戒日王去世後國內大亂而篡位自立為中天竺新國王，阿羅那順派軍隊襲擊劫掠王玄策使團。王玄策宵遁並調吐蕃兵、泥婆羅（今尼泊爾）兵擊敗中天竺，擒獲阿羅那順並押解回唐。唐高宗顯慶二年（657），王玄策第三次出使印度。王玄策數次出使印度，他將印度各地的見聞行跡記於所著《中天竺行記》一書，可惜完本早已亡佚，惟《法苑珠林》《解迦方志》保留有散逸殘篇。在王玄策出使天竺訪問迦沒路國之前，貞觀九年（635），玄奘法師應迦沒路國國王尸鳩摩（一譯拘摩羅，一譯鳩摩羅）的邀請，曾到達該國。玄奘之後，王玄策又奉命出使該國，得到尸鳩摩國王所贈大量奇珍異物及地理圖冊，作為回敬，王玄策以老子像及《道德經》回贈該國。唐初道教一度成為國教，皇室推崇備至，中原風靡，四方響應。兩唐書所記王玄策贈老子像及《道德經》於伽沒路國，確切表明道教流播於印度東北阿薩姆地區的歷史可能。

由王玄策帶到東印度的道教經典，被翻譯成梵文後不斷影響宗教信仰，歷史文獻也有隱約述及。唐代京兆西明寺道宣（596 — 667），為佛

1 ［北宋］歐陽修、宋祁：《新唐書》，中華書局，1975 年，第 6238 頁。

教南山律宗開山之祖，世稱「律祖」，所著《集古今佛道論衡》記載：

> 貞觀二十一年，西域使李義表還奏，稱東天竺童子王所未有佛法，外道崇盛，臣已告云：「支那大國未有佛法已前，舊有得聖人說經，在俗流布，但此文不來，若得聞者，必當信奉。」彼王言：「卿還本國，譯為梵言，我欲見之。必道越此，徒傳通不曉。」登即下敕，令玄奘法師與諸道士對共譯出。於時道士蔡晃、成英二人，李宗之望，自餘鋒穎三十餘人，並集五通觀，日別參議，詳核《道德》。奘乃句句披析，窮其義類，得其旨理，方為譯之。諸道士等並引用佛經中百等論，以通玄極。奘曰：「佛教道教，理致天乖。安用佛理通明道義。」如是言議往還累日窮勘。[1]

貞觀二十一年即為上文所述王玄策以正史身份再度出使印度的公元647年。李義表曾與王玄策一道出使過印度，參照《新唐書》，李義表所謂東天竺國王即為尸鳩摩，尸鳩摩請求李義表回國後將道教經典翻譯成梵文。玄奘與道士蔡晃、成英等三十餘人集於五通觀，共同商討，梵譯《道德經》。由此可知，道教經典在貞觀年間即被翻譯成梵文並主動流播於東印度地區。東印度為密宗發源之地，兩相印證，密宗因道教影響而產生於史有徵。

（二）道教影響密宗之種種印痕

季羨林《佛教的倒流》認為：「我們講『文化交流』，其中『交』字是關鍵。既然說『交』，就不會是向一個方向流，形成了所謂one-way

---

1　[唐] 道宣：《集古今佛道論衡》，載《中華大藏經》第60冊，中華書局，2004年，第813—814頁。

traffic，而是相向地流，這才是真正的『交流』。一方的新東西、新思想、新科技等等流向另一方；另一方的新東西、新思想、新科技等等也流向這一方。有時候，流過來的東西，經過這一方的改造、加工、發展、提高，又流了回去。如此循環往覆，無休無止，一步比一步提高，從而促進了人類文化的發展，以及人類社會的進步。這種流出去又流回來的現象，我稱之為『倒流』…… 佛教是從印度傳到中國來的 …… 在佛教義理方面，中國高僧在幾百年上千年的鑽研與學習中，有了很多新的發展，有的又『倒流』回印度，形成了我所說的『佛教的倒流』。」[1] 佛教初入中土，其理論術語的翻譯多依託道家經典，以期能為中國本土所理解，因而後來道、釋的合流也就順理成章。一來一往，及至佛教再倒流回印度，道家思想隨之流播過去，這也是文化常有之交融現象。倒流回去的新思想，夾雜着道教的理念，與印度本土宗教信仰結合，旋即產生影響至今的密宗。那麼，道教在哪些方面滲透密宗並影響其教儀教規呢？

據汶江《試論道教對印度的影響》介紹，密宗認為人和外在世界的運行規律基本相同，宇宙間的萬物構造原理同樣存在於人體之中，人的身體即為一個小宇宙，其複雜程度不亞於外在宇宙。如果了解人身的玄妙即能領略宇宙的奧祕，能駕馭人體內臟器的流轉即能掌控宇宙的運行，因而密宗十分注重自身的內外修持。密宗修行有「五真實」，或「五 Ma 功」（五摩），即所謂飲酒（Madya）、食肉（Mamsa）、食魚（Matsya）、佶印（Mudra）以及雙身（Maithuna）。雙身即交合，為密宗修煉的主要內容，此與道教男女合氣之術在理論和實踐上皆完全一致。宇宙的發生正如人類的生殖，人的身體又以性的現象最為神祕，因此密宗愛慾金剛就列為各種修法之首。要想修成極樂身或金剛薩陲，雙身交合即為必要法門。

---

1 季羨林：《佛教的倒流》，載《季羨林集》，中國社會科學出版社，2000 年，第 321 — 322 頁。

內修之外，外丹也是達成極樂的必要輔助。龍樹（約 150 — 250）《汞寶的製作》大概為印度最早的煉丹記載，該書記載了丹藥的製作過程：「將水銀與等量的金合搗，再和以硫黃、硼砂等，將此混合物放入坩堝內合上蓋，然後以文火加熱。服食此金丹（即昇華物），虔信者便獲得不朽的軀體。」[1] 龍樹之前的印度並不見丹藥製作技術的記載，而這種技術在中國卻是早已成熟的煉丹方法。前引楊衒之《洛陽伽藍記》所記宋雲為烏場國國王「說管輅善卜，華陀治病，左慈方術」的記載，即隱約透露宋雲已將煉丹術傳入印度。左慈，道號烏角先生，東漢末年著名方士，少居天柱山，研習煉丹之術，擅長房中術，為丹鼎派早期創始人。左慈傳《九鼎丹經》《太清丹經》《金液丹經》於鄭穩，鄭穩再傳至葛洪。由此，道教煉丹術在南北朝前即已傳播至印度。

據韓吉紹《道教煉丹術傳入印度考論》介紹，南印度泰米爾語文獻提到的十八位密宗成就者悉達（sittars）中的一位博加爾（Bogar），據說是 3 世紀時到達印度的中國人，很多泰米爾語中的魔法、煉丹術與醫學著作皆出其名下，有關博加爾的傳說長期在印度南部流行。印度學者 Vijaya Deshpande 認為《Mātrkābhedatan tram》是一部中世紀早期的印度密教經典，數章內容涉及煉丹術，其中第一章提到一部中國典籍《Cinātantra》，Vijaya Deshpande 認為這是中國煉丹術傳入印度的證據。此外，Vijaya Deshpande 研究一部題名為博加爾的泰米爾煉丹著作《Bogar Karpam-Three Hundred》發現，書中出現的一些煉丹方法、藥物使用等與《周易參同契》和《抱朴子》的內容很相似，尤其是書中記載的「中國銀」的煉銀技術，這說明博加爾很可能來自中國，並將煉丹術傳播至印度[2]。印度學者德・恰托巴底亞耶認為：「根據這些泰米爾資料的證明，這種科學知

1　轉引自韓吉紹：《道教煉丹術傳入印度考論》，《宗教學研究》2015 年第 3 期。
2　韓吉紹：《道教煉丹術傳入印度考論》，《宗教學研究》2015 年第 3 期。

識的交流是通過密教的媒介才發生的。」[1] 唐朝礦石交流至印度的歷史記載更為明顯，印度文獻所記 cīna pishṭa（至那粉）、cīna vanga（至那鉛）即為證據[2]。梵文丹砂（sindura）一詞在梵語中找不到語源，其詞根「sin」即為支那[3]。道教用鉛汞化合比喻嬰兒姹女，密宗用雲母與水銀的化合比喻 Hava 與 Gauri，認為外丹是促成肉體不朽的有力手段。道教金丹術和黃白術被密宗吸收，稱為水銀之學（Rasaśāstra）。

唐僧義淨於唐高宗咸亨四年（673）到達印度，遊歷印度十二載，於 685 年啟程返唐。義淨在歸唐途中停留南海室利佛逝（今印度尼西亞蘇門答臘），撰成《南海寄歸內法傳》，書中記載了印度及其所歷南亞諸國所行佛教儀軌四十條，為研究南亞次大陸佛教史的重要文獻資料。《南海寄歸內法傳．進藥方法》在介紹印度絕食療法後，順帶記載了煉丹術：

> 舊人傳云：若其七日斷食不差，後乃方可求觀世音。神州多並不閒，將為別是齋戒，遂不肯行學，良由傳者不悟醫道也。其有服丹石及長病並腹塊之類，或可依斯。恐有丹石之人，忍飢非所宜也。又飛丹則諸國皆無，服石神州獨有。然而水精白石有出火者，若服之則身體爆裂。時人不別，枉死者無窮。由此言之，深須體識。[4]

「飛丹則諸國皆無，服石則神州獨有」，義淨在此已明確記載服食丹藥乃為中土所獨擅，印度諸國皆無。印度修行者由於不諳丹石藥性，服之有身體爆裂者。由是觀之，直到 7 世紀後期，印度煉丹術尚不成熟，

---

1 ［印］德．恰托巴底亞耶著，王世安譯：《順世論 —— 古代印度唯物主義研究》，商務印書館，1992 年，第 427 頁。

2 ［美］愛德華．謝弗著，吳玉貴譯：《唐代的外來文明》，陝西師範大學出版社，2005 年，第 276 頁。

3 湯洪：《1700 年「支那」語源研究綜述》，《中華文化論壇》2012 年第 4 期。

4 ［唐］義淨著，王邦維校注：《南海寄歸內法傳校注》，中華書局，1995 年，第 160 頁。

而中國在魏晉時代已登峰造極，成為道士修煉養生的流行方術。

此外，善無畏譯《慈氏菩薩略修愈誐念誦法》《大佛頂廣聚陀羅尼經》、菩提流志譯《不空羂索神變真言經》、不空譯《如意寶珠轉輪祕密現身成佛金輪呪王經》等唐譯密典中皆有中國煉丹術影響印度煉丹術的記載。另外，據韓吉紹《道教煉丹術傳入印度考論》介紹，藏文大藏經如《丹珠爾》以及藏族學者鄔堅巴・仁欽貝《水銀成就論》、帝瑪・丹增彭措《帝瑪・丹增彭措醫著選集》等著述中也保留有煉丹術的資料，其內容都與《黃帝九鼎神丹經訣》有着重要關係，正可為漢譯佛經提供佐證[1]。

張毅《試論密宗成立的時代與地區》認為：「道教大規模的傳至印度應在兩晉及南北朝時期（四至六世紀），即道教在中國形成和發展，並在滇緬線的交通更為頻繁之後，密宗的開山祖師七世紀的龍樹是一位煉丹家正說明這一問題，中國煉丹術曾傳入印度，可說已經定論，煉丹術的傳播者，只能是道教徒而不可能是佛教徒。」[2] 韓吉紹《道教煉丹術傳入印度考論》亦認為：「在那些外來文化中，中國是一個比阿拉伯文化更早更重要的因素，印度煉丹術早期發展階段與中國煉丹術具有深厚淵源，正如印度密教發展軌跡中有道教的明顯痕跡，印度煉丹術的出現應當與道教煉丹術的西傳有關。有很多跡象表明，古代中印文化交流在煉丹術領域表現得同樣十分突出，只是由於一些原因使得這方面的研究非常薄弱，很多歷史事實被塵封在時間長河中。」[3]

密宗之天性宗的教義教規所蘊含道教色彩即十分濃厚，天性宗信徒祈禱歌中就含有與《老子》「知其雄，守其雌」等相類似的語辭。《老子》謂：

1　韓吉紹：《道教煉丹術傳入印度考論》，《宗教學研究》2015 年第 3 期。

2　張毅：《試論密宗成立的時代與地區》，載《印度宗教與中國佛教》，中國社會科學出版社，1988 年，第 23 — 24 頁。

3　韓吉紹：《道教煉丹術傳入印度考論》，《宗教學研究》2015 年第 3 期。

> 含德之厚，比於赤子。蜂蠆虺蛇弗螫，攫鳥猛獸弗搏，骨筋弱柔而握固。未知牝牡之會而朘怒，精之至也。終日號而不嚘，和之至也。知和曰常，知常曰明，益生曰祥，心使氣曰強。物壯則老，謂之不道，不道早已。[1]

後世道教徒根據老子嬰兒精之至的理論發展出道教節慾保精、惜精愛氣的房中養生之術，此術在魏晉六朝時蔚然成為道教之主流功夫，葛洪《抱朴子》、陶弘景《御女損益》等道教經典皆有論述。

此一修行方法輸入東印度密支那地區，即為密宗所崇奉。密宗經典《樓陀羅問對》記載梵天之子瓦西沙曾苦修多年卻未能見到至高女神，其父勸他求「中國修煉法」，瓦西沙終於見到至高女神，女神啟示他前往中國學習真知。瓦西沙到中國見到佛陀身邊全是裸體術士，他們飲酒吃肉，並與美女性交。「瓦西沙睹此，心慌意亂，佛乃以性儀式及五魔之用的真義授之」[2]。據李遠國《南方絲綢之路上的宗教文化交流》介紹，所謂「五魔」，即「五摩」，乃是飲酒、食魚、食肉、性準備、男女羣體性交，此記載很有可能指的是巴蜀天師道所舉行的「合氣」儀式[3]。密宗一位重要神靈摩訶支那救度母，相傳來自中國。

密宗一重要修行法即是禮拜這位神靈，稱為「支那功」(cinacara)，意為中國式的性愛儀式。密宗經典《度母祕義經》《摩訶支那功修法》《風神合璧》《彌盧咀多羅》等皆言「支那功」來自中國。《度母經》記載密宗大師殊勝修行於青山寺，勤奮修持，卻無功效，後來得到度母啟示，讓他去摩訶支那學習「支那功」修持祕法。殊勝前往中國尋求祕方，學成後仍歸青山寺傳道，在印度古瓦哈提，至今仍存殊勝修院。荷蘭漢學

---

1 復旦大學哲學系《老子注釋》組注：《老子注釋》，上海人民出版社，1977 年，第 28 頁。
2 ［荷］高羅佩著，李零譯：《中國古代房內考》，上海人民出版社，1990 年，第 364 頁。
3 李遠國：《南方絲綢之路上的宗教文化交流》，《中華文化論壇》2008 年第 S2 期。

家高羅佩認為：「由於基於止精法的房中祕術從紀元初便盛行於中國，而其時在印度卻毫無跡象，所以很明顯金剛乘的這一特點當是經阿薩姆邦從中國傳入印度 …… 聖地伽瑪迦亞和希里哈塔為中國房中祕術傳入印度的可能途徑提供了一條線索。這兩個地點都位於阿薩姆邦境內。這個邦是個巫術盛行的地區。當地婦女的地位比在印度本土要高，並與中國來往密切。七世紀迦摩縷波王巴斯卡拉跋摩為真言乘術士，自稱他的王朝是受封於中國，並與唐王朝經常往來。」[1] 高羅佩從房中祕術中看到印度密宗取法中國道教的歷史印跡，這種明顯的相似，絕不能簡單歸結為歷史偶合，中國道教影響並促成印度密宗的產生發揮了重要的刺激作用。

早於印度密教的興起，中國道教性理論和性實踐在公元 2 世紀即盛行，因此李約瑟認為，乍視之下，密宗似乎是從印度輸入中國的。但仔細探究其時間，倒使我們認為，至少可能其全部東西都是道教的。實際的情形是，先是道教從中國輸入印度，然後才是密教回頭又輸入中國。[2] 據石海軍介紹，「密宗儘管千奇百怪，但修習者都要特別珍惜精液，密宗認為泄精不僅是一種罪過，而且使人走向死亡。為了保精、固精，密宗把性交作為一種修行方式，認為佛性隱藏在女性的陰戶之中，但是與我們一般的印象頗為不同的是，性交作為一種修習行為，其目的並不是為了泄精，相反卻是為了抑制精液外泄。如何能做到這一點呢？首先它通過交媾的方式喚醒人身上的性力（貢達力尼，意為蛇，所以性力也可以叫作蛇力），然後通過瑜伽修行似的功力和技能使精液沿着脊椎上行到坐落於腦部的『千瓣蓮花結』（Sshasrara）中，使精液與之交合為一體，從而獲得崇高的解脫和智慧。顯然，密宗的這種修習實踐是中國房事養生學

1　[荷] 高羅佩著，李零譯：《中國古代房內考》，上海人民出版社，1990 年，第 363 — 364 頁。
2　[英] 李約瑟著，何兆武等譯：《中國科學技術史》第二卷《科學思想史》，科學出版社，2018 年，第 456 頁。

中所謂的『黃河倒流』、『固精縱慾』、『還精補腦』之說的印度翻版」[1]。

此外，成書於 4 世紀至 5 世紀的印度性學經典《慾經》記載了古印度各種性愛觀以及性愛習俗，此書雖然流行於印度密宗興起之前，但文字記載中卻找不到類似於密宗的修行方式，亦可反證密宗可能由外來文化影響所致。密宗的核心修為更與原始佛教根本教義完全背斥，卻與道教房事養生不謀而合。李遠國認為：「佛教沿南絲綢之路東傳的同時，巴蜀天師道的『黃赤合氣之道』與房中之術亦循同一路線西傳，由此刺激了鄰近中國的迦摩縷波地區奉『五摩字真言』的『外道』流傳，最後衍變為佛教密宗，並於公元 8 世紀又回到中國漢藏地區。這是中外宗教文化交流的一個典型。」[2]

1 石海軍：《道教與密宗 —— 兼及印度文化和文學中的豔慾艷欲主義》，《外國文學研究》2003 年第 6 期。

2 李遠國：《南方絲綢之路上的宗教文化交流》，《中華文化論壇》2008 年第 S2 期。

第三編
語言文學藝術

第九章　彝文與印度婆羅米文字的時空關聯

近 200 年來，隨着彝文研究的不斷深入，以及印度考古出土「印度河文字」及其孕育產生的公元前 7 世紀婆羅米文字數量的增多，關於婆羅米文字的來源問題曾引起學界持續關注，有學者認為古印度婆羅米文字來源於美索不達米亞的古阿拉米文字，但也有學者認為婆羅米文字與生活在川、滇、黔地區的彝族古老文字有諸多關聯，且彝族先民與巴蜀文化有着緊密交融。更可振奮者，近年，有歷史考古學者探索出三星堆文化中亦隱藏有諸多與彝族文化相同的基因。此一問題或可為我們再次提供巴蜀文化與南亞地區古老的互動與交流歷史，巴蜀「左言」融合彝族語言文字，輾轉與遙遠的南亞古老婆羅米音節文字發生着時空牽連。

一　彝族、彝語與彝文

（一）彝族

彝族主要分佈在川、滇、黔、桂的高原地帶，四川西南涼山地區是中國最大彝族聚居區。1949 年前，因地域和方言的不同，彝族並沒有統一的名稱，而有着許多不同的他稱和自稱。「夷」「黑彝」「白彝」「紅彝」「甘彝」「花腰」「密岔」等皆為族外人的他稱。雲南昭通、武定、祿勸、彌勒、石屏，四川大涼山、小涼山的彝族則自稱為「諾蘇」「納蘇」「聶蘇」，此地域彝族人口約佔彝族總人數一半。此外，雲南哀牢山、無量山及開遠、文山、馬關一帶的彝族則自稱為「密撒（潑）」「臘蘇（潑）」「濮拉潑」「尼濮」等，而貴州的彝族則自稱為「糯蘇」「納」「諾」「聶」等。張增祺《中國西南民族考古》認為：彝族是以『昆明』為主體，融合了不少其他民族的一個典型的『複合民族』…… 這部分「昆明」人後來成為滇中、滇東南、滇東北、大凉山及黔西等地的彝族先民；未東遷的『昆明』人，融合了當地的「濮人」及其他少數民族，形成「哀牢夷」，後來又成為滇西及滇西南地區的彝族先民。[1]

關於彝族的來源，學術界眾說紛紜，尚無定論。主要有「北來說」「南來說」「東來說」和「雲南土著說」等，其中「北來說」佔主導。「北來說」據漢文和彝文歷史資料記載，認為彝族先民主要源自古羌人。公元前 2 世紀至公元 1 世紀初期，彝族先民聚居中心在雲南滇池和今四川西昌附近的邛都。史書稱其為「邛都」「昆明」「勞浸」「靡莫」和「滇」部落，他們從事農牧業。據彝族歷史傳說，遠古時代其祖先居住在「邛之鹵」，後來才南下「諾以」（金沙江）和「曲以」（安寧河）兩水沿岸。之後又擴張至滇南、哀牢山、滇東北、黔西北及桂西北地區。據古彝文典籍《西南彝志》記載，彝族先民定居西南夷地區，曾不斷與其他民族諸如「濮人」雜居，產生「濮變彝」的民族融合。1949 年後，經民族識別，以鼎彝之「彝」作為該族羣統一的民族名稱。彝族是中國第六大少數民族，其民族語言為彝語。

（二）彝語

彝語屬漢藏語系藏緬語族彝語支，有北部、東部、南部、東南部、

---

1 張增祺：《中國西南民族考古》，雲南人民出版社，1990 年，第 271 頁。

西部、中部等 6 種方言和 5 個次方言、25 個土語，共有 400 餘萬人使用彝語。彝語的塞音、塞擦音和擦音分清濁兩套，還有方言地區的塞音、塞擦音有帶與不帶鼻冠音的區別。除少數方言外，元音一般分鬆緊，但只在某些聲調的音節裏構成對立。韻母一般由單元音構成，沒有塞輔音韻尾，但泰國碧粟彝語有 -p、-t、-k 韻尾，雲南、貴州部分地區有少數復元音、鼻化韻和鼻尾韻。彝語有 3 — 5 個聲調，調型簡單。表達語法意義的主要手段是詞序和虛詞，基本語序是主、賓、謂結構。名詞、動詞和人稱代詞作定語時，在中心詞前；形容詞、數量詞作修飾語時，在中心詞後。有些副詞修飾雙音節中心詞時，在中心詞的兩個音節之間。彝語量詞豐富，有的量詞能直接修飾中心詞，起後置冠詞的作用。有的方言有標誌各種句子成分諸如主語、賓語的結構助詞。一部分動詞的自動態和使動態，用輔音清濁交替表示。有些方言以謂語動詞、形容詞的重疊和變調表示疑問。彝語單音詞和詞根佔優勢，構詞後綴多、前綴少，複合詞多、單純詞少，四音格聯綿詞較豐富。

（三）彝文

彝文又稱「爨文」「韙書」「羅文」「倮倮文」「夷文」「貝瑪文」「白馬文」「畢摩文」等，其使用歷史非常悠久。彝文以其獨具特色的形態表現古老風貌，但關於它的起源，學術界一直眾說紛紜，較具代表性的觀點有唐代說、晉代說、漢代說、借用戰國六國文說、春秋時代說、殷商時代說、龍山文化時代說、母系氏族社會繁榮時代說、半坡仰韶文化時代說等，雖向無定論，但從學者們各有所據的紛繁眾說中，亦能看出彝文起源時代甚為久遠。關於彝文的創製，學界說法頗多。有民間傳說「畢阿詩拉則造字說」，據傳彝族畢摩始祖畢阿詩拉則和他的女兒在深山叢林中，傾聽神鳥傳授知識後，學習並依據鳥獸足跡和動、植物形狀創造了

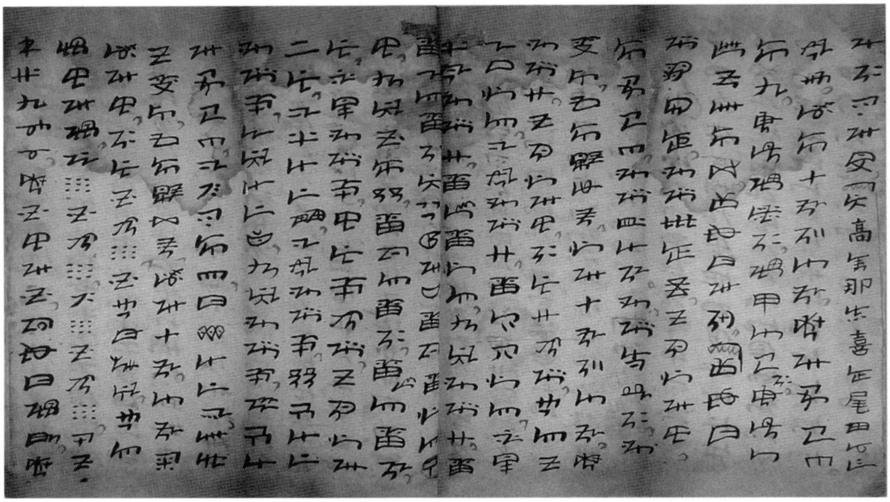

9-1 彝文

彝文。[1] 此可說明彝文與漢字皆源於刻畫符號，只不過彝文在後來的發展演變中，未能在字形、字音上形成完備系統而走向音節文字。有《西南彝志》卷二記載的聰明無比，能知天文地理的「伊阿伍造字說」。[2] 有《西南彝志》卷九記載的「恆本阿魯造字說」，恆本阿魯創造了供奉祖先的先例，發明了天地根源，創造了彝族的象形文字。[3] 有《彝族源流》記載的母系社會女君主「婁師穎造字說」。[4] 有《帝王世紀》記載的祭司「宓阿疊造字說」，宓阿疊為興奠祭、造文字、立典章、設律制的文化始祖。[5] 有《物史紀略》記載的原始母系氏族「勾易勾斯造字說」。[6]

由是觀之，彝文起源甚早，其創製或可追溯至三代以前甚至原始母系氏族社會。此外，尚有王昌富「伯博耿造字說」、王桂馥「吉祿造字

1　且薩烏牛：《彝族古代文明史》，民族出版社，2002 年，第 75 頁。
2　畢節地區民族事務委員會：《西南彝志》，貴州民族出版社，1993 年。
3　畢節地區民族事務委員會：《西南彝志》，貴州民族出版社，1993 年。
4　彝族編委會：《彝族》，貴州民族出版社，1989 年，第 129 — 130 頁。
5　《帝王世紀》，載馬學良主編：《增訂爨文叢刻》，四川民族出版社，1986 年。
6　物史紀略編委會：《物史紀略》第三集，四川民族出版社，1993 年，第 203 — 205 頁。

說」、《彝族古歌》「杜米那確左造字說」等。還有《天啟滇志》《一統志》《雲南通志》《景春雲南志》《開化府志》以及雲南《滇系雜載》、貴州《大定府志》等認同的「阿町造字說」。「2009 年 8 月 22 日，在香港正式形成的《中國古彝文在世界文字中的價值地位評鑒與申報世界記憶遺產建議報告》認為，中國彝族古文字可以與中國甲骨文、蘇美爾文字、埃及文字、瑪雅文字、哈拉般文字相並列，是世界六大古文字之一，也可以代表着世界文字的一個重要起源，一致贊同原始古彝文的創製和出現的時間長度大致可以推算為 7000 — 10000 年」[1]。

彝文文獻有石刻、陶文、布書、皮書、紙書、瓦書、木牘、竹簡、骨刻、木刻、金石銘刻、印章、口傳等多種形制，尤以紙書為多。現存的彝文文獻，除貴州境內尚存 260 多塊和雲南境內尚存 700 多塊石刻外，尚有約 5000 冊存於彝族民間，此外，國內有關部門及國外英、法、美、德等國收藏的紙書數量，約有 12000 餘冊。目前保存的紙質文獻多形成於明清時期的祭祀文典，但紙質文獻多是彝族「畢摩」（祭師）根據世代流傳的非紙質典籍轉而傳抄成紙書，可以肯定絕大部分彝文文獻成書年代遠遠早於明清時期，一般認為早期文獻不會晚於戰國晚期。彝文直到 19 世紀末才進入學界的研究視野，1930 年地質學家丁文江將「羊皮書」帶出大山，1936 年丁文江將彝族 70 歲知識分子羅文筆直譯、意譯的 11 部彝文經典題為《爨文叢刻》交由商務印書館出版，開闢科學翻譯、整理彝文古籍的先河。1978 年 — 1979 年，貴州威寧出土陶器 188 件，有 45 個不同的刻畫符號，有學者考證分析認為符號為彝族古代文字，年代屬漢代及戰國中、晚期[2]。十一屆三中全會以後，彝文古籍翻譯、整理工作取得前所未有的豐碩成果，《西南彝志》《彝族源流》《彝文典籍目錄》

1　阿里瓦薩：《彝族文字起源初探》，《中央民族大學學報》2011 年第 1 期。
2　王正賢、王子堯：《貴州威寧出土古代刻劃陶文研究》，《貴州民族研究》1989 年第 4 期。

《黔西北彝族美術》《彝文金石圖錄》等皆頗為可觀。

彝文書寫規律與漢字相同，但沒有漢字的偏旁和部首。彝文將書寫的第一筆或第一部分筆劃稱為主筆，主筆有 26 種常見類型，彝文即是由不同主筆加以不同筆劃而形成的獨具形、音、義的單字。彝文有獨體與合體兩種，合體字較少，獨體字佔 90% 以上，因而筆體簡單，二至五劃的字約有 80% 以上，八劃以上的字極少。由於彝文合體字少，不似漢字可採取形聲組合新字，而主要依靠採用字體結構的上下、左右易位和增添獨體字不同部位筆劃等方法來創製另具形、音、義的新字。彝文字體有一定的造字規律，首先，彝文亦如漢字「六書」，有少量象形、指事、會意字。此外，彝文還有大量通假字，不但「本無其字，依聲託事」，而且往往「本有其字」卻不辨字義「依聲託事」，彝文的通假借用，改變了它的表意性，因此，彝文是表意為主而兼有表音的文字，它是一種原生文字，並不是借用和摹仿漢字的產物，丁文江《爨文叢刻》自序即認為：「我們細看倮倮文卻沒有絲毫漢字的痕跡。」[1] 彝文書寫格式為左起直行，多無標點。「彝文屬音節文字類型」[2]，也是意音方塊文字。羅常培也認為「彝文原是一種音節文字，一個字代表一個音節而沒有字母」[3]。

在彝族歷史上，彝文曾有統一形式的通用時期，但隨彝語方言的產生及差異的增大，彝文也就隨之產生各具地域方言特色的不同流派。彝語六大方言之間相互通話存在困難，當然記錄方言的不同彝文之間相互閱讀亦存在障礙。障礙來自不同彝文使用的單字不一、常用字與異寫字不一、彝文同義近音的寫法不一等。彝文異寫繁多，每字異寫少則二三個，多則四五十個。異寫成因除不同方言、地域書寫差異外，更重要的

1　馬學良主編：《增訂爨文叢刻》，四川民族出版社，1986 年，第 2 頁。

2　陳士林：《彝文研究的基礎和前景》，《中國民族古文字研究》，中國社會科學出版社，1984 年，第 273 頁。

3　羅常培、傅懋勣：《國內少數民族語言文字的概況》，《中國語文》1954 年第 3 期。

是流傳過程中彝文書寫的隨意性，同一字筆劃可多可少，甚至可正寫或反寫，再則流傳中彝文逐漸演化，以致原始文字與多個演化文字混用，因此，彝文研究專家能從彝文變化痕跡看出其原始面貌及演化軌跡。由於彝族社會經濟發展緩慢，彝文在民間自生自衍，其發展和演化速度非常遲緩。1980 年國務院批准推行《四川規範彝文方案》，該方案包括 819 個字符，8000 多個彝字，筆劃簡單，形體美觀。選取原彝文 819 個字順時針旋轉 90 度表音，書寫時一律從左到右。之後，滇川黔桂彝文協作組組織編纂的《滇川黔桂彝文字集》[1]，共收彝文字 20122 個，從 1 畫到 17 畫排列，為目前彝文集大成的工具書。

彝族社會一直保持着巫、史融合的歷史，彝文文獻又多賴巫師「畢摩」世代抄寫流傳，且多用於巫事活動，因此，彝文文獻尚多記載原始宗教，大多沒有形成今日意義上的學科專門著作。綜觀川、滇、黔、桂四地現存彝文文獻，其內容多為原始宗教類，此類有祭祖、祭奠、祭神、消災除禍、驅魔送鬼、詛咒盟誓、招魂、祈福、占卜、祭祀圖譜等經文。此外，歷史、譜碟、神話、哲學、文學、倫理、天文律曆、地理、醫藥、農牧生產、軍事、契約、賬簿、通告、譯著、文字等內容也有涉及。

二　印度婆羅米文字與彝文淵源蠡測

(一)「印度河文字」或孕育產生婆羅米文字

印度為世界四大文明古國之一，其悠久歷史和燦爛文化享譽世界。

1　滇川黔桂彝文協作組：《滇川黔桂彝文字集》，雲南民族出版社，2004 年。

9-2 印度河流域哈拉帕文化出土的印章

「印度河文字」（Indus script）是古代印度河流域文明成熟時期哈拉帕（Mature Harappan）文化（約為前 26 世紀至前 20 世紀）所使用的古文字。由於沒有已知的可供對譯的雙語銘文，考古學者和古文字學家花費大量精力試圖破解這些古文字，但至今仍未成功。

1873 年，英國考古學家亞歷山大・卡寧厄姆在一幅哈拉帕繪畫上發現寫有「印度河文字」的印章，並認為「印度河文字」可能是婆羅米文的原型，不少學者亦支持卡寧厄姆的假說，認為婆羅米文源於「印度河文字」。20 世紀 20 — 30 年代，考古學家在哈拉帕與摩亨佐・達羅等地，發掘出土公元前 3000 年後期的古代城市，出土 800 餘枚印章，印章上刻有「印度河文字」。此後，先後發現 4000 餘件刻有「印度河文字」的遺物，甚至在美索不達米亞也有發現。

1970 年代初，印度學者 Iravatham Mahadevan 出版一部「印度河文字」彙編，其中收錄大約 3700 枚印章與 417 個圖案的不同符號。印章銘文平均由 5 個符號組成，最長的有 17 個符號，Iravatham Mahadevan 確定符號的書寫方向為由右至左。周有光《世界字母簡史》認為印度河文字的釋讀研究還沒有成功，其文字符號「有人分為 396 種，有人分為 253

種 …… 它或許是一種『語詞・音節文字』」[1]。蘇聯文字學家依斯特林《文字的產生和發展》認為哈拉帕「印章上不同符號的數量算法不一 —— 從 150 到 400 個符號」[2]。中國學者錢玉趾更認為哈拉帕遺址中古老的「印度河文字」與彝文有某種關聯:「印度印章字符與彝文字比較,相同與相似的比較多。因此,印度河文字與彝文可能有比較密切的關係。」[3]

(二)婆羅米文字簡述

婆羅米文字,亦是印度半島歷史極古、最重要、使用最廣泛的文字。前論已介紹有學者認為該文字是「印度河文字」的傳承。婆羅米(Brahmī)原意為「來自大梵天」,傳說由大梵天(Brahma)創造,是「婆羅門」為字母所加的神聖光環,歷史上梵文曾用多種婆羅米系列字母拼寫,理論上凡是屬婆羅米系列字母的文字皆可稱為梵字。

婆羅米文字約在公元前 7 世紀 — 前 6 世紀已開始使用,變體頗多。近百年以來在中國新疆發現的古代梵文以及其他文字的殘卷為中亞婆羅米斜體字母書寫。除了約公元前 4 世紀到公元 3 世紀使用的佉盧文字外,該地區所有現存文字皆源於婆羅米文字,阿育王時期印度 — 雅利安石刻(公元前 3 世紀)為最早的實物證據。因此,婆羅米文字後來又演化為佉盧文字、笈多字體、悉曇字體、天城體梵文等多種文字。

婆羅米文字是音節文字。婆羅米字母有 4 個元音符號、31 個音節符號和 1 個專門詞尾輔音鼻化符號,共有 36 個字母符號[4]。字母自右向左橫

1 周有光:《世界字母簡史》,上海教育出版社,1990 年,第 179 頁。
2 [蘇聯] 依斯特林著,左少興譯:《文字的產生和發展》,北京大學出版社,1987 年,第 224 頁。
3 錢玉趾:《印度古文字與彝族古文字的關係初探》,《文史雜誌》2017 年第 2 期。
4 [蘇聯] 依斯特林著,左少興譯:《文字的產生和發展》,北京大學出版社,1987 年,第 228 — 229 頁。

9-3 婆羅米文字書寫的吐火羅文殘卷

行書寫，字母排列順序系統而科學。每一個字母代表一個元音或者後面帶 -a 的輔音。如果輔音後面是 -a 以外的元音，則在該字母上面、左面或右面另加不同符號表示。如果輔音不帶任何元音，則用涅盤點來標明。正規的婆羅米字母，主要用於書寫梵文著作，吐火羅文之焉耆文和龜茲文皆使用婆羅米字母斜體。回鶻文使用其他字母的同時，也使用婆羅米字母，增加的新字母與吐火羅文相同。

有學者認為婆羅米文字源於阿拉米文字。阿拉米語，又譯為亞蘭語、阿蘭語、阿拉姆語、阿拉美語，是公元前 12 世紀活躍於西亞兩河流域到地中海東岸地區阿拉米 —— 敍利亞北部草原阿拉米人的語言，迄今已有 3000 餘年的歷史，由阿拉米語發展的阿拉米文字甚至是亞洲許多文字的基礎。阿拉米或亞蘭源自挪亞的孫子，也即是閃的兒子亞蘭（Aram）。阿拉米語在中東文化史上意義重大，公元前 6 世紀以前的 2000 年中，阿卡德語的兩種方言亞述語和巴比倫語在中東廣為通行，但到公元前 6 世紀，阿拉米語逐漸取代它們，成為中東的共同語言，其後又成為波斯帝國的官方語言，基督教傳教士甚至把它帶進印度和大唐。阿拉米語是《聖經・舊約》後期的書寫語言，屬閃含語系閃米特語族，與希伯來語和阿拉伯語相近。與閃米特語族其他語言相比，阿拉米語保留了更多古代成分。語音表現為元音 a 常見，輔音出現頻率高。語法表現為被動語態常用分詞或祈使句表達，代詞加分詞常構成一種時態。構詞一般由 3 個輔音字母構成框架，中間加入元音，再添加前後綴。由此可知，「阿拉米文字是音素文字，婆羅米文字是音節文字，兩者的源與流的關係需要慎重研究」[1]。依斯特林《文字的產生與發展》也認為：「西部閃米特文字是輔音 — 音素文字，而婆羅迷字母和佉盧字母是音節文字；西部閃米特文字（腓尼基文字和阿拉米文字）幾乎不存在元音的表示法，而婆羅迷字母和法盧字母則準確地表示中印度諸語的輔音和元音。」[2]

再溯其源，有學者認為阿拉米文字源於腓尼基字母文字，腓尼基文字是腓尼基人創製的純音素文字體系，後來成為字母 —— 音素文字的基礎，直接影響希臘字母的創造，後又衍生出拉丁字母和斯拉夫字母，為後世西方字母文字的起源。腓尼基字母由「西奈字母」演變而成，有 22 個輔音字母，自右向左橫寫。此與本論有些遙遠，我們就此打住。

（三）婆羅米文字與彝文關聯探索

本書引言部分已經介紹了南方絲綢之路從印度再經阿富汗轉而向西的一些考古實物證據，如 1938 年法國考古學者在敘利亞的巴爾米拉墓地發掘出中國絲綢，龔纓晏《巴爾米拉：古代絲綢之路上的一顆明珠》認為：「中國的絲綢已經輸入到巴爾米拉 …… 在公元前 2 世紀後期，不僅從印度到阿富汗的商道是暢通的，而且，從四川一帶到印度的『西南絲綢之

1　錢玉趾：《印度古文字與彝族古文字的關係初探》，《文史雜誌》2017 年第 2 期。
2　［蘇聯］依斯特林著，左少興譯：《文字的產生和發展》，北京大學出版社，1987 年，第 231 頁。

路』也已經開闢出來了。」[1] 此道即是本書反覆提及的《史記》所言「蜀身毒道」，此道的久遠存在，本書已論述頗多，玆不贅述。彝族早在公元前 4 世紀以前即與南亞地區發生着密切聯繫，這已為眾多學者所證實，正如方國瑜《彝族史稿》所言：「中印兩國在公元前四世紀，已有交通是可以肯定的。」[2] 楊帆《中國南方古代民族》的論證也極具說服力：「雅利安人也就作為勝利者佔據了原住居民的土地。在早期吠陀時代，他們的活動範圍主要在印度河上、中游與恆河上游一帶。特別值得一提的是，正是在印度河上、中游與恆河上游這一帶即青藏高原西南一線，也出現了以雙耳罐為最典型特徵的墓葬。並且同我們的羌系民族一樣，自此以後印度大陸開始流行火葬習俗 …… 滇文化中有特色的乳突狀瑪瑙扣和蝕花瑪瑙珠，這些東西並不見於長江中游一線的古代文化，也不是氐羌民族所掌握的技藝，蝕花瑪瑙珠技術源於古代印度，而乳突狀瑪瑙扣除滇文化出現外，還在東南亞暹羅灣一帶的墓葬中發現。近年來在保山、騰沖等地發現了大量紅銅器 …… 與該類紅銅器相似的，是印度的紅銅器。」[3]

英國學者安德魯．羅賓遜《喚醒沉睡的文字》認為「古印度文字與古代伊朗、蘇美爾和埃及的文字都毫無相似之處」[4]。由前論可知，彝文字符數有 2 萬多個，印度婆羅米字符 31 個，且筆劃簡單，文字學家認為，在 2 萬多個彝文字符中查找 31 個婆羅米字符是十分容易的事情，這不得不讓我們重新思考婆羅米文字與彝文之間的源流關係。漢字傳統書寫方式是從上到下直行書寫，行與行的排列則是從右到左，但是，單個漢字書寫順序則為從左到右。相反，彝文書寫順序雖是從上到下，但單個文

1 龔纓晏：《巴爾米拉：古代絲綢之路上的一顆明珠》，2016 年 3 月 17 日《光明日報》。
2 方國瑜：《彝族史稿》，四川人民出版社，1984 年，第 40 頁。
3 楊帆：《中國南方古代民族》，雲南人民出版社，2014 年，第 145 — 147 頁。
4 ［英］安德魯．羅賓遜著，楊小麟、張志清譯：《喚醒沉睡的文字》，北京大學出版社，2014 年，第 141 頁。

字的書寫則是從右到左，而印度文字通常從右到左書橫向書寫，這或許不僅僅是單純的巧合。近代考古出土「印度河文字」以及婆羅米文字實物亦證明其文字書寫順序是從右到左，這與彝文書寫方法一致。另外，「印度河文字」和婆羅米文字皆有點畫構成的字符，有 1 個、2 個、3 個或 6 個點畫等。古彝文中，除 3 個點畫構成的字符，還有 4 個、5 個、6 個、8 個甚至 9 個點畫構成的字符，彝文用 1 個、2 個或 3 個點畫作部件構成字符在典籍中則是普遍現象[1]。婆羅米文字與彝文上述兩項相同特點，在世界古文字中難於找到相同案例，此外，彝文與婆羅米文字又皆是音節文字，綜合南方絲綢之路經貿文化路線與川滇印緬交通，我們完全有理由相信，婆羅米文字與彝文之間互相接觸、互相借鑒的時空源流關聯。

三　彝文與古蜀文字親緣關係文獻考古印證

不但印度婆羅米文字與彝文有內在親緣關聯，彝文與古蜀文字同樣存在着親緣關係，古文字的點滴歷史再一次證明，巴蜀文化通過彝族走廊輾轉與南亞發生着千里聯姻。蜀地郫縣獨柏樹村、郫縣張家碾村、新都、什邡、峨眉符溪以及巴地渠縣、萬縣新田皆出土有戰國時代青銅銘文戈，這些出土的青銅器，其實很難區分是巴器還是蜀器，因此我們籠統稱之為巴蜀青銅銘文戈，這些青銅戈上刻有古文字，考古學者認為「古蜀文字與彝族文字屬於同一種文字系統，都是音節文字，存在着親緣關係」[2]。成都十二橋商代遺址出土的陶紡輪，上面刻有 2 個符號，此符號在

1　錢玉趾：《印度古文字與彝族古文字的關係初探》，《文史雜誌》2017 年第 2 期。
2　錢玉趾：《三件古蜀族文物銘文考釋 —— 兼論古蜀族與彝族的語言文字及族源的親緣關係》，《西南民族大學學報》2010 年第 7 期。

馬學良《爨文叢刻》中有相同的彝文字符對應[1]。由此說明，古蜀文字以及彝族文字最遲在商代末年即公元前 11 世紀已流行使用，此年代要早於印度阿拉米文字的產生。

（一）彝族與古蜀族關係密切

揚雄《蜀王本紀》載：

> 蜀之先，稱王者有蠶叢、柏濩、魚鳧、開明。是時人萌椎髻左衽，不曉文字，未有禮樂。[2]

《蜀王本紀》明確說古蜀人與中原人為不同民族，且文字亦不通，不通文字，語言自然相隔，由此，古蜀語尚不與中原漢音相同。「椎髻」或正是彝族「天菩薩」式發結。「左衽」是異族的穿衣形式，彝族穿衣有尚左習俗。兩相對照，彝族與古蜀族應存在密切關係。《蜀王本紀》原書早佚，明朝萬曆年間鄭樸搜求《史記》《文選》注及諸類書中散見文字，輯集成書，今日張震澤有校注。但今本《蜀王本紀》記古蜀人此一語言文字習俗，與早見於《文選》李善注文所引卻不相同。《文選‧蜀都賦》李善注引《蜀王本紀》這段文字記為「椎髻左言，不曉文字」[3]。李善的引注時間更早，應更為準確，且記述得更為明確，「左言」應與中原地區「右言」相對，其語法系統應與中原主謂賓結構相左而為主賓謂。「左言」在今日四川方言特別是成都話中依然有孑遺，如「雞公」「雞母」，古蜀語不同於中原應確定無疑。

1　馬學良主編：《增訂爨文叢刻》，四川民族出版社，1986 年。

2　［西漢］揚雄：《蜀王本紀》，載張震澤校注：《揚雄集校注》，上海古籍出版社，1993 年，第 243 — 244 頁。

3　［南朝梁］蕭統編，［唐］李善注：《文選》，上海古籍出版社，2019 年，第 180 頁。

《華陽國志・蜀志》亦載：

> 有周之世，限以秦、巴，雖奉王職，不得與春秋盟會，君長莫同書軌。[1]

蜀國的文字、制度與中原不同，因而蜀王不能與中原諸侯盟會，古蜀國的文字殊於中原，其語言自然與中原迥異。李學勤認為：「中國境內存在的文字，絕非都是漢字，或與漢字有關。比如巴蜀文字，不少論作以之當作漢字來釋讀，就是不成功的。」[2] 李學勤的觀點頗有啟發意義，秦併巴蜀之前的古蜀人所使用的語言文字當另闢蹊徑方能洞察真相。考古學者對照巴蜀青銅戈上的銘文與彝族文字，發現兩者有驚人相似性，皆是音節文字。馬學良《彝族文化史》直接認為彝文與巴蜀古文字存在密切關聯：「據涼山彝族奴隸制編寫組同志說，在涼山彝族同志中，有能釋讀郫縣出土銅戈銘文的文字者，並認為彝文與戰國時巴蜀銅戈上的文字相類似，這個看法值得重視……戰國時的巴蜀文字有可能與彝族文字存在着歷史上的聯繫。」[3] 穿越兩千多年的時空，彝文專家尚能識讀戰國巴蜀銅戈上的銘文，如果彝文不與銅戈上的文字有親緣關係，這根本無法想像。古蜀文字與彝文是承續關係還是共同來源於另一古老文字，這尚需不斷探索，但兩者之間的近緣關聯或是基本史實。《蜀王本紀》所記「後有一男子，名曰杜宇，從天墮，止朱提」[4] 亦為證明，「朱提」為古縣名，故地在雲南昭通，此一地區自為彝族聚居地，蜀族與彝族之間密切的歷史關聯於史有徵。

1　［東晉］常璩撰，劉琳校注：《華陽國志校注》，巴蜀書社，1984 年，第 181 頁。
2　李學勤：《試論餘杭南湖良渚文化黑陶罐的刻劃符合》，《浙江學刊》1992 年第 4 期。
3　馬學良：《彝族文化史》，上海人民出版社，1989 年，第 143 頁。
4　［西漢］揚雄：《蜀王本紀》，載張震澤校注：《揚雄集校注》，上海古籍出版社，1993 年，第 245 頁。

《史記．三代世表》張守節正義云：

> 《譜記》普云：蜀之先肇於人皇之際。黃帝與子昌意娶蜀山氏女，生帝嚳，立，封其支庶於蜀，歷虞夏商。周衰，先稱王者蠶叢，國破，子孫居姚、嶲等處。[1]

唐人張守節的記載告訴我們，古蜀蠶叢王國滅亡後，其子孫遷居姚、嶲等地，「姚」為雲南北部姚安，「嶲」為本書前論提及的「越嶲」，即四川西昌一帶，姚、嶲之地正是彝族主要聚居區。《華陽國志．蜀志》曾記載杜宇王統治疆界：

> 七國稱王，杜宇稱帝，號曰望帝……乃以褒斜為前門，熊耳、靈關為後戶，玉壘、峨眉為城郭，江、潛、綿、洛為池澤，以汶山為畜牧，南中為園苑。[2]

「南中」即今雲南、貴州以及四川的涼山州和宜賓以南地區，這正是彝族聚居區，由此可知，自古以來，巴蜀與滇、黔皆連成一片，交往甚密。方國瑜《彝族史稿》認為：「彝族祖先居住在這個區域的年代已經很早了，在初期，主要在安寧河流域的邛都（今西昌）和普渡河流域的滇池兩個地區。」[3] 且薩烏牛《彝族古代文明史》認為：「六祖是古蜀國彝人南下後在雲南的回家、疊加和重合……曲涅、古侯渡江後有三次大的分徙，一支順江而下，往東進入雷波、屏山、宜賓、瀘州，一支往北，進入涼山腹心地……古侯仍往東，進入美姑、越嶲、甘洛、峨邊、馬邊、

1　[西漢] 司馬遷：《史記》，中華書局，1959 年，第 507 頁。
2　[東晉] 常璩撰，劉琳校注：《華陽國志校注》，巴蜀書社，1984 年，第 182 頁。
3　方國瑜：《彝族史稿》，四川人民出版社，1984 年，第 2 頁。

雅安、樂山等地乃至更遠。」[1] 種種歷史文獻皆告訴我們，彝族與古蜀族有着千絲萬縷的交融關聯，其相互影響的姻緣關係自不言而喻。

（二）古蜀語言文字與彝語彝文有親緣關係

有學者根據彝文字符釋讀巴蜀青銅戈銘文，取得突破性進展。錢玉趾《古蜀人的語言和文字》分析古蜀人與古彝人的民族遷移與風俗習慣，認為古蜀族的一支融合於彝族之中，並將收集到的三角戈、郫縣張家碾和新都戈上銘文與彝族文字加以對照，發現有驚人的相似性，並認為「這種文字和彝文一樣是音節文字」[2]。四川省博物院現藏有一件三角形青銅銘文戈，劉瑛《巴蜀兵器及其紋飾符號》曾介紹過青銅戈的器形和銘文，銘文有三個字符，左右排列，刻在戈內上部近闌處[3]。錢玉趾根據彝文書寫重文別體規律，釋讀第一銘文字符為「首領」或「君王」，釋讀第二字符為「銅戈」，釋讀第三字符為「鬥殺」，三字連起來為「君王使用的銅戈」[4]。

劉瑛《巴蜀兵器及其紋飾符號》還介紹有郫縣張家碾出土銘文戈，在胡上豎直排列有 8 個字符[5]。錢玉趾根據彝文字符以及彝文語法「主賓謂」句型釋讀為「蜀武王／鋒利的作戰銅戈／使用」，按主謂賓意譯為「蜀武王使用的鋒利作戰銅戈」。此外，從銘文末字符可以明顯看出「主賓謂」句型句末字符在彝文古籍中較為常見，且彝文也出現於句末位置，

1　且薩烏牛：《彝族古代文明史》，民族出版社，2002 年，第 127 — 139 頁。
2　錢玉趾：《古蜀人的語言和文字》，載屈小強、李殿元、段渝主編：《三星堆文化》，四川人民出版社，1993 年，第 460 頁。
3　劉瑛：《巴蜀兵器及其紋飾符號》，載《文物資料叢刊》（7），文物出版社，1983 年。
4　錢玉趾：《三件古蜀族文物銘文考釋 —— 兼論古蜀族與彝族的語言文字及族源的親緣關係》，《西南民族大學學報》2010 年第 7 期。
5　劉瑛：《巴蜀兵器及其紋飾符號》，載《文物資料叢刊》（7），文物出版社，1983 年。

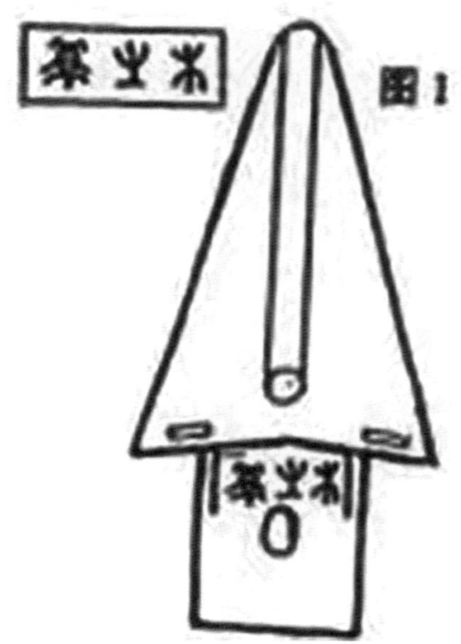

9-4 三角形青銅銘文戈

圖選自錢玉趾：《三件古蜀族文物銘文考釋 —— 兼論古蜀族與彝族的語言文字及族源的親緣關係》

說明彝文與古蜀文字具有親緣關係[1]。

成都十二橋商代木結構建築遺址出土一件陶紡輪，腰部刻有 2 個字符。錢玉趾根據《爨文叢刻》中 5 個彝文字符釋讀陶紡輪第一字符為「紡輪」，根據《滇川黔桂彝文字集》中 4 個字符釋讀陶紡輪第二字符為「周圍團轉」，因此 2 個字符意譯為「轉動紡輪」[2]。陶紡輪出土年代在商代，由此推測，彝文的起源上限不應晚於商代。

我們相信，隨着古蜀文字的不斷解讀，世界古文明研究界將會引起巨大波瀾，如果這種探索學理正確，那麼，彝文與古蜀文字的親緣關係

1 錢玉趾：《三件古蜀族文物銘文考釋 —— 兼論古蜀族與彝族的語言文字及族源的親緣關係》，《西南民族大學學報》2010 年第 7 期。

2 錢玉趾：《三件古蜀族文物銘文考釋 —— 兼論古蜀族與彝族的語言文字及族源的親緣關係》，《西南民族大學學報》2010 年第 7 期。

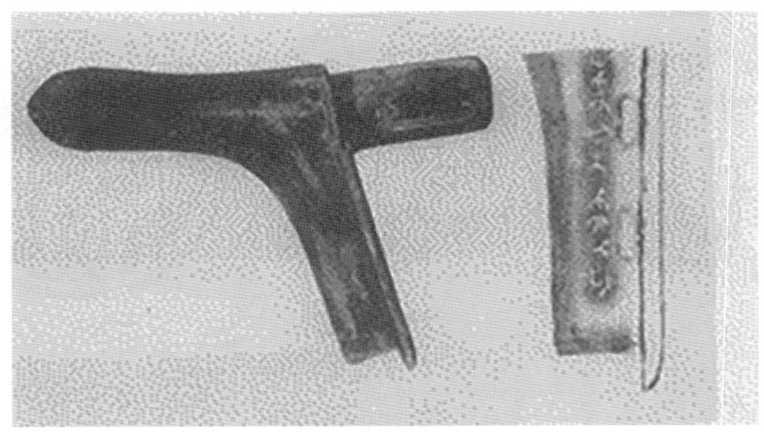

9-5　郫縣張家碾出土銘文戈

圖選自錢玉趾：《青川戰國墓出土漆器文字符號考辨 —— 古蜀文字「成都」的發現與試析》

陶纺轮		与陶纺轮铭文字符同、似彝文字符				
		A	B	C	D	E
TF1	[illegible]	[illegible]	[illegible]	[illegible]	[illegible]	[illegible]
TF2	[illegible]	[illegible]	[illegible]	[illegible]	[illegible]	表3

9-6　陶紡輪所刻文字示意圖

圖選自錢玉趾：《三件古蜀族文物銘文考釋 —— 兼論古蜀族與彝族的語言文字及族源的親緣關係》

將不斷得以確證。結合前論彝族與古蜀族的歷史姻緣，兩相印證，兩族語言文字之間的交流影響也就順理成章。

1977 年，四川省博物館考古隊在犍為縣發掘 11 座戰國晚期巴蜀墓葬羣，出土文物 130 餘件，其中有銅印章 3 枚，據《四川犍為縣巴蜀土坑墓》介紹，「公元前 316 年，秦滅巴蜀，蜀王敗死武陽（今四川彭山

（正面）　（反面）　（反面）

9-7　銅印章蓋印圖

圖選自王有鵬：《四川犍為縣巴蜀土坑墓》

縣）後，大批蜀人很可能順着岷江南徙，在相當長的時期內，他們仍保持着強大的勢力，尤其在川南山丘一帶地區……這批墓葬，很可能就是這些蜀人及其後代所遺留下來的」[1]。此外，四川蘆山清仁鄉亦出土戰國古蜀印章 2 枚[2]。錢玉趾認為：「犍為王文印上的四個字符，具有濃重的彝文筆意……與彝文字符相近相似……蜀族文字與彝族文字明顯屬於同一種文字系統。」[3] 沙馬拉毅《四川犍為出土巴蜀土坑印字是古彝文字符考》對照《彝文字集》和《漢彝詞典》，認為盧山印應是方國國王的印章。[4] 沙馬拉毅根據《彝文字集》和彝族古籍《篤慕源流》《君代母系》對釋，認為犍為印一為「推崇『和』思想能發佈政令的王」之印、一為「阿舍王」之印，一為「舍王」之印。[5] 犍為出土印章所在的戰國晚期，亦正是古蜀開明王朝後期，此時的犍為正是彝族和蜀族混居共轄地區，其間產生語言

1　王有鵬：《四川犍為縣巴蜀土坑墓》，《考古》1983 年第 9 期。

2　四川省博物館編：《巴蜀青銅器》，成都出版社，2005 年，第 194 頁。

3　錢玉趾：《古蜀地存在過拼音文字再探 —— 四川出土的幾件銅器銘文考》，《四川文物》1989 年第 6 期。

4　沙馬拉毅：《四川犍為出土巴蜀土坑印字是古彝文字符考》，《西南民族大學學報》2018 年第 4 期。

5　沙馬拉毅：《四川犍為出土巴蜀土坑印字是古彝文字符考》，《西南民族大學學報》2018 年第 4 期。

文字的共生共融應為合理之舉。由是，巴蜀地區出土戰國銅印章上所刻字符與彝文也存在格外密切的近緣關係。

（三）三星堆文化與彝族文化關聯基因解密

《爨文叢刻‧彝族遠祖及羅甸水西世系表》記載：

> 《且蘭考》（余達甫著）記載從孟趄（希慕遮）到隆穆（篤慕）31代「世居於蜀」。又載：「周之叔世，杜宇稱帝於蜀。蜀有洪水，隆穆（篤慕）避居南方，諸夷奉以為君。」[1]

隆穆就是彝族六祖的共祖篤慕，甚至有學者認為篤慕就是蜀王杜宇：「就篤慕和杜宇的祖源、身世及其部族源流作分析，感到彝、漢古籍記載的篤慕……和杜宇，指的就是一個人。」[2] 此外，還有學者認為篤慕與杜宇是父子關係，錢玉趾《試論彝族共祖篤慕是杜宇的兒子》謂：「篤慕是杜宇的兒子，在杜宇王朝覆亡後南遷到洛尼山。」[3] 李明澤《試論篤慕與莊蹻的關係》亦認同錢玉趾的說法。[4] 結合《華陽國志‧蜀志》的記載：

> 後有王曰杜宇……會有水災，其相開明決玉壘山以除水害。帝遂委以政事，法堯、舜禪授之義，遂禪位於開明，帝升西山隱焉。時適二月，子鵑鳥鳴，故蜀人悲子鵑鳥鳴也。[5]

禪讓一說或不可信，杜宇因洪水而失國於開明，開明因功篡位似更

1　馬學良主編：《增訂爨文叢刻》，四川民族出版社，1986年，第154頁。
2　陳英：《篤慕——杜宇》，《彝族文化》1989年年刊。
3　錢玉趾：《試論彝族共祖篤慕是杜宇的兒子》，《彝族文化》1992年年刊。
4　李明澤：《試論篤慕與莊蹻瘴的關係》，《彝族文化》1995年年刊。
5　［東晉］常璩撰，劉琳校注：《華陽國志校注》，巴蜀書社，1984年，第182頁。

符合邏輯。杜宇失位，自然會遠徙他鄉，聯繫前面《且蘭考》以及《蜀王本紀》杜宇生「朱提」的記載，杜宇從彝區「朱提」發展到成都平原，成為蜀王，失位後又遷徙至家鄉彝族聚居區似也可備一說。這種種猜測和說法，引起更多學者關注古蜀文化與彝族文化之間隱微的內在關聯。

前論已經說明彝族與古蜀族存在族源關係，甚至有學者通過研究認為，三星堆文化與彝族文化亦有淵源。阿巴烏呷嫫《彝族文化與三星堆文化對比圖片展覽獲得中外學者的好評》援引中央民族大學朱文旭的說法：「從對比圖片上看，三星堆文化與彝族文化，確實有歷史淵源關係。」[1] 戈隆阿弘《彝學研究文集》有更為確定的看法：「『三星堆遺址』，肯定是彝族先民古夷人的遺存無疑。」[2]

前論曾提及 1986 年四川廣漢三星堆遺址二號器物坑出土一尊大型青銅立人像，人像高 172 厘米，人像腳下的方座高 80 厘米，通高 262 厘米。此人像右臂上舉齊額，左臂屈於胸前，雙手握成中空環狀。大多數學者認為，此青銅大立人應是古蜀族的「政治領袖，同時仍為羣巫之長」[3]。立人雙手所握何物也是學界爭論不休的話題。錢玉趾《三星堆青銅立人像考》即有特別的認識：「銅像雙手所握應是類似彝族畢摩的法具神筒。神筒為杉木或竹筒製作 …… 其長度也能滿足銅像相距的雙手握持，也可以右手握筒帽，左手握筒體 …… 神筒是杉木或竹製品，火燒以後化為灰燼，不能留存。所以銅像雙手的環狀圈內空空無物。」[4] 由是看來，三星堆最神聖的銅像或與彝族畢摩有着相似的身份，這必將是一個讓考古學者浮想聯翩的大膽假設。

---

1 阿巴烏呷嫫：《彝族文化與三星堆文化對比圖片展覽獲得中外學者的好評》，載《諾蘇》，中國戲劇出版社，2013 年，第 89 頁。

2 戈隆阿弘：《彝學研究文集》，雲南民族出版社，2015 年，第 143 頁。

3 趙殿增：《近年巴蜀文化考古綜述》，《四川文物》（三星堆遺址研究專輯）1989 年 S1 期。

4 錢玉趾：《三星堆青銅立人像考》，《四川文物》（三星堆遺址研究專輯）1992 年 S1 期。

9-8　三星堆遺址青銅帶笄圓頂人頭像

此外，三星堆遺址還出土一件青銅頭像，頭後左側左耳後面繫掛一長筒形器物，這一神祕頭像，至今沒有合理的解釋。錢玉趾《三星堆遺址祭祖頭像的發現及意義》卻有新說：「三星堆遺址出土的頭後上左側繫掛長筒形器物的青銅頭像，是祭祖頭像，長筒形器物相當於彝族祭祖的『靈筒』或『靈樁』，『靈筒』上端的內孔是裝置祖靈（靈位）之處。祖靈的載體應與彝族相同，是竹根的一節。從青銅祭祖頭像的精美程度看，它是王族祭祖的頭像 …… 它可以進一步說明，三星堆的居民是彝族先民的一支，三星堆遺址光輝燦爛的文明是由彝族先民的一支創造的。」[1] 這類研究的結論雖還有待進一步深入證實，但將三星堆文化與彝族流傳至今的文化進行對比，無疑亦能為古蜀文明的解密提供另一條探尋路徑。

此外，三星堆遺址二號器物坑出土銅公雞像一尊，體長 11. 7 厘米，

1　錢玉趾：《三星堆遺址祭祖頭像的發現及意義》，《西南民族大學學報》2006 年第 4 期。

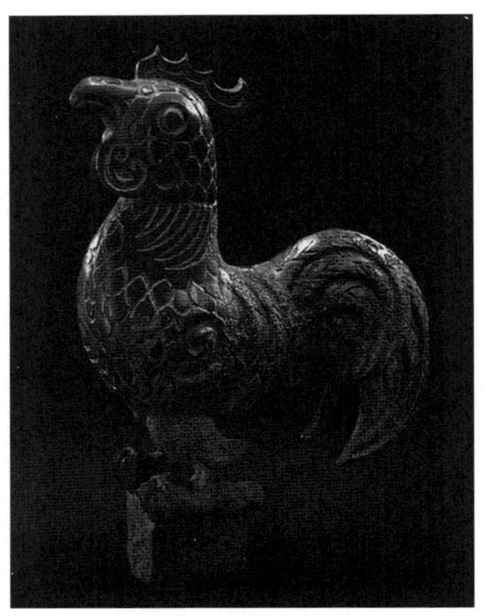

9-9 三星堆遺址二號坑出土的銅雞

通高 14. 2 厘米，腳下有一 2. 5 厘米高的方形基座。[1]1989 年 11 月，四川函授大學工地發現一戰國墓，出土銅公雞像一尊，長 9 厘米，高 5 厘米，腳下有方形基座[2]。兩尊銅公雞形制基本一致，說明自商代至戰國，這類銅公雞的文化意象依然沒有中斷。據馬學良《彝族文化史》介紹，彝族向來頗重視雞，視其為神鳥，如雞頭、雞嘴和雞腿骨皆用為卜卦之工具。且彝族視雞為靈物，民間傳說亦多。據傳古代洪水氾濫時，彝族始祖濆母吾受太白星君指示，需刳一木筒，避身其中，隨水漂流，方能免於災難。濆母吾隱避筒內，如何能知洪水退落？太白星君指示濆母吾避身木筒時，帶一雞蛋進筒，待殼破雞鳴，方可出筒。濆母吾果然得驗。由是彝族認為雞為靈驗之禽，可預知未來。故今日彝族凡舉行祭祀，取

1 四川省文物管理委員會：《廣漢三星堆遺址二號祭祀坑發掘簡報》，《文物》1989 年第 5 期。
2 申樹業：《成都戰國墓出土銅雞小考》，《成都文物》1991 年第 1 期。

米一升，米上置一雞蛋，亦有於升旁繫一雛雞，即本此傳說。[1] 彝文經典中也屢屢提及以雞卜知未來吉凶禍福，雞在彝族中的占卜地位，猶如神龜在殷墟中一樣，自是殊方異俗。沈補幾《論涼山彝族的傳統雞文化》認為：「遠古時，彝族先民們便將雞作為神，列為諸神的行列之中……雞不僅能呼喚日月、掌管地球，而且還在宇宙及其他星座中佔有自己的地位。在涼山彝族命名的 28 個星座中，有 5 個以『雞』命名的『雞星』。」[2] 此外，雞在彝族的葬禮中也有重要作用，據什列．賈司拉刻《涼山州普格縣彝族的葬禮》介紹，為死者舉行安靈儀式的第二天，用三隻兩個多月的半大公雞站在地上，畢摩唸經時，如果站在地上的雞發出叫聲，說明死者靈魂和祖宗的靈魂已被喚回家，並在走動。[3] 有不少學者即認為三星堆遺址為祭祀坑，如果祭祀坑器物為古蜀人祭祀活動的遺留，在祭祀儀式中置放公雞，此一習俗的確與彝族相同。凡此種種，或如錢玉趾所言：「三星堆文化居民的一部分就是彝族先民的一個支系；或者說，彝族先民的一個支系就是三星堆文化的居民。」[4] 當然，這只是目前學界初步的探索，尚需學者們爬羅搜求，假以時日，進一步探賾索隱。

1　馬學良：《彝族文化史》，上海人民出版社，1989 年，第 277 頁。

2　沈補幾：《論涼山彝族的傳統雞文化》，載韋安多主編：《涼山彝族文化藝術研究》，四川民族出版社，2004 年，第 549 — 550 頁。

3　什列．賈司拉刻：《涼山州普格縣彝族的葬禮》，《彝族文化》1986 年年刊。

4　錢玉趾：《三星堆文化居民與彝族先民的關係》，《貴州民族研究》1998 年第 2 期。

第十章　中印合璧：李白蘊藏的印度文化情結

對比分析巴、蜀、滇、黔以及南亞、東南亞考古實物，我們尚可依循穿越時空的證據，探尋巴蜀與南亞在南方絲綢之路沿線展開的互融互通的物質交流。同時，我們也可以爬羅鈎稽塵封的歷史文獻，揭開巴蜀與南亞廣大地區的宗教文化融合痕跡。此外，通過遠古刻畫符號，我們也可依稀分辨古蜀人、古彝人與南亞地區居民間語言文字的互借互用。但是，日常口語文字以及風俗習慣以最精煉最優美的書面語言沉澱在文學作品之中，隱藏於文人寫景抒情的詩意語境，書寫者和閱讀者在毫不知覺中將其融化為自己心靈的感受，並逐漸化為己有，常常難於為人所探窺。

本章即試圖探尋巴蜀文學中印度文化的隱微印痕。有學者認為戰國巴蜀人士所作《鶡冠子》，其韻散同體、鋪排宏肆的體式和哲思博辯的文風，恰與《吠陀》有密切關聯。保存於《詩經》《山海經》《世本》《史記》《華陽國志》中的巴蜀上古神話、古史傳說與古印度亦有可比之處，甚至有學者認為，《山海經》就是集巴蜀上古神話傳說之大成，而《山海經》的來源，恐怕與印度河文明不無關係。產生於巴東的原始楚辭，其諸多神話及描寫手法即有來自古印度史詩的痕跡。《離騷》的抒情敘事與夢幻飛升等文學手法即與印度《梨俱吠陀》如出一轍，「攝提貞於孟陬」的特殊天文曆法應即來源於印度《宿曜經》的宿曜術。這些問題皆是中外文化交流史上極有學術意義的話題，有待學界進一步深入探尋。此外，巴蜀與南亞間在原始信仰、民風民俗，乃至族羣遷徙、民族融合等方面，同樣亦有交流與互動。巴蜀原始偶像崇拜是早期佛教與巴蜀互動成長的內在動因。廣泛流傳於巴蜀民間的北川大禹治水等洪水神話明顯與印度摩奴有着源流關聯。中國本土神祇譜系中兩大主神皆源自巴蜀，巴蜀漢代搖錢樹西王母以及《山海經》中所記巴蜀創世神帝俊與印度開天闢地神梵天以及烏摩似皆同源異流。此外，巴蜀地區鳥崇拜（杜宇化鳥、金沙太陽神鳥）、蛇圖騰（「巴」字語源、金沙石蛇）、羽化成仙（魚鳧仙道）與南亞的原始信仰亦有相似關聯。源於印度的閻羅王與巴蜀本土神鬼信仰一經接觸，即產生交融，豐都鬼城即為顯證。種種懸疑，皆有待學者進一步深入探索。

文翁化蜀後，巴蜀文學自漢代正式匯入中原，在司馬相如、揚雄、王褒等人的創作下，蜀人辭賦儼然成為中國地域文學之一大宗，但是，漢代巴蜀作家還少有以大量域外文化特別是和本論相關的南亞文化自覺渲染其作。魏晉六朝中華文化重心由黃河流域轉向江南，巴蜀文學進入幾百年式微階段。大唐甫一建立，巴蜀文士即展露出類拔萃的才華，陳子昂慷慨任俠的個性使其成為初唐詩文革新舉旗抗旌之先驅。與陳子昂生活在同一地域的李白，亦在巴蜀山水毓養下成為中國詩壇上又一天縱之才。細細玩味李白其人其作，我們發現，李白思想情感中深深烙印了濃重的印度文化。或可說，李白的不少作品是中印文化在文學上的偉大結晶，李白以「清水出芙蓉，天然去雕飾」的天才詩篇再一次呈現巴蜀文化與印度文化的珠聯璧合。

一　青蓮居士：李白揮之不去的佛教情結

李白，號「青蓮居士」，此名號因何而生，一般認為李白居住於蜀地綿州彰明縣青蓮鄉，因此「青蓮居士」來自其故鄉「青蓮鄉」，似已為學界和大眾通識，如游國恩等主編《中國文學史》中認為李白「五歲時隨父遷居四川彰明縣的青蓮鄉，因自號青蓮居士」[1]；周勛初《李白評傳》中認為：「神龍之初，李客行程萬里，攜五歲的兒子李白入蜀，定居綿州昌隆縣清廉鄉」[2]；《辭海》解釋「青蓮鄉」：「古地名。唐時屬綿州昌明縣，即今四川江油市南青蓮鎮。詩人李白幼時隨父自碎葉遷居於此，故自號青蓮居士，人稱李青蓮或青蓮學士。」[3] 這些都為「青蓮居士」提供了地理上的認識。然遍考新、舊《唐書》以及唐宋典籍，皆無蜀中綿州「青蓮鄉」一說，足證「青蓮鄉」之得名應在李白成名之後。那麼，「青蓮居士」因何而得名，本文試圖鉤稽文獻，尋覓答案。

李白出生於唐武則天長安元年（701），《新唐書．文藝中》有李白簡略記載：

> 李白字太白，興聖皇帝九世孫。其先隋末以罪徙西域，神龍初，遁還，客巴西。白之生，母夢長庚星，因以命之。十歲通詩書，既長，隱岷山。[4]

可惜《新唐書》並沒有確切記載李白的出生地以及客居地，後世對此眾說紛紜，爭論不休。考《新唐書．地理志》：「綿州巴西郡，上。本

---

1 游國恩等主編：《中國文學史》（二），人民文學出版社，1998 年，第 70 頁。
2 周勛初：《李白評傳》，南京大學出版社，2004 年，第 46 頁。
3 辭海編輯委員會：《辭海》，上海辭書出版社，2009 年，第 1824 頁。
4 ［北宋］歐陽修、宋祁：《新唐書》，中華書局，1975 年，第 5762 頁。

金山郡，天寶元年更名……縣八。巴西，昌明，魏城，羅江，神泉，鹽泉，龍安，西昌。」[1] 巴西郡有八縣，巴西為其一。諸如魏城、羅江、鹽亭等地名，今日猶存。因此，此「巴西」應在今四川綿陽附近，綜合各家各說，李白自小即生活成長於蜀中綿陽一帶，當無異議。

李白自號「青蓮居士」的問題，劉友竹和王新霞都曾著文進行過考辨[2]。然而，劉文過於簡略，且概言李白自號青蓮居士，出於對佛教的信仰，並沒有詳細考辨《維摩詰經》的直接影響以及「青蓮」意象的歷史傳承。王文雖考辨「清廉鄉」甚詳，然亦忽略《維摩詰經》對李白的佛教身份情感認同以及六朝隋唐詩文「青蓮」意象積澱對李白自號的直接影響。李白「青蓮居士」自號所體現的佛教情懷對理解李白詩歌中濃郁的佛教文化底蘊甚為重要。因此，本文在劉文和王文的基礎上，擬對這一問題作進一步探討。

(一)《維摩詰經》是李白「青蓮居士」名號的直接由來

李白自號「青蓮居士」，完全是他崇尚佛教以及熟讀《維摩詰經》的自我認同。這一認識清人王琦《李太白集注・年譜》中已有洞察：

> 青蓮花出西竺，梵語謂之優缽羅花，清淨香潔，不染纖塵。太白自號，疑取此義。《眉公祕笈》謂其生於彰明之青蓮鄉，故號青蓮。按：青蓮鄉在綿州舊彰明縣內，《彰明逸事》原作清廉鄉，疑後人因太白生於此，故易其字作青蓮耳。謂太白因此而取號，恐未是。[3]

1　[北宋] 歐陽修、宋祁：《新唐書》，中華書局，1975 年，第 1089 頁。

2　劉友竹：《李白為什麼自號「青蓮居士」》，《天府新論》1986 年第 1 期；王新霞：《「青蓮居士」由來考辨》，《陝西師範大學學報（哲學社會科學版）》2006 年第 2 期。

3　[唐] 李白著，[清] 王琦注：《李太白全集》，中華書局，1977 年，第 1574 頁。

10-1　優缽羅花（青蓮花）

王琦被公認為李白研究大家，清人杭世駿序王琦所注《李太白全集》云「閬處如退院老僧、空山道士，日研尋於二氏之精英」，趙信序稱「窮半生之精力，以成此書」[1]。王琦既精通內典，又勤於心力，力求還原李白自號「青蓮居士」之本意。李白因佛教「青蓮」而自號「青蓮居士」，後人倒果為因，增附其出生地為「青蓮鄉」，其先後邏輯亦昭昭明晰。今人詹鍈《李白全集校注彙釋集評》亦贊同王琦的觀點[2]。

「維摩詰」是古印度居住在毗舍離的一個富翁，家財萬貫，奴婢成羣。他勤於攻讀，虔誠修行，能處相而不住相，得聖果成就。「維摩詰」是佛教早期著名居士，也即是在家修行的菩薩，梵文為 Vimalakīrti，音譯為維摩羅詰、毗摩羅詰，漢語略稱為維摩或維摩詰，意譯為淨名、無垢塵，意為潔淨、沒有污染的人。後秦鳩摩羅什所譯《維摩詰經》卷上云：

1　[唐] 李白著，[清] 王琦注：《李太白全集》，中華書局，1977 年，第 1684 — 1685 页。
2　詹鍈：《李白全集校注彙評集評》，百花文藝出版社，1996 年，第 2631 — 2632 頁。

目淨修廣如青蓮，心淨已度諸禪定。

鳩摩羅什弟子東晉人僧肇注曰：「天竺有青蓮華，其葉修而廣，青白分明，有大人目相，故以為喻也。」[1] 青蓮花產自天竺（古印度），是睡蓮的一種，葉長而寬，青白分明。印度人將其視為偉人的眼睛，因而佛教用青蓮來形容佛的眼睛，亦象徵清淨純潔。鳩摩羅什譯《妙法蓮華經·妙音菩薩品》卷第七「是菩薩，目如廣大青蓮華葉」[2] 的記載與《維摩詰經》所記一致。李白「青蓮居士」正是源出於此。後秦《別譯雜阿含經》卷四「一切水生華中，青蓮華第一」[3]，以及鳩摩羅什譯《大智度論》卷二十七「一切蓮華中，青蓮華第一」[4] 皆有青蓮的記載，足見「青蓮」在佛經大量翻譯入中土的時代已經是一個重要象徵意象。

（二）《答湖州迦葉司馬問白是何人》是李白為「青蓮居士」給出的最佳答案

李白《答湖州迦葉司馬問白是何人》云：

青蓮居士謫仙人，酒肆藏名三十春。湖州司馬何須問，金粟如來是後身。[5]

此詩是解讀李白「青蓮居士」名號由來最可靠最為有力的自證。

---

1 ［東晉］僧肇等注：《注維摩詰所説經》，上海古籍出版社，2011 年，第 13 頁。

2 ［東晉］鳩摩羅什譯：《妙法蓮華經》，《大正新修大藏經》（第 9 冊），大正一切經刊行會，1934 年，第 55 頁。

3 《別譯雜阿含經》，《大正新修大藏經》（第 2 冊），大正一切經刊行會，1934 年，第 396 頁。

4 ［東晉］鳩摩羅什譯：《大智度論》，《大正新修大藏經》（第 25 冊），大正一切經刊行會，1934 年，第 260 頁。

5 ［唐］李白著，［清］王琦注：《李太白全集》，中華書局，1977 年，第 876 頁。

李白途經浙江湖州，詩歌為答人之問。據詹鍈《李白全集校注彙釋集評》考《元和郡縣制》《方輿勝覽》認為湖州「治所為今江蘇吳興縣」[1]。所答之人姓「迦葉」，官職為司馬。「迦葉」本是天竺古姓，鄭樵《通志·氏族略·諸方復姓》云「迦葉氏，西域天竺胡人」[2]，其姓多與佛教有關，那麼，此人或為來自域外的印度人在唐朝湖州為官或因篤敬佛教而以「迦葉」自號。《佛學大辭典》解釋「迦葉」為：「佛十大弟子中，有頭陀第一之羅漢，謂之摩呵迦葉，略稱迦葉。」[3] 因而也有學者認為「迦葉」為中國禪宗初祖，唐代詩人往往借「迦葉」指佛教禪宗，如杜甫《秋日夔府詠懷奉寄鄭監李賓客一百韻》「本自依迦葉，何曾藉偓佺」[4] 即是其例。那麼，此處「迦葉司馬」或是一位信奉禪宗的湖州司馬。但不管哪種說法，「迦葉」皆與佛教密切相關，當無異議。

李白懷才不遇，自覺鶴立雞羣、曲高和寡，因此以「謫仙人」標榜自己。佛經往往稱天堂居民男性為「天子」，女性為「天女」，天堂居民可以被貶降到人間，此處「謫仙人」即李白依佛經所云自認為是天堂來到人間的「天子」，足見李白內心的自負。「金粟如來」即是與釋迦牟尼同時的維摩詰大士，詹鍈《李白全集校注彙釋集評》有詳考：「傳說維摩詰居士之前身為金粟如來。《文選》卷五九王中《頭陀寺碑》:『金粟來儀，文殊戾止。』李善注：『《發跡經》曰：淨名大士，是往古如來。』《五色線》卷下《金粟如來》:『《淨名經義鈔》:「梵語維摩詰，此云淨名，般提之子，母名離垢，妻名金機，男名善思，女名月上。過去成佛，號金粟如來。」』按，此處白以淨名大士自比。」[5] 由此，維摩詰居士又稱淨名大

1 詹鍈：《李白全集校注彙評集評》，百花文藝出版社，1996 年，第 2631 頁。
2 ［北宋］鄭樵：《通志》，中華書局，1995 年，第 183 頁。
3 丁福保編：《佛學大辭典》，上海書店出版社，2015 年，第 1637 頁。
4 ［唐］杜甫著，［清］仇兆鰲注：《杜詩詳注》，中華書局，1979 年，第 1714 頁。
5 詹鍈：《李白全集校注彙評集評》，百花文藝出版社，1996 年，第 2632 頁。

士，成佛後又號金粟如來。李白《答湖州迦葉司馬問白是何人》所說「金粟如來」正是李白自比維摩詰居士並以「金粟」自許的真實寫照。李白此詩與前引《維摩詰經》「青蓮」對照，答案不言自明。《答湖州迦葉司馬問白是何人》所自稱「青蓮居士」正是源於《維摩詰經》「目淨修廣如青蓮」，「淨」亦暗含維摩詰「淨名大士」之稱號。李白以「青蓮」自號，正是他喜讀《維摩詰經》與尊崇維摩詰本人行跡的體現。

（三）「青蓮」是李白詩歌重要的佛教意象

《答湖州迦葉司馬問白是何人》所言「青蓮居士」並不是李白詩文的孤例，《答族姪僧中孚贈仙人掌茶》詩序也提及「青蓮居士李白」[1]。此外，尚有 5 處「青蓮」意象與佛教密切相關。《僧伽歌》「戒得長天秋月明，心如世上青蓮色」[2] 與《陪族叔當塗宰遊化城寺升公清風亭》「了見水中月，青蓮出塵埃」[3] 之句，皆是用明月與「青蓮」對舉，明月亦是李白佛境的昇華。此「青蓮」超塵出俗，禪靜而不染一絲雜質，正是李白內心情懷的映照。《廬山東林寺夜懷》「我尋青蓮宇，獨往謝城闕」[4]，《與元丹丘方城寺談玄作》「怡然青蓮宮，永願恣遊眺」[5]，《金銀泥畫西方淨土變相讚》「八法功德，波動青蓮之池；七寶香花，光映黃金之地」[6]，其「青蓮宇」「青蓮宮」「青蓮池」，又喻指佛教寺廟，特別是《金銀泥畫西方淨土變相讚》中對佛教八功德水、七寶池與布金林等典故的熟知運用，無不表明李白精熟佛典與深諳佛理。元人薩天錫《過池陽有懷唐李翰林》有「長嘯拂紫髯，

1　[唐] 李白著，[清] 王琦注：《李太白全集》，中華書局，1977 年，第 897 頁。
2　[唐] 李白著，[清] 王琦注：《李太白全集》，中華書局，1977 年，第 406 頁
3　[唐] 李白著，[清] 王琦注：《李太白全集》，中華書局，1977 年，第 965 頁。
4　[唐] 李白著，[清] 王琦注：《李太白全集》，中華書局，1977 年，第 1075 頁。
5　[唐] 李白著，[清] 王琦注：《李太白全集》，中華書局，1977 年，第 1059 頁。
6　[唐] 李白著，[清] 王琦注：《李太白全集》，中華書局，1977 年，第 1327 頁。

手拈青芙蓉」[1]的描寫，薩天錫已經覺察到李白對青蓮花的一往情深。

李白喜愛蓮花、好詠蓮花並以蓮花喻其高潔的情操已是其詩文一大特色。《贈宣城宇文太守兼呈崔侍御》「安知慕羣客，彈劍拂青蓮」[2]，甚至用青蓮來形容自己的寶劍，足見李白喜愛青蓮花之深意。《擬古二十首》第十一「涉江弄秋水，愛此荷花鮮」[3]，纖塵不染的秋水襯託荷花的鮮潔。《古風》第二十「茲山何峻秀，綠翠如芙蓉」，《經亂離後天恩流夜郎憶舊遊贈江夏韋太守良宰》「清水出芙蓉，天然去雕飾」，《感興》第四「芙蓉嬌綠波，桃李誇白日」[4]，與其說李白在寫芙蓉，不如說他在寫自身情趣以及張揚詩文風格。《西嶽雲臺歌送丹丘子》「石作蓮花雲作臺」[5]，正所謂佛眼看世界，處處皆是蓮花。

（四）「青蓮」佛教意象自六朝至隋唐傳承有自

李白詩歌中大量「青蓮」及蓮花意象的存在，無疑表明李白鍾愛佛教聖物蓮花。此外，李白「青蓮」意象也不是向壁虛造、空穴來風。「青蓮」一語由來有自，常見於六朝隋唐詩文，其意象無不與佛教相關。如江淹《吳中禮石佛》詩「誓尋青蓮果，永入梵庭期」[6]，明人胡之驥為之作注即引《法華經》，此「青蓮」無疑是佛教聖物。梁簡文帝《梁安寺釋迦文佛像銘》「滿月為面，青蓮在眸」[7]，此「青蓮」與《維摩詰經》所記完全一致。南朝梁釋慧皎《高僧傳》，唐初釋道宣《廣弘明集》、釋智升《開

1 楊鐮主編：《全元詩》（第30冊），中華書局，2013年，第132頁。
2 ［唐］李白著，［清］王琦注：《李太白全集》，中華書局，1977年，第613頁。
3 ［唐］李白著，［清］王琦注：《李太白全集》，中華書局，1977年，第1100頁。
4 以上並見：［唐］李白著，［清］王琦注：《李太白全集》，中華書局，1977年，第114、574、1104頁。
5 ［唐］李白著，［清］王琦注：《李太白全集》，中華書局，1977年，第381頁。
6 ［南朝梁］江淹著，［明］胡之驥注：《江文通集彙注》，中華書局，1984年，第114頁。
7 ［唐］歐陽詢：《藝文類聚》，上海古籍出版社，1965年，第1317頁。

元釋教錄》等佛學典籍皆有「青蓮」的佛法意象記載。《高僧傳》載佛圖澄「即取應器盛水，燒香咒之。須臾生青蓮花」[1]，此「青蓮」隱喻佛法之奇妙。《廣弘明集》卷十三讚美佛祖曰「眼類井星，精若青蓮」[2]，此「青蓮」與《維摩詰經》所言「青蓮」皆指佛眼。《開元釋教錄》卷五「沙門求那跋摩」曰：「跋摩嘗於別室入禪累日不出，寺僧遣沙彌往候之，見一白師子緣柱而立，亘空彌漫生青蓮華。」[3] 此「青蓮花」又為純潔之物，不染塵垢，斷絕世俗雜念，儼然是禪靜心境。《佛說普曜經》記釋迦牟尼出生時有 32 種瑞應，其二是陸地生青蓮花，大如車輪[4]。此外，佛教中所謂四方佛土中的北方佛土即為蓮花世界，《華嚴經》中毗盧舍那即為蓮花世界的教主。《佛說阿彌陀經》記載：「極樂國土有七寶池，八功德水充滿其中……池中蓮華大如車輪，青色青光。」[5] 此「青蓮花」又妙喻佛國之壯大美好，佛教認為一個蓮花瓣即代表一個三千大千世界，整個蓮花寶座代表全部華藏世界。唐代佛教建築、佛像以及佛座雕刻青蓮花極為普遍，為佛教徒所通識。《全唐詩》《全唐文》中「青蓮」意象更為豐富，據王新霞《「青蓮居士」由來考辨》統計，《全唐詩》出現 49 處「青蓮」，《全唐文》亦出現 49 處「青蓮」，絕大多數都與佛教內容有關。《全唐詩》中常用「青蓮宇」「青蓮舍」「青蓮界」指佛寺，用「青蓮客」喻僧人，用「青蓮心」喻禪心[6]。唐太宗《為戰陣處立寺詔》「望法鼓所震，變炎火於青蓮；

1　[南朝梁] 釋慧皎撰，湯用彤校注：《高僧傳》，中華書局，1992 年，第 346 頁。
2　[唐] 釋道宣：《廣弘明集》，《大正新修大藏經》（第 52 冊），大正一切經刊行會，1934 年，第 177 頁。
3　[唐] 釋智昇：《開元釋教錄》，《大正新修大藏經》（第 55 冊），大正一切經刊行會，1934 年，第 527 頁。
4　[西晉] 竺法護：《佛說普曜經》，《大正新修大藏經》（第 3 冊），大正一切經刊行會，1934 年，第 492 頁。
5　[北宋] 釋元照：《佛說阿彌陀經義疏》，《大正新修大藏經》（第 37 冊），大正一切經刊行會，1934 年，第 367 頁。
6　王新霞：《「青蓮居士」由來考辨》，《陝西師範大學學報（哲學社會科學版）》2006 年第 2 期。

清梵所聞，易苦海於甘露」[1]，王勃《釋迦佛賦》「目容修廣於青蓮」[2]，無不是援「青蓮」入佛境的例證。

（五）「青蓮居士」本與綿州「青蓮鄉」毫無關涉

魏顥《李翰林集序》云：「白本隴西，乃放形，因家於綿。身即生蜀，則江山英秀。」[3] 魏顥與李白同時，其說當可信。但魏顥所記，只言綿州，一如《新唐書》所記「客巴西」，並未記載「青蓮鄉」。遍檢新、舊《唐書》，綿州及蜀中皆沒有「青蓮」一名。但唐代典籍記綿州「昌明縣」者頗多，唐杜佑《通典》卷一百七十六「州郡六」[4] 以及唐李吉甫《元和郡縣圖志》卷三十三「劍南道下・綿州」[5] 皆是其例。北宋初年樂史《太平寰宇記》卷八三「史部十一・地理類二・劍南東道二・綿州」記載：「綿州，巴西郡。元領縣九，今八：巴西，彰明……彰明縣，本漢涪縣地，西魏昌隆縣地，初在清廉鄉，大同四年移於讓水鄉，魏移於孟津裏。唐先天元年避廟諱，改為昌明縣。天寶中，江水決。建中元年移於舊縣，即今理也。今改為彰明縣。」[6]《太平寰宇記》載「昌明縣」已改為「彰明縣」。此後，北宋末年歐陽忞《輿地廣記》卷二九《成都府・綿州・彰明縣》亦記有「彰明縣」[7]。據此，巴西郡綿州本漢代廣漢郡之涪縣，涪縣又有昌明縣，東晉孝武帝司馬曜時移漢昌縣於此，後魏（北朝西魏）廢帝元欽時（553）改漢昌縣為昌隆縣，唐玄宗先天元年（712）改昌隆縣為昌明縣，此縣原在「清廉鄉」。

1　［清］董誥等編：《全唐文》，中華書局，1983 年，第 60 頁。
2　［唐］王勃著，［清］蔣清翊注：《王子安集注》，上海古籍出版社，1995 年，第 62 頁。
3　［唐］李白著，［清］王琦注：《李太白全集》，中華書局，1977 年，第 1448 頁。
4　［唐］杜佑：《通典》，中華書局，1988 年，第 4622 — 4623 頁。
5　［唐］李吉甫：《元和郡縣圖志》，中華書局，1983 年，第 848 — 849 頁。
6　［北宋］樂史：《太平寰宇記》，中華書局，2007 年，第 1661 — 1664 頁。
7　［北宋］歐陽忞：《輿地廣記》，四川大學出版社，2003 年，第 841 頁。

自《太平寰宇記》「初在清廉鄉」的記載後，文獻即有李白故宅在「清廉鄉」的記載。宋太宗淳化二年（991），楊遂謫任彰明縣令，曾作《李太白故宅記》，此文載於王琦《李太白全集》卷三十六「附錄六・外記」：「先生舊宅在清廉鄉，後往戴天山讀書，今舊宅已為浮屠者居之……」[1] 這也許是首次明確將李白故里指定為「清廉鄉」，但是，楊遂的記載是「清廉鄉」，並非「青蓮鄉」。北宋臨邛人計有功《唐詩紀事》引東蜀楊天惠於宋元符二年（1099）出任彰明縣令時所作《彰明逸事》[2]，與楊遂《李太白故宅記》相同。此外，南宋初年杜田《杜詩補遺》[3]、南宋紹興年間吳曾《能改齋漫錄》[4] 以及南宋洪邁《容齋隨筆》[5] 亦認可李白故宅在「清廉鄉」。明代曹學佺《蜀中廣記》中記川西道成都府綿州彰明縣名勝，也載有「清廉鄉」一說[6]。清嘉慶年間重修《大清一統志》卷三百九十九沿襲《太平寰宇記》，其中有「李白宅：在彰明縣南二十里」，又「彰明故縣：今彰明縣治……初在清廉鄉」[7]。由此可知，自《太平寰宇記》「清廉鄉」的說法後，歷代地志及遊記皆記為「清廉鄉」，而沒有「青蓮鄉」一說，即使晚至嘉慶年間重修的《大清一統志》，仍記李白故宅為「清廉鄉」，而不是「青蓮鄉」。

然而「青蓮鄉」之說，或已肇端於明代中葉。明代四川新都才子楊慎《丹鉛續錄》卷三關於「李白」的記載，或為「清廉鄉」訛變為「青蓮鄉」的首見文獻：「李白生於彰明縣之青蓮鄉，其詩云『青蓮居士謫仙人』是

1　[唐] 李白著，[清] 王琦注：《李太白全集》，中華書局，1977 年，第 1626 頁。
2　[北宋] 計有功著，王仲鏞校箋：《唐詩紀事校箋》，巴蜀書社，1989 年，第 478 頁。
3　[南宋] 洪邁：《容齋隨筆》，中華書局，2005 年，第 318 頁。
4　[南宋] 吳曾：《能改齋漫錄》，上海古籍出版社，1979 年，第 120 頁。
5　[南宋] 洪邁：《容齋隨筆》，中華書局，2005 年，第 318 頁。
6　[明] 曹學佺：《蜀中廣記》(一)，上海古籍出版社，1993 年，第 135 頁。
7　[清] 穆彰阿、潘錫恩等纂修：《嘉慶重修一統志》(二十三冊)，《四部叢刊續編・史部》，上海書店，1984 年，第 12 頁。

也」[1]。楊慎據李白《答湖州迦葉司馬問白是何人》「青蓮居士謫仙人」的自述，認為李白詩句之「青蓮」為其出生地名，便由此臆斷李白生於「青蓮鄉」。楊慎《丹鉛摘錄》《丹鉛總錄》亦重申此說。前論提及曹學佺《蜀中廣記》卷九「名勝記」第九記李白故宅在彰明縣「清廉鄉」，曹學佺於萬曆二十三年（1595）中進士，時年在楊慎去世後 36 年。曹學佺後曾任四川右參政按察使，他多方搜求，居家 20 餘年寫成《蜀中廣記》。《蜀中廣記》並沒有採取同時代楊慎「青蓮鄉」之說，而是沿用自《太平寰宇記》以來的地志成說，可見，曹學佺的採擇應有所據。

楊慎「青蓮鄉」之訛說後被《四川通志》所採用，影響遂更為廣泛，該書《古跡．龍安府．彰明縣》記載：「青蓮鄉，在縣南，接江油縣北界。一名漫波渡，相傳李白母浣紗於此，有鯉躍入籃中，烹食之，遂孕而生白。」[2]《四川通志》沿用楊慎「青蓮鄉」之說，又附加諸如李母食魚孕白等更多民間傳說，由此推測，楊慎「青蓮鄉」的說法或來自綿州彰明縣當地的民間附會，而楊慎又未加判別，遂致訛誤。游國恩等主編《中國文學史》介紹李白時亦承此說：「誕生於中亞的碎葉，五歲時隨父遷居四川彰明縣的青蓮鄉，因自號青蓮居士。」[3]此說法，更加導致學人認可。附會和訛誤的根源，或出於鄉人對李白的崇敬而改「清廉鄉」為同音之「青蓮鄉」，由此導致望文生義，倒果為因。李白「青蓮居士」的名號與古之「清廉鄉」實毫不相干，而與今之「青蓮鄉」正為因果關係。楊慎也難免犯此疏漏，細細尋思，此中因緣，更有不明白「青蓮」為佛教語彙所致。

---

1 ［明］楊慎：《丹鉛續錄》，《文淵閣四庫全書》，上海古籍出版社，1987 年，第 855 冊第 167 頁。

2 ［清］常明、楊芳燦等纂修：《嘉慶四川通志》，巴蜀書社，1984 年，第 2020 頁。

3 游國恩等主編：《中國文學史》（二），人民文學出版社，1998 年，第 70 頁。

結語

綜上所述，由《維摩詰經》所塑造的「青蓮」意象，為六朝隋唐文士所尊奉，特別是唐代王維、李白和白居易，皆對《維摩詰經》推崇備至。王維以「維」為名，以「摩詰」為字，自號「摩詰居士」，直是《維摩詰經》「維摩詰」之翻版。李白較為隱含，以《維摩詰經》的「青蓮」名號，一是因為推尊王維，二是因為尊崇佛典，三是因為嚮往「維摩詰」之生活模式。「青蓮」的潔淨禪靜意象又正與李白內心鄙棄塵俗、傲視權貴的個性相一致。「天下名山僧佔卻」，佛寺「青蓮宇」「青蓮宮」又多在遠離紅塵之幽遠名山，這也正好與李白「一生好入名山遊」的杳然仙蹤相符。以「青蓮」為名號最契合李白「清水出芙蓉，天然去雕飾」的詩文個性。此外，「居士」為梵語「迦羅越」的漢語意譯，佛教專稱在家修行者，「居士」一語更是李白崇奉佛教的內心情懷之外在身份確認，自此，「青蓮居士」以濃重的佛教色彩向我們展示了李白的佛教情結。蓮花本不是我國特產，古代蓮花自天竺傳入，這也是共識，特別是盛產於西天竺印度河流域的青蓮花，為佛教所珍愛從而成為佛教聖物。這一物種跨越千山萬水，竟在四川與李白結下不解之緣，不得不令人驚歎文化穿越時空的魔力。巴山蜀水毓養的天才詩人，在蜀地佛風熾盛的山水間，蘊涵着佛教純淨清潔的佛理，積澱成李白高蹈塵外的個性精神。在文學領域，巴蜀詩仙再一次與古印度發生了時空牽連。

二　長嘯、明月、金：李白詩歌中的印度文化意象

佛教文化傳入中國，隨着佛經進入文化階層的視域，中國文人的人生情趣和詩文境界隨之發生拓展，形成不同於秦漢的文學新氣象，從而

促進中國文學真正的百花齊放。佛教打破了讀書士人單一的儒家思想局限，使中國文學增添大量新的題材和體裁，並進而豐富中國文學的印度語彙，使文學語言和思想大眾化、通俗化。特別是武則天大力提倡佛教後，生活於這個時代的李白主動融佛教義理和意境入詩文，表現出想像奇異、文風馳騁的獨特個性，正如《大獵賦序》所言：「崑崙叱兮可倒，宇宙噫兮增雄。江河為之卻流，川嶽為之生風。羽毛揚兮九天絳，獵火燃兮千山紅」，「崑崙」「宇宙」等遣詞用語無不與佛教無邊無際宇宙觀念相連，「江河」「川嶽」也烙上印度萬物有靈的生命，「羽毛揚兮九天絳」何嘗沒有印度傳說中「金翅鳥」的影子！

李白《贈僧崖公》即回憶自己早年從朗陵白眉法師學習佛法的詳細經歷：「昔在朗陵東，學禪白眉空。大地了鏡徹，迴旋寄輪風。攬彼造化力，持為我神通。晚謁泰山君，親見日沒雲。中夜臥山月，拂衣逃人羣。授余金仙道，曠劫未始聞。冥機發天光，獨朗謝垢氛。虛舟不繫物，觀化遊江濆。江濆遇同聲，道崖乃僧英。說法動海嶽，遊方化公卿。手秉玉麈尾，如登白樓亭。微言注百川，亹亹信可聽。一風鼓羣有，萬籟各自鳴。啟閉八窗牖，託宿掣電霆。自言歷天台，摶壁躡翠屏。凌兢石橋去，恍惚入青冥。昔往今來歸，絕景無不經。何日更攜手，乘杯向蓬瀛。」詩中「境徹」「輪風」「造化力」「神通」「金仙道」「曠劫」「冥機」「天光」「垢氛」「說法」「遊方」「玉麈」等無不精到專業，此中修煉經歷只有親身體驗過的人才會有如此真切的感受，李白絕不似普通詩人只是表面了解一些佛教常識，他應該系統研習過佛經，因而其詩文往往不自覺印上佛教的學理。正如北宋葛立方《韻語陽秋》卷一十二評論《贈僧崖公》曰：「李白跌宕不羈，鍾情於花酒風月則有矣，而肯自縛於枯禪，則知淡泊之味賢於啖炙遠矣。白始學於白眉空，得『大地了鏡徹，迴旋寄輪風』之旨；中謁太山君，得『冥機發天光，獨照謝世氛』之旨。晚見道崖，則此心豁然，更無凝滯矣。所謂『啟開七窗牖，託宿掣電形』是也。後又有談玄之作云『茫茫大夢中，惟我獨先覺。騰轉風火來，假合作容貌。問語前後際，始知金仙妙』。則所得於佛氏者益遠矣。」[1]

李白另一首《與元丹丘方城寺談玄作》也是明證：「茫茫大夢中，惟我獨先覺。騰轉風火來，假合作容貌。滅除昏疑盡，領略入精要。澄慮觀此身，因得通寂照。朗悟前後際，始知金仙妙。幸逢禪居人，酌玉坐相召。彼我俱若喪，雲山豈殊調。清風生虛空，明月見談笑。怡然青蓮宮，永願恣遊眺。」佛教認為世間一切皆如夢境虛幻，但是「覺者」即能領悟其中的奧義，「惟我獨先覺」，李白自是此中大覺大悟者。世間一切皆由地、水、火、風四大元素和合而成，此為「騰轉」，任何一種物象只是暫時表露出那樣的外相，其實並無實性，正是「騰轉風火來，假合作容貌」。欲消除這些無實性的惑業，只有「滅除昏疑盡，領略入精要」，也就是只有領略佛教的精義才能擺脫。怎麼領略呢？那就需要參悟者「澄慮觀此身，因得通寂照」，澄心靜慮、反觀自身、洞徹萬物，即是不二法門。由此可知，詩中所描寫的參佛經歷和佛教玄理，恐怕並非一般佛教徒所能體會。

李白對佛教義理的精熟，不僅反映在自己的詩文中，也表現在別人對他的認同中。當時一些高僧請他撰寫銘贊絕不僅是仰慕李白的詩才，更有對李白對佛學奧義深度理解的認可。其《魯郡葉和尚讚》云「海英嶽靈，誕彼開士。了身皆空，觀月在水。如薪傳火，朗徹生死。如雲開天，廓然萬里。寂滅為樂，江海而閒。逆旅形內，虛舟世閒。邈彼崑閬，誰云可攀。」這樣的讚語不是一般詩人可以勝任的，如果不深諳佛理，洞明佛教教義，諸如「幻身」「薪火」「寂滅」「逆旅」「虛舟」等佛典即不會如此精熟於胸。其他如《崇明寺佛頂尊勝陀羅尼幢頌並序》《地

1　[唐] 李白著，瞿蛻園、朱金城校注：《李白集校注》，上海古籍出版社，1980 年，第 701 頁。

藏菩薩讚並序》等詩作，皆是其例。

（一）長嘯

李白骨子裏充滿了佛教情結，其詩文隨處可見。如「長嘯」本由僧人在山林中練瑜伽功夫發展而來，也是《維摩詰經・佛國品》「演法無畏，猶如獅子吼，其所講說，乃如雷震」所記之「獅子吼」，此功夫李白一直有神往，如《酬岑勛見尋就元丹丘對酒相待》「對酒忽思我，長嘯臨清飆」以及《遊太山》「天門一長嘯，萬里清風來」，表明李白對「長嘯」深入骨髓的自覺修養。《與元丹丘方城寺談玄作》通篇簡直就是佛理的闡述，如「茫茫大夢中，唯我獨先覺」「澄慮觀此身，因得通寂照」「朗悟前後際，始知金仙妙」，滿篇皆是佛語與佛思。《僧伽歌》云：「嗟予落魄江淮久，罕遇真僧說空有。一言懺盡波羅夷，再禮渾除犯輕垢。」「波羅夷」為佛教罪孽。《贈宣州靈源寺仲浚公》云：「觀心同水月，解領得明珠。今日逢支遁，高談出有無。」「觀心」是參禪語，「水月」是觀音菩薩的名字，「明珠」喻佛法，「有無」是禪宗教義的核心，「支遁」是晉朝名僧，整首詩無不反映李白對佛的虔誠。《陪族叔刑部侍郎曄及中書賈舍人至遊洞庭五首》（其三）云：「洛陽才子謫湘川，元禮同舟月下仙。記得長安還欲笑，不知何處是西天？」詩中暗藏「謫仙」二字，長安為建功立業的目的地，但「西天」佛國印度才是精神歸宿。種種表明，李白深受「維摩詰」影響之深，其自身生活模式全然已是「維摩詰」之典型。

（二）明月

玄奘《大唐西域記・印度總述・名稱》記載：

> 印度者，唐言「月」。月有多名，斯其一稱。言諸羣生輪迴不

> 息，無明長夜莫有司晨，其猶白日既隱，宵燭斯繼，雖有星光之照，豈如朗月之明。苟緣斯致，因而譬月。良以其土聖賢繼軌，導凡御物，如月照臨。由是義故，謂之印度。[1]

由《大唐西域記》的解釋可知，「印度」國名即為「月亮」之意，且此「明月」還深蘊佛教義理，象徵「羣生輪迴不息」，「朗月之明」，即是佛光普照萬物，看來，印度文化中的「明月」並不僅僅是夜間普通的光亮。印度的明月文化流傳至巴蜀，在巴蜀的神話傳說中也留下印跡，以寫明月著稱的巴蜀詩人李白即為最特出代表。在李白詩文中，「明月」意象甚為特別，這不應是李白信手拈來的外在物象，部分作品來源於李白繼承秦漢六朝詩文的成熟意象，但也有不少作品是他精心考量的佛教象徵，沉浸李白的靈性創新。

玄奘以明月解釋印度，能啟發我們不同的思維視角。我們試重新分析李白名詩《靜夜思》：「牀前明月光，疑是地上霜。舉頭望明月，低頭思故鄉。」詩題「靜夜思」，正是佛教靜心澄慮的禪靜，此情此景，此月此心，正是「朗月之明」的佛光靜照下「羣生輪迴不息」的人生體驗。「牀前明月光」烘托出的如夢如幻、或真或虛的宇宙夜光，或正是李白禪修的真實寫照。李白「舉頭」，心懷敬仰之情仰望「朗月之明」，此明月一定不是簡簡單單的物象，應象徵佛法佛境。第四句點題寫「思」，但詩人並沒有以「思鄉」入題，而冠之以「靜夜思」，無疑已大大拓展超越了傳統「遊子思鄉」的普通情懷，而轉入深沉的「自覺」與「覺他」，將塵世思鄉與佛境月印兩相結合，開拓了明月更大的思考境界，此與《與元丹丘方城寺談玄作》所言「茫茫大夢中，為我獨先覺」的情趣靈感相同。

1　[唐] 玄奘著，章巽校點：《大唐西域記》，上海人民出版社，1977 年，第 31 頁。

由是之故，李白所思「故鄉」，恐怕也就不僅是世俗常人所識的家鄉概念，而是前論屢屢提及的李白詩中常用的「青蓮宇」與「青蓮宮」之類的靈魂棲居之所。再則，前論曾經解釋過李白「謫仙人」的稱號，李白自認為「天子」下凡，他心目中的「故鄉」其實是明月之上的天宮。由此，李白看似以短短 20 字的簡單筆墨，敍寫久已有之的傳統思鄉題材，其實結合李白自號的詳細考證以及其詩文大量的佛語佛境，我們沒有理由懷疑李白此作是以「佛教高潔之『明月光』來消釋人生無常的『疑惑』夢境，此與王維《鹿柴》神悟禪境有異曲同工之妙」[1]。

正由於李白癡情明月，將明月內化為自己的精神體悟，人月相得，心月互通，使李白明月題材充滿奇幻與靈妙。後世與李白精神相通之人總以李白望月、覲月、對月、戴月、踏月、捉月、泛月、醉月、坐月、席月、乘月、玩月、吹月、弄月、邀月、攬月、寄月、問月和賒月等形象刻畫李白，將李白與月牽連融合成一整體，展現給世人飄然欲仙的詩仙神采。李白涉及詠月的詩歌多達 382 首，佔其總數的 38%，李白詩文用「月」多達 513 次，李白筆下的明月，其別稱多達 499 個，諸如「金魄」「圓光」「大明」等明月形象浸染着佛教色彩。

其《把酒問月》完全將人的思考空間引入奇幻的神話世界：「青天有月來幾時，我今停杯一問之。人攀明月不可得，月行卻與人相隨。皎如飛鏡臨丹闕，綠煙滅盡清輝發。但見宵從海上來，寧知曉向雲間沒。白兔搗藥秋復春，嫦娥孤棲與誰鄰？今人不見古時月，今月曾經照古人。古人今人若流水，共看明月皆如此。唯願當歌對酒時，月光長照金樽裏。」淡淡感傷中籠罩的是博大與空明，李白寫月，猶如佛教的悲憫情懷，對月的永恆和生命哲學充滿哲思。「月光長照」又何嘗不是佛光普

1　［印］譚中、耿引曾：《印度與中國 —— 兩大文明的交往和激盪》，商務印書館，2006 年，第 445 頁。

照的天地情懷。李白賦予明月以質感的生命意識，人與明月可以進行情感交流，其《月下獨酌四首》（其一）：「花間一壺酒，獨酌無相親。舉杯邀明月，對影成三人。月既不解飲，影徒隨我身。暫伴月將影，行樂須及春。我歌月徘徊，我舞影零亂。醒時同交歡，醉後各分散。永結無情遊，相期邈雲漢。」我們怎可認為此月是沒有生命、僅為夜晚發光的物體。李白眼中的明月兼具人的喜怒哀樂和宗教情懷，完全是李白心中最靈魂相通的摯友，是知情亦是知音。「永結無情遊，相期邈雲漢」，李白要與明月來一場時空約定，因為明月所在地就是李白心目中的故鄉，他是「謫仙人」，明月本即故鄉知己。其《峨眉山月歌送蜀僧晏入中京》云「我在巴東三峽時，西看明月憶峨眉。月出峨眉照滄海，與人萬里長相隨」，「峨眉月」是李白特別的明月意象，佛教聖地峨眉讓詩人時常憶起峨眉山的明月，明月是李白的心靈故鄉，李白內心精神認可自己來自明月所在的時空，峨眉山月照臨滄海，豈不是月印千江的佛教意境。李白鍾情於明月，蘊藏李白對光明的憧憬，李白寫月，其實就是寫自我。其《送楊山人歸嵩山》云「我有萬古宅，嵩陽玉女峰。長留一片月，掛在東溪松」，這種化天地萬物於自我的宏闊胸懷，是李白自我人格與內心理想的靈性迸發。「松」本亦是佛教寺廟的象徵，後有論，此不贅，松月的空明高朗，正是李白月印空林的禪心與禪趣。此外，《廬山東林寺夜懷》「我尋青蓮宇，獨往謝城闕。霜清東林鐘，水白虎溪月」也傳達了同一意趣。「青蓮宇」喻佛教寺廟，「東林鐘」與「虎溪月」同樣喻指禪意，人生失意，不如歸去，「月」即代表李白奉佛的一片淨心。

明月本是無情物，太白有心化情語。李白借月反觀內心，印照心靈，攬月入詩，將月擬人化，完成由外在客體的明月到內在人格心月的巨大轉變，使中國文學明月意象得以進入全新境界，此實與李白佛學哲思密不可分。

（三）金

據印度學者譚中和中國學者耿引曾《印度與中國 —— 兩大文明的交往和激盪》介紹，印度富含金礦，是世界發現金子較早的國度。新德里國家博物館陳列有 5000 多年前印度河流域摩亨佐．達羅城市遺址出土的金首飾。印度有很多沙金礦牀，孔雀王朝（前 324 — 前 185）就大量開採黃金。孔雀王朝初期憍胝里耶（Kauṭilīya）《治國安邦術》即有金礦開採的記載。笈多王朝（320 — 540）是印度歷史上佛教的黃金時代，是古印度經濟、文化高度發達的繁榮時代，同時，也是黃金生產極盛時代。此時，印度民間流行戴金首飾並將黃金壓成金箔隨同食物一同進食。印度境內的許多金礦已有 2000 多年歷史。從古至今，印度人皆摯愛金首飾，還喜愛金箔食物。印度人用金線織錦，唐人李浚《松窗雜錄》記載有「罽賓國」黃金衣[1]，罽賓國即在印度北境。印度人認為金子是最寶貴的東西，所以喜歡用「金」字來形容最高貴、最美好的概念，梵文中有 30 多個帶有「金」含義的文字。印度教大神梵天和濕婆的名字皆與金有關，濕婆神最喜歡的衣料也是黃絲繭。印度神話中的天堂「須彌山」的各種別名皆帶有「金」的符號，此山也是閃耀金光的聖地。有人甚至認為英文「gold」亦是由古印度語演變而來。

而中國境內由於並不富含金礦，因此開採黃金則相對較晚。「金」為象形字，搭建帳篷，並向地下掘礦，造字之初「金」的本意應指銅礦，如「鳴金收兵」。春秋進入鐵器時代，漢字語彙隨之出現「鐵」。

戰國以後，隨着黃金的出現，「金」演化為特指黃金，而原初之銅礦則另造新字「銅」。足見黃金已經取代銅、鐵而成為最貴重的礦藏金屬。

1　[唐] 李浚:《松窗雜錄》，載《唐五代筆記小說大觀》，上海古籍出版社，2000 年，第 1218 頁。

10-2　佩戴黃金首飾的印度女人

10-3　印度金箔甜品

印度黃金輸入中國雖還沒有發現大量文獻記載，但是，佛教黃金符號傳入中國並進入中國人的視野，進而影響中國人的生活和信仰則是歷史事實。佛的頭光、背光名「金光」。佛面名「金顏」。佛像名「金身」「金容」「金姿」「金軀」。佛祖的口名「金口」，成語「金口玉言」則出於此。佛的舍利名「金骨」，道教徒煉丹修煉自身為「金骨」，亦是借用佛教術語。佛的骨灰拋在拘尸那迦的跋堤河，此河即名「金河」。此外，佛衣為「金襴衣」，寺廟為「金光寶剎」或「金界」，佛殿為「金堂」或「金殿」，佛偈為「金偈」，佛事為「開金橋」，佛經為「金經」，佛經中幾乎皆是「金胎」「金寶」「金蓮」「金鷲」「金藏」「金倉」「金神」等與金相關的事物。《後漢書・西域傳・天竺》即有金人金佛的記載：

> 世傳明帝夢見金人，長大，頂有光明，以問羣臣。或曰：「西方有神，名曰佛，其形長丈六尺而黃金色。」帝於是遣使天竺問佛道法，遂於中國圖畫形像焉。[1]

可見，自佛教傳入中土，佛即印上「金」的符號象徵。人們在大量翻譯梵文佛經過程中，不再用「黃金」專指「金」，直接用「金」翻譯佛教種種符號意象，遂導致「金」擠掉原初「銅」的概念，成為黃金的特指語詞。

李白詩文慣用並擅用「金」意象，據統計，李白詩中有 432 次稱及「黃金」或「金」，且多與佛教相關。其《贈僧崖公》云「授余金仙道，曠劫未始聞」，「金仙道」即指佛教。其《上雲樂》云「金天之西，白日所沒 …… 撫頂弄盤古，推車轉天輪 …… 」李白將印度所在的西天形容為「金天」，「天輪」也與佛教有關。其《題嵩山逸人元丹丘山居》云「家本紫雲山，道風未淪落。沉懷丹丘志，沖賞歸寂寞 …… 提攜訪神仙，從此煉金藥」，元丹丘為道人，李白心慕佛教，又熱衷於道教煉丹，但所煉仙丹又呼之為「金藥」，足見佛教「金」之意象對李白的影響。其《憶舊遊寄譙郡元參軍》云「行來北涼歲月深，感君貴義輕黃金。瓊杯綺食青玉案，使我醉飽無歸心」，黃金在李白詩歌中，已成誇飾的語言消費。由佛教而來的「金」意象符合的至高權威，逐漸融入中國人的頭腦中，加之以李白為代表的文學權威的推波助瀾，遂使佛教有關「金」的符號意義深深嵌入國人心底。在李白詩中，「黃金」和「金」時有錯雜，但基本

1 ［南朝宋］范曄：《後漢書》，中華書局，1965 年，第 2922 頁。

轉向是由「金」取代「黃金」，並將「金」定型為專門所指。其《峨眉山月歌送蜀僧晏入中京》云「黃金獅子乘高座，白玉麈尾談重玄」，李白借用印度「獅子座」典故，並以黃金為襯，前後金玉相對，將佛教與道教融合在一起。其《在水軍宴贈幕府諸侍御》云「如登黃金臺，遙謁紫霞仙」，「黃金臺」與「紫霞仙」相對，李白擅於將心中融合無痕的佛教與道教自然結合在一起。

李白詩歌對佛教「金」的符號意識有諸多方面的拓展和發揮。首先，李白創造了一批與「金」相關有顯赫地位的重要場所的稱名，諸如「金天」「金宮」「金闕」「金門」「金馬門」和「金閨」等。其《玄風變太古》云「但識金馬門，誰知蓬萊山」，「金馬門」即指李白自己住過的宮殿。其《廬山遙寄盧侍御虛舟》云「影落明湖青黛光，金闕前開二峰長，銀河倒掛三石梁」，如果此處「金闕」我們還不好說是李白另有喻指，那麼，其《江南春懷》「歲晏何所從？長歌謝金闕」所言「金闕」則無疑指李白曾經住過的唐王朝的宮殿。在這個宮殿裏，李白曾看到過唐玄宗鬥雞的場面「鬥雞金宮裏」（《一百四十年》），也體會過唐玄宗國家統治的威嚴：「太微廓金鏡」（《答高山人兼呈權顧二侯》）。後來，宋徽宗封玉皇大帝為「昊天金闕至尊玉皇大帝」，即採用李白創造的「金闕」一語。

其次，印度人從太陽光照射到大雪山上得到金光的靈感，從而喜好以「金」形容陽光，李白亦常借用「金」來描寫陽光。其《經亂後將避地剡中留贈崔宣城》云「赤霞動金光，日足森海嶠」，金色的陽光照耀，也可聯想到佛教佛光的莊嚴。在陽光照耀下的萬物，李白也可以以「金」來描摹，其《咸陽二三月》「咸陽二三月，宮柳黃金枝」、《酬殷明佐見贈五雲裘歌》「輕如松花落金粉，濃似苔錦含碧滋」、《宮中行樂詞》（其二）「小小生金屋，盈盈在紫微……柳色黃金嫩，梨花白雪香」等皆是其例，新柳在陽光照耀下泛發金光，松花隨風飄落在陽光映射下呈現金粉，這種新的意象，無不表明李白吸收佛教後的語言創新。陽光照射於林木之上，李白創造性地以「金翠」來描摹，其《感時留別從兄徐王延年從弟延陵》「鼓鐘出朱邸，金翠照丹墀」與《連理枝》（其一）「雪蓋宮樓閉，羅幕昏金翠」皆是其例，金色的陽光與青翠的林木相映成輝，李白依託佛教的典故大大拓展了詩歌的語彙，創造出自己獨具特色的「誇金文學」。

再次，李白融合佛、道還表現在將佛教的「金」符號意識不斷嫁接入道教之中，煉丹的鼎名為「金鼎」，煉丹的灶名為「金灶」，李白企圖以「金鼎」「金灶」等煉丹工具，通過「煉金骨」的方法，煉製成長生不老的「金丹」「金藥」「金液」「金精」「金膏」。

此外，李白將佛教「金」之符號意象廣泛移入自己的日常生活，生活處處皆與「金」相關，其「誇金」已無以復加。其《江南贈韋南陵冰》云「玉簫金管喧四筵」，娛樂場所的樂器也以「金」名之。其《南奔書懷》云「侍筆黃金臺，傳觴青玉案」，自己寫字喝酒的工具皆是金、玉而為，簡直就是生活在「金宮」之人的寫照。其《流夜郎贈辛判官》云「夫子紅顏我少年，章臺走馬著金鞭」，李白回憶在長安宮廷的日子，騎馬揮着「金鞭」，此外，還有「金鞍」「金絡」「金羈」「金策」「金囊」「金刀」「金戟」等等，不一而足。其《答王十二寒夜獨酌有感》云「懷余對酒夜霜白，玉牀金井冰崢嶸」，連普通的水井也成了「金井」，讀李白的詩歌，定能感受到「金氣十足」，李白之慣用擅用「金」意象，可謂後無來者。「金」「玉」連用，也成為李白特有的意象，如「金瑟玉壺」「金窗玉樓」等等皆是其例，後來「金」「玉」共同組成的成語習語就太多太多，舉不勝舉。「金」為佛教所引入，「玉」為中國傳統綿延不廢的意識符號，李白將「金」「玉」融合在一起連用，其實就是佛、道兩種文化的水乳交融，也是中印兩種文明交流、借鑒後的文化融合結果，此一融合，遂使「金」「玉」四字成語成為中國人心目中最為美好的描摹，大大拓展了中國口頭語言和書面文學語言的詞彙系統和表達意蘊。

三　李白吸收印度文化的其他符號

佛教傳入後，禪林制度隨之確立，佛教寺廟不斷建立，李白詩歌描寫佛教建築頗多，其意象豐富，諸如「旃檀閣」「香閣」「飛閣」「白樓」「禪房」「禪室」「道林室」「塔」「寶塔」「塔樓」「金剎」「銀闕」「瓊簾」「飛栱」「紺殿」「廣殿」「高殿」「宮觀」「鐘聲」「東林鐘」「霜鐘」「法鼓」「白玉麈」「玉麈尾」「白拂」等等，比比皆是。

李白一生與僧人交往甚密，其詩作有 28 次出現「僧」，此外，還有「道人」「上人」「寶」「大德」「幽人」「頭陀」「禪士」「方士」「通方士」「青雲人」等諸多異稱，僧人生活也是李白常描寫的對象，僧服如「金縷褐」「朱紱」，隱居僧人如「逃人羣」「斷出沒」「幽棲」「冥居」「絕世事」「滅跡」等，無不與佛相關。李白詩歌中對僧人說法、唱經、誦咒皆有記錄，「禪」「金偈」「戒」「澄慮」「了」「悟」「覺」「鏡徹」「通寂照」「入精要」「冥」「冥機」「靈神閉氣」「啟發」「啟閉」「開禪關」「達觀」「觀空」「觀心」「觀化」「解領」「領略」「渾除」「破」「滅」「寂滅」「滅除」「不染」等甚為豐富。還有佛教神通如「搏壁」「凌兢」「制猛虎」「掣電霆」「安毒龍」「奇蹤」等意象，也甚多。另外，有關佛教焚化為「灰」的概念也不少，「寒灰」「死灰」等也常出現。

空無觀念在李白詩中也多呈現，「空」「空有」「空界」「有無」「空無」「虛空」「無方」「羣有」「水中月」「月映水空」「大夢」等皆是直言或隱喻之辭。由空無觀念進而內傾沉思為心的觀念，如「真心」「虛心」「洗心」「心閒」「萬里心」等皆是佛教義理的漢語創新。佛教輪迴循環觀念中的變化思想在李白詩歌中亦多有體現，「變」「三變」「虎變」「豹變」「變易」「變光彩」「變光輝」等觀念，極具印度認知方式，是印度文化觀念與中國文言完美融合的典範。

佛教傳入中國，隨着印度繁盛花草帶來宗教的莊嚴和神聖，其詩作中大量出現的「雨花」「花雨」「天雨花」「散花」「青蓮花」「蓮花」「荷花」「芙蕖」「芙蓉」等無不與印度相關。

李白詩中出現有 616 次「雲」，此一意象蘊涵異常豐富。「青山雲」「五雲」「五色雲」「綠雲」「白雲」「翠雲」「青雲」「碧雲」「黃雲」「紫雲」「頭陀雲」「香雲」等不一而足，特別是李詩中雲氣意象顯然源自佛教文化。

李白詩歌言歌舞事甚多，「妙音」「德聲」「大音」「瑤華音」「天樂」「空樂」「天籟」「萬籟」等音樂符號，明顯具有印度文化色彩。

「松」，在中國傳統意象中，是傲立霜雪、孤直勁節的象徵，與梅、竹並稱「歲寒三友」。諸如《詩經・小雅・天保》「如松柏之茂，無不爾或承」、《論語》「歲寒，然後知松柏之後雕也」、《禮記・禮器》「其在人也，如竹箭之有筠也，如松柏之有心也。二者居天下之大端矣，故貫四時而不改柯易葉」等皆是着眼於松木的長青自然特性。印度佛教寺廟周圍多松樹，松樹遂成為廟宇幽靜的特殊意象，佛教傳入中國，「松聲」「松風」又成為禪宗特有的符號。李白援松入詩往往體現出佛教禪宗的情趣，其《聽蜀僧濬彈琴》云「蜀僧抱綠綺，西下峨眉峰。為我一揮手，如聽萬壑松」，又其《春日歸山寄孟浩然》云「香氣三天下，鐘聲萬壑連。荷秋珠已滿，松密蓋初圓」，李白筆下的「松」已不是中國傳統意象，而是印度佛教式的認知和感受。

「香」，《說文解字》謂：「芳也，从黍从甘。」[1] 由是可知，中國本土早先對「香」的認識是基於人食禾黍感到的愉悅，是舌頭上的味覺。印度盛產香料，佛教寺廟多焚香，因此佛寺又稱「香殿」「香閣」，焚香所用工具名「香爐」。佛教製香以示莊嚴虔敬，由焚香從而帶來人嗅覺和視覺的雙重感受，鼻子所聞香味和眼睛所見香氣，皆成為佛教寺廟所傳入的新的意象。李白詩作提及「沉香」「蘇合香」等香料，李白寫「香」，

1 ［東漢］許慎：《說文解字》，中華書局，1963 年，第 147 頁。

多用「香」的佛教意義，其《贈江油尉》「五色神仙尉，焚香讀道經」、《尋山僧不遇作》「香雲遍山起，花雨從天來」、《登巴陵開元寺西閣贈衡嶽僧方外》「明湖落天鏡，香閣凌銀闕」、《春日歸山寄孟浩然》「香氣三天下，鐘聲萬壑連」、《廬山東林寺夜懷》「天香生虛空，天樂鳴不歇」、《登梅崗望金陵贈族姪高座寺僧中孚》「時聞天香來，了與世事絕」、《安州般若寺水閣納涼喜遇薛員外》「樓臺成海氣，草木皆天香」等皆是其例。此外，《望廬山瀑布》「日照香爐生紫煙」，此是山名香爐，同樣是佛教視角。

「仙」，大多數人認為是道教最顯明符號，其實，此字也由佛教帶入。《說文解字》只有「僊」，雖然《說文》「僊」亦有「長生僊去」[1]之意，但「仙」作為一個獨立使用的文字則是佛教傳入之後，據考證，可能會晚至魏晉六朝時期。「仙」造字用會意，為山中之人。佛教沒有傳入中國之前，中國本土觀念很少有遠離紅塵的擾攘紛繁而尋求遁隱山林與世隔絕，更多是儒家積極進取的入世情懷。我們知道，印度自古即有離家出走，隱居山林以參道修心，佛祖釋迦牟尼也是隱居山林後方大徹大悟。佛教此一意識傳入中土，遂與中國傳統升天長生思想結合，將長生修煉場所逐漸固化在深山密林。「仙」也是中印文化的借鑒融合，佛教傳入激盪本土道教，使道教徒大大延展和深化了「仙」的外延內涵，從而使「仙」的符號意識在中國文學中異常活躍而熱烈，李白身上濃重的仙佛思想，時時表現於詩文，透露出崇尚仙道的內心追求。李白自號「謫仙人」，這本身即表明李白對「仙」的尊崇，聯繫前論探討過的「青蓮居士」，李白這個「謫仙人」應該不僅僅是道教的單純意識。其《廬山謠寄盧侍御虛舟》云「五嶽尋仙不辭遠，一生好入名山遊」，去名山尋「仙」，這本身即用的是「山中之人」的意義，此「仙」是道還是佛，我們可能要另眼相待。

1　[東漢] 許慎：《説文解字》，中華書局，1963 年，第 167 頁。

其《遊泰山》「稽首再拜之，自愧非仙才」、《古風》「仙人綠雲上，自道安期名」、《夢遊天姥吟留別》「虎鼓瑟兮鸞回車，仙之人兮列如麻」等皆是其例。

「苦」，《說文解字》曰：「大苦苓也。」[1] 由此可知，名詞「苦」本指有苦味的一種草，後來逐漸發展為形容詞，引申為舌頭的感覺，再往後，發展出使人憂愁的東西，如苦難。印度文化中「duhkha」也是和「苦」相似的符號，開始也是舌頭的感覺，但後來衍生出心裏對生活痛苦的感受，由此發展為佛教最根本的教義，引申為人生的「苦際」與「苦海」、「苦滅」與「苦輪」，總之，人生即「苦」，人生痛苦的種種皆可一「苦」了之。紅塵滾滾，大千世界，猶如「火宅」，人生即在「火災」之中煎熬度日。釋迦牟尼在菩提樹下頓悟出人生「生、老、病、死」四大痛苦，由自我執著的「苦根」「苦因」種下「苦果」，解決方案即脫離「苦海」，整個佛教哲學皆在論證人生如何從痛苦中得以解脫。由佛教的教義將原本舌頭的感覺引申拓展出如此多有關人生哲學的新術語和新概念。佛教所賦予的「苦」更多豐富的哲學張力，在李白詩歌中也有深度呈現。其《勞勞亭》云「清風知別苦，不遣柳條青」，離別的滋味似乎也可以用味覺品嚐得到，離別的苦楚何嘗又不是佛教「八苦」所謂的「愛別離苦」呢！李白將佛教意識暗暗融入自己的詩歌，表現出意蘊十足的內在潛力。其《怨歌行》云「寒苦不忍言，為君奏絲桐」，「寒苦」意象也富有創意，遣詞用語新意迭出，新詞新語頻現詩句，其實這是李白詩歌的偉大之處，這也正體現了李白熔鑄外來文化的獨運匠心。其《關山月》云「戍客望邊色，思歸多苦顏」，李白用「苦顏」刻畫愁眉苦臉的思婦形象，已經大大拓展了「苦」的傳統意義。

「輪」，中國和印度運用車輪的歷史同樣悠久，但印度將「輪」

---

1 ［東漢］許慎：《說文解字》，中華書局，1963 年，第 17 頁。

（cakra）和「轉」（vartin）結合，產生轉輪王大皇帝的概念，印度教大神取遠方妖魔首級的利器即是「輪」，它像一個轉動的推進器在空中旋轉運行。印度教神像皆三頭六臂，手中往往持有「輪」「螺」和「蓮花」等寶物。古老的《奧義書》中神的形象即手持「輪」「螺」，太陽也叫作「日輪」（suraj-cakra）。佛教借用「輪」的象徵意義形容佛法的無邊傳播，因此產生「法輪」「轉輪王」「妙法輪」「梵輪」「妙梵輪」「大法輪」「正法輪」「無上法輪」「無礙法輪」「光輪」「智風輪」等佛教概念，佛的蓮花座也可以是「大轉法輪座」，這些概念隨佛教傳入中國，進入文人思維，不斷豐富拓展了中國文學的語言和意蘊。李白詩歌在熔鑄佛教教義的同時，也將「輪」的符號意識不斷深化延展，將印度文化中的譬喻性認知熔鑄中國化，尋找兩者之間的平衡和融合，此亦為李白一大特色。其《上雲樂》云「撫頂弄盤古，推車轉天輪」，此「天輪」已超越傳統車輪意義，轉向印度佛教「金輪」「日輪」意識，從而構成李白意想超塵的奇特詩歌意象，同時也傳達了佛教宇宙觀的能動觀念。此六道輪迴、生死循環理念是印度傳統思想中的基本概念，其《戰城南》云「氣重日輪紅，血染蓬蒿紫」，此處「日輪」已完全借用佛教術語來形容太陽的流轉不息，此外《贈張相鎬二首》（其一）（時逃難在宿松山作）「伐鼓乘朱輪」與《門有車馬客行》「金鞍曜朱輪」等，皆有類似表達。

自覺與自心亦是佛教禪宗的核心理念，是禪宗全部信仰的基石，禪宗始祖慧能即特別強調「自」與「我」。李白詩歌最能體現這一釋放自我本心的主觀意識，《贈僧行融》「大海乘虛舟，隨波任安流。賦詩旃檀閣，縱酒鸚鵡洲」便是李白自我形象的刻畫。其《秋日魯郡堯祠亭上宴別杜補闕范侍御》云「我覺秋興逸，誰云秋興悲」，古來皆悲秋，但李白完全以自己內心的感受來表達自我對秋天的感觸，因為我高興的時候，秋天在我看來也有逸興。但當其志氣未抒、深感前路渺茫之時，寬敞的大道也倍感局促：「大道如青天，我獨不得出」（《行路難》其二）。其《山中與幽人同酌》云「兩人對酌山花開，一杯一杯復一杯。我醉欲眠卿且去，明朝有意抱琴來」，天地之間，只有自我的存在，不管白天與黑夜，在哪裏喝醉就在哪裏睡眠，這豈不是以天為帷、以地為牀的曠懷，《贈裴十四》所謂「黃河落天走東海，萬里瀉入胸懷間」，正是李白自我意識的寫照，隨處見心、隨處見情，見心見性，萬物皆備於我，自心創造人生，自心創造宇宙，此正是禪宗精義。由自覺而生空靈，其《贈宣州靈源寺仲浚公》云「觀心同水月，解領得明珠。今日逢支遁，高談出有無」，佛教認為凡由因緣和合所生的事物即為「空」為「幻」，即是鏡花水月。無相無名，雖有而無，有無雖殊，其致一也，可見李白領悟佛理之「有」「無」「空」「幻」的玄理甚深。其《同族姪評事黯遊昌禪師山池二首》（其一）「遠公愛康樂，為我開禪關。蕭然松石下，何異清涼山。花將色不染，水與心俱閒。一坐度小劫，觀空天地間」，亦有空無靜閒的禪趣情懷。佛教宣揚「諸法無我」，主張修煉者進入無念、無我的精神境界，李白《地藏菩薩讚》「本心若虛空，清淨無一物。焚盪淫怒癡，圓寂了見佛」，即是擺脫欲求、了斷煩惱、靜心虛靜的成佛境界，亦即是《壇經》慧能所謂「如是一切法，盡在自性，自性常清淨」的修行方法。自心自覺，無念無我，讓李白領略到超然自得的情懷，其《尋山僧不遇作》云「香雲遍山起，花雨從天來。已有空樂好，況聞青猿哀。了然絕世事，此地方悠哉」，在「香雲」「花雨」的薰染下，李白遠離塵囂，脫離人世煩擾，全然進入寧靜深邃的自得心境。

李白這種強烈的主觀感情，出於自我認識的高度自信。「仰天大笑出門去，我輩豈是蓬蒿人」（《南陵別兒童入京》）、「興酣落筆搖五嶽，詩成笑傲凌滄洲」（《江上吟》）皆是李白自信的宣告，即使李白流放之際，也能唱出「蛟龍筆翰生輝光」（《自漢陽病酒歸寄王明府》）的堅強鬥志。由自覺與自心進而化為「明心見性」的「神會於物」的境界，將口中難以言說的感受移轉於心，融合外在大自然與內在本我的界限，無疑亦是李白深有所得的創造。其《獨坐敬亭山》云「眾鳥高飛盡，孤雲獨去閒。相看兩不厭，只有敬亭山」，即是李白神會於物後的超然之作。詩境孤雲有情、山林有心，詩人如果沒有內心洞然明澈、寂然靜穆的心情，即不會與幽山浮雲產生如此冥會神遇，靈性相通相融，李白一定是參禪的絕佳高手。其《山中問答》同樣有這樣的禪趣：「問余何意棲碧山，笑而不答心自閒。桃花流水窅然去，別有天地非人間。」「笑而不答」，正是「見山是山，見山不是山，見山又是山」的無限禪機，此與佛祖「拈花一笑」又有什麼區別？因此，我們沒有理由懷疑李白學佛參禪的高妙境界，以禪宗「無跡可求」的「妙悟」思維深入了解李白與佛教的深刻淵源，才能化解李白詩歌中纏繞不去的佛教情緣。

結　語

20 世紀巴蜀地區考古成果連續不斷、接踵而至，這個世紀注定迎來巴蜀文化的開雲見日。先有廣漢農民燕道誠不期而遇一坑玉石器，繼而葛維漢、林名均赴廣漢發掘出土玉器和陶片，此事引起郭沫若的密切關注並提出「西蜀文化」。在考古資料的啟發下，1940 年徐中舒提出「四川文化」並主張古代四川文化有獨立於中原文化之外的地域特性。隨後，顧頡剛將「巴蜀」聯結為一，直言古蜀國文化在戰國以前的獨立發展性。1941 年衞聚賢於《說文月刊》首倡「巴蜀文化」術語，「巴蜀文化」研究在贊成與反對的爭辯中漸至佳境。隨後的 40 年間，巴蜀地區考古遺跡不斷湧現，直接催生「巴蜀文化」成為地域顯學，聚集大批學者為中華文化的多元構成不斷開拓新的思維空間。「巴蜀文化」研究界羣情鼎沸的激動時刻，是「三星堆遺址」和「金沙遺址」的驚豔亮相。至此，「巴蜀文化」研究昂首闊步、一路向前、持續深入，時至今日，「巴蜀文化」已經建構起比較成熟的理論體系和狹義、廣義多層研究範圍。一些懸而不決、爭論不休的問題已逐漸達成共識，不斷普及於社會各界並被廣泛接受。

近幾十年來，巴蜀地區商周遺址特別是「三星堆遺址」「金沙遺址」中出土大量帶有南亞、中亞甚至西亞等外來文化因素的考古遺跡，學者們對早期帶有獨特地域氣質的巴蜀文明在中華文明起源建構中的作用以及巴蜀文明構成的來源、定型、流變以及影響產生了濃厚興趣和持續的研究熱情。新考古資料的陸續披露和新文獻材料的不斷面世，「南方絲綢之路」研究成果的不斷累積，啟發學者另闢蹊徑，大膽假設，小心求證，將研究視域從本土本地的局促空間解放出來，放眼域外，拓展時空。本書即是依循「巴蜀文化」以及「南方絲綢之路」的現有研究成果，按跡循蹤，試圖探尋古代巴蜀與南亞的文化互動與融合。

時至今日，「巴蜀文化」研究領域已不局限於物質的考古。首先，在「精神文化」和「制度文化」等其他領域也不斷突破創新，因此，本書選取的論述主題除物質外，還包括宗教和語言文學等內容。其次，「巴蜀文化」分佈範圍也不局限在今四川和重慶境內，還包括隴南、陝南、鄂西、湘西、雲貴高原北部等廣泛地域，因此，本書論述空間也多有涉及。再次，「巴蜀文化」時間跨度極長，自先秦歷戰國跨秦漢，至南北朝後隨大規模民族遷徙和文化融合，地域特色逐漸涵化，文化差異不斷縮小，直至完全融入中原文化。因此，本書論述材料更多集中於隋唐前上古、中古時期。此外，四川地區的考古文化，西周前主要是蜀文化，東周後，巴、楚、秦和中原文化皆與蜀文化有交叉影響，文獻和考古皆表明「巴蜀文化」更多指「蜀文化」，因此，本書論述重點則更多偏向「蜀文化」。「巴蜀文化」研究已近百年，成果已豐。為避免疊牀架屋，本書擷取 12 個文化元素進行專題研討，力求深入與精專。這 12 個文化元素多為百年來「巴蜀文化」研究特別是「巴蜀文化」與域外文化交流研究中的疑難問題，本書不揣譾陋，試以己身之微力，就教於大方。

不同時期，不同域外國家稱中國名號不勝枚舉，然最廣泛者為「支那」（china）。最早記錄「支那」名號為印度古文獻《摩訶婆羅多》《羅摩衍那》和《政事論》之「Cīna」，皆指稱中國。隨着佛教的傳播和佛經的翻譯，印度文獻之「Cīna」進入中、印譯經者視域，至今已有 1700 多年的研究歷史。漢譯佛經音譯「Cīna」為「支那」，亦有「震旦」「振旦」「真丹」「真旦」「至那」「脂那」「振那」等異譯。此外，「Cīna」還有「秦」「漢」「晉」以及「思維發達」等意譯。此為中西交通史家探討之熱點，千百年來，古今中外學者對「支那」的語源分歧令人歎為觀止，計有「秦」「漢」「瓷器」「日南」「滇」「羌」「絲國」「荊」「成都」「齊」「姬」「苗語」「傣語」「長安」「晉」等異說，林林總總，爭論不休，莫衷一是。然綜觀先秦中外交通特別是南方絲綢之路最新研究成果，證之以巴蜀蠶桑養殖起源以及早期絲織產業，以巴蜀考古實物和文獻材料綜核名實，「Cīna」語源為「成都」一說似最為合理。證得「支那」語源為「成都」，對認識古代巴蜀與南亞地區的文化互動與融合至為重要。

自《史記・西南夷列傳》「博望侯張騫使大夏來，言居大夏時見蜀布、邛竹杖」所記，蜀布與邛竹杖即成為巴蜀文化溝通域外的重要歷史信物。張騫的報告雖然簡略，但茲事體大，它見證了人類早期不同區域之間物質貿易交流的真實歷史場景，因而此記載無疑是上古巴蜀與外界交流互動以及中外文化交流史上的重要篇章。本書鈎稽歷史典籍，爬羅剔抉，舉要刪蕪，以大量文獻材料推論邛竹杖原產地為川西邛崍山脈。此一地區至今尚多邛竹杖工藝產業，新採的山間邛竹經微火去水，用人工將邛竹一端彎成勾型，以便手握，遂成流傳千年而經久不衰的邛竹杖。邛竹杖為綿延幾千年而不絕的蜀地特產，在張騫以前的遙遠時代，邛竹杖即通過橫斷山脈的千溝萬壑，搭載着商旅的貨物源源不斷地流向印緬地區，越過印度河和恆河，到達大夏國，融入中亞人的生活，成為蜀地與南亞、中亞物質交流的重要歷史憑證。此外，一根邛竹杖，因其生活實用價值和獨特的美學感觀，亦深得文人學士青睞，贏得歷代墨客騷人的深情讚譽。他們或敍寫邛竹杖情狀直抒讚詞，或托邛竹杖以言心志，或刻寫邛竹杖物性以隱喻人性品行，以邛竹杖為情感抒泄的物質載體和言語意象，表達自己的期許和操守，為邛竹杖不斷疊加層層文化意蘊，從而使物質的竹杖逐漸昇華為中國士人內心的精神象徵。

茉莉自西漢初年進入中國典籍，旋即受寵於文人學士和普通民眾，成為香花魁首，其倩姿靚影常在文人歌賦中飄然而過。茉莉初入中土，文獻典籍有「末利」「抹厲」「抹利」「沒利」「末麗」等同音異形不同記寫，此正是外來語詞初譯時期漢字記音之特性。此外，文獻尚有「素馨」「耶悉茗」等記載。翻檢中外文獻，域外「耶悉茗」為種屬意義之總稱，中國人根據花形之不同，稱尖瓣細瘦者為「耶悉茗」，而圓瓣者為「茉莉」。五代南漢以後華化意譯「耶悉茗」為「素馨」，後「素馨」與茉莉名稱所指，各有所職，花尖瓣細瘦者為「素馨」，花圓瓣者為茉莉。茉莉原產印度，經過數千年的傳播，茉莉已移植於東南亞諸國及中國廣大區域，越南、柬埔寨地區的茉莉正是通過南方絲綢之路輾轉傳入巴蜀。巴蜀地區氣候溫潤、夏季炎熱多雨，其地理環境適宜茉莉生長繁殖。茉莉在巴山蜀水的沃土間扎根繁衍，以其獨特的花香與茶不經意間相遇，一經融合，並留存於巴蜀茶客的味蕾深處，成為再也揮之不去的幽幽茶香記憶。一朵純色不染纖塵的茉莉翻越千山萬水，跨峽谷，穿平原，最後根植於巴蜀土壤，開出潔白芬芳的花朵，茉莉花以其素雅與芬芳邂逅巴蜀綠茶，成為巴蜀地區花茶之冠，留香脣齒，最為飲茶者鍾情。

秦滅巴蜀後，公元前 311 年，蜀守張若主持修築成都城，營建宮舍，設置鹽官並負責鹽稅，鹽鐵業遂在成都地區廣泛開展且為中央政權所專控。由鹽鐵業而來的食鹽生產開發在巴蜀亦甚為久遠，有文獻記載的確信歷史即可上溯至戰國時期。成都雙流地區開鑿的廣都鹽井，不但是巴蜀地區井鹽生產有文字記載的最早記錄，也是中國井鹽生產有文字記載的最早序篇。巴蜀鹽業自古迄今從未衰歇，富順歷來即為鹽業重鎮，因鹽置治，富順鹽場生產的上乘井鹽，一路向南，經宜賓，抵川滇邊鎮鹽津、鹽源，經西昌向南經鹽道、鹽源、鹽津、鹽塘、鹽邊、鹽興、鹽豐等驛站，過昭通，再南下昆明，穿越山水，流通至南亞、西亞。鹽商懷揣「富順縣」官方流通貨幣銀錠，一路輾轉銷賣，將巴蜀井鹽實物以及產鹽先進技術帶到域外。巴蜀滇黔利用先天的自然環境和豐富的鹽鹵礦藏資源，廣開井鹽之業，從而形成一條人類生活必需品 —— 食鹽產業貿易通道，這條通道又促進南方絲綢之路上其他商品貿易的往來交流。從某種意義上說，南方絲綢之路的開闢和貫通，與巴蜀川滇地區與緬甸、印度等地的食鹽貿易密切相關。

「三星堆遺址」「金沙遺址」出土大量海貝、象牙製品，學界普遍認為這些遺物並非土產，而是來自南亞地區。在印度河流域和恆河流域的廣袤土地上，在古老的「滇越」之地，繁盛的象羣催生着象牙產業的繁榮，象牙及其製品沿着南方絲綢之路的山水橋樑經過商販的肩膀和馬匹一路輾轉向西北販運至富庶的成都平原，作為珍貴祭品瘞埋於泥土之下。此外，中國西南地區特別是以成都平原為中心的古蜀文化區域，近年考古遺址多有海貝出土，一枚輕靈的海貝足以洞隱燭微，牽動考古學者和歷史愛好者的無限遐想和各種猜測，拭去千年封存的塵埃，經過打磨雕琢的精緻海貝依然熠熠生輝，閃耀着那段神祕的過往。一枚海貝或許可以打破地域的阻隔，將中國西南與遙遠的印度洋聯結成一地域整體。沉睡在三星堆遺址坑和四川其他地區遺址和墓葬中的海貝與雲南地區以及印度哈拉帕文化遺跡中出土的海貝材質相同、形制一致，這些海貝主要是用於貿易結算的貨幣，無疑是古籍所載之貝幣。這些貝幣不是巴蜀以及雲南地區的土產，深海白色海貝，通過古「蜀身毒道」，從印度洋北部地區特別是孟加拉灣和阿拉伯海之間的沿海地區引入而來，成都平原考古遺址中的貝幣正是印度洋地區南亞諸國與巴蜀對外經貿交流的國際流通貨幣實證。歷史再一次證明古代巴蜀再也不是想像的封閉內文化圈，一個開放的、積極與外界交流的古國印象已展現於世。

中國將「琥珀」納入珍玩視野或要晚於歐洲，但也為時甚早。先秦文獻鮮見「琥珀」，秦漢以後多有記載，中古時期琥珀製品作為奇珍異物為達官顯貴所追捧，因而漢晉墓葬常有琥珀出土。西漢初年陸賈《新語》最早以譯音記載「琥珀」。受漢代讖緯之學及方士方術思想之影響，成書於兩漢之際的《神農本草經》遂以意化可解「虎魄」代替「琥珀」，由是附會出「虎死，精魄入地化為石」等各種本土民間文化期許。由譯音無義「琥珀」而譯意特稱「虎魄」，尚有「虎珀」中間語言變體的長期存在。隨魏晉六朝引入域外「琥珀」特別是「蟲珀」風尚日熾，加之其時道教學者對「琥珀」成因、品種的深入研究，人們對「琥珀」的認識不斷修正，並凝固為《隋書》泛稱「獸魄」。此外，揆諸文獻，「育沛」「遺玉」「頓牟」「江珠」原本皆非「琥珀」別稱。「琥珀」一詞的書寫流變，反映出中華民族吸收融合外來文化所發生的文化互動直至本土化的變異歷程。綜合考察川、渝、滇、黔地區漢魏六朝以前墓葬出土的琥珀製品，其形制多具域外風格，種種證據表明，此一時期西南地區出土的琥珀製品，除部分製作於本土外，絕大部分從周邊地區或域外引入，傳入的路線即是當時西南地區與周邊及外域商貿往來的南方絲綢之路東、西兩線，而緬、印琥珀產地即為西南出土琥珀的重要來源。

早期佛教經南方絲綢之路傳至巴蜀的史實皆清晰可尋，20 世紀 40 年代後，大量早期佛教遺物在巴蜀出土，其數量居全國之首。早期佛教傳播至峨眉地區後，峨眉山即成為重要驛站，或此一佛教支系所宣揚者重在法藏比丘阿彌陀佛 Amitābha，佛教徒即稱此山為「Ami」山。伴隨秦漢政權擴張至蜀，除人口、經濟的融合外，漢字文化也逐漸在蜀地生根發芽，其一旦傳播並浸入蜀地，很多蜀語即以音譯形式為漢字所記錄。揚雄即是將「Ami」之音以「峨眉」之形記錄於《蜀都賦》的第一本土文士。「峨眉」正式融入中華漢字文化系統前，漢字語庫的構件僅有「我、眉」，「峨」最早出現於司馬相如辭賦即為證明。當「Ami」語音進入漢字系統後，語音所對應義項即會逐漸漢化，使用者隨即另造新字與之對應，新造漢字，往往即為形聲字。從「我眉」到「峨嵋」，添加義符，從而構成新的形聲字。在借用漢字標識音譯的初始階段，漢字記寫隨意性大，「峨嵋」「峨眉」「我嵋」「峨眉」「涐湄」與「涐眉」皆是其例。一旦音譯漢字定型之後，隨即便會對其作文化附會闡釋，「螓首蛾眉」恰可作為「峨眉」的歷史典籍文獻支撐，於是便有任豫《益州記》和酈道元《水經注》「兩山相對如蛾眉」的文化溯源附會，有此望文生義，「蛾眉」「娥眉」之名隨即產生。由歷史文獻和峨眉周邊大量早期佛教考古遺跡的旁引曲證，早期佛教通過南方絲綢之路一路北上，穿越千山萬水、溝壑津橋，直入巴蜀大地，與「峨眉」相遇，遂烙下早期佛教流播的隱微痕跡。

早期佛教自南方絲綢之路傳播至巴蜀腹地，與巴蜀奇山異水相遇，旋即凝固並根植於民眾心理，慢慢浸染民眾信仰並產生深遠影響。中國本土的精神文化和民俗習慣，十分迅速地將佛教的教儀教規嫁接於自己的意識之中，旋即產生中國本土的宗教信仰道教。道教產生於巴蜀的時間甚早甚古，初創早期的道教即傳播流動至雲南西南地區，繼而過巍山，經騰沖，到達印度密支那地區，鈎稽考核歷史文獻，道教流播至印度的路線清晰可察。生根西蜀山水，並流衍壯大於巴蜀大地的道教通過官員任職、官辦學校、領土擴展、漢族移民、宗教人士、對外貿易、少數民族以及外國朝貢使團等多種途徑沿南方絲綢之路一路南傳，途經雲貴、廣西，再抵南亞、東南亞地區，旋即在中南半島越南地區和印度阿薩姆地區植根於當地本土文化，與本土風俗文化激盪、融合、嫁接，衍化出新的宗教信仰，印度密宗即其奇花異果。中印歷史文獻貝連珠貫，環環相扣，無不揭示印度密宗之教義及修持方法深受道教文化影響。

直至 19 世紀末，彝文才進入學界的研究視野，1930 年丁文江將彝文「羊皮書」帶出大山，隨後彝文研究不斷深入。四川西南涼山地區為彝族聚居地，彝族所使用彝文出人意表與相隔遙遠的印度發生關聯。1873 年，「印度河文字」驚現於世，該文字直接孕育產生公元前 7 世紀廣泛使用的「婆羅米文字」，阿育王時期印度 — 雅利安石刻（前 3 世紀）為最早的實物證據。梵文曾用多種「婆羅米」字母拼寫，理論上凡是屬「婆羅米」系列字母的文字皆可稱為梵字。「婆羅米文字」後又演化為佉盧文字、笈多字體、悉曇字體、天城體梵文等多種文字。關於「婆羅米文字」的來源，曾引起中外學界持續關注，有學者認為其來源於美索不達米亞的古阿拉米文字。但是，中外更多學者特別是深諳彝文的學者認為「婆羅米音節文字」與生活在川、滇、黔地區的彝族古老音節文字有諸多內在關聯，且彝族先民與巴蜀文化又有着千絲萬縷的緊密關聯。更可振奮者，近年，有歷史考古學者探索出三星堆文化中亦隱藏有諸多與彝族文化相同的基因密碼。此一問題或可為我們再次提供巴蜀文化與南亞地區綿亙久遠的文化互動與融合歷史，不同於中原語言文字的巴蜀「左言」融合彝族音節文字，輾轉與遙遠的南亞古老「婆羅米音節文字」發生着令人驚歎的時空源流牽連。

巴蜀文學與域外的關聯歷來少有人問津。文翁化蜀後，巴蜀文學自漢代正式匯入中原，在司馬相如、揚雄、王褒等人的創作下，蜀人辭賦儼然成為中國地域文學之一大宗，但是，漢代巴蜀作家還少有以大量域外文化特別是和本書相關的南亞文化自覺渲染其作。魏晉六朝中華文化重心由黃河流域轉向江南，巴蜀文學進入幾百年式微階段。大唐甫一建立，巴蜀文士即展露出類拔萃的才華，陳子昂慷慨任俠的個性使其成為初唐詩文革新舉旗抗旌之先驅。與陳子昂生活在同一地域，巴蜀山水毓養出中國詩壇又一天縱之才李白。有趣的是，李白號「青蓮居士」，完全是他崇尚佛教以及熟讀《維摩詰經》的自我身份認同。由《維摩詰經》所塑造的「青蓮」意象，為六朝隋唐文士所尊奉，特別是唐時王維、李白和白居易，皆對《維摩詰經》推崇備至。李白以《維摩詰經》之「青蓮」自號，一為推尊王維，一為尊崇佛典，一為嚮往「維摩詰」之生活模式。「青蓮」之潔淨禪靜意象正與李白內心鄙棄塵俗、傲視權貴的個性相一致。「青蓮居士」以濃重的佛教色彩向我們揭示李白的佛教情結。佛教聖物蓮花自天竺傳入，跨越千山萬水，竟在四川與李白結下不解之緣，不得不令人驚歎文化穿越時空的魔力。細細玩味李白詩歌中大量存在的印度文化意象，或可認為，李白的不少詩作是中印文化在文學上的偉大結晶，他以「清水出芙蓉，天然去雕飾」的天才詩篇再一次呈現巴蜀文化與印度文化的珠聯璧合。巴山蜀水毓養的天才詩人，在蜀地佛風熾盛的山水間，蘊涵着佛教純淨清潔的佛理，積澱成李白高蹈塵外的個性精神。在文學領域，巴蜀詩仙再一次與印度發生着時空牽連。

此 12 個專題，涉及物質文化、宗教文化與語言文學藝術等諸方面，各個專題相對獨立，但又串聯起古代巴蜀與南亞文化互動與融合的共同主題。其中，蜀蠶蜀絲、邛竹杖、巴蜀茶葉、巴蜀井鹽、道教南傳、彝文與印度婆羅米文字等專題彰顯巴蜀文化以別具一格的特質流播南亞的種種印跡。而茉莉的移植、象牙與海貝的引入、琥珀及其製品的傳入、早期佛教傳播與峨眉、李白詩歌印度文化意象等專題則突顯南亞文化跨越千山萬水嫁接巴蜀的餘韻流響。同時，兩大地域空間不同文化因子間又互相激盪、相互借鑒甚至回流影響，共同塑造文化形態的生成與融合。蜀絲傳入印度，凝固為印度典籍之「Cīna」，佛教傳入中土，又回傳「Cīna」為「支那」。巴蜀茶葉帶着茶香一路飄向南亞，生根在異域他鄉，而南亞「茉莉」帶着芬芳清潔移植巴蜀，並與巴蜀茶葉完美融合，成為混血「茉莉花茶」。海貝、象牙和琥珀從異域走來，旋即與巴蜀本土文化融合，經過巴蜀匠人的特色運斤，結合地域文化心理的期許，成為深埋地下的遙遠絕響。早期佛教通過南方絲綢之路積極主動傳播至巴蜀，影響巴蜀先民的價值理念和內心信仰，產生於巴蜀的道教廣泛吸收佛教的理論和教規教儀，逐漸凝煉成特色鮮明的本土宗教，成熟的道教又向南傳播回流，融合凝固為印度密宗，密宗再一次途經高山溝壑，回傳至中原，一來一往，見證文化傳播超越時空的無窮魅力。

主要參考文獻

一　古籍類

尚書（尚書正義，阮刻十三經注疏，上海古籍出版社，1997 年）
詩經（毛詩正義，阮刻十三經注疏，上海古籍出版社，1997 年）
左傳（春秋左傳正義，阮刻十三經注疏，上海古籍出版社，1997 年）
禮記（禮記正義，阮刻十三經注疏，上海古籍出版社，1997 年）
爾雅（爾雅注疏，阮刻十三經注疏，上海古籍出版社，1997 年）
爾雅（郭璞注，叢書集成初編，商務印書館，民國二十六年）
老子注釋（復旦大學哲學系，上海人民出版社，1977 年）
四書集注（朱熹，嶽麓書社，1987 年）
呂氏春秋（呂氏春秋集釋，許維遹，中華書局，2009 年）
說文解字（許慎，中華書局，1963 年）

山海經（山海經校注，袁珂，巴蜀書社，1996 年）
山海經（山海經注證，郭郛，中國社會科學出版社，2004 年）
逸周書（逸周書彙校集注，黃懷信等，上海古籍出版社，2007 年）
國語（國語集解，徐元誥，中華書局，2002 年）
史記（司馬遷，中華書局，1959 年）
漢書（班固，中華書局，1962 年）
後漢書（范曄，中華書局，1965 年）
三國志（陳壽，中華書局，1959 年）
華陽國志（華陽國志校注，劉琳，巴蜀書社，1984 年）

華陽國志（華陽國志校補圖注，任乃強，上海古籍出版社，1987 年）
南齊書（蕭子顯，中華書局，1972 年）
魏書（魏收，中華書局，1974 年）
水經注（水經注校證，陳橋驛，中華書局，2007 年）
洛陽伽藍記（洛陽伽藍記校注，范祥雍，上海古籍出版社，1978 年）
隋書（魏徵等，中華書局，1973 年）
元和郡縣圖志（李吉甫，中華書局，1983 年）
通典（杜佑，中華書局，1988 年）
蠻書（蠻書校注，向達，中華書局，1962 年）
舊唐書（劉昫等，中華書局，1975 年）
新唐書（歐陽修等，中華書局，1975 年）
大唐西域記（玄奘，上海人民出版社，1977 年）
大唐西域記（大唐西域記校注，季羨林，中華書局，2000 年）
往五天竺國傳（往五天竺國傳箋釋，張毅，中華書局，2000 年）
諸蕃志（諸蕃志校釋，楊博文，中華書局，2000 年）
北戶錄（段公路，中華書局，1985 年）
路史（羅泌，文淵閣四庫全書，上海古籍出版社，1987 年）
太平御覽（李昉，中華書局，1960 年）
太平寰宇記（樂史，中華書局，2007 年）
輿地紀勝（王象之，浙江古籍出版社，2012 年）
東京夢華錄（東京夢華錄箋注，伊永文，中華書局，2006 年）
文獻通考（馬端臨，中華書局，1986 年）
馬可波羅行紀（［法］沙海昂注，馮承鈞譯，中華書局，2004 年）
明史（張廷玉等，中華書局，1974 年）
蜀中名勝記（曹學佺，重慶出版社，1984 年）
蜀中廣記（曹學佺，文淵閣四庫全書，上海古籍出版社，1993 年）
瀛涯勝覽（瀛涯勝覽校注，馮承鈞，中華書局，1955 年）
職方外紀（［意］艾儒略，謝方校釋，中華書局，1996 年）
西洋番國志（西洋番國志校注，向達，中華書局，1961 年）

島夷志略（島夷志略校釋，蘇繼廎，中華書局，1981 年）
東西洋考（張燮，中華書局，1981 年）
真臘風土記（真臘風土記校注，夏鼐，中華書局，1981 年）
清朝柔遠記（王之春，中華書局，1989 年）
嶺南摭怪等史料三種（戴可來，中州古籍出版社，1991 年）
海外紀事（大汕，中華書局，1987 年）
出使四國日記（薛福成，社會科學文獻出版社，2007 年）
四川通志（張晉生等，文淵閣四庫全書，上海古籍出版社，1987 年）
四川通志（常明等纂修，巴蜀書社，1984 年）

新語（新語校注，王利器，中華書局，1986 年）
論衡（論衡集解，劉盼遂，古籍出版社，1957 年）
論衡（論衡校釋，黃暉，中華書局，1990 年）
注維摩詰所説經（僧肇等，上海古籍出版社，2011 年）
普曜經（竺法護，中華大藏經，中華書局，2004 年）
方廣大莊嚴經（地婆訶羅，中華大藏經，中華書局，2004 年）
高僧傳（慧皎，中華大藏經，中華書局，2004 年）
大莊嚴論經（［印］馬鳴菩薩，鳩摩羅什譯，中華大藏經，中華書局，2004 年）
南海寄歸內法傳（義淨，中華大藏經，中華書局，2004 年）
南海寄歸內法傳（南海寄歸內法傳校注，王邦維，中華書局，1995 年）
歷代三寶紀（費長房，中華大藏經，中華書局，2004 年）
翻譯名義集（法雲，中華大藏經，中華書局，2004 年）
新譯大方廣佛華嚴經音義（慧苑，中華大藏經，中華書局，2004 年）
博物志（張華，叢書集成初編，商務印書館，民國二十五年）
續博物志（李石，叢書集成初編，商務印書館，民國二十五年）
廣雅（張揖，叢書集成初編，商務印書館，民國二十六年）
南方草木狀（嵇含，文津閣四庫全書，商務印書館影印本，2005 年）
世説新語（世説新語箋疏，余嘉錫，中華書局，2011 年）

拾遺記（王嘉，文淵閣四庫全書，上海古籍出版社，1987 年）
神仙傳（神仙傳校釋，胡守為，中華書局，2010 年）
抱朴子（抱朴子內篇校釋，王明，中華書局，1985 年）
本草經集注（陶弘景，人民衛生出版社，1994 年）
經典釋文（陸德明，中華書局，1983 年）
北堂書鈔（虞世南，中國書店，1989 年）
茶經（陸羽，浙江古籍出版社，2011 年）
弘明集（釋僧祐，文淵閣四庫全書，上海古籍出版社，1987 年）
宋本玉篇（陳彭年，中國書店，1983 年）
雲笈七籤（張君房，文淵閣四庫全書，上海古籍出版社，1987 年）
緯略（緯略校注，左洪濤，浙江大學出版社，2010 年）
萘友臆説（王筠，中華書局，1985 年）
利瑪竇中國札記（［意］利瑪竇，何高濟等譯，中華書局，1983 年）
説郛三種（陶宗儀，上海古籍出版社，1988 年）
丹鉛續錄（楊慎，文淵閣四庫全書，上海古籍出版社，1987 年）
泉南雜志（陳懋仁，中華書局，1985 年）
本草綱目（李時珍，文淵閣四庫全書，上海古籍出版社，1987 年）
本草綱目（本草綱目新校注，王慶國，中國中醫藥出版社，2013 年）
昭代叢書（張潮，上海古籍出版社，1990 年）
日知錄（日知錄集釋，黃汝成，上海古籍出版社，2006 年）
全芳備祖後集（陳景沂，農業出版社，1982 年）
清稗類抄（徐珂，中華書局，1982 年）
竹譜（戴凱之，文淵閣四庫全書，上海古籍出版社，1987 年）
玉函山房輯佚書（馬國翰，上海古籍出版社，1990 年）
純常子枝語（文廷式，民國三十二年刻本）
古今茶事（胡山源，上海書店，1985 年）
茗史（萬邦寧，四庫全書存目叢書，齊魯書社，1997 年）
石雅（章鴻釗，上海古籍出版社，1993 年）
歷代古錢圖説（丁福保，齊魯書社，2006 年）

清儒得失論（劉師培，中國人民大學出版社，2009 年）

文選（蕭統，李善注，中華書局，1977 年）
楚辭補注（洪興祖，中華書局，1983 年）
揚雄集（揚雄集校注，張震澤，上海古籍出版社，1993 年）
全上古三代秦漢三國六朝文（嚴可均，中華書局，1958 年）
庾子山集（庾子山集注，倪璠，中華書局，1980 年）
全唐詩（彭定求等，中華書局，1960 年）
王維集（王維集校注，陳鐵民，中華書局，1997 年）
李太白全集（王琦注，中華書局，1977 年）
李白集（李白集校注，瞿蜕園等，上海古籍出版社，1980 年）
杜詩詳注（仇兆鰲，中華書局，1979 年）
白居易詩集（白居易詩集校注，謝思煒，中華書局，2006 年）
長江集（長江集新校，李嘉言，上海古籍出版社，1983 年）
玉溪生詩集（玉溪生詩集箋注，馮浩，上海古籍出版社，1979 年）
全宋詩（北京大學古文獻研究所，北京大學出版社，1998 年）
張耒集（張耒，中華書局，1990 年）
黃庭堅全集（黃庭堅，四川大學出版社，2001 年）
陸游集（陸游，中華書局，1976 年）
黃遵憲全集（黃遵憲，上海古籍出版社，2001 年）
貝生賦（釋法天，叢書集成續編，新文豐出版公司，1988 年）

二　中外交流類

交廣印度兩道考（［法］伯希和，馮承鈞譯，中華書局，2003 年）
中西交通史料彙編（張星烺，中華書局，2003 年）
中西交通史（方豪，上海人民出版社，2008 年）
西域南海史地考證譯叢（馮承鈞譯，商務印書館，民國二十三年）
中國南海古代交通叢考（［日］藤田豐八，何建民譯，商務印書館，1936 年）
中西文化交流史（沈福偉，上海人民出版社，2006 年）

中國絲綢西傳史（姚寶猷，商務印書館，1944 年）
中國戰時交通史（龔學遂，商務印書館，1948 年）
中印緬道交通史（夏光南，中華書局，1948 年）
東南亞史（［英］霍爾，中山大學東南亞歷史研究所譯，商務印書館，1982 年）
東南亞文化發展史（賀聖達，雲南人民出版社，1996 年）
東南亞宗教與社會（姜永仁等，國際文化出版公司，2012 年）
東南亞宗教與社會發展研究（鄭筱筠，中國社會科學出版社，2013 年）
緬甸史（［緬］波巴信，陳炎譯，商務印書館，1965 年）
緬甸史（［英］戈·埃·哈威，姚梓良譯，商務印書館，1973 年）
越南史略（［越］明崢，范宏科等譯，三聯書店，1958 年）
越南古史及其民族文化之研究（陳修和，雲南省圖書雜誌審查處審查，1943 年）
越南歷代疆域（［越］陶維英，鍾民岩譯，商務印書館，1973 年）
越南古代史（［越］陶維英，劉統文等譯，商務印書館，1976 年）
北屬時期的越南：中越關係史之一（呂士朋，華世出版社，1997 年）
越史叢考（蒙文通，人民出版社，1983 年）
越南文學史（于在照，軍事誼文出版社，2001 年）
越南研究（陳繼章，軍事誼文出版社，2003 年）
中越民間文化的對話（農學冠，民族出版社，2010 年）
越南的傳統文化與民俗（［越］阮志堅等，雲南人民出版社，2012 年）
大越史記全書（［越］吳士連，西南師範大學出版社，2015 年）
道教南傳越南研究（宇汝松，齊魯書社，2017 年）
雲南遊記——從東京灣到印度（［法］亨利·奧爾良，龍雲譯，雲南人民出版社，2001 年）
中印文化關係史論文集（季羨林，三聯書店，1982 年）
中印文化交流史（季羨林，中國社會科學出版社，2008 年）
中國印度見聞錄（穆根來等譯，中華書局，1983 年）
印度古代文明（［印］R. 塔帕爾，林太譯，浙江人民出版社，1990 年）

印度與中國 —— 兩大文明的交往和激盪（［印］譚中，商務印書館，2006 年）

三　南方絲綢之路與巴蜀文化類

古代西南絲綢之路研究（伍加倫等，四川大學出版社，1990 年）
南方絲綢之路文化論（南方絲綢之路文化論編寫組，雲南民族出版社，1991 年）
南方絲綢之路（藍勇，重慶大學出版社，1992 年）
南方絲綢之路貨幣研究（四川省錢幣學會，四川人民出版社，1994 年）
中國西南對外關係史研究 —— 以西南絲綢之路為中心（申旭，雲南美術出版社，1994 年）
中國西南的古代交通與文化（四川大學歷史系，四川大學出版社，1994 年）
絲路文化（鄧廷良，浙江人民出版社，1995 年）
西南絲路 —— 穿越橫斷山（鄧廷良，成都出版社，2002 年）
絲綢之路考古十五講（林梅村，北京大學出版社，2006 年）
戰國秦漢時期中國西南的對外文化交流（霍巍等，巴蜀書社，2007 年）
南方絲綢之路研究論集（段渝，巴蜀書社，2008 年）
南方絲綢之路沿線古國文明與文明傳播（屈小玲，人民出版社，2016 年）
中外關係史視野下的一帶一路（王欣等，陝西師範大學出版社，2016 年）
巴蜀文化（衞聚賢，説文月刊，1941 年第 3 卷第 4 期）
論巴蜀與中原的關係（顧頡剛，四川人民出版社，1981 年）
古代的巴蜀（童恩正，四川人民出版社，1979 年）
巴蜀史跡探索（鄧少琴，四川人民出版社，1983 年）
四川上古史新探（任乃強，四川人民出版社，1983 年）
巴蜀文化（袁庭棟，遼寧教育出版社，1991 年）
四川省志（四川省地方志編撰委員會，四川科技出版社，1995 年）
峨眉山志（印光大師修訂，福建莆田廣化寺，2008 年）
邛崍市志（邛崍市地方志編纂委員會，方志出版社，2011 年）
中國西南歷史地理考釋（方國瑜，中華書局，1987 年）

中國西南民族考古（張增祺，雲南人民出版社，1990 年）

中國南方古代民族（楊帆，雲南人民出版社，2014 年）

四川漢代畫像磚（高文，上海人民出版社，1987 年）

四川彭山漢代崖墓（南京博物院編，文物出版社，1991 年）

四川考古報告集（四川省文物考古研究所，文物出版社，1998 年）

三星堆文化（屈小強等，四川人民出版社，1993 年）

三星堆祭祀坑（四川省文物考古研究所，文物出版社，1999 年）

三星堆：古蜀王國的聖地（陳德安，四川人民出版社，2000 年）

三星堆研究（肖先進，文物出版社，2007 年）

巴蜀青銅器（四川省博物館，成都出版社，2005 年）

金沙遺址：古蜀文化考古新發現（黃劍華，四川人民出版社，2003 年）

金沙 —— 21 世紀中國考古新發現（成都文物考古研究所，五洲傳播出版社，2005 年）

金沙：走進古蜀都邑金沙村（成都文物考古研究所，四川文藝出版社，2006 年）

巴蜀文化研究（段渝，巴蜀書社，2006 年）

政治結構與文化模式：巴蜀古代文明研究（段渝，學林出版社，1999 年）

雲南對外交通史（陸韌，雲南民族出版社，1997 年）

曲靖八塔臺與橫大路（雲南省文物考古研究所，科學出版社，2003 年）

巍寶山志（巍山彝族回族自治縣縣志編委會辦公室，雲南人民出版社，1989 年）

增訂爨文叢刻（馬學良，四川民族出版社，1986 年）

彝族史稿（方國瑜，四川民族出版社，1984 年）

彝族（彝族編委會，貴州民族出版社，1989 年）

彝族文化史（馬學良，上海人民出版社，1989 年）

西南彝志（畢節地區民族事務委員會，貴州民族出版社，1993 年）

彝族古代文明史（且薩烏牛，民族出版社，2002 年）

滇川黔桂彝文字集（滇川黔桂彝文協作組，雲南民族出版社，2004 年）

涼山彝族文化藝術研究（韋安多，四川民族出版社，2004 年）

彝學研究文集（戈隆阿弘，雲南民族出版社，2015 年）

四　近代研究著述類

中國科學技術史（［英］李約瑟，何兆武等譯，科學出版社，1990 年）

中國伊朗編（［美］勞費爾，林筠因譯，商務印書館，2001 年）

中國文化史（［日］高桑駒吉，李繼煌譯，商務印書館，民國十七年）

大秦國全錄（［德］夏德，朱杰勤譯，商務印書館，1964 年）

文字的產生和發展（［蘇聯］依斯特林，左少興譯，北京大學出版社，1987 年）

中國古代房內考（［荷］高羅佩，李零譯，上海人民出版社，1990 年）

順世論 —— 古代印度唯物主義研究（［印］德 · 恰托巴底亞耶，王世安譯，商務印書館，1992 年）

唐代的外來文明（［美］愛德華 · 謝弗，吳玉貴譯，陝西師範大學出版社，2005 年）

喚醒沉睡的文字（［英］安德魯 · 羅賓遜，楊小麟等譯，北京大學出版社，2014 年）

上村嶺虢國墓地（中國科學院考古研究所，科學出版社，1959 年）

浚縣辛村（郭寶均，科學出版社，1964 年）

殷墟婦好墓（中國社會科學院考古研究所，文物出版社，1980 年）

海岱考古（張學海，山東大學出版社，1989 年）

茉莉花（高錫珍等，江蘇科學技術出版社，1981 年）

茶用香花栽培學（劉祖生，農業出版社，1993 年）

古代花卉（舒迎瀾，農業出版社，1993 年）

寶玉石學（郭守國等，學林出版社，2005 年）

普洱茶文化（黃桂樞，雲南大學出版社，2016 年）

戊戌變法檔案史料（國家檔案局明清檔案館編，中華書局，1958 年）

早期日本遊記五種（羅森等，湖南人民出版社，1983 年）

蘇曼殊文集（蘇曼殊，花城出版社，1991 年）

金明館叢稿初編（陳寅恪，三聯書店，2001 年）

梁啟超佛學文選（梁啟超，武漢大學出版社，2011 年）

十批判書（郭沫若，人民出版社，1954 年）

古代神話與民族（丁山，商務印書館，2006 年）

西域地名（馮承鈞，中華書局，1982 年）

中國文學史（游國恩等，人民文學出版社，1998 年）

中國佛教史（任繼愈，中國社會科學出版社，1981 年）

譯餘偶拾（楊憲益，三聯書店，1983 年）

語言之起源（湯炳正，貫雅文化事業有限公司，1990 年）

隋唐時代西域人華化考（何建民，零玉碎金，新文豐出版公司，1978 年）

中亞史（王治來，中國社會科學出版社，1980 年）

古今字音對照手冊（丁聲樹，中華書局，1981 年）

中國民族古文字研究（中國民族古文字研究會，中國社會科學出版社，1984 年）

道教論稿（王家祐，巴蜀書社，1987 年）

印度宗教與中國佛教（中國社會科學院南亞與東南亞研究所，中國社會科學出版社，1988 年）

世界字母簡史（周有光，上海教育出版社，1990 年）

上古音（何九盈，商務印書館，1991 年）

道教與密宗（蕭登福，新文豐出版公司，1993 年）

物史紀略（物史紀略編委會，四川民族出版社，1993 年）

道教術儀與密教典籍（蕭登福，新文豐出版公司，1994 年）

北朝文化特質與文學進程（吳先寧，東方出版社，1997 年）

東方神話傳説（張玉安，北京大學出版社，1999 年）

中外關係歷史研究（韓振華，香港大學亞洲研究中心，1999 年）

季羨林集（季羨林，中國社會科學出版社，2000 年）

中國三峽文化史（黃中模，西南師範大學出版社，2003 年）
中國古代史（夏曾佑，河北教育出版社，2003 年）
秦漢史（呂思勉，上海古籍出版社，2005 年）
簡帛研究（李學勤等，廣西師範大學出版社，2005 年）
漢代貿易與擴張（余英時，上海古籍出版社，2005 年）
秦漢文學編年史（劉躍進，商務印書館，2006 年）
道教經史論叢（王卡，巴蜀書社，2007 年）
荊楚與支那（石宗仁，民族出版社，2008 年）
密教傳持與唐代社會（夏廣興，上海人民出版社，2008 年）
漢語語音史（王力，商務印書館，2008 年）
道教與民間信仰（李遠國，上海人民出版社，2011 年）
古蜀神話傳說試論（李誠，四川人民出版社，2023 年）
屈辭域外地名與外來文化（湯洪，中華書局，2016 年）

附　錄

「古代巴蜀與南亞文明」研究綜述[1]

席蓬　任敬文　李丹[2]

一　「古代巴蜀與南亞文明」研究歷程

早在漢代，司馬遷《史記・西南夷列傳》中即有「蜀身毒道」的文獻記載，身毒國是古印度的別譯，從張騫通西域所得見聞可知，中國古代西南地區與南亞間交往的歷史極為悠久。1877 年，德國李希霍芬首次使用了「絲綢之路」一詞，用於描述漢代時期的中國和中亞、西亞以及印度之間的以絲綢貿易為媒介的西域交通線。

綜觀百年來的古代巴蜀與南亞文明互動研究，大致可以劃分為三個階段：

第一階段：20 世紀初至 40 年代，主要研究中國和印度的交通情況，並結合域外研究者的成果，如梁啟超在 20 年代《中國印度之交通》中即認為中印之間已經存在「滇緬路」，並且有發生貿易關係，日本學者藤田豐八《中國南海古代交通史考》(1936)、嚴德一《西南國際交通路線》(1939)、方國瑜《雲南與印度緬甸之古代交通》(1941)、姚寶猷《中國絲絹西傳史》(1944)、鄭天挺《歷史上的入滇通道》(1943)、龔學遂《中國

1　本文原載《民族學刊》2021 年第 5 期。

2　席蓬，四川文理學院四川革命老區發展研究中心；任敬文，樂山師範學院文學與新聞學院；李丹，四川師範大學文學院中國古代文學博士研究生。

戰時交通史》(1948)、夏光南《中印緬甸交通史》(1948)、朱伯奇《國際交通新路線》(1949)等皆圍繞中國早期西南對外交通情況進行了深入廣泛的探討，西南地區交通路線與絲絹成為學者關注的重要問題。國內學者林名均的《廣漢古代遺物之發現及其發掘》(1942)、郭沫若的「西蜀文化說」、徐中舒《古代四川之文化》(1940)、顧頡剛《古代巴蜀與中原的關係說及其批判》(1941)、衛聚賢《巴蜀文化》(1941)、馮漢驥《成都平原之大石文化遺跡》(1946)等將古史記載與成都及周邊地區出土的青銅器相結合，探尋四川古代文化，研究者將「西蜀文化」「四川文化」「蜀的文化」都視為一個文化區域進行研究，並逐漸將「巴蜀」聯繫到一起繼而冠名「巴蜀文化」，開始注意到古蜀國與中原文化融合的問題，討論多涉及古代巴蜀文化的概念、與中原文化關係、巴蜀神話、出土器物等。

第二階段：20 世紀 50 年代至 70 年代末期，緬甸波巴信《緬甸史》(1965)、英國哈威《緬甸史》(1973)、英國歷史學家霍爾《東南亞史》(1982)等域外學者的著作對早期中印緬交通進一步考證，將漢代張騫出西域在大夏發現蜀布、邛竹杖的史實聯繫起來，徐中舒《巴蜀文化初論》(1959)、繆鉞《巴蜀文化初論商榷》(1959)、蒙文通《巴蜀史的問題》(1959)、嚴耕望《唐金牛成都道驛程考》(1968)、桑秀雲《蜀布邛竹傳至大夏路徑的蠡測》(1969)、饒宗頤《蜀布與 Cinapaṭṭa 論早期中、印、緬之交通》(1974)、童恩正《古代的巴蜀》(1979)等論著，注意到了古代巴蜀地區的各民族、銅器玉器、喪葬類型等，主要研究古代巴蜀與周邊地區的早期歷史、社會經濟、對外貿易、交通情況等，已有論述涉及古代四川與東南亞文明的關係問題，古代巴蜀文化研究呈現出在傳統研究基礎上進一步細化和研究範圍逐步擴大的特徵。

第三階段：20 世紀 80 年代初期至今，學者們從歷史、考古、經貿、文化、民族等不同視角出發，積極投身於古代巴蜀文化與南方絲綢之路研究，童恩正《試談古代四川與東南亞文明的關係》(1983)、徐中舒《成都是古代自由都市說》(1984)、任乃強《中西陸上古商道》(1987)、伍加倫、江玉祥《古代西南絲綢之路研究》(1990)、袁庭棟《巴蜀文化》(1991)、段渝《商代蜀國青銅雕像文化來源和功能之再探討》(1991)、藍勇《魏晉南北朝隋唐佛教傳播與「西南絲路」》(1992)、羅二虎《漢晉時期的中國「西南絲綢之路」》(2000)、高大倫《從考古發現看西南絲路沿線的文化傳播》(2008)、顏信《南方絲綢之路與古蜀對外關係探研》(2011)、霍巍《世界文明史上的偉大奇跡：四川廣漢三星堆青銅遺址》(2014)、鄒一清《近年南方絲綢之路研究新進展》(2014)、羅羣《20世紀以來「南方絲綢之路」研究述評》(2015)、黎小龍《「巴蜀文化」「巴渝文化」概念及其基本內涵的形成與嬗變》(2017)等，先後對古代巴蜀文化的起源、內涵、發展、內外關係等進行了諸多探討，無論是在研究範圍與方向，還是在研究理論與方法等方面，都不斷推進着古代巴蜀文化研究，使得巴蜀文化研究領域越來越廣泛，研究也更加深化，並呈現出跨學科研究的鮮明特徵。

二 「古代巴蜀與南亞文明」的主要研究成果

古代巴蜀文化與南亞研究，涉及的研究地域範圍相當廣闊，內涵十分豐富，緊緊圍繞着南方絲綢之路的研究成果，已碩果纍纍。學術界對古代巴蜀與南亞地區的研究涉及經濟交往、政治互動、交通形態、宗教信仰、文學藝術等多個方面，對古代巴蜀文化與南亞文明開展了長期探索，也取得了大量新成果。限於篇幅，本文着重談以下三個方面的問題。

(一) 古代巴蜀與南亞地區社會經濟研究

1929年，四川廣漢農民燕道誠在自家院落旁挖水溝時，發現了一坑精美的古代玉石器，數量達 400 餘件，由此拉開三星堆文明的研究序幕。20 世紀 40 年代，歷史與考古學家在川西地區又進行了大規模的考古，「巴蜀文化」研究持續升溫，直至 1986 年，廣漢三星堆一、二號祭祀坑的相繼發現，使成都平原地區的「三星堆文化」逐步展現在世人面前。對三星堆青銅文化的來源問題，學者們進行了廣泛深入的研究，或認為其源於中原文化，與殷墟、西安、湖南出土的青銅禮器上的浮雕有關；或認為出土的青銅雕像、青銅神樹等與古代西南民族的傳統有關；或認為三星堆出土的金杖、雕像應與外來文化的交流有關，因為無論在中原地區還是長江流域，甚至古代巴蜀地區本身，都沒有發現其確切的文化源頭。

1988 年，王友羣發表《西漢中葉以前中國西南與印度交通考》，開始討論中國西南地區川黔古道、川滇古道，並涉及蜀布、邛竹杖來源考；張善熙、陳顯丹的《三星堆文化的貝幣試探》(1989)，關注了三星堆出土的貝幣；1989 年，段渝發表《論商代長江上游川西平原青銅文化與華北和世界文明的關係》一文，以宏闊的視野討論了川西文化與世界文明的關係；1993 年，段渝教授又發表《古代巴蜀與南亞和近東的經濟文化交流》一文，認為商代成都平原三星堆古蜀王都和成都，就已初步形成為中國西南同南亞、西亞進行經濟文化交流的樞紐。1996 年，黎人忠發表《南方絲綢古道與貨幣試探》一文，討論了蜀地的絲綢、邛竹杖、蜀枸醬及三星堆出土的海貝，認為「海貝產於我國東南沿海或南亞沿海國家，對地處內陸的四川來說，當是外來品」。

到 21 世紀初，巴蜀書社圍繞着中印關係，出版了南亞研究基地叢書，如丘永輝、歐東明的《印度世俗化研究》(2003)、文德富的《世界貿易組織與印度經濟發展》(2003)、《印度科學技術》(2004)、陳繼東《當代印度對外關係研究》(2005) 等，分別從印度經濟、政治法律、科學技術、對外關係等方面探究南亞面臨的問題。此外，楊繼瑞《中國西部大開發與南亞：現狀與前景》(2004)、楊文武《中國四川與南亞經貿合作研究》(2008)、楊翠柏《南亞國家貿易與環境保護法律問題探討》(2008)《南亞政治發展與憲政研究》(2010)、馬克博爾・A・巴蒂博士的《中國的和平崛起與南亞》(2012)、劉建和朱明忠等撰寫的《南亞研究叢書：印度文明》(2017)等論著圍繞着印度、巴基斯坦、孟加拉國、尼泊爾、斯里蘭卡等南亞國家，研究南亞政治發展，突出其在東西方文明交往中的重要地位和作用。

（二）古代巴蜀文化與南方絲綢之路研究

隨着對三星堆遺址和金沙遺址考古發現的研究不斷深入，學術界認為：殷商時期的古蜀文化中具有如此多的雕像、金杖、金面罩、神樹、海貝、象牙等文化因素，必然與南亞、中亞和西亞文明具有某種聯繫，並且大膽判斷，這些文化因素能在古代印度河文明以及古代近東文明中找到淵源，據此，20 世紀 80 年代以來，學術界開展了南方絲綢之路研究，並先後經歷了三個階段，已經取得了相當不錯的成果。

學術界通常將「古代從四川經雲南出域外，分別至東南亞、緬甸、印度、阿富汗、中亞、西亞及歐洲地中海地區的國際交通線」稱為『南方絲綢之路』或『西南絲綢之路』，簡稱『南絲路』。1980 年前後，費孝通先生提出「藏彝走廊」的概念，肯定了各民族沿着這條「走廊」南北移動的歷史，時至今日，南絲路的研究在近些年已成顯學。「自 20 世紀 80 年代開始，中國西南地區從事西南古道研究的學者取得了豐碩的成果，老一輩的學者如雲南的方國瑜、王叔武，四川的蒙文通、任乃強、童恩正、林向、李紹明等，還有四川、重慶和雲南的一批考古學、歷史學以及民族學方面的中青年學者。近 30 年來，在南方絲綢之路考察研究中，西南高校和文博部門對古代蜀國與東南亞、南亞之間的交通古道與商貿往來展開了一系列的研究活動。」目前這方面的研究成果已呈卓犖大觀之勢，從體例而言，可簡要分為如下幾類：

第一類是全面介紹，力求詳盡。這類著作多針對古代巴蜀文化、南絲路及中外交流進行全面而詳細的論述。其優勢在於為學界提供全方位的認知或勾勒整體面貌；又巴蜀與域外交流多經南絲路進行，故研究多由南絲路展開。如伍加倫《古代西南絲綢之路研究》(1990)、申旭《中國西南對外關係史研究 —— 以西南絲綢之路為中心》(1994)、藍勇《南方絲綢之路》(1992)、段渝《南方絲綢之路研究論集》(2008)、石碩《藏彝走廊：歷史與文化》(2005)、霍巍等《戰國秦漢時期中國西南的對外文化交流》(2007)、屈小玲《南方絲綢之路沿線古國文明與文明傳播》(2016)等。

第二類是某一領域的專題論述。這類著述多側重考察某一類問題，力求精專，如「物質」「交通」「宗教」「民俗」等。夏光南《中印緬道交通史》(1948)、方豪《中西交通史》(1970)等以「交通」為專題；農學冠《中越民間文化的對話》(2010)、宇松汝《道教南川越南研究》(2017)、印度學者譚中《印度與中國 —— 兩大文明的交往和激盪》(2006)等則側重文化、宗教與文明的比較。

第三類是論文集，自「巴蜀文化」概念提出以來，就有大批學者參與研究，其後又與南絲路相結合，成果更為豐碩。部分學者將自己的單篇論文結集出版，這些單篇論文在發表之時便代表了較新的觀點，結集出版更見學者研究的心路歷程。如季羨林《中印文化關係史論文集》(1982)、段渝《南方絲綢之路研究論集》《走出盆地：巴蜀文化與歐亞古文明》(2019)等。

此外，隨着中國「一帶一路」倡議的提出與推進，絲綢之路的研究逐漸成為顯學，越來越多的學者開始探索和討論「絲路學」及其學科構架，如魏志江的《論中國絲綢之路學科理論體系的構建》(2016)、馬麗蓉《百年來國際絲路學研究的脈絡及中國絲路學振興》2018)、聶靜潔《關於完善「絲路學」概念體系構架的建議》(2018)、劉再聰的《絲綢之路得名依據及絲綢之路學體系構建》(2020)。

近些年來，全國範圍內諸多高校和科研院所多次組織召開了「絲路學」學術研討會，以上海外國語大學的探索為例：2015 年 9 月，成立了絲路戰略研究所；2017 年 4 月，隆重召開了首屆「絲路學・國際論壇」；2018 年 4 月，舉辦了第二屆「絲路學・國際論壇」。多年來，上海外國語大學對「一帶一路」與絲路學研究進行了深入交流，提出構建人文、經貿、安全「三路並舉」的絲路學範式，在協同創新中，努力推進「一帶一路」研究以及中國絲路學學科的發展。巴蜀文化研究也呈現出與之相適應的研究趨勢，「天府之國與絲綢之路」「海陸絲綢之路的歷史變遷與當代啟示」「巴文化與南方絲綢之路」「南方絲綢之路與中華文化傳播」「川渝文化共建共享」等學術研討會先後召開，「南方絲綢之路」高峰論壇、「南方絲綢之路申遺保山雲端論壇」先後舉辦，值得注意的是，舉辦的會議和論壇的地點，都是南方絲綢之路的重要節點。儘管上述幾種主要著述體例各有長短，但南方絲綢之路無疑是一條以商品貿易、民族遷徙和文化交流為主的重要通道，這對於我們了解古代巴蜀與南亞文化互動交流大有裨益。

（三）古代巴蜀文化與印度宗教、文學研究

梁漱溟、梁啟超、湯用彤在 1920 年前後就已經開始討論印度的哲學與佛教，鍾敬文、魯迅、胡適、許地山、鄭振鐸等較早注意到印度文學的發展和譯介，但季羨林先生從中印建交前後就開始研究印度文學，是介紹

和研究印度文學的第一人。1991 年，季羨林等人主編的《印度古代文學史》，分別從吠陀時期、史詩時期、古典梵語文學時期、各地方語言文學興起的時期及虔誠文學時期梳理了印度文學發展史，尤其是討論了史詩時期《摩訶婆羅多》《羅摩衍那》在印度國內外的影響，並討論了印度佛教文學、故事文學、梵語小說等，季先生指出，「中國地處東方，同印度作了幾千年的鄰居。文學方面，同其他方面一樣，相互影響，至深且巨。」1998 年，石海峻著《20 世紀印度文學史》，分析了印度在宗教改革、民族運動、印度獨立等過程中文學的發展狀況，2008 年，薛克翹《印度民間文學》中也涉及印度古代神話、史詩傳說、民間故事等方面的討論。

宗教文化研究方面，1992 年，吳焯《四川早期佛教遺物及其年代與傳播途徑的考察》一文討論四川早期佛教遺物可能傳播的途徑，認為四川早期佛教及其遺物由川滇緬印古道傳入的說法不能令人信服，此後又指出，「四川早期佛教遺物具有明顯的西北印度犍陀羅雕刻的風格特徵。」2008 年，李遠國發表《南方絲綢之路上的宗教文化交流》一文指出，以「三星堆」為中心的成都平原，是南方絲綢之路的起點，南絲路不僅僅是對外貿易線路，也是中西方文化交往互鑒的最早的信道，巴蜀文化、滇南文化、印度文化等多種文化亦借茲互通，它促成並實現了中西方早期的相互了解，形成了中外宗教與文化相互交流融合的華美篇章。2010 年，譚繼和先生發表《唐僧玄奘與巴蜀文化》一文，認為《大唐西域記》中所記載的各種見聞，深刻影響於巴蜀地區的佛教繪事以及石刻藝術。2017 年，中國佛教協會宗性發表《早期巴蜀佛教與絲綢之路》，回顧了古代巴蜀佛教興盛的歷史，並結合唐代赴東南亞、南亞求法的五位巴蜀僧人，展現了當時巴蜀佛教僧材輩出的良好風貌，並肯定了早期巴蜀佛教所具有的包容開放、開拓進取的精神和品格。2020 年，湯洪的《古代巴蜀與南亞的文化互動和融合》一書出版，較為全面地回顧和梳理了古代巴蜀文化與印度宗教與文學的互動和交融。2021 年 3 月 9 日和 12 日，青年學者李丹先後在中國出版傳媒商報、四川日報發表了評論性文章《解密：古代巴蜀文明中有多少異域文化？》《穿越時空，探尋古代巴蜀與南亞的交流過往》，4 月 14 日，湯洪在中華讀書報發表《從三星堆考古新發現說起 —— 試論古代巴蜀與南亞的文化互動和融合》一文，結合 2021 年「考古中國」重大項目工作進展會對三星堆考古新發現的通報情況，再度探尋古代巴蜀文化與異域文明的關係。

事實上，隨着印度佛教傳入中國，佛教文化對中華文明的影響甚巨，巴蜀地區佛教昌盛，轉世輪迴之說深入人心，「本生故事」亦散見於各類佛教典籍，甚至在敦煌壁畫中，也有《鹿王本生》《須達那太子本生》等本生故事。鄭振鐸先生早在《中國俗文學史》中就曾談到印度文學通過佛教影響了中國文學，如唐代變文。他說：「變文之淵源，不能不求之於印度。」「我們重要的民間文學，如彈詞、佛曲和鼓詞，也都是受印度影響而發生的。」毫無疑問，中國古代俗文學也受到印度的影響。至《大唐西域記》產生，到神魔小說《西遊記》出現，「孫悟空」「觀音菩薩」等形象可謂深入人心，「善惡有報」「因果輪迴」「人生無常」等觀念極大豐富了中國文學題材所要表現的內容，更深刻地影響了中國古代文人的思想與行為。

綜上所述，古代巴蜀與南亞地區的交往歷史悠久，從「蜀身毒道」到「藏彝走廊」，從「藏彝走廊」到「南方絲綢之路」，近百年來在政治、經濟、歷史、宗教、民族、文學等方面取得的研究成就是巨大的，深刻說明古代巴蜀與南亞地區在政治生活、經濟往來、交通路徑、文化傳播、國際關係、宗教文學等方面有着廣泛而真實的聯繫。自 2013 年國家倡建「新絲綢之路經濟帶」和「21 世紀海上絲綢之路經濟帶」後，學術界以更多熱情投入古代巴蜀與南方絲綢之路建設和研究中，同時，古代巴蜀文化在整個歐亞古代文明形成和發展中的地位、作用等問題，也越來越引發學術界和社會各界的關注。

三 「古代巴蜀與南亞文明」研究的典型力作：《古代巴蜀與南亞的文化互動和融合》

圍繞着「古代絲綢之路」「藏彝走廊」「西部大開發」「南方絲綢之路」等社會熱點問題，古代巴蜀與南亞的互動交往被越來越多的學者納入研究視野。1986 年，三星堆遺址出土了精美青銅神樹、巨形青銅大立人、面具金杖、玉璋象牙等極為貴重的文物，考古學家和歷史學家結合青銅器、玉器、象牙等具體器物形態分析古代巴蜀與中原文化、亞歐文明之間的關係，對具有雙邊文化互動性質的物質載體雖有研究，卻尚未全面梳理。而且學者們儘管注意到古代印度文化對中華文化很早就產生了影響，但鮮有學者探究古代巴蜀文學與南亞文明之間的具體關聯。湯洪教授的專著《古代巴蜀與南亞的文化互動和融合》在前人的研究基礎之上，更為全面地總結了古代巴蜀文化與絲路沿線文化互動流播的特徵，正好回應了這種趨勢和需求。2021 年 3 月，三星堆遺址考古再次震驚世界，100 多根象牙尤其引人注目，500 多件文物讓學者們再次將古代巴蜀文化與亞歐文明聯繫在了一起。

湯著以文化傳播為視角，解讀古代巴蜀與南亞互動和融合，在物產交換、商貿交流、中外交通的文化變遷史中，彰顯古代巴蜀文化的魅力，促進了古代巴蜀文化與南亞互動交流研究的深化和發展。「遙遠的先秦時期，渴望與外界交流且具有開拓精神的巴蜀古老先民，即通過南方絲綢之路，與南亞廣大地區發生着多層次的經貿文化交流活動」，古代巴蜀與南亞的文化互動和融合經由南絲路連接到一起。湯洪教授並未專論南絲路，而是草蛇灰線，伏脈於千里之外，在具體的個案研究的基礎上，勾勒出古代巴蜀與南亞的文化互動和融合趨勢，總結了古代巴蜀文化與絲路沿線文化互動流播的特徵，使整部著作深具原創性、前瞻性和系統性，對當代巴蜀文化研究與絲路文明互鑒交流具有積極意義。

在著錄特色上，該作視野宏闊、文獻翔實、圖文並茂、特色鮮明。首先，該書亦採專題研究之模式，以 12 個專題論述貫穿論題始終。絲綢、邛杖、茉莉、井鹽、象牙、海貝、琥珀這些物產在南絲路上的流通與傳播，往往以點帶面，成為最富雙邊互動與交融特徵的物質載體。該作先列舉分析了文獻中關於古代巴蜀文化與南亞文明互動交融的特殊物產，再在此基礎上梳理了文化交流和傳播中給絲路沿線地區和國家帶來的影響，並結合時代特徵探索了異域文化發展流播的規律。因此，既有對古代巴蜀文化與南亞文明互動交融史上具體問題的考證，又有對諸多物質載體的整體把握，使得微觀研究與宏觀研究完美結合，尤其是巴蜀茶與印度茉莉的完美邂逅，成為古代巴蜀文化與南亞文明互動與融合的重要符號，充分說明了古代巴蜀文化與南亞文明在絲路沿線的國家和地區得到了廣泛的交流與傳播；其次，全書三編並非隨意羅列拼湊，而是循序漸進、有條不紊地串聯起古代巴蜀與南亞的文化互動和融合的清晰脈絡。「互通有無」是中外交流的重要目的之一，即物質貿易向來被認為是古代不同地域文明相互交流碰撞的主要載體，無論是橫穿西域的絲綢之路，還是草原絲綢之路、海上絲綢之路、南方絲綢之路，都是重在商貿交流，進而衍生出文明的互動與融合。作者在「物質文化」一編中將物質交流與文化互動結合來探討，充分挖掘物質背後所附加的文化因素。宗教對文學藝術的影響之大自不必多言，巴蜀地區普遍的佛、道及民間神鬼信仰也造就了古蜀文人的奇麗文思。該作最後一章即以考證李白「青蓮居士」之名號來源為契機，探尋巴蜀文學中印度文化的隱微印痕，呈現出跨學科研究的鮮明特徵；再次，各專題皆能做到以小見大，立足巴蜀、放眼世界，體現出作者既深入精專又胸襟開闊的學術素養及視野。無論是古代巴蜀與南亞文明互動交融的物質載體，還是宗教文化

（佛教道教），作者都緊密結合歷史地理學知識，對其傳播的路線分別予以詳細梳理和解析。「正如經由印巴次大陸傳入巴蜀地區的青銅雕像和金杖等文化因素，也未在雲南境內留下任何痕跡，而是直接達於成都平原一樣。這種現象，文化人類學上稱之為『文化飛地』。」湯洪教授對此觀點持完全贊同的態度，也正是在這種宏闊視野的關照下，我們才得以更深入地認識古代巴蜀與南亞之間密切的往來和交流。

古代巴蜀與南亞的文化交流與互動，既包括「形而下」的物質文化，又包括「形而上」的精神文化。巴蜀的絲綢、邛杖、茶葉、井鹽等本土物產向南傳播到南亞地區，而南亞的茉莉、象牙、海貝、琥珀等也以別樣的魅力傳入巴蜀地區，兩地在你來我往的物產貿易中加強聯繫，促進彼此物質文化的豐富和提升。古代巴蜀與南亞的文明在交流中碰撞，在碰撞中交融，它們各自以開放包容的心態接納來自另一地區的文明形態，在促成自身文明新發展的同時，也為當今世界的文明交流提供了重要啟示。

四 「古代巴蜀與南亞文明」研究的不足與展望

古代巴蜀文化與南亞互動融合研究，拓展了巴蜀文化與文學研究的學術視野，在過去的研究中，我們大多數時候仍然以文獻材料與考古出土相結合的方式，探索巴蜀文化研究中的諸多問題，如巴蜀考古、巴蜀方言、巴蜀作家、巴蜀作品、巴蜀民俗等，且多是立足本土，從巴蜀區域文化的層面，予以關注。巴蜀文化與南絲路的聯繫，讓我們進一步打開了視野。

目前，國內對南亞區域文明的研究，已有眾多科研院所和研究機構，中國社會科學院與全球戰略研究院、北京大學南亞研究中心和外國語學院南亞學系、華東師範大學國際關係與地區發展研究院、四川大學南亞研究所、西南民族大學人文社科重點研究基地國家民委「一帶一路」國別和區域研究中心 —— 南亞文化研究中心、雲南民族大學南亞研究所、中山大學東南亞研究所、廣西南亞熱帶農業科學研究所等，對南亞地區的歷史政治、國際關係、社會文化、經濟發展等方面都有所關注。此外，中國南亞學會的會刊《南亞研究》，以及雲南省社會科學院主辦的《東南亞南亞研究》，能夠緊密聯繫現實問題，理論觀點與政策分析並重，已經成為長期以來研究南亞文明的重要理論陣地。

自 2018 年起，南亞廊道申遺的工作全面開啟，南亞廊道作為古代絲綢之路的重要組成部分，是中國古代聯繫南亞諸國、中西亞地區的重要通道。四川省考古工作者對巴蜀地區所存的金牛道等古道，已進行了全面的調查和梳理，為絲綢之路 —— 南亞廊道的申遺準備工作提供了廣泛而重要的學術支撐。

儘管古代巴蜀與南方絲綢之路在資料蒐集、整理和研究方面已經取得了不俗的成績，但是，也存在一些較為明顯的缺陷。比如，多宏觀研究，區域跨度大，在資料蒐集中，多偏向於巴蜀文化或者南絲路本身研究；在研究方面，政治經濟等現實層面的考量因素較多，重文獻、輕田野的研究傾向非常明顯，以致於目前古代巴蜀與南亞文明的研究，尚有待更多文物出土，邁向精審深細的研究。因此，今後古代巴蜀與南亞文明的蒐集整理和研究，須從以下幾個方面予以努力。

第一、重視蒐集域外漢籍文獻，絲路沿線國家和地區，歷來不乏珍稀文獻及其漢籍版本，尤其是涉及古代巴蜀文化與絲綢之路研究的各類文獻，我們必須予以重視。陸上絲綢之路的研究由來已久，學者們大多從絲路地名考證、物產交流、人文遺存、行旅記游、西域書寫等方面進行着交叉學科的研究。

第二、重視域外漢學的研究，着重關注巴蜀文獻及文學在域外的傳播和流佈情況。開展域外漢籍、漢學研究，就必須要求我們將整個南亞地區的漢籍情況做個梳理，這既是對中國古代文學、文化研究所做的一種補充和延伸，也意味着在古代巴蜀文化研究中，我們完全可以持一種更為宏闊、開放的視野，繼續拓展巴蜀文化研究中尚為薄弱的環節。

第三、在傳統學科特色基礎上，要尋求古代文學與歷史地理學、宗教學、民族學、傳播學等交叉學科的學術增長點。唐代是中國古代詩歌發展的鼎盛期，陸上絲綢之路的研究成果非常豐碩，胡可先、薛天緯、張國剛、石雲濤、楊曉靄、程金城、雷恩海、海濱、宋曉雲等專家學者在絲綢之路與古代文學研究方面頗多建樹，唐詩與南方絲綢之路，也依然是一個值得探究的話題。

解密：古代巴蜀文明中有多少異域文化？[1]

李丹[2]

巴蜀山水孕育出來的巴蜀文化，一直以其獨特魅力為世人重視，構成中華文化的重要組成部分。20 世紀以來，巴蜀地區的考古工作已取得了頗多成果，其中「三星堆遺址」和「金沙遺址」的發現令全國震驚，那些如象牙、海貝等明顯帶有外來特徵的考古文物引起了人們極大的關注與遐想。湯洪教授《古代巴蜀與南亞的文化互動和融合》一書，主要聚焦於古代巴蜀和南亞的文化交流，既是教育部人文社會科學重點基地巴蜀研究中心重大項目的項目成果，也是作者多年來對古代巴蜀的探究熱情在行動上的沉澱。

巴蜀地區雖地處中國西南內陸，四周有高山環繞，卻並不是一個封閉的地區。近幾十年的考古材料表明，古代的巴蜀地區與域外曾有着廣泛而深入的聯繫，自然而然，巴蜀文化中不可避免地帶有域外色彩。《古代巴蜀與南亞的文化互動和融合》一書中，作者以飽滿的研究熱情、嚴謹的學術態度，從物質文化、宗教文化、語言文學藝術三個方面探究了古代巴蜀與南亞的文化交流情況，為我們解密了巴蜀文化中少為人知的域外色彩。

1　本文原載《中國出版傳媒商報》2021 年 3 月 9 日第 12 版。

2　李丹，四川師範大學文學院中國古代文學博士研究生。

在巴蜀文化中，茶文化算得上最重要的文化之一。巴蜀地區種茶、飲茶的歷史十分久遠，最早的文獻記載可追溯至漢代，而且巴蜀地區的茶葉品種眾多，雅安蒙頂山茶、邛崍文君茶、峨眉竹葉青、青城道茶在歷代皆有名重之時。在巴蜀，淡雅別致的茉莉與茶葉混合形成的茉莉花茶以其獨特的魅力尤其受到廣大巴蜀人民的喜愛。在《古代巴蜀與南亞的文化互動和融合》一書中，作者綜合運用文獻學、生物學、地理學、語言學等知識，發現這茉莉花茶中竟帶有域外文化的印記 —— 作為茉莉花茶重要原料的茉莉，其實並不是巴蜀本土物種，而是原產於南亞印度。

在宗教文化和語言文學藝術上，巴蜀文化亦表現出濃厚的域外色彩。在宗教文化上，巴蜀地區較早地受到了南亞佛教文化的影響，其中一個表現便是峨眉山的佛教文化，事實上峨眉山的「峨眉」之名都與佛教文化有關，作者通過嚴密的考證發現「峨眉」一詞是外來詞，是法藏比丘阿彌陀佛「Ami」之音譯，另一個表現是中國本土宗教道教的形成上，早期佛教通過南方絲綢之路傳播至巴蜀，其嚴密的理論和教義教規被巴蜀的道教所吸收，使得道教的理論體系更加成熟。在語言上，作者推測巴蜀文字或與印度婆羅米文字存在某種時空關聯。在文學藝術上，作者考察李白的自號與創作的詩歌，發現生長於巴蜀山水中的大詩人李白具有濃郁的印度文化情結。

上述內容只是《古代巴蜀與南亞的文化互動和融合》一書的部分，若想深入了解，讀者可親自閱讀。《古代巴蜀與南亞的文化互動和融合》一書的創作源自於作者對於古代巴蜀神祕過往的好奇，作者通過自己認真的考證和邏輯的梳理，告訴我們「在漢字觸碰巴蜀沃土之前的遙遠時代，巴蜀先民早已藉助自己的雙腳與外界發生着緊密溝通 …… 巴蜀這塊土地，古代從未真正封閉過，今天也沒有，將來一定也不會有。」

這世界上的文明，有太多令人不解的地方。隨着時間的流逝，它們有的已消逝在歷史的塵煙中，有的卻延續千年，至今仍然散發着獨特魅力。它們如何產生，又是如何滅亡？它們如何衰落，又是如何發展？好奇心和求知慾，不僅是可以追尋過往歷史的重要推動力，往往是文明演進、科學發展和社會進步的顱匙。作者從自己多年來對古代巴蜀的好奇出發，具體研究古代巴蜀與南亞的文化交往情況，在解密古代巴蜀文化中的異域色彩的同時，或能為巴蜀文化與域外文化在未來的溝通交流提供一些思路。

頗具特色的中國古代文化交流史著作[1]

顏信[2]

中國古代西南和南亞間的文化交流起步頗早，持續時間長，這是人類文明交流史和中外關係史的重要組成部分，具有重要的歷史價值與現實價值。「在古代中國的早期對外交通體系中，西南地區是一個不容忽視的區域。」也正如蘇秉琦先生所說：「四川的古文化與漢中、關中、江漢以至南亞次大陸都有關係，就中國與南亞關係看，四川可以說是『龍頭』。」湯洪教授《古代巴蜀與南亞的文化互動和融合》一書，就是推動中外關係史研究，特別是推動西南巴蜀區域對外交流史研究的成功之作。相較於同領域的其他成果，此書充分挖掘古史文獻，利用大量考古資料，借鑒中西文化交流的優秀研究方法，不僅視角獨特，新論迭出，而且史料豐富，論證縝密，文筆亦流暢，實為中外關係史的一部力作。

該書除序言、緒論、結語和後記外，共分 3 編 10 章，凡 29 萬字，探討了中國古代巴蜀與南亞間的多向文化交流關係。其以物質文化、宗教文化、語言藝術文化交流為主要內容，全面分析相互間存在的密切往來關係。書中記述脈絡清晰，條分縷析，全方位、多角度地揭示了中西文化交流在我國西南與南亞這一特定區域交匯、碰撞、融合的全貌，展現了古代巴蜀在促進中西文化交流，推動中華文明的內涵發展方面的不

1　本文原載《文史雜誌》2021 年第 3 期。

2　顏信，四川師範大學巴蜀文化研究中心。

凡風采。

該書特色明顯，主要表現在以下三個方面。

第一，以物質為實，求文化之交。為了探求古代巴蜀與南亞文化交往的密切關係，彌補現有研究的不足，該書着重對典型物質材料進行考辨，頗有所得，值得關注。如蜀蠶與絲綢外傳和「Cina」語源的考辨、蜀布與邛竹杖在南亞等地的傳遞、茉莉與茶的傳播交融、井鹽外銷南亞的貿易、南亞所產象牙與海貝流入巴蜀、西南琥珀製品與南亞和西亞的時空交流等。一個個物質交流的實證材料，充分揭示了古代巴蜀與南亞間的密切物質交流關係。正如作者在書中一次次論證後所述：「我們不得不驚歎，千山萬水永遠阻隔不了人們渴望交流互動的內心熱情，蜀地物質的外銷南傳，不僅表明古蜀人具有與域外文明互融互通的願望，而且有付諸實際行動的方法和途徑。」該部分的論證與推斷恰如其分，展現了作者對文獻材料及考古材料運用游刃有餘的功力。如在對「琥珀製品」傳入路線的論述中，作者綜合分析中國西南地區出土琥珀製品的原料來源路徑及成品的傳入路線，充分肯定了南方絲綢之路對其傳播所產生的積極影響力，證明南方絲綢之路在古代巴蜀與南亞區域間的文化互動中發揮出重要交通功能和經貿文化傳播功能，從而帶動了各區域文化間的深度交融，推動絲綢之路上各地文化的不斷繁榮與進步。

第二，以宗教為媒，求文化之興。該書充分重視宗教對區域文化交流所產生的積極影響力，選取興起於古印度的佛教和發源於巴蜀的道教，以此揭示區域間宗教文化的互動影響。作者以獨特的視角，關注「峨眉」語源為「阿彌」之音譯，其具有創見性的認識讓我們更能深入地了解「峨眉」一詞與早期佛教流播的歷史痕跡關係；也認識到區域與區域之間的文化交流源遠流長，人們對了解異域文化以及主動傳播自身文明間的情懷永續未變。道教發源地眾說紛紜；但作者通過充分論證，考辨道教產生於巴蜀大地，有史料文獻可考，有古跡遺存可證。在此基礎上作者對道教南傳越南、印度等南亞諸國的傳播情況有所論證，充分展現中國本土宗教對南亞區域宗教文化的輻射影響力。作者也小心求證了密宗受道教文化的影響情況。該書表明，以宗教為媒的文化交流，展現出區域文化互動的新活力，實現了多宗教文化的相互借鑒與融合。

第三，以語言之美，求文化之情。語言是文化交流的重要載體，語言間的相互借鑒成為文化交流的一種特殊形式。作者在書中大膽推測，認為古彝文與印度婆羅米文字有着跨時空的牽連關係。不過，作者雖然運用文字創製方式等相關手段進行了謹慎求證，論證也較充分，但是否如作者所述，還有待學界的進一步研究。

文學之美源於語言的完美運用，巴蜀文學的昌盛也是通過對語言文字的精煉表達來完成的。作者在書中以李白其人所蘊含的印度文化情結為方向，探求巴蜀文學中印度文化的隱微印痕。作者認為，無論是從李白的「青蓮居士」自號，還是他在文學作品中的長嘯、明月、金等對印度文化意象的展現，均是對佛教文化傳入中國後，佛經進入文化階層的視域，為中國文人的人生情趣和詩文境界實現拓展，形成新的文學新氣象，促進中國文學真正的百花齊放最典型的實證。巴蜀文學與域外文學的相互關聯正是作者在文學研究上的新識。的確，以李白等巴蜀地區文學代表人物為抓手，去研究巴蜀文學的文化互動關係，可以全方位認識和了解巴蜀文化的豐富內涵，完善區域間文化交流的內容。

總之，《古代巴蜀與南亞的文化互動和融合》是在宏觀與微觀相互結合的基礎上，實現理論與實際相結合，對中西文化交流進行全方位論述的學術專著，也是研究古代巴蜀與域外文化交流的一部開拓性著作。該書對區域間經貿文化交流、宗教文化互動、語言文學互鑒等內容的研究具有開創性，提出古代巴蜀與南亞間依託南方絲綢之路這樣一條國際交通線，實現了多元文化的深度融合的新見，揭示了以文化為載體的區域交流互動關係。湯洪教授的這部論著，不僅在中外交流史上取得一項全新的重要成果，而且也將對中西文化交流研究、巴蜀文化深層次全方位研究，產生積極的推動作用。

探尋古代巴蜀與南亞的融通[1]

席蓬[2]

巴蜀文化歷史悠久，內涵豐富。長期以來，學界關於巴蜀文化的研究，多集中於考察巴蜀文化的形成、特徵及發展演變的歷史，或是關於巴蜀地區考古器物與巴蜀文化某一階段的研究，或是巴蜀地區的某一作家及其作品，或是從整體上對巴蜀歷史文化名人作大致勾勒。儘管有學者已關注了巴蜀文化吸收外來文化的情況，且多是從三星堆考古發掘與外來文明談起，但一直沒有專門討論古代巴蜀文化與南亞研究的專著問世。四川師範大學湯洪教授的《古代巴蜀與南亞的文化互動和融合》，正是緊密結合現實，研究如何弘揚古代優秀巴蜀文化，並力求貫通中外、經世致用的典範力作。

《古代巴蜀與南亞的文化互動和融合》一書中的物質文化編，分別從絲綢、邛杖、井鹽談古代巴蜀物產的外銷，從西南地區尤其是三星堆遺址、金沙遺址的出土物品象牙、海貝、琥珀討論了南亞與古代巴蜀的商貿往來及其交流，同時將巴蜀茶的南傳之路與印度茉莉的完美邂逅相統一，認為茉莉花茶是巴蜀文化邂逅印度茉莉的完美轉型；宗教文化編依次論述了峨眉與早期佛教、道教南傳與流播，圍繞着巴蜀地區佛、道的產生與發展，指出峨眉山是南絲路上早期佛教傳播的重要驛站，並詳細

1　本文原載《光明日報》2021 年 05 月 03 日 07 版。

2　席蓬，四川文理學院四川革命老區發展研究中心。

闡述了道教南傳越南、密教流播印度的觀點，從宗教層面討論了中外文化的交流與融合；其語言文學藝術編則嘗試探究彝文與印度婆羅米文字的時空關聯，通過對彝文與古蜀文字親緣關係的文獻、考古印證，大膽蠡測了印度婆羅米文字與彝文的淵源關係。此外，全書還結合中國唐代著名詩人李白的名號以及其詩中「長嘯」「明月」「金」等獨特的意象和意象羣，分析李白受印傳佛教文化的影響及其詩作對印度文化符號的吸收與接受。

早在漢代，司馬遷《史記・西南夷列傳》中即有「蜀身毒道」的文獻記載。身毒國是古印度的別譯，從張騫通西域所得見聞可知，中國古代西南地區與南亞間交往的歷史極為悠久。湯洪教授的專著以古代巴蜀文化與南亞的互動融合為獨特的研究視角，讓我們得以從一個更寬闊的視野，理解和研究三星堆等遺址中考古發掘出的巴蜀文化器物。作者將「古代巴蜀文化」與「南亞的文明」研究緊密地聯繫在一起，以「一帶一路」倡議構想為基礎，落腳在以「互動融合」為目標的國際文化交流合作平臺，意義深遠。一方面，論述古代巴蜀文化在南絲路的傳播，書中有專章內容討論了《史書所見早期蜀物外貿：蜀布與邛竹杖》，描繪了早期物產交流與外貿的歷史場景和真實面貌；論述南亞的物產，則緊密結合三星堆遺址、金沙遺址的出土物品，《來自南亞的遠客：象牙和海貝的奇幻之旅》以象牙和海貝為主要關注對象，構擬了古代巴蜀文明與外界溝通交流的圖景。更為可貴的是，無論是古代巴蜀與南亞文明互動交融的物質載體，還是宗教文化（佛教道教），作者都結合歷史地理學知識，對其傳播的路線分別予以詳細梳理和解析。學者段渝曾撰文指出，「正如經由印巴次大陸傳入巴蜀地區的青銅雕像和金杖等文化因素，也未在雲南境內留下任何痕跡，而是直接達於成都平原一樣。這種現象，文化人類學上稱之為『文化飛地』。」湯洪教授對此觀點持完全贊同的態度，也正是在這種宏闊視野的觀照下，我們才得以更深入地認識古代巴蜀與南亞之間密切的往來和交流。自 2018 年起，南亞廊道申遺的工作全面開啟，南亞廊道作為古代絲綢之路的重要組成部分，是中國古代聯繫南亞諸國、中西亞地區的重要通道。四川省考古工作者對巴蜀地區所存的金牛道等古道，已進行了全面的調查和梳理，為南亞廊道的申遺準備工作提供了廣泛而重要的學術支撐。絲綢之路 —— 南亞廊道的申遺工作正當其時，從這一層面來講，該著作是極具前瞻性的。

史料豐富、文獻翔實，是一部學術專著該有的特點。審慎的態度和理論的系統性，是一個學者必要的素質。該書的特色之一，就是對古代巴蜀文獻與南方絲綢之路文獻的大量蒐集與梳理。這些文獻，主要分為歷代古籍涉巴蜀文獻、中外交流類文獻、南方絲綢之路與巴蜀文化研究文獻、近現代學者巴蜀文化研究著作等，內容縱貫古今，版本有易見書籍，也有珍稀館藏，更有來自德、美、英、日等國的域外文獻。將整個南亞地區與巴蜀相關的文獻納入了蒐集與考查的範圍，不遺餘力，為後學提供了繼續深研細琢的大量文獻，具有奠基之功。

絲路沿線國家和地區，歷來不乏珍稀文獻及其漢籍版本，尤其是涉及古代巴蜀文化與絲綢之路研究的各類文獻，我們必須予以重視。同時，我們也要重視域外漢學的研究，着重關注巴蜀文獻及文學在域外的傳播和流佈情況。開展域外漢籍、漢學研究，就必須要求我們將整個南亞地區的漢籍情況作個梳理，這既是對中國古代文學、文化研究所做的一種補充和延伸，也意味着在古代巴蜀文化研究中，我們完全可以持一種更為宏闊、開放的視野，繼續拓展巴蜀文化研究中尚為薄弱的環節。儘管書中並未直接討論南亞對李白詩歌的接受情況及其態度，但第三編語言文學藝術中深入分析了李白蘊藏的印度文化情節。湯洪教授用豐富翔實的文獻資料，充分論證了印傳佛教對李白詩歌創作的巨大影響，讓讀者更為深刻地理解《答湖州迦葉司馬問白是何人》一詩，並真切地體會到李白「青蓮居士謫仙人，酒肆藏名三十春。湖州司馬何須問，金粟如來是後身」背後的深刻含義。通過作者具體而微的例證，「中印合璧：李白蘊藏的印度文化情結」即可不言自明。

1877 年，德國李希霍芬首次使用了「絲綢之路」一詞，用於描述漢代時期的中國和中亞、西亞以及印度之間的以絲綢貿易為媒介的西域交通線。此後，絲綢之路沿線不斷有考古新發現。隨着「一帶一路」倡議的推進，絲綢之路的研究逐漸成為顯學。《古代巴蜀與南亞的文化互動和融合》重點以中國西南交通與南方絲綢之路為主線，以古代巴蜀與南亞文明的互動交融為目標，以多語言、跨學科、跨文化的視野進行了理論架構。遙遠的先秦時期，渴望與外界交流且具有開拓精神的巴蜀古老先民，即通過南方絲綢之路，與南亞廣大地區發生着多層次的經貿文化交流活動。本書圖文並茂，是對古代巴蜀與南亞文化互動交流文獻的首次全面梳理。

《古代巴蜀與南亞的文化互動和融合》在具體個案研究的基礎上，勾勒出古代巴蜀與南亞的文化互動和融合趨勢，對當代巴蜀文化研究與絲路文明互鑒交流具有積極意義。

舉一隅而辨整體，多元滙聚共塑中華文化[1]

——兼論《古代巴蜀與南亞的文化互動和融合》

王　淼[2]

自近代以來，受到西學思潮以及西方史學和考古學的影響，關於中華文化源流的研究產生了「中華文化西來說」，民國時期許多學者如蘇雪林、顧頡剛、劉師培等，在中國史學、文學的研究過程中都深受此觀點的影響。而與之相對應的，學界又有反對「西來說」而強調中華文化單一特質的理論。兩說各有所據，勢成水火，特別是在上古史以及上古史的載體之一神話傳說的研究方面表現得尤為突出。以《山海經》中的神話傳說研究為例，支持「西來說」的學者，認為其中部分神話神靈、奇人異國可能與域外文化相關。反對者則斥之為無稽之談，依據《莊子·逍遙遊》所載：「適莽蒼者，三餐而反，腹猶果然；適百里者，宿舂糧，適千里者，三月聚糧。」[3]認為古人之行動力有限，不可以域外文化比附相關神話傳說。若將受到「西來說」影響的《山海經》研究者的研究稱為「放大型」研究的話，相對應的反對者的研究則應稱為「縮小型」研究，這類研究常以《山海經》中內容比附於域內某一特定區域或者省份之內，

1　本文原刊於《綿陽師範學院學報》2021 年第 12 期。

2　王淼，湖北師範大學文學院。

3　［清］王先謙：《莊子集解》，北京：中華書局，1987 年，第 2 頁。

至於其中內容無法追溯原型者則全以之為「出於想像」而已。然而馬克思在《政治經濟學批判 · 導言》中指出神話是「通過人民的幻想用一種不自覺的藝術方式加工過的自然和社會形式本身」，[1] 也就是說神話傳說的內容不可能向壁虛造，而必然是自然或者社會的某一方面的曲折反映。更為重要的是，對於古人來說，神話傳說本身是具有神聖性的，是絕對的「真實」而非「虛構」，其所反映的絕大部分內容就是古人所認可的「歷史」，這一特點在中國表現得尤為明顯。中國的神話傳說往往與古史緊密結合，呈現出神話「歷史化」的特徵，呂微先生指出：「古史傳說依然保留了神話的信仰性質，並繼續發揮着神話作為權力話語、價值依據的多重功能。」[2] 實際上，神話「歷史化」的本身即包含着歷史的「神話化」，二者相輔相成，至秦漢時期依然常見。當然這類歷史的「神話化」發生的原因多種多樣，既有主觀造神的產物，也有基於文字、圖像、音訓等方面的傳承、斷裂與重構的影響，但是其本身具有一定的「歷史素地」是無可爭議的。

以《山海經》中的「無繼國」為例，《海外北經》有：「無膂之國在長股東，為人無膂。」郭璞注：「音啟，或作綮。」畢沅注：「說文無膂字，當為綮，或作啟、繼皆是。《廣雅》作無啟，《淮南子》作無繼民，高誘注云：『其人蓋無嗣也，北方之國也。』與郭義異。字林始有綮字，云腨腸，見《廣韻》。郭蓋以此為說，其實非古字古義也。」袁珂先生注曰：「畢說是也，當從廣雅作無啟；無啟，無繼也，正高誘注《淮南子》所謂『其人蓋無嗣也』之義。無嗣而有國，當因其人能如郭注所云『死百廿歲乃複更生』，實不死也。《大荒北經》有繼無民，又云『無繼子食魚』，『繼無』自是『無繼』之倒，王念孫、郝懿行並校作無繼，則此『無綮之

1　[德] 馬克思、恩格斯：《馬克思恩格斯全集》(第 12 卷)，北京：人民出版社，1962 年，第 761 頁。

2　呂微：《中華民間文學史：神話卷》，石家莊：河北教育出版社，1999 年，第 4 頁。

國』者，尤可證其當作『無啟之國』也。」[1] 以上諸家在闡釋「無繼國」時皆從字面之義出發，故或言其人無「腨腸」，或言其人無「子嗣」而「不死」，神話怪異色彩頗重。再查「無繼國」所在的方位，《海外北經》以其在「東北陬」之首。《淮南子・墬形訓》則云：「自東北至西北方，有跂踵民…… 無繼民。雒棠、武人在西北陬，硥魚在其南。」[2]《海外西經》云：「肅慎之國在白民北。有樹名曰雄常，先入伐帝，於此取之。」袁珂先生注：「《大荒北經》云：『大荒之中，有山名曰不咸。有肅慎氏之國。』《淮南子・墬形篇》有肅慎民。《周書・王會篇》云：『稷慎大麈。』孔晁注云：『稷慎，肅慎也。』」而「雄常」，郭璞注：「或作雒。」袁珂先生亦認為：雒棠當即此經之雄（郭云『或作雒』）常，木名也。」[3] 而《淮南子・墬形訓》又有：「自西北至西南方，有修股民，天民，肅慎民……」[4] 則結合《海外經》《大荒經》和《淮南子》的記載加以綜合分析，「無繼國」應是與「肅慎」「雄棠」相近的海外方國。[5] 而「肅慎國」並非出於想像，先秦時期典籍便多有記載。「雄棠」（雒棠）之說亦出現在正史之中，如《晉書・四夷列傳》有：

> 肅慎氏一名挹婁，在不咸山北，去夫餘可六十日行。東濱大海，西接寇漫汗國，北極弱水…… 有馬不乘，但以為財產而已。無

1 袁珂：《山海經校注》，成都：巴蜀書社，1992 年，第 275 頁。

2 何寧：《淮南子集釋》，北京：中華書局，1998 年，第 357 — 358 頁。

3 袁珂：《山海經校注》，成都：巴蜀書社，1992 年，第 271 頁。

4 何寧：《淮南子集釋》，北京：中華書局，1998 年，第 356 頁。

5 案：有一點需要注意，結合《海外經》《大荒經》《淮南子・墬形訓》來看，除《海外經》《大荒經》以「無繼國」在「東北方」以外，其餘均以肅慎、雒棠、無繼在西北方，與後世地理所見「肅慎」等處「東北」似有偏差，究其原因，《山海經》多是依圖而說，古圖的方位多有不同，或有南北顛倒者，或有東西相反者，故東西南北方位時有不同，而在依圖而說的過程中即會產生方位偏差。另外還有一種可能，即同一部族在不同時期存在遷徙的情況，特別是北方眾多少數部族在早期遊牧生活狀態下，因其活動範圍比較廣大，故在不同的歷史時期存在被記錄在不同方位的可能性。

> 牛羊，多畜豬，食其肉，衣其皮，績毛以為布。有樹名雒常，若中國有聖帝代立，則其木生皮可衣。[1]

雖然其言「若中國有聖帝代立，則其木生皮可衣」應與《山海經》《淮南子》的記述有關，但結合北方特別是東北地區少數民族普遍存在的神木崇拜以及至清代還留存的滿族祭天過程中的「設杆祭天」之禮，《山海經》中關於「雄棠」的記載亦非出於虛構，而應存在其「原型」。而「肅慎」又有「挹婁」之稱，《後漢書・東夷列傳》有：

> 挹婁，古肅慎之國也。在夫餘東北千餘里，東濱大海，南與北沃沮接，不知其北所極。土地多山險。人形似夫餘，而言語各異。有五穀、麻布，出赤玉、好貂。無君長，其邑落各有大人。處於山林之間，土氣極寒，常為穴居，以深為貴，大家至接九梯。好養豕，食其肉，衣其皮。冬以豕膏塗身，厚數分，以禦風寒。夏則裸袒，以尺布蔽其前後。其人臭穢不潔，作廁於中，圜之而居。[2]

而《三國志・烏丸鮮卑東夷傳》的記載與之基本相同。而此「挹婁」又即唐代的靺鞨，故《舊唐書・北狄傳》有：

> 靺鞨，蓋肅慎之地，後魏謂之勿吉，在京師東北六千餘里。東至於海，西接突厥，南界高麗，北鄰室韋。其國凡為數十部，各有酋帥，或附於高麗，或臣於突厥。而黑水靺鞨最處北方，尤稱勁捷，每恃其勇，恆為鄰境之患。俗皆編髮，性兇悍，無憂戚，貴壯而賤老。無屋宇，並依山水掘地為穴，架木於上，以土覆之，狀如

---

1 ［唐］房玄齡：《晉書》，北京：中華書局，1974 年，第 2534 頁。
2 ［南朝宋］范曄，《後漢書》，北京：中華書局，1965 年，第 2812 頁。

> 中國之塚墓，相聚而居。夏則出隨水草，冬則入處穴中。父子相承，世為君長。俗無文字。兵器有角弓及楛矢。其畜宜豬，富人至數百口，食其肉而衣其皮。[1]

《新唐書·北狄傳》與《舊唐書》的記載也基本相合，其文曰：「黑水靺鞨居肅慎地，亦曰挹婁，元魏時曰勿吉。」[2] 從二書的記載來看，在不同的歷史時期內，靺鞨（挹婁）又被稱為「勿吉」，此說出自《魏書》，其文曰：

> 勿吉國，在高句麗北，舊肅慎國也。邑落各自有長，不相總一。其人勁悍，於東夷最強。言語獨異……其地下濕，築城穴居，屋形似塚，開口於上，以梯出入。其國無牛，有車馬，佃則偶耕，車則步推。有粟及麥穄，菜則有葵。水氣鹹凝，鹽生樹上，亦有鹽池。多豬無羊。嚼米醞酒，飲能至醉。婦人則布裙，男子豬犬皮裘……[3]

《魏書》直接稱舊肅慎國為「勿吉」，而《舊唐書》《新唐書》雖不認為「勿吉」即古肅慎國，但也認為其所居是肅慎舊地。可見二者在活動地域上是相同或相近的，而從各書記載的內容來看，其在風俗上也基本類同。故杜佑《通典》曰：「挹婁、勿吉、靺鞨俱肅慎之後裔。」[4] 案北魏政權的建立者鮮卑拓跋氏在歷史上長期活動在今東北及北部地區。主要編纂者魏收等人雖大部分是北方漢人，但入北魏世已長，伴隨着與北方少數民

1 ［後晉］劉昫，《舊唐書》，北京：中華書局，1975 年，第 5358 頁。
2 ［宋］歐陽修、宋祁：《新唐書》，北京：中華書局，1975 年，第 6177 頁。
3 ［北朝齊］魏收：《魏書》，北京：中華書局，1974 年，第 2219 — 2220 頁。
4 ［唐］杜佑：《通典》，北京：中華書局，1988 年，第 5023 頁。

族長期的接觸融合，應對北方少數民族文化、語言和地理認知等情況較為瞭解，且亦必然會受這些內容的影響。由此則可以推斷《魏書》所載「勿吉」之名應是來源於當時北方少數民族之間直接接觸之下的音譯材料，故應更接近其本來的稱謂。而「無」(無）與「勿」自先秦時期多通假，高亨先生《古字通假會典》指出：「《書・盤庚中》:『無遺育。』《史記・吳太伯世家》作『勿遺』。《書・金縢》:『其勿穆卜。』《史記・魯周公世家》作『無繆卜』。……《左傳・哀公十一年》:『可無殤也。』《禮記・檀弓下》引勿作無。」[1] 類似的例子甚多。另外「繼」與「吉」，按照鄭張尚芳先生所構擬的系統，「繼」的上古音為「keegs」，古詣切（見齊開四去）。而「吉」的上古音為「klid」，居質切（見質開三入 a），至中古音則變為「kiɪt」，居質切（見質 A 開三），對比二者構擬音可見，二者同為見母字，主母音亦相近，二者易相混。所以北魏時期的「勿吉國」應即先秦時期《山海經》中的「無繼國」。而《山海經》中自有「肅慎國」，則《舊唐書》《新唐書》的記載應是正確的，即「勿吉」(無繼）雖居肅慎之地，但非古肅慎國。再參以《山海經》《淮南子》等典籍的記載，則可以明確《山海經》中的「無繼國」並非出於想像，實際上應是與先秦典籍中常出現的「肅慎國」相臨近的北方地區少數民族族名的音譯。其名在先秦時期就已經出現，然而因為其音譯之名在傳播過程中本義的失據，遂在《山海經》的成書過程中被重新闡釋，成為了或言無「脂腸」，或言無「子嗣」而「不死」的遠方異國。按照學界目前的研究，學者普遍認為《山海經》主要成書於戰國時期，在秦漢間亦有補益，但其中內容多承繼商代以及西周時期文化的內容，而《海外經》部分諸多遠方異國，基本在戰國時期便已經定型，其大量內容見於《天問》《呂氏春秋》，至西漢早期《淮南子・墬形訓》中的遠方異國，絕大部分上都是承

1 高亨、董治安：《古字通假會典》，濟南：齊魯書社，1989 年，第 608 頁。

襲《海外經》而來。由此可以明確，在春秋戰國時期甚至更早的殷商、西周時期，中華文化的輻射範圍絕不是囿於傳統意義上的中原一隅。再結合目前學界對前絲綢之路、玉石之路、南方絲綢之路等方面的研究成果來看，古代中華文化的各個區域與域外文化之間確實存在頻繁且廣泛的交流。所以，雖然我們可以確定基於西方文化傳播一元論的「西來說」實為謬誤，但若以「西來說」之不確進而否定中華文化與域外文化在先秦時期即存在交流的事實則更顯狹隘偏激。

夏鼐、蘇秉琦等先生指出中華文化的形成具有多元共聚的「多元化」特點，[1] 這其中既有域內文化的多元滙聚，又應包含整體之下不同的域內文化可能受到的域外文化的影響。在這類域內文化與域外文化的交流中，中國古代西南和南亞間的文化交流在起始時間與持續時間上都獨樹一幟，是人類文明交流史和中外關係史的重要組成部分，具有重要的歷史價值與現實價值。而由四川師範大學湯洪教授所著《古代巴蜀與南亞的文化互動和融合》一書，正是以域內西南巴蜀文化為核心，探索其與域外文化，特別是與南亞文化之間的交流互動。其書繼承了民國以來學界所提倡的「二重證據法」，充分挖掘文獻材料，結合利用考古資料，借鑒中西文化交流的優秀研究方法，大膽假設，小心求證，以致新論迭出，實為推動中外關係史研究，特別是西南巴蜀地區對外交流史研究的力作。其書共分 3 編 10 章，凡 29 萬餘字，分別以物質文化、宗教文化、語言藝術文化交流為綱，下列諸條目，全方位、多角度地揭示了中外文化在中國西南巴蜀地區與南亞之間這一特定區域內的交匯、碰撞、融合的全貌。而其中很多內容與方法，都值得學界相關研究者借鑒並進一步

---

1 夏鼐先生在 1977 年已認識到中國早期文化起源的多元性。蘇秉琦先生的標誌性成果則是 1981 年發表的《關於考古學文化的區系類型問題》一文。夏、蘇二位先生的觀點詳見：夏鼐：《碳 -14 測定年代和中國史前考古學》，《考古》，1977 年第 4 期，第 217 — 232 頁。蘇秉琦、殷瑋璋：《關於考古學文化的區系類型問題》，《文物》，1981 年第 5 期，第 10 — 17 頁。

深入探討。

首先，探求古代巴蜀與南亞文化交往之關係，常囿於文字材料之不足，而被部分學人詬病為「耽於猜想」。實際上不只是探索古代巴蜀與南亞文化的交往常常如此，乃至於上升到整個先秦時期的中華文化與域外文化的交往研究亦是如此。在文史學界一言及先秦時期文化中可能存在的域外文化因數，便常被視為「洪水猛獸」一般。然而湯洪教授的研究卻證明了域內文化中的不同區域確實在先秦時期存在與域外文化的廣泛交流，雖然這種交流的證據可能並不是以「文字性」材料的形式保留下來，但卻是以更為真實的「物質性」材料為載體保留了下來。而其中典型的物質材料更能夠直觀地表明域內文化與域外文化互動交流的動因、起點和流播過程，湯洪教授即着重對此類材料進行考辨，頗有所得，值得關注。其書中涉及到的巴蜀地區的蜀蠶與絲綢外傳和「Cina」語源之間關係的考辨、蜀布與邛竹杖在南亞等地的傳遞、南亞所產象牙與海貝流入巴蜀地區等方面的考辯，均以物質性的實證材料為突破點，充分揭示了古代巴蜀地區與南亞之間存在極為緊密的物質交流關係。這種交流並沒有因地域上阻隔而決斷，使「我們不得不驚歎，千山萬水永遠阻隔不了人們渴望交流互動的內心熱情，蜀地物質的外銷南傳，不僅表明古蜀人具有與域外文明互融互通的願望，而且有付諸實際行動的方法和途徑」。[1] 而從時間上去推論，依據湯洪教授的研究，漢武帝時期張騫等即在見證了蜀布與邛竹杖在南亞等地的傳遞，而這類物質交流則應更早於漢武帝時期，完全可以上述到先秦時期。而三星堆出土的南亞所產象牙與海貝，亦可證明至少在商代晚期巴蜀地區就與南亞存在相關的物質交流。物質交流本身即會帶來文化交流，這是不爭的事實。基於此再看三星堆出土的「青銅神樹」與《山海經》《九歌・東君》等典籍中所載的「扶桑」神

1　見本書第 053 頁。

話之間的聯繫，我們可以明確巴蜀文化與先秦文化之間的緊密關係，即巴蜀文化是先秦時期中華文化有機整體中不可分割的一部分。而巴蜀文化又與域外文化存在密切的交流，由一隅而觀整體，所以我們很難斷言如《山海經》這一類先秦典籍中所記錄的內容與域外文化毫無關係。這正是湯洪教授其書的一大貢獻，即促使學界思考，我們在承認先秦時期存在域內文化與域外文化之間物質交流的同時，是否也應該承認先秦時期確實存在域內文化與域外文化之間在「文化」上的交流，同時更需要去探討這種文化上的交流在中華文化的發展過程中的價值與意義。而中華文化的持續發展與不斷繁榮，正是建立在對固有文化的自信發揚和對外來文化的相容並蓄之上的。雖然，關於此類物質交流所帶來的文化交流，我們從現存的先秦時期「文字性」材料中很難找到太多證據，但從後世巴蜀地區與南亞等域外文化交流的實際情況來求索，我們亦可基於後世所展現出來的文化交流模式進而管窺先秦時期。

所以，在之後的章節中，湯洪教授以宗教和語言文字為媒介，探求了後世巴蜀地區在文化上與域外文化的交流互動。其書以獨特的視角，選取了發源於古印度地區並盛行於南亞地區的佛教文化和巴蜀地區的道教文化，通過對二者在大區域內的交流互動情況進行探究，進而展現了區域間宗教文化的互動影響。在域外文化對巴蜀文化的影響方面，其書考證「峨眉」語源為「阿彌」之音譯，展現了「峨眉」一詞與早期佛教流播歷史的關係，從而使我們認識到區域文化交流對中華文化中部分要素的影響，同時揭示了中國古人渴求瞭解異域文化並常以包容之態度接納域外文化的普遍心理。而在巴蜀文化本身的傳播與對域外文化的影響方面，其書通過對道教發源地的充分論證，依據文獻材料和相關古跡遺存，考辨道教產生於巴蜀地區。在此基礎上又對道教南傳越南、印度等南亞諸國的情況進行討論，並詳細考辯了密宗受道教文化的影響情況，這些考證充分展現中國本土宗教文化對南亞區域宗教文化的影響，表明了巴蜀地區與南亞地區存在以宗教為媒介的廣泛的文化交流。

而宗教作為人類社會發展到一定歷史階段出現的社會特殊意識形態，其本質上即包含人類對於自然與社會的認知，這種認知在早期即是古人精神生活的最重要的參照之一。葉舒憲先生在《儒家神話再發現》中援引喬治・杜梅齊耳的觀點指出：「在上古時代流傳下來的最初的文學文本（頌歌、禮儀書、敘事等）差不多全都是宗教性的，而『對宗教更確切的說法應是神學和神話學』。」[1] 所以宗教文化所包含內容極其豐富，涉及語言、儀式、文學等社會生活的方方面面，而宗教文化的交流必然會影響語言、文學等其他文化形式。這其中，語言是文化交流的重要載體，語言間的相互借鑒和影響成為文化交流的一種特殊形式。中國域內語言與域外語言的關係，以及對域外語言的譯介與吸收，一直是語言學界研究的熱點，同時也是文學、史學界研究的熱點。湯洪教授一直致力於此方面的研究，其 2016 年出版的《屈辭域外地名與外來文化》一書即圍繞此方面問題進行深度剖析，新見迭出。而在《古代巴蜀與南亞的文化互動和融合》一書中，湯洪教授進一步運用文字創制方式等相關手段進行了謹慎求證，較為充分地論證了古彝文與印度婆羅米文字有着跨時空的牽連關係。雖然相關研究成果還有待學界的進一步檢驗，但通過語言學方面的研究探討不同文化之間彼此交流和相互影響的方法，確實值得文學、史學等相關人文學科學者在研究過程中審思並借鑒。以文學研究為例，文學的形式和內容必然會受到語言、宗教等文化要素的影響，湯洪教授在其書中以李白其人及其文學作品中蘊含的印度文化情結為線索，從李白「青蓮居士」的雅號，以及其文學作品中的長嘯、明月、金等意象對印度文化吸收與表現等實例入手，充分證明了佛教文化傳入中國後，佛教文化所包含的語言、意象等要素對中國文人的人生境界和詩

1　葉舒憲、唐啟翠：《神話歷史叢書：儒家神話》，廣州：南方日報出版社，2011 年，第 31 頁。

文旨趣等方面的影響，而對於這類域外文化的相容並蓄，正是促進中國文學百花齊放的最典型的實證。基於此，將其方法擴展到整個先秦時期文學與史學方面的研究中，可以發現湯洪教授對於巴蜀地區與南亞的文化互動和融合的研究，正為我們提供了一套研究先秦時期中華文化與域外文化之間交流的範式，即以物質文化交流研究為基礎，結合語言學材料、人類學材料，並充分掌握相關文獻材料，從多元角度剖析，進而得出科學合理的結論。

綜上所述，《古代巴蜀與南亞的文化互動和融合》一書將宏闊的文明視野與微觀的文化要素進行了有機結合，在結構性理論的指導下對碎片化的文獻材料和物質性材料進行了認真的耙梳，以巴蜀地區文化為研究核心，全方位探討了其與南亞地區自先秦至隋唐時期的文化交流情況，是研究古代巴蜀地區與域外文化交流的一部開拓性著作。湯洪教授提出的古代巴蜀與南亞間依託南方絲綢之路，實現了多元文化的深度融合的新見，既對巴蜀文化多層次全方面的研究產生了積極的推動作用，同時也對整個古代中外文化交流史的研究貢獻了樣板式的研究成果。「舉一隅而辨整體」，只有敢於正視中華文化形成過程中的域外文化因數，探尋其在中華文化發展過程中遺留的痕跡和產生的作用，科學合理地溯源中華文化發生過程，才能真正揭示出中華文化海納百川、相容並蓄的「多元一體性」特徵。

後　記

猶記讀中學時，學校圖書室那本《奧祕》雜誌時常牽動我好奇的內心，雜誌裏半科學半神祕的巴人失蹤之謎、神農架的野人、三星堆古蜀人來自何方、僰人懸棺葬玄機等記述，無不讓我產生好幾天的無限遐想。我對巴蜀山水、人文的鍾愛已根深蒂固刻印入血液裏。入大學，漸有買書藏書之好，成都古舊書店不少，每次光顧，總能淘到幾本心儀的舊籍，當然少不了有關巴蜀的各種掌故、傳說、地理、考古和人文類書籍。後來，讀碩期間，買來《華陽國志》，通讀後，感覺應該要寫些東西。

惜乎時光流逝，轉眼已過秩歲，我對古代巴蜀神祕的探究熱情已沉澱為內心的情結。2016 年，我申報教育部人文社科重點基地巴蜀文化研究中心重大項目，始有此書的成行，亦算了卻內心諸多陳年宿願。

我每年暑假幾乎都要去徒步峨眉。從山麓報國寺開始，一路行走至山頂，快則兩日，慢則三日。夜宿清音閣，或洪椿坪，或中峰寺，或洗象池，或雷洞坪，或金頂，隨性所至。沿途飽覽峨眉峰巒與奇花異樹，每至一景點，皆翻書查閱一二典故，了解此地的逸聞軼事，增添觀感的時空維度。幾去幾來，峨眉一名的語源遂引發我濃厚興趣，此即是本書「峨眉與早期佛教」的成文淵源。

峨眉山報國寺下有「震旦第一山」石刻，起先我並不了解「震旦」為何物。後來隨着閱歷的豐富和閱讀量的增加，我始明白「震旦」為「支那」異譯。公元 4 世紀，印度僧人寶掌來遊峨眉山並朝拜普賢，見峨眉無峰不綠，有嶺皆秀，虛空常飄祥雲，遂讚歎峨眉為「高出五嶽，秀甲九洲，震旦第一山也」。「震旦」即為印度古籍中「Cīna」的佛經譯名，此一問題極大激發了我追根溯源的強烈好奇，這也就是本書「china 與成都」的成文由來。

每次登峨眉，少不了隨身攜帶一支邛竹杖，一為助力，更為驅趕峨眉「猴居士」。我第一次爬峨眉山因沒有邛竹杖神器，即遭遇攔路潑猴搜身與翻包，等我報警之後，警察趕到已是幾個小時後的事情，那時驚魂已定，我已躺在了中峰寺的僧房裏。後讀《史記》有關蜀布與邛竹杖的記載，才發現這一支細細的邛竹杖原來承載了千年的中外交流，此即是本書「蜀布與邛竹杖」的成文因由。

生在巴蜀，若不飲茶，即會錯過很多美妙的味蕾體驗。我當然也會附庸風雅，從未斷絕與茶的味覺觸碰。峨眉毛峰、蒙山黃芽，皆能喚起刺激味蕾、流齒入心的感覺，當然，茉莉花茶也時常會在茶館呈現於我的桌前。起初喝茉莉花茶，只是感觸到悠遠清香帶來的嗅覺和味覺的雙重回味。直到有一天，我指導的一名巴基斯坦碩士告訴我，茉莉花源自印巴土壤，我被巴蜀茶葉與遙遠的異域來客茉莉之間完美融合所深深震撼，此即是本書「茉莉與茶的完美邂逅」的成文源由。

自幼即喜歡李白的詩文，不僅因他成長於巴蜀山水，更在其詩歌隨性不羈與天馬行空的奇異想像，年少時讀太白詩，總以為詩中的奇特意象全賴詩人馳騁的異想天開。後來，慢慢了解印度文化以及佛教常識，恍然間體悟到李白深藏佛教情懷的濃情蜜意，再讀其詩，發現原來多少瑰異意象竟然源自李白諳熟的佛教典籍，此即是本書「李白蘊藏的印度文化情結」成文來由。

凡此種種，皆源於我積澱於內心多年對神祕巴蜀的探究熱情。本書所涉的這些問題，我只想溯源究流，儘量還原一個真實的歷史過程，而不再以情感描述這些問題的現實存在。但同時，我也期待能有閱讀趣味的兼顧，因而，如若讀者能從專業的文獻考證中讀出些許興味與牽掛，此便是我莫大的欣喜。當然，像所有廚師希冀食客能喜歡自己烹製的菜肴，我也迫切希望讀者能喜歡我的研究著述，並從中受到啟發。我希望本書不僅能客觀真實地闡述過去的歷史，更期待能在此基礎上展視巴蜀的現在和擘畫未來巴蜀乃至中國與外界溝通交流的有益思路。我只想通過認真的考證和邏輯梳理，告訴世人，在漢字觸碰巴蜀沃土之前的遙遠時代，巴蜀先民早已藉助自己的雙腳與外界發生着緊密溝通，「爾來四萬八千歲，不與秦塞通人煙」，那只是詩人的文學描寫。從古至今，巴蜀人民皆懷着翻越大山、瞭望山外之遠景的熱情與衝動。巴蜀這塊土地，古代從未真正封閉過，今天也沒有，將來一定也不會有。

本書前後歷時 5 年，為尋求一條難得的文獻，甚至要耗時幾周時間，個中心酸，唯己自知。感謝四川師範大學巴蜀文化研究中心段渝教授、鄒一清教授和顏信老師對本書所依託課題的大力支持。感謝四川師範大學科研處、文學院和國際教育學院相關領導給予我的無私幫助。感謝學生任敬文、冷藺莎、李勇、王婷、萬皓宇、林春萍、林科、張秦冀、李丹為我查閱文獻。特別感謝學生任敬文、李丹、周坤雪、萬皓宇、席蓬、張以品為我搜尋插圖和校對文字。公務之外，我在家裏除了打掃房間，其餘所有家庭瑣事皆賴賢內助擔當，小女湯清媛已逐漸長大，現就讀初二，我對她也少有時間陪伴呵護，每念及此，即不由心生愧意。父母年事已高，本應常侍左右，然寫作期間，多閉門靜心，惜少有天倫之樂，內疚於心，難表萬一。此外，中華書局羅華彤老師、吳愛蘭老師一如既往提攜後進，一個偏遠的巴蜀話題，竟能得以欣然支持，感激之情，溢於言表。

書稿既成，正值庚子年清明節，是日 10 時，舉國鳴笛哀悼。時光回溯 70 天，那是戊戌年除夕前一日。此日，因眾所周知的原因，武漢封城，隨即，全國實行管控。這 70 日，除下樓鍛煉和必要的公務活動外，我幾乎足不出戶，書稿好幾個章節的撰寫和通讀校對工作，皆賴此一長段空閒時間順利推進。70 個日夜，我只記得從寒冬走過立春，又從春分走過清明。書桌下的烤火爐早已裝進儲物櫃，牀上的鴨絨被也摺疊裝進了衣櫥。樓下小區更迭不斷的各色花香次第變換着嗅覺的刺激，臘梅的暗香剛剛淡去，貼梗海棠迎來一片嬌紅，紅豔得讓人心醉。一夜安眠，迎春花悄然靜靜裝點於柔枝細葉間，原來，春天已經來臨。當玉蘭花瓣逐漸零落時，垂絲海棠又掛滿枝頭。陽臺外面金黃一片的油菜花，時時送來濃郁的甜香。今年，龍泉漫山遍野的桃花一定開得寂寞，不過，我並沒有錯過注目一樓鄰居家花園中桃樹間飛來飛去的殷勤蜜蜂。清明前的一場細雨，櫻花的雅緻翩然飄落一地。現在，正是杜鵑吐芳的時節，聽說，牡丹也正華麗盛放於春陽。一場春夢幾多時，落紅化泥猶護花。

明年的春天，我一定要好好聆聽這花開花落的聲響，熱烈奔放地在郊外肆意觀賞和深嗅那花容與花香。

湯洪

2020 年 4 月 6 日

於蓉城雅郡九畹軒

再版附記

本書二〇二〇年由北京中華書局初版，二〇二三年第二次印刷，近來檢校翻閱，屢見文字、文獻訛誤，彌覺愧汗不安。今借香港中華書局再版之機，詳事訂正，以安內心惶恐。

此次再版，訂訛正誤，指陳疏舛，多賴樂山師範學院文學與新聞學院任敬文，重慶三峽學院文學院張以品，四川師範大學文學院中國古代文學博士研究生李丹、陳琳、姚金雨，四川文理學院四川革命老區發展研究中心席蓬以及小女湯清媛等傾力相助，香港中華書局王春永先生、蕭健先生為此書再版亦多費周折，不辭辛勞，並致謝忱。

湯洪

2025 年 3 月 2 日

於蓉城雅郡九畹軒

三星堆往事

古代巴蜀與南亞的文化互動和融合

湯洪　著

責任編輯　蕭　健
裝幀設計　陳嬋君
排　　版　林筱晨
印　　務　劉漢舉

出版　中華書局（香港）有限公司
香港北角英皇道 499 號北角工業大廈一樓 B
電話：(852) 2137 2338　傳真：(852) 2713 8202
電子郵件：info@chunghwabook.com.hk
網址：http://www.chunghwabook.com.hk

發行　香港聯合書刊物流有限公司
香港新界荃灣德士古道 220-248 號
荃灣工業中心 16 樓
電話：(852) 2150 2100　傳真：(852) 2407 3062
電子郵件：info@suplogistics.com.hk

印刷　美雅印刷製本有限公司
香港觀塘榮業街 6 號 海濱工業大廈 4 樓 A 室

版次　2025 年 4 月初版

規格　16 開（240mm×160mm）

ISBN　978-988-8912-52-0